진실과 거짓,
인물
한국사

진실과 거짓,
인물
한국사

초판 1쇄 인쇄 2017년 7월 27일
초판 1쇄 발행 2017년 8월 15일

지은이 하성환
펴낸이 김승희
펴낸곳 도서출판 살림터

기획 정광일
편집 조현주
북디자인 꼬리별

인쇄·제본 (주)현문
종이 월드페이퍼(주)

주소 서울시 영등포구 양평로21가길 19 선유도 우림라이온스밸리 1차 B동 512호
전화 02-3141-6553
팩스 02-3141-6555
출판등록 2008년 3월 18일 제313-1990-12호
이메일 gwang80@hanmail.net
블로그 http://blog.naver.com/dkffk1020

ISBN 979-11-5930-043-1 03900

진실과 거짓,
인물
한국사

하성환 지음

살림터

머리글

이완용은 백작이라는 귀족의 작위와 20억 원이 넘는 돈을 받고 나라를 팔아먹습니다. 을사늑약 체결 당시 고종을 협박하는 데 남달리 애썼던 공로로 이토 히로부미의 눈에 띄었고, 그가 추천해 총리대신에 오른 자입니다. 반면에 고등학생들이 보는 한국사 검인정 교과서에는 노블레스 오블리주의 사례로 이회영 선생을 소개합니다. 1910년 나라가 망하자 2조 원대에 이르는 전 재산을 일제 경찰의 눈을 피해 600억 원에 급매로 몰래 처분합니다. 그리고 1910년 12월 그믐날에 6형제 60명 일가가 집단 망명을 감행합니다. 그 돈으로 신흥무관학교를 세웠고 독립군 3,500명을 길러 냅니다.

오늘날 중고교 도서관에 꽂혀 있는 님 웨일스의 『아리랑』에 김산이 다녔던 신흥무관학교 풍경이 잘 묘사돼 나옵니다. 김산은 조선 최고의 독립운동가이지만 한국사 검인정 교과서 8종 어디에도 실려 있지 않습니다. 길을 지나는 사람들에게 김산을 아느냐고 물으면 안다고 할 이가 몇이나 되겠습니까?

1950년대를 인식하는 열쇳말인 조봉암이나 진보당 사건을 뭇사람들에게 물으면 몇이나 알겠습니까?

그런데 검인정 교과서도 부족할 판인데 박근혜 정권은 국정제로 하겠다고 고집을 부렸습니다. 박정희 탄신(?) 100주년 기념 해인 2017년에 맞춘 듯합니다. 집필 기준과 집필자를 공개하지도 않았고 집필 기간 1년도 채 안 되는 현실에서 억지로 2017년 새 학기에 맞춰 학교 현장에 보급하겠다는 욕망뿐이었습니다. 북한의 속도전을 방불케 할 정도로 속전속결 그 자체였습니다. 촛불시민혁명으로 탄생된 문재인 민주정부 3기에서는 한국사 국정제 교과서 폐기가 전격 선언되었습니다. 역사를 왜곡하는 것은 역사를 망각하는 것보다 더 무서운 결과를 초래합니다. 조지 오웰의 표현처럼 현재를 지배하는 자는 과거를 지배하고 과거를 지배하는 자는 미래를 지배하기 때문입니다.

다음 사례는 그러한 표본이 될 수 있습니다.

근대 신소설 「혈의 누」의 작가 이인직이 그렇습니다. 학교교육을 잘 받은 보통 사람들은 그를 훌륭한 사람으로 알고 있을 것입니다. 1910년 우리나라를 망하게 하는 데 기여한 지배계층에게 일본 왕 메이지 明治는 백작, 남작 등 귀족의 작위를 주고 은사금을 줍니다. 그들 중에는 왜 나에겐 적게 주느냐고 불만을 갖는 자도 있었습니다. 물론 극소수는 일본 왕의 선물을 거부하거나 귀족의 작위를 제의받는 그 자체에 치욕을 느껴 자결한 분도 계십니다. 일제 강점기 35년 동안 딱 2명만 귀족의 작위가 올라가는데 바로 이완용과 송병준입니다.

이 두 놈은 서로 나라 팔아먹는 경쟁을 했던 적수였습니다. 송병준은 하세가와 등 일본 군부에 착 달라붙어 온갖 교태를 부립니다. "왜 문명화된 근대국가 일본이 미개한 조선을 통치하지 않느냐"고 언론에 기고하면서 말이지요. 그런가 하면 며느리를 겁탈했던 패륜 이완용은 자신의 비서 이인직을 시켜 조선통감부로 몰래 보냅니다. 밤 11시가 넘는 야심한 시각에 말이죠. 망국협상을 진행하기 위해서였습니다. 그

협상은 새벽 1시에 끝났습니다.

1970년대 말 본고사 시절, 대학 입시를 앞두고 국어 교과서에 신소설 「혈의 누」의 여주인공 옥련을 열심히 외었던 기억이 납니다. 정작 대학 입시에선 이광수의 『무정』 여주인공을 묻는 문제가 나와 당황했지만….

바로 그 「혈의 누」라는 작품이 청나라 군사에게 강간당하려던 조선 여성을 일본군이 구해 준다는 내용입니다. 일본을 근대 문명국가로 찬양하다 못해 미화하고 중국을 혐오하게 하는 소설입니다. 이인직이 몰래 만난 인물은 통감부 외사국장 고마쓰였습니다. 이인직이 일본 동경 정치학교 유학 시절의 스승이었지요. 안중근 의사가 동양 평화를 저해하는 주범 이토 히로부미를 하얼빈에서 처단했을 때 이인직은 2주일도 채 안 된 시점에 서울에서 이토를 위한 추도식을 집행했던 가증스러운 인물입니다. 이후 늙어 죽을 때까지 조선 팔도를 돌며 대화혼(일본 정신)을 부르짖었던 전형적인 친일 분자로 『친일인명사전』에 등재돼 있습니다.

이광수는 해방 당시 집 뒤편에 있는 동산에 운동하러 올라갔다가 히로히토의 무조건 항복과 패전 사실을 알고 바로 집으로 내려와 문을 걸어 잠갔다고 합니다. 대한민국 문단을 좌지우지한 서정주 역시 1945년 8월 15일 10시쯤 조선총독부를 찾아갑니다. 해방 당일에 말이지요. 기존 친일 문인단체보다 더 열성적인 친일 문학가 단체를 조직하고 싶다고 조선총독부에 자신의 뜻을 전하기 위해서였습니다. 퇴짜를 맞고 돌아오는 길에 해방이 된 사실을 알고 바로 집으로 도망갑니다. 서정주가 죽은 지 17년이 지났지만 고은 시인의 「미당 담론」 등 몇 편을 제외하고 아직껏 서정주를 비판한 글을 제대로 읽어 보기 어렵습니다. 대학 강단에 그 제자들, 그 정신적 후손들이 국문학계에 쫙

깔린 탓이라고 합니다.

  2005년 당시 서울대 국사학과 홈페이지가 이병도를 찬양하는 글로 도배돼 있었으니 더 말해 무엇 하겠습니까? 서울대 사학과 창설자이 자 1960년대 문교부 장관도 합니다. 일제 강점기 조선총독부 산하 조선사편수회 촉탁으로 복무하며 식민사관 이론을 만든 장본인이지요. 하기야 학문적으로 더러운 짓도 서슴지 않았던 게 학술계입니다. 『조선어 사전』을 고생고생해서 만든 이는 실질적으로 문세영인데 문세영의 노력을 훔친 자가 이희승이라면 믿겠습니까? 그 이희승은 해방 후 최현배와 함께 한글 전용 원칙을 부르짖다가 1970년대 들어서서 생각을 바꿉니다. 최현배 선생은 주시경의 뜻을 이어받아 한글 전용을 부르짖습니다. 그러나 이희승은 태도가 변합니다. 제가 볼 땐 변절 같은데 여전히 국어학계에선 존경받는 인물이지요. 문세영은 6·25 때 납북되었고 사망했습니다. 누구도 이를 바로잡기가 어려운 상황입니다.

  분명한 것은 역사를 기억하지 못한 민족은 그 불행을 반복한다는 사실입니다. 1920년 봉오동, 청산리 전투에서 참패한 일본군은 바로 남북만주 일대를 초토화시킵니다. 조선인을 닥치는 대로 죽이고 마을 전체를 불사르는 만행을 저지르지요. 경신참변입니다. 학교 도서관에 있는 조정래의 『아리랑』에 그 참혹한 광경이 세밀히 나와 있습니다. 해방 후 일본군, 만주군 장교로 복무했던 친일 군인들이 6·25 전쟁 당시 거창, 함평, 함양, 구례, 산청 일대를 초토화하면서 민간인 집단학살이 재연되었습니다. 그 당시 학살 지휘관이나 학살을 은폐하는 데 앞장섰던 자들은 처벌받지 않았고 이승만 정권에서 도지사, 경찰 총수인 치안국장으로 승승장구했습니다. 이들의 정신적 후손들이 베트남 전쟁 때 퐁니 퐁넛 마을 주민들의 학살을 주도합니다. 그리고 베트남 학살 경험은 그대로 1980년 광주 학살로 이어지지요. 그들이 역사 속에서 단 한 번만이라도 단죄를 받았다면 그 같은 불행한 역사는 되풀이되지 않았을 것입니다.

우리가 일본군 위안부 문제에 대해 일본 정부의 사과와 전범자 처벌을 요구하는 이유가 바로 거기에 있습니다. 프랑스는 나치 점령 기간 나치를 찬양했던 지식인들을 단호하게 처벌했습니다. 70만 명을 체포했고 수만 명의 시민권을 박탈하거나 감옥형에 처했습니다. 7,000명에게 사형선고를 내리고 총살했습니다. 총살당한 상당수가 지식인, 언론인들이었습니다. 프랑스에 정의가 선 이유입니다. 독일은 2016년 지금도 나치에 협력했던 자들을 색출하여 법정에 세우고 징역형을 언도합니다. 인도주의에 반한 전쟁범죄는 소멸 시효가 없음을 똑똑히 보여줍니다. 폴란드 아우슈비츠 강제노동수용소 경비병 출신 라인홀트 한닝에게 독일 법원이 학살방조죄를 적용해 94세의 노인을 법정에 세웠고 징역 5년의 실형을 선고한 것이 2016년도 일입니다.

극우세력이 집권한 일본과 우리나라는 그렇지 못합니다. A급 전범 기시 노브스케가 일본 수상이 되고 그 동생 사토는 장기 집권하며 수상을 지냈습니다. 그 외손자 아베가 두 번씩이나 수상을 하는 나라, 그런 나라에 희망은 없습니다. 그런 일본조차도 문부과학성을 통해 교과서 검증을 강화하고 독도가 일본 땅이라며 이토를 숭배하고 안중근을 폄훼하는 엉터리 교육을 할 뿐 교과서 국정제를 시도하진 않습니다.

2015년 국정제 고시 발표 불과 며칠 전까지 몇몇 신문들이 교과서 국정제가 문제 있다고 반대 의견을 보였는데, 11월 국정제 고시 이후 조선일보는 '학교 현장 좌편향 교사'가 가득하다고 국정제 찬성으로 돌변했습니다. 당시 집권 여당인 새누리당 대표 김무성은 90% 역사학자가 좌편향되었다고 주장하고, 국무총리 황교안은 99% 학교가 좌편향된 잘못된 교과서로 학생들을 가르쳤다고 대국민 담화를 하기도 했습니다.

국정화로 가는 길목인 2015년 가을과 겨울은 살풍경한 시절이었습니다. 박근혜 정권이 자행한 시대의 불의에 맞서서 용감하게 저항한 교사들이 있었습니다. 횡행하는 불의에 맞선 교사들은 주중, 주말 없이 국정제 폐기 및 교과서 고시 철회를 촉구했습니다. 그런데 아이로니컬하게도 한국사 교과서 국정제에 대해선 박근혜 대통령이 정답을 말해 준 적이 있습니다.

"역사는 정말 역사학자들과 국민의 몫이라고 생각합니다. 정치인들이 역사를 재단하려고 하면 다 정치적인 의도와 목적을 가지고 하기 때문에 제대로 될 리도 없고 나중에 항상 문제가 될 것입니다."

2004년 노무현 전 대통령과 면담에서 한 말입니다. 2005년 한나라당 당대표 시절에도 똑같은 논조로 강조 발언을 했습니다.

"역사에 관한 일은 역사학자가 판단해야 합니다. 어떠한 경우든 역사에 관한 것은 정권이 재단해서는 안 됩니다. 그것은 정권의 입맛에 맞게 서술한다는 의심을 받을 수밖에 없습니다."

명성황후 시해, 을사늑약, 군대 해산 당시 조선 사회에선 분연히 의병들이 궐기합니다. 최익현이 그랬습니다.

"우리가 이길 수 없는 싸움인 줄 안다. 그렇지만 이렇게라도 의병을 일으켜서 저항을 해야 하지 않겠는가!"

면암 최익현 선생은 체포돼 쓰시마섬에 투옥된 뒤 일본이 주는 음식과 물을 먹지 않고 곡기를 끊은 채 그대로 순국합니다.

조선이 망하던 1910년 황현은 이렇게 말했습니다.

"나라가 망하는 때 아무도 죽음으로써 저항하지 않는다면 그것이 오히려 이상한 일 아닌가? 조선 500년 역사가 선비를 길러 낸 나라인데 조선이 망하는 날 선비의 나라에서 선비 한 명도 죽지 않는다면 정말 이상하지 않겠는가?"

1980년 5월 27일 새벽! 전남 도청을 계엄군이 잔혹하게 진압합니다. 손들고 나오라 해 놓고 손들고 나오는 시민군에게 총탄을 난사합니다. 화력과 병력에서 계엄군과 싸워 도저히 이길 수 없다는 사실을 알면서도 도청에 남은 시민군들은 왜 그랬을까요? 우리 후손들은 그들의 저항과 죽음에 의미를 부여하면서 역사를 써 내려갑니다. 역사는 역사 속 책임을 느낀 사람들이 만들어 가는 것이고 그 사람들의 치열한 삶의 흔적이기 때문입니다. 우리는 그 치열한 삶의 흔적 속에서 역사의 향기! 바로 인간의 향기를 느낍니다.

끝으로 사진 자료를 제공해 주신 안정애 선생님, 은지숙 선생님, 임선일 선생님, 박용규 박사에게 고마운 마음을 전합니다. 또한 어려운 출판 환경 속에서도 흔쾌히 출간해 주신 살림터 기획·편집부 여러분께 지면을 빌려 감사의 인사를 드립니다.

1987년 6월 항쟁 30주년을 맞아
2017년 정유년 유월에
하성환

차례

5부 어두운 100년의 역사,
      어떻게 청산하고 기억할 것인가

1부

진실과 거짓의 한국 근현대사

1장
「혈의 누」를 쓴 이인직,
이토 히로부미를 추모하다

1. 이인직, 근대 문명세계의 선구자?

우리는 일찍이 국어 수업 시간에 한국 최초의 신소설 작가로 이인
직을 배웠습니다. 『만세보』에 발표된 「혈의 누」(1906)를 최초의 신소설
이라 외우며 이 땅의 청소년들은 그를 훌륭한 작가로 인식했습니다.
근대 문물과 신학문에 대한 동경, 미국 유학 등 신문명을 접하는 신여
성의 인물 설정, 자유연애와 청상과부의 재혼 옹호 등 근대소설로 넘
어가는 가교 역할을 수행했기 때문입니다.

이인직의 「혈의 누」는 1894년 청일전쟁 당시 평양성 전투를 시대 배
경으로 설정합니다. 주인공 옥련의 가족이 전쟁 통에 생이별하고 옥련
의 어머니가 낯선 사나이에게 겁탈을 당하려던 순간 일본 헌병이 어머
니를 위기에서 구해 줍니다. 일본 헌병대장은 옥련의 어머니 사연을 듣
고 '가엽고 불쌍하다'며 무사히 귀가할 수 있도록 보호해 주었다는 매
우 친일적 경향의 작품입니다. 게다가 소설의 주인공 옥련 또한 청일전
쟁의 와중에 총상을 당하는데 일본 군인이 구출한다는 내용입니다.

옥련을 포함해 주요 등장인물인 김관일, 구완서는 조선이라는 현실
을 부정적으로 바라봅니다. 조선을 버리고 일본과 미국 등 근대화, 문

명화된 세계를 열망합니다. 부패하고 부조리한 조선의 현실을 부정하고 미개한 조선 사회의 개화를 강조합니다. 부패하고 무능했던 당시 조선 사회 지배계층을 비난하지만 이 작품에는 부조리한 현실에 저항하고 그를 혁파하려는 노력은 없습니다. 신소설 「혈의 누」는 거기까지입니다. 근대화된 문명국가 미국과 일본을 열망하면서 그들의 가치를 선망하는 것으로 끝납니다. 소설의 전반적인 구도 설정에서 청나라는 조선에 해가 되는 나라, 일본은 조선을 도우려는 우방으로 근대화된 문명국가의 모델[2]로 설정되었습니다.

작품이 발표된 시점이나 내용 자체가 정치적 의도가 짙게 깔린 친일 소설임이 틀림없습니다. 과부의 재가를 옹호하고 자유연애와 자유결혼을 주장하며 조선 사회의 낡은 봉건 질서를 타파할 것을 역설하지만 그것은 일제의 침략을 합리화하기 위한 설정일 뿐입니다. 동아시아 패권을 두고 일본과 청나라는 아산 전투, 인천 전투, 평양성 전투 등 한반도 내에서 피비린내 나는 전쟁을 치릅니다. 「혈의 누」의 배경인 평양성 전투 장면은 그 참상이 끔찍합니다. "성중에는 울음 천지요, 성 밖에는 송장 천지요, 산에는 피란꾼 천지라, 어미가 자식 부르는 소리, 서방이 계집 부르는 소리, 계집이 서방 부르는 소리, 이렇게 사람 찾는 소리뿐이라…. (중략) 저러한 송장들은 피가 시내 되어 대동강에 흘러들어 여울목 치는" 생지옥으로 묘사합니다. 이인직은 "땅도 조선 땅이오, 사람도 조선 사람이라, 고래 싸움에 새우 등 터지듯이 우리나라 사람들이 남의 나라 싸움에 이렇게 참혹한 일을 당한다"[3]라고 탄식합니다. 그런데 청일전쟁은 일본의 시각에선 자신들이 동아시아의 패자로 급부상한 전쟁이자 기존 중국 중심의 중화 체제 및 모화사상이 붕괴되고 일본이 새로운 패권국가로 떠오른 전쟁이었습니다.[4]

「혈의 누」뿐만 아니라 2년 뒤 발표되고 원각사에서 처음으로 공연된[5] 「은세계」(1908) 역시 마찬가지입니다. 두 작품 모두 조선 사회의 봉건적 질서와 부조리, 부패한 지배층을 통렬히 비판합니다. 하지만 「혈의 누」처럼 제국주의 열강 일본을 미화하는 데 그치지 않고 농민반란군(의병)을 비난하는 등 반민중적인 내용 일색입니다. 「은세계」의 마지막은 옥순, 옥남 남매가 어머니를 만나 절에 가서 불공을 드리다가 의병과 맞닥뜨리는 장면입니다. 미국 유학을 다녀온 옥남이는 자신들에게 총부리를 겨눈 '무뢰지배' 의병들을 향해서 일장 연설을 합니다. "여보 동포들, 우리나라 국권을 회복할 생각이 있거든 황제 폐하 통치하에서 부지런히 벌어먹고 자식이나 잘 가르쳐서 국민의 지식이 진보될 도리만 하시오."[6] 이인직은 「은세계」에서 옥남의 입을 통해 오히려 의병을 '무뢰배'로 비난하고 그들에게 '충고'하는 연설로 끝을 맺습니다. 「혈의 누」와 마찬가지로 의심의 여지없이 반민중적인 작품인 것입니다.

실제로 이인직은 근대 신소설 작가들이 그렇듯이 반反봉건 개화주의자이면서 동시에 적극적 친일세력이었습니다. 청일전쟁에서 일본의 승리는 유학과 모화사상으로 무장한 조선 사회 지배계층에겐 크나큰 충격이었습니다. 위정척사사상, 온건개화파의 동도서기론, 급진개화파의 변법자강론으로 분열된 당대 지식인 사회에서 청일전쟁은 개화파의 입지를 크게 높여 주었습니다. 당시 개화파는 대부분 친일세력으로 규정할 수 있는데 10년 뒤 일어난 러일전쟁조차 일본의 승리로 끝나자 충격은 일본에 대한 흠모로 변했습니다. 이는 아시아 국가 가운데 서양 세력을 상대로 싸워 승리한 최초의 국가이자 조선의 근대 지식인들에겐 '문명국가' 일본의 위대함을 확고하게 각인시킨 사건이었습니다.

2. 안중근 의사를 '악한'이라 비난한 매국노

역사 속의 이인직은 어떤 인물일까요? 역사의 진실은 우리의 통념을 여지없이 허물어뜨리고 맙니다. 이인직은 결코 존경받을 수 없는 인물일 뿐 아니라 반민족적인 매국노이기 때문입니다. 일찍이 안중근 의사가 동양 평화를 저해하는 이토 히로부미를 처단한 것은 장쾌한 역사적 사건이 아닐 수 없습니다. 그런데 이인직은 이토 히로부미가 죽은 지 10여 일이 지난 시점에 대한신문사 사장 자격으로 서울에서 추도 행사를 하는 등 친일적 언동을 자행합니다.

애국지사 안중근 의사를 '악한惡漢'으로 비난하면서 제국주의 첨병 이토 히로부미의 죽음을 슬퍼하며 추모했던 것입니다. 그런 매국노가 어떻게 신소설을 개척한 위대한 문인으로 추앙받을 수 있었을까요? 그것은 해방 후 친일파를 청산하지 못한 탓입니다. 해방 후 친일세력이 제1공화국 지배세력으로 군림한 탓에 교과서조차 후손 대대로 역사적 사실을 감춘 채 가르쳐 온 결과입니다. 친일 문인이자 대한제국을 멸망시키는 데 일등 공신인 이인직을 '근대 신소설 선구자'로만 소개하고 미화한 탓이지요.

실제로 이인직은 총리대신 이완용의 비서로서 일제 통감부 외사국장 고마쓰 미도리와 내통했던 친일 인사입니다. 1910년 8월 4일 11시 무더운 밤에 이완용은 자신의 비서 이인직을 시켜 통감부의 실질적 막후 세력인 외사국장 고마쓰를 몰래 만나게 합니다. 이날 망국 협상은 자정을 넘겨 끝나는데 이인직의 역할 수행으로 이완용은 나라 팔아먹기 경쟁에서 송병준을 제치게 됩니다.

1909년 10월 26일 하얼빈에서 안중근 의사가 제국주의 원흉 이토를 처단합니다. 그러자 한 달이 지난 시점인 12월 4일에 일진회 주구

송병준은 '일한합방'을 해 달
라고 일본에 청원서를 제출
합니다. 나라 팔아먹기 경쟁
에서 이완용을 제치고 선수
를 친 것입니다. 대한제국 총
리대신 이완용이 조중응(농
상공부 대신)을 일본에 특사
로 보내 안중근 의사의 의거
를 사죄하는 그 시기에 나라
팔아먹기 경쟁에서 송병준은
유리한 고지를 선점합니다.

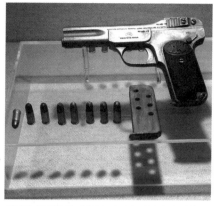

하얼빈 의거에서 안중근 의사가 제국주의 원흉 이
토 히로부미를 처단할 때 사용한 브라우닝 권총 모
제품(안중근 기념관 소장).

그렇지만 이완용은 이대로 물러설 위인이 아니었습니다. 이인직, 조
중응이 관련된 친일 유림단체 공자교회 회원을 전국에 파견하여 송병
준의 합방을 반대하는 국민연설회를 개최합니다. 서울에서는 서양식
연극장이자 신극운동의 요람인 원각사(현 새문안교회 자리)에서 이인
직을 시켜 유림들을 대상으로 송병준의 행위를 비난하며 정치 연설을
합니다. 이완용은 이에 그치지 않고 이인직을 시켜 일본 내각과 국회
에도 결의문을 지어 보내면서 일본 내각에 이렇게 호소합니다.

"소위 일진회라 하는 것이… (중략) …자칭 이천만 대표라 하고
정합방을 주창하여 안으로 인심을 요란하게 하고 밖으로 만국에 웃
음을 끼치니 고금 천하에 자기의 임금을 배반하고 자기의 나라를 타
국에 합하기를 원하면서도 생민과 종사를 위한다 하는 자 어디 있으
리오. 우리 국민은 다만 사천 년 국가를 지키며 오백 년 황실을 받들
어, 살아서는 대한 인민이 되고 죽어서는 대한 귀신이 되겠는 고로

감히 이 글로써 국민의 본분을 밝히고 일진회의 망패함을 설명하여
드리오니 새봄이 오히려 찬데 강건하시기를 비나이다."[7]

대한제국 수상 이완용이 일본 내각에 이 글을 보낸 것은 오로지 나
라 팔아먹기 경쟁에서 송병준에게 밀릴 수 있다는 불안감 때문이었습
니다.

그 당시 이완용은 온양 온천에서 치료차 요양 중이었습니다. 1909
년 12월 22일 명동성당에서 거행된 벨기에 황제 추도식에 참석한 뒤
인력거를 타고 돌아오다가 허리와 등, 어깨에 칼을 맞았기 때문입니다.
매국노 이완용 처단을 감행한 독립지사는 23살의 개화 청년 이재명
의사였습니다. 칼을 맞고 위중한 상태에서 간신히 목숨을 부지하여
1910년 6월까지 온양 온천에서 요양 중이었습니다. 그런 상태에서도
경쟁에서 뒤처질 수 있다는 불안한 마음을 드러내며 이인직을 온양으
로 불러들입니다. 그리고 통감부 실력자 고마쓰에게 이인직을 보냈던
것입니다. 결국 이재명 의사가 일본인 판사의 사형선고로 처형당한 그
해에 이완용은 나라 팔아먹기 경쟁에서 송병준을 제치고 승리합니다.
매국 경쟁에서 이완용의 승리를 이끈 결정적 인물이 바로 이인직이었
습니다. 평생 송병준과 사이가 좋지 않았던 이완용이지만 그에게는 절
대적 심복인 이인직이 있었습니다.

통감부 외사국장 고마쓰는 어떤 인물일까요? 이인직이 관비유학생
이 되어 일본 도쿄정치학교를 다닐 때 강대국 정치제도와 국제법을
가르쳤던 사람입니다. 그는 프린스턴대학 출신 법학박사로 도쿄정치학
교 유학생 이인직의 스승이었습니다. 이인직은 자신의 둘도 없는 절친
조중응과 함께 고마쓰의 제자로서 열심히 청강했고, 훗날 조선에 돌
아와서도 스승과 제자로서 술잔을 기울이며 친교를 이어 갑니다. 1910

이재명 의사 의거터(명동성당 입구). 이재명 의사(1886~1910)는 1909년 12월 22일 오전 11시 군밤장수로 변장한 채 매국노 이완용을 기다렸다. 명동성당에서 열린 벨기에 황제 추도식에 참석한 총리대신 이완용이 인력거에 타고 오는 것을 기다렸다가 비호처럼 달려들어 이완용을 칼로 찔러 단죄한 장소이다.

년 8월 14일 무더운 날 야심한 시각에 시원한 맥주를 들이켜면서 이인직은 한때 자신이 스승으로 모셨던 인물, 고마쓰와 비밀리에 망국 협상을 주고받습니다. 협상이랄 것도 없습니다. 이미 일본제국주의자들은 1910년 7월 내각 결정으로 조선합병에 관한 건을 통과시켰고 병합 준비위원회 최종회의까지 마쳤습니다. 오직 강제 병합 시기만 저울질할 뿐이었습니다. 그러던 차에 선수를 친 송병준에게 밀릴까 봐 불안해하던 이완용이 심복 이인직을 시켜 일본의 의중을 떠보려 했던 것이지요. 이완용은 최악의 경우에는 중국 상하이로 도망갈 생각까지 했습니다. 야밤에 제 발로 통감부 실력자를 찾아간 것은 일본으로서는 그물을 치기도 전에 품에 안긴 물고기였던 셈입니다.[8] 결국 나라 팔아먹기 경쟁에서 이긴 이완용은 일왕 메이지明治에게 백작의 작위를 받고 송병준은 한 등급 낮은 자작에 오릅니다.

3. 평생 친일 정치인으로 살아가다

근대 신소설의 개척자 이인직 역시 그런 시대에 살았던 기회주의적 인물입니다. 이인직은 봉건적 질서를 타파하고 백성이 주인이 되는 새로운 세상을 열어젖히기 위해 노력하고 분투했던 근대문학의 선구자가 아닙니다. 19세기 말 열강이 각축하던 급박한 정세에 민족과 민중의 편이 아니라 오히려 사회진화론에 경도되어 제국주의에 경외심을 품고 흠모했던 식민지 부르주아 지식인입니다. 고통받는 백성의 편에 서지 않고 자신의 백성들을 미개함과 몽매함으로 비난하면서 조선을 침략한 제국주의 일본을 문명국으로 칭송하며 나약하고 기회주의적인 태도로 일관했습니다. 이인직의 그러한 삶은 러일전쟁 당시 일본

육군성 제1군 사령부 한국어 통역으로 종군[9]했던 사실에서 확인할 수 있습니다.

1908년 이후 이인직은 근대 문학인의 삶을 접고 1909년부터 아예 적극적인 친일 정치인의 행보를 보입니다.[10] 연극 시찰, 종교 시찰을 명목으로 일본 정계와 접촉하고 송병준의 '일한합방론'을 저지하기 위해 데라우치 육군대신과의 면담을 시도합니다. 데라우치와의 면담은 좌절되지만 그는 이완용의 충직한 심복으로서 1910년 나라를 망하게 하는 데 결정적으로 기여한 친일 정치인의 삶을 이어 갑니다. 망국 이후에도 마찬가지입니다. 1911년 경학원(성균관의 후신) 사성司成에 임명되어 1916년 신경통으로 사망할 때까지 조선총독부의 식민 통치를 찬양하고 선전하는 데 열과 성을 다 바칩니다. 경학원은 조선총독부 직속 기구로 유교사회 조선의 정신을 친일 일색으로 단속하고 일제를 찬양하는 역할을 수행했던 기관입니다. 이를 위해 일왕 메이지는 25만 원이라는 거금을 보내 주었습니다. 당시 경학원 사성 이인직은 고등관 수준의 높은 대우를 받으며 일제의 식민 통치를 찬양했습니다. 경학원의 중책을 맡아 조선의 지배계층인 유림세력들을 친일화시키고 그들 조선 유학자들의 동태를 감시하는 것이 임무였습니다. 전국 13도를 돌며 강연회를 주도하고 강사들을 시찰했으며 자신 스스로 강사로 나가 열변을 토했습니다.

1915년 함경남도를 시찰할 때 이원군에서 강연을 했는데 강연 제목이 '鮮人 絶對的 福利가 同化에 在'이었습니다. 조선인이 행복한 생활을 누리려면 조선인의 골수가 대화혼大和魂(일본 정신)에 절대적으로 동화되는 것이 필요하다는 내용이었습니다. 경학원을 실질적으로 주도하며 경학원 기관지 『경학원 잡지』를 통해 데라우치의 조선 병합을 칭송하고 일제의 무단통치를 덕치德治에 비유했습니다. 천황의 통치를

태평성세에 비유하며 조선인 모두가 천황의 백성이 되는 것을 즐겁게 여기고 있다고 찬양했습니다.[11]

또한 이인직은 일본제국주의 정책에 영합하면서 유교사상 및 조선의 전통문화를 미개한 문화로 비판했습니다. 그리고 일본 사회가 막부 통치에서 천황 중심의 제국주의로 치닫던 시절 크게 교세가 확장됐던 천리교 신자로 활동했습니다. 재혼한 부인 역시 천리교 신자였습니다. 이인직은 한국의 전통신앙을 '미신'에 불과하다고 폄훼하고 상투를 트는 풍습 및 유교의 사자死者 숭배의식을 비판했습니다. 또 유교식 교육의 비실용성을 비판하고 거의 모든 유교적 의례를 '미신'에서 나온 헛된 일이라고 비판했습니다. 특히 풍수지리설과 매장문화를 비판하며 천리교식 화장을 주장했습니다.[12]

이인직의 이러한 태도는 일본 유학 시절 체험과 관련이 깊습니다. 조선 사회의 봉건적 질서가 유교 이념에서 비롯되었고 이것은 나라를 망하게 한 요인이었다는 진단 아래 19세기 후반 메이지 시대 근대화와 함께 급속히 교세를 확장했던 천리교에 주목했던 것입니다. 현세에서의 행복 추구와 사자 숭배 부정, 전 세계 인류가 하나라는 평등관과 인도주의 등 천리교 교리는 식민지 지식인 이인직에게 자신을 합리화할 수 있는 논리를 충족시켜 주었던 것입니다. 일본을 '형제'로 바라보고 '일본과 한국이 하나의 국가가 될 수 있다'는 식민지 지식인의 궤변을 정당화하는 논리로 손색이 없기 때문입니다.

사회 통념	역사의 진실
1. 근대 문명세계를 추구한 신소설 작가	1. 이완용의 비서로 망국협상의 일등 공신
2. 「혈의 누」: 자유연애·자유결혼 옹호, 봉건적 질서 부정, 최초의 신소설	2. 대화혼(일본 정신)을 강조한 친일 정치인
	3. 「혈의 누」: 일본(인)을 우호적인 문명국가로 설정한 친일 문학작품

1. 이인직, 『혈의 누 외 이인직 소설선』, 서울: 푸른세상, 2012, 17쪽.
2. 오윤희(2009), 『이인직의 문학과 친일사상 연구』, 원광대 석사학위논문, 31~36쪽.
3. 이인직, 위의 책, 15~16쪽.
4. 정선태(2015), 「'일청전쟁'이라는 재난과 문명세계의 상상」, 『한국학 논총』 제43집, 275쪽.
5. 김병익(2001), 『한국문단사』, 서울: 문학과지성사, 88쪽.
6. 이인직, 위의 책, 271쪽.
7. 『대한매일신보』(1910. 1. 21.), 고재석(2004), 「이인직의 죽음, 그 보이지 않는 유산」, 『한국어문학연구』 제42집, 235쪽에서 재인용.
8. 고재석(2004), 위의 글, 236~238쪽
9. 고재석(2004), 위의 글, 229쪽.
10. 고재석(2004), 위의 글, 230~232쪽.
11. 민족문제연구소(2009), 『친일인명사전』, 94쪽.
12. 박선영(2011), 「이인직의 사회철학과 친일의 함의」, 『사회와 역사』 통권 89호, 216~222쪽.

2장
친일 교육자 최규동과
조선의 페스탈로치 이만규

1. 초대 교총 회장, 서울대 총장 최규동이
조선의 페스탈로치라고?

　2015년 3월 교육부에서 '이달의 스승'으로 최규동을 선정했다가 논란이 된 적이 있습니다. '헌신적인 교육자의 표상이자 민족운동가', '민족의 사표師表', '조선의 페스탈로치' 최규동이라는 포스터를 만들어 전국 1만 2,000개 초·중·고 학교에 배포했다가 친일 논란이 일자 다시 회수한 것입니다.[1] 교육부는 정부 세종청사에도 최규동을 홍보하는 입간판을 내걸었습니다.[2] 게다가 교육부 기관 잡지『행복한 교육』3만 5,000부를 찍어 전국 초·중·고교와 대학교, 주민센터, 사회복지관에 최규동을 홍보하는 데 정신이 없었습니다.

　최규동이 친일 인물임에도 어떻게 조선의 페스탈로치로 변신했을까요? 그는 일제 강점기 수학 교사로 출발하여 젊은 날 민족교육에 투신하기도 했지만 1937년 중일전쟁 이후 변절하여 적극적으로 친일의 길을 걷습니다. 조선신궁 발기인, 조선임전보국단 평의원을 지내고 징

* 2장「친일 교육자 최규동과 조선의 페스탈로치 이만규」는『교육비평』38호(2016년 겨울호)에 게재한 논문을 축약 재구성한 글입니다.

병제 실시 축하연에 참석합니다. 태평양전쟁이 한창이던 1942년 6월에는 일제 관변잡지 『문교의 조선』에 '천황의 은혜에 보답하자'는 친일 논조의 글을 거침없이 휘갈깁니다. 다음은 그 글의 일부입니다.

"오래도록 기다리고 바라던 조선 동포에 대한 병역법 실시가 확정되어 반도 2,400만 민중도 병역 복무의 영예를 짊어지게 되었다. 조선 동포가 내선일체의 이념에 눈을 뜨고 (중략) 감사와 환희는 더 이상 여기에 비할 바가 아니다. (중략) 반도 동포는 남녀노소 한결같이 이 광영에 감읍하여 한 번 죽음으로써 임금의 은혜에 보답해 드리는 결의를 새로이 하고 더욱더 자애분기하여 스스로가 자질 향상을 도모하고 더욱더 충혼으로써 성지에 부응하여 받들어야 한다. (중략) 반도의 젊은 국민이 영광스러운 제국 군인으로서 황군의 전통을 이어받아 (중략) 참으로 내선 양 민족이 일체가 될 수 있으리라고 확신한다. 징병제 실시가 2년 후 가까운 장래에 절박해서 오늘 특히 교육에 종사하는 우리들은 참으로 마음을 크게 다잡아 분발하여 대처하고 밤낮으로 청소년 학도를 지도함에 강고한 신념과 군인혼의 연성에 일로매진해야 한다."[3]

최규동은 조선 청년들이 일본 군대에 복무하는 것을 '천황의 은혜를 입는 것'으로 극찬합니다. 나아가 '일제의 징병조치에 감읍하여 한 번 죽음으로써 천황의 은혜에 보답하는 것이 황국신민교육의 완성'이라고 강변했습니다. 최규동은 영화 〈암살〉에 나오듯이 해방 후 반민족행위자(친일부역자)들을 처벌하기 위한 반민특위가 좌절된 이후 혼탁한 사회에서 미군정청 한국교육위원회(일반행정), 조선교육심의회(교육행정 분과) 위원, 서울교육회장, 초대 조선교육연합회(한교총 전신) 회장과 제3대 서울대학교 총장을 역임합니다. 그는 박정희 정권에서 문화훈장을, 이어서 독립유공자로 건국훈장 독립장을 추서 받습니다. 일제 강점기 민족이 고난에 처했을 때 민족의 고난과 함께하기는커녕 민족을 고난에 빠트린 일제에 빌붙어 황민화 교육을 찬양한 친일 교육자가 독립유공자로 인정받고 '조선의 페스탈로치'로 추앙받는 것은 분명 역사의 왜곡이 아닐 수 없습니다. 거기엔 엄연히

황민화 교육에 앞장선 최규동. '징병제 실시는 반도 젊은이들의 영광'이라고 외친 친일 교육자 최규동이 독립유공자이자 페스탈로치로 추앙받는 것은 왜곡된 역사의 한 단면이다.

역사의 진실에 눈감은 한국교원단체총연합회(약칭 한교총, 조선교육연합회의 후신)와 이를 방조한 교육부의 잘못이 존재합니다.

2. 분단 질서가 강요한 왜곡된 인물들

① 헬렌 켈러

어린이, 어른 할 것 없이 한국인들의 머릿속에 남아 있는 헬렌 켈러에 대한 이미지는 고정되어 있습니다. 시각장애와 청각장애 등 삼중사중의 장애를 극복한 성녀聖女 또는 불꽃같은 의지의 화신으로 회자되곤 합니다. 하지만 그것은 헬렌 켈러라는 인물의 일면에 지나지 않습니다. 헬렌 켈러는 1909년 미국 사회당에 입당한 사회주의자였습니다. 전투적인 여성 참정권론자로서 제국주의 전쟁으로 치닫는 미국의

태도를 비판했으며 일체의 파시즘을 경멸했습니다. 심지어 미국 사회에서 약자가 제도적으로 배제되는 형식적 민주주의 체제를 비판하는 데 주저하지 않았습니다. 1917년 성공한 러시아 혁명에 열광했고 마르크스 레닌을 흠모하면서 그 저작을 읽었습니다. 평생 미국 사회에서 장애를 안고 살아가는 사람들뿐 아니라 정치사회적 약자나 소수 집단을 위해 일생을 헌신한 열정적인 사회운동가였습니다. 따라서 미국이라는 국가권력의 부당한 모함 속에서도 꿋꿋이 사회정의를 위해 불꽃처럼 살았던 '사회주의자 헬렌 켈러'의 삶을 기억할 때만이 그의 전체적인 모습, 진정한 삶을 이해하는 데 조금 더 다가갈 수 있습니다.

② 아인슈타인

상대성 이론으로 20세기 과학의 새로운 패러다임을 창조해 낸 천재 물리학자 아인슈타인은 자본주의 체제 무정부성의 문제점을 지적하면서 사회주의를 신봉했던 진보적인 사회운동가였습니다. 실제로 아인슈타인은 1949년 5월 미국의 좌파 월간지 『먼슬리 리뷰Monthly Review』 창간호에 '왜 사회주의인가Why Socialism?'를 기고합니다. 이 글에서 아인슈타인은 자본주의 사회의 경제적 무정부 상태가 악의 진정한 근원이라고 강조하면서 이런 악을 제거하는 길은 오직 하나뿐이라고 확신합니다. 그것은 사회적 목표를 추구하는 교육체계를 동반한 이른바 사회주의 경제를 확립하는 것임을 역설합니다. 사회 전체가 생산수단을 소유하는 계획된 방식으로 사회의 필요에 맞추어 생산을 행하는 계획경제를 옹호합니다. 그런 체제 아래에서 일할 능력이 있는 모든 사람에게 일감이 분배되고 생활이 보장될 것이라고 주장합니다.[4]

자유시장경제 체제의 무정부성을 경고한 아인슈타인은 순수 과학자의 이미지를 넘어서서 양심적 병역 거부, 반전평화운동에도 열정적으로 참여합니다. 1931년 '국제반전주의자협의회'에 보낸 편지글에서 아인슈타인은 전 세계 과학자들이 새로운 무기 개발에 동참하지 말 것을 제안하기도 합니다. 그는 히틀러의 전체주의를 혐오했고 반전평화를 부르짖은 인도주의 과학자였습니다. 생의 마지막 시기엔 영국의 수리철학자 버트런드 러셀과 함께 강대국의 핵무기 개발 중단을 촉구하는 러셀-아인슈타인 선언(1955)을 발표했습니다. 그 영향으로 평화주의 과학자 단체인 '퍼그워시Pugwash' 회의가 1957년 캐나다에서 개최되어 핵실험 중지와 완전한 핵군축 활동을 추구해 오고 있습니다. 1950년대 초 매카시즘이라는 극단적 반공주의가 미국 사회를 잠식해 들어갈 때 거친 광풍 속에서 끊임없이 간첩 혐의를 받았습니다. 그리하여 아이슈타인은 미 연방수사국FBI으로부터 사상이 불온한 위험 인물로 분류되어 인생의 말년까지 지속적인 감시와 미행을 당했습니다.[5]

③ 소크라테스

한국의 분단 상황은 역사적 인물을 편협하게 가르치게 했고 어느 한쪽 면만을 대중의 머릿속에 지속적으로 주입시켜 고정관념을 낳게 했습니다. 이러한 사례의 극단적인 표본으로 '악법도 법이다'라는 소크라테스의 격언을 들 수 있습니다. 권력을 가진 사람들이나 많은 교사들이 준법정신을 강조하면서 아직도 그렇게 가르치고 있습니다. 오늘날 많은 사람들이 소크라테스의 격언을 별다른 비판 없이 인용하는 모습을 자주 목격하곤 합니다. 그러나 이미 알려졌듯이 소크라테스는 그런 격언이 담긴 저서를 남긴 적이 없습니다. 소크라테스의 언행과 사상을 수록한 제자 플라톤의 저서 원전 어디에서도 그런 말을 발견할 수 없습니다. 소크라테스가 '악법도 법이다'란 말을 했다는 것은 후

세의 철학자들이 만들어 낸 농간이라고 영국의 철학자 러셀B. Russell
은 비판했습니다.

④ 페스탈로치

교육자 페스탈로치는 과연 어떤 분일까요? 최규동 같은 친일 교육
자를 '조선의 페스탈로치'라고 부르는 게 온당할까요? 한국 사회에서
페스탈로치는 아이들에게 노작활동을 통한 전인교육을 실천한 인물
로 알려졌습니다. 또 그를 스위스 시민혁명이라는 내전의 와중에 전쟁
고아와 빈민층 아이들의 교육을 위해 헌신했던 교육자로 기억합니다.
"모든 것이 남을 위해서였으며, 스스로를 위해서는 아무것도 하지 않
았다"고 쓰인 그의 묘비명은 이를 단적으로 보여 줍니다. 그러나 이는
페스탈로치를 전체적으로 이해하는 데 걸림돌이 되어 왔습니다. 이는
한국의 분단 현실이 낳은 한계입니다. 페스탈로치에 대한 고정관념은
헬렌 켈러나 아인슈타인에 대한 한국인들의 편협한 견해와도 비슷합
니다.

페스탈로치는 스위스 시민혁명의 와중에 여러 번의 좌절을 경험합
니다. 그리고 인류를 구원할 수 있는 방법이 교육에 있음을 깨닫습니
다.[6] 그리하여 어떻게 하면 낡은 질서에서 벗어나 인간성을 발전시키
는 교육을 할 수 있을까를 고민합니다. 그 교육의 길에 자신의 전 생
애를 바칩니다. 인간성을 구속하는 낡은 사회 질서로부터 인간(교사와
학생)을 해방시키는 교육 활동에 혼신을 다했던 것입니다. 실제로 민
중교육을 실천한 페스탈로치는 인간은 누구나 인간성의 능력이라는
씨앗을 하느님으로부터 선물로 받고 태어난다고 생각했습니다. 그리하
여 하느님께 귀한 머리로 상징되는 지적 능력과 가슴으로 상징되는 도
덕적 능력 그리고 손으로 상징되는 신체적 능력을 부여받는다고 생각

했습니다. 그러한 능력의 씨앗들을 고루 키워 인격을 갈고닦아야 한다는 조화로운 전면적 인간발달론, 바로 전인교육론을 페스탈로치는 주장했습니다.[7]

페스탈로치가 생산노동으로부터 인간의 전면적 발달을 추구한 전인교육을 정립한 것은 교육사적으로 매우 중요한 의의를 갖습니다. "인간은 자기가 종사하고 있는 노동 속에서 세계 인식의 기초를 찾아야 하며 머릿속 공허한 이론을 앞세울 것이 아니라 바로 자신의 손노동 그 자체로부터 자신의 견해를 이끌어 내야 한다"[8]며 생활 속 교육은 노동을 중심으로 집약되어야 함을 강조했습니다. 그렇게 하여 페스탈로치 자신의 교육사상을 실천하는 무대이자 노동을 중요시하는 최초의 실험학교가 세워진 노이호프Neuhop에서 생활이 시작되었습니다. 이후 일절 교과서를 사용하지 않았을 뿐만 아니라 실물 교육과 직접 체험을 통해 교육을 실천했던 슈탄츠Stanz에서의 교육운동은 이후 유럽의 유아교육과 초등교육에 정신적으로 깊은 영향을 미쳤습니다.

교육을 통해 사회변혁을 꿈꾸었던 위대한 교육사상가이자 실천가 페스탈로치는 전근대적인 학교 질서를 해체하려고 투쟁했으며 그 과정에서 학교장과 갈등을 빚고 쫓겨나기도 했습니다. 나아가 스스로 대안학교를 세워 진정한 교육이 무엇인지 교육의 참모습을 보여 주려고 헌신적으로 활동했습니다. 그런 점에서 페스탈로치는 낡은 시대 질서에 맞서 용기 있게 투쟁한 진정한 교육운동가였습니다. 교육철학을 달리하는 교장, 학부모와 끊임없는 갈등 끝에 배척당하고 쫓겨났던 부르크도르프Burgdorf에서는 뜻을 같이하는 동료 교사들과 함께 '인도주의 교육자'로서의 진면목을 유감없이 발휘합니다. 그 결과 유럽에서 페스탈로치의 교육철학과 교육 방법은 크나큰 반향을 불러일으키고 주목을 받게 됩니다. 네 번째 교육 실천 장소인 이페르텐Iferten 시에 초빙된 교육자로서 페스탈로치는 봉건적인 질서와 억압적인 교육제도의 낡은 틀을 깨뜨리는 데 앞장섭니다. 무엇보다 어린이의 인격을 존중하고 자발성의 원리에 기초한 근대교육의 방법론을 펼침으로써 유럽 전체에서 크나큰 명성을 얻게 됩니다. 그리하여 전 유럽에서 페스탈로치 학교를 참관하고 교육 방법을 배우기 위한 행렬이 끊이질 않았습니다.

페스탈로치의 교육철학은 봉건질서가 해체되던 격변기에 등장했습니다. 19세기 여전히 낡은 제도와 인간을 억압하는 굴레 속에서 고통받던 민중을 해방시켜 개인으로서 행복한 인간을 만드는 데 교육의 목적을 두었습니다.[9] 교육 역사상 최초로 교직단체를 조직하여 교권을 위한 선한 싸움을 벌였던 페스탈로치는 1808년 '스위스 교육협회Die Schweizerische Gesellschaft der Erziehung'를 창설하여 회장으로 추대되는데 이는 오늘날 교원노조의 기초가 된 교사조직이었습니다. 우리가 페스탈로치를 '교원노조의 아버지'[10]로 부르는 것에는 그러한 이유가 있기 때문입니다.

3. 인간해방을 꿈꾼 진보적 교육자 이만규

대한민국은 해방 후 조선시대의 봉건적 잔재를 청산한 역사적 경험이 없었습니다. 게다가 일제 식민지 잔재 역시 청산은커녕 가치의 중심에 두는 반동적 경험을 했습니다. 그 위에 40년 넘는 반공 군부 독재의 찌꺼기가 학교 현장에 덕지덕지 남아 단 한 번도 말갛게 씻어 낸적이 없습니다. 대한민국 탄생 이래로 잘못된 역사를 청산해 보지 못한 한국 사회는 그런 점에서 교육의 역할, 교사의 역할이 매우 중요합니다. 교육은 피를 흘리지 않고 현실을 변화시킬 수 있는 무기이자 사회적 힘입니다. 나아가 교육은 인간의 영혼을 맑게 정치시킬 수 있는 아름다운 예술이기 때문입니다. 그런 점에서 오늘날 역사적 격변을 겪고 있는 한국 사회에서 페스탈로치의 그 진정한 면면을 새롭게 조명해 보아야 할 이유는 충분합니다.

따라서 조선의 진정한 교육자이자 페스탈로치는 단연 이만규입니다. 해방 공간 조선 최고의 교육자 3인을 꼽을 때 이만규, 이극로, 백남운 세 사람[11]을 꼽는 데는 이견이 없습니다. 세 사람 모두 공산주의자가 아님에도 월북했다는 이유만으로 독립유공자는커녕 한국 사회에선 거의 잊혀버린 존재입니다. 특히 이만규는 교사들에게 낯설고 생경한 인물입니다. 교육학을 전공하는 학자들에게조차 그는 연구 대상이 아닙니다. 해방 직후 교육계에서 이만규의 위상이 얼마나 높았는가를 보여 주는 일화가 있습니다. 해방과 더불어 조선의 교육자들은 조선의 학교교육이 앞으로 어떤 모습이어야 하는지 전체 그림을 그리며 분주하게 움직입니다.

1945년 9월 15일 '중등학교 교육자 대회'가 휘문중학교 강당에서 열립니다. 여기에는 당시 조선 전체 중등교원 1,894명[12] 가운데 450명이 넘게 참여했습니다. 이는 중등교사 네 명 중 1명이 참여한 중등교원 최초이자 최대의 전국교사대회였습니다. 이 대회 소집을 구상한 발기인들은 서울 시내 중등학교 교장 출신들이었습니다. 최규동(중동학교장)처럼 조동식(동덕고등여학교장), 유억겸(광신상업학교장, 유길준의 아들) 등 일제 말기 조선의 청년들을 전쟁터로 내몰며 황민화 교육에 앞장선 친일 인물들이었습니다. 대회가 열리기 10여 일 전 동덕여자중학교 교사 2명이 이만규의 집을 찾아옵니다. 그리고 친일 교장들의 준동을 설명하고 이만규의 대회 참석을 간곡히 요청합니다. 결국 '중등교육자대회' 의장직을 노렸던 조동식 등 친일 교장들을 물리치고 압도적인 지지 속에 이만규가 당당히 의장에 선출[13]됩니다.

이만규는 일제 강점기 35년 가운데 31년 동안 항일 민족교육에 헌신하며 비타협적 노선을 걸었던 몇 안 되는 인물입니다. 개성 송도고보 학감 시절 '애국창가집'을 몰래 제작해 배포하다 개성경찰서에 체포되기도 했습니다. 애국창가집에 실린 「영웅의 모범」 노랫말은 다음과 같습니다.

"한산도와 영등포에서 거북선 타고 일본 함선을 모조리 복멸시킨 이순신의 전략은 우리들이 모범으로 삼아야 하리. 하늘에서 내려온 홍의장군 좌충우돌 분투하여 쥐와 같은 왜적들을 도처에서 베어 버린 곽재우의 모범은 우리들이 모범으로 삼아야 하리. 의병을 일으켜 싸우다가 드디어 대마도에 갇히어 일본의 곡식을 먹지 않고 태연히 굶어 죽은 최익현의 절개는 우리들이 모범으로 삼아야 하리. 노적 이토 히로부미를 하얼빈에서 습격하여 3발 3중 사살하고 조선독립만세를 부른 안중근의 그 의기, 우리들이 모범으로 삼아야 하리."[14]

1919년 3·1운동 당시 이만규는 송도고보 교사로서 독립선언서를 다량으로 인쇄, 시위 현장에서 배포하다가 피검됩니다. 일제의 '출판물 및 보안법 위반'으로 서대문형무소에 수감돼 4개월 옥고를 치르고 출감합니다. 이후 흥업구락부 사건, 조선어학회 사건 등으로 여러 차례 옥고를 치르고 2년 7개월 동안 학교에서 쫓겨나 해직 교사 시절을 보내게 됩니다. 그 와중에 이만규는 조선 사회의 낡은 질서를 해체시키기 위한 교육 실천과 함께 항일의식 고취, 조선어 규범 수립운동에 적극 참여합니다. 배화여고보 시절 이만규로부터 배웠던 조영애(시인 조지훈의 고모)는 교육자로서 이만규의 모습을 이렇게 회상했습니다.

"당시 이만규 선생님은 우리 학생들의 민족혼을 일깨우기 위해 한글독본과 역사책을 구해와 위험을 무릅쓰고 가르쳤습니다. 특히 여성의 잠재력 개발을 중요시해 과도기의 여성은 한 어깨에 두 짐, 세 짐의 과제를 짊어져야 한다고 강조하셨습니다. 또한 이만규 선생님은 우리 학생들의 영혼 속에 독립을 위한 항일투쟁의 정당성을 가르치면서도 한편으론 인간과 자연에 대한 무한한 사랑과 겸손을 알려주셨습니다."[15]

이만규는 배화여고보 시절 여성 스스로 봉건적 인습에 얽매이지 말고 주체적 인격을 갖출 것을 강조했습니다. 독립된 인격체로 '사람인 여성'이 되어 '온 정신과 몸이 노동하는 대중 속으로 들어가 그들의 친한 친구가 될 것'을 역설했습니다.[16] 일상의 봉건적인 질서인 축첩제도를 타파하고 사주, 궁합, 점 등 미신에서 해방될 것을 강조했습니다. 나아가 제사법을 고쳐 혼례, 상·장례, 제례의식을 간소화하고 여성 스스로 경제지식과 과학지식, 그리고 국제정치 동향과 약소민족에 대한 소양을 바탕으로 미의 가치를 제대로 감상할 줄 아는 예술적 감수성을 간직할 것을 역설했습니다. "여자가 학문을 닦는 것은 그 목적이 여자의 인격을 높이려는 데 있으며 인격이 높아진다는 것과 자존심이라는 것은 하나"임을 가르쳤습니다.[17] 남존여비 등 봉건적 질서가 온존했던 일제 강점기에 이만규는 남녀평등교육을 통해 여성 스스로 주체적 인격을 갖춰 당당하게 식민지 현실을 극복하고 사회에 참여할 것을 강조했습니다.

4. 조선의 페스탈로치, 조선교육자의 사표 이만규

교육자로서 이만규의 교육 사상은 해방 직후 조선인민 공화국의 시정방침, 조선인민 당과 민주주의민족전선, 그리 고 근로인민당, 조선교육자협 회의 강령 및 교육정책에 여 실히 표현됩니다. 특히 해방 직후 자생적이면서도 전국 조 직을 갖춘 대중적인 교사단 체 '조선교육자협회'에서 이 만규의 역할은 매우 돋보입 니다. 1947년 2월 창립 당시

조선의 페스탈로치 이만규. 외과의사 일을 그만두고 감리교 재단인 개성 송도고보와 서울 배화고등여학 교에서 30년 넘게 항일 민족교육을 실천한 이만규 는 몽양 여운형 선생의 가장 절친한 친구로서 진보 적 교육자였다(사진 자료: 박용규 박사 제공).

280명으로 출발한 조선교육자협회는 불과 석 달 사이에 9,210명이라 는 놀라운 조직력을 보입니다.

교사의 권익 보호와 해방 조선의 교육 청사진을 고민하며 등장한 조선교육자협회는 당시 전체 초중등 교원 3만 명 가운데 거의 3분의 1이 가입한 최대 교사단체였습니다. 오늘날로 보면 교원노동조합의 성 격을 띠었던 조선교육자협회를 실질적으로 이끌었던 인물도 이만규였 습니다.[18] 1947년 7월 발표한 강령과 정책에는 이만규(조선교육자협회 부회장)의 교육 사상과 신념이 잘 녹아 있습니다.[19]

초등 의무교육 시행, 학원 민주화를 위한 친일파와 민족반역자 숙 청, 문맹퇴치 시행, 정치교육의 강화, 봉건적·국수주의적·비과학적 교 육 청산, 민주주의 교육이론 수립, 남녀 공학의 점진적 실시, 부인 해

방과 계몽 교육 시행, 남녀평등 교육 실현을 위한 시급한 대책 등이 모두 이만규의 교육철학에서 나온 것입니다. 가히 해방 직후 교원노동조합의 선구자 격인 조선교육자협회의 당당한 면모가 아닐 수 없습니다.

해방 직후 자주적인 최대 교원단체이자 최초의 교사노동조합의 성격을 띤 조선교육자협회는 「국대안」 반대 투쟁 당시 가장 선두에 서서 투쟁합니다. 「국대안」은 「국립 서울대학교 설립안」의 약칭으로 1946년 7월 13일 미군정청 문교부가 일방적으로 공표함으로써 시작되었습니다. 해방된 조국에 국립종합대학교를 신설하자는 취지로 미군정청 문교부(부장: 유억겸, 차장: 오천석) 조선인 관료들이 주도하고 미군정청이 물리력을 동원해 강행한 고등교육 개혁정책입니다. 문교부 차장 오천석이 한국인으로서는 최초로 「국대안」을 구상했고 「국대안」을 실질적으로 주도한 리더 격이었습니다. 그는 해방 공간 남쪽 교육계를 실질적으로 이끌어 간 핵심 인물입니다. 해방이 되자마자 오천석은 이튿날 교육계 인사들의 회합인 '북아현동 모임'과 8월 하순 '천연동 모임'을 주도했습니다.[20]

천연동 모임은 구성원들 대부분이 일제 강점기 친일 경력을 지닌 인물들이었습니다. 김성수(고등교육), 유억겸(전문교육), 백낙준(교육전반), 최규동(일반교육), 김활란(여자교육) 등은 그대로 미군정청 교육자문기구인 '한국교육위원회' 구성 멤버가 됩니다. 한국교육위원회의 주요 역할은 해방 후 일제가 물러간 빈자리에 공립중고등학교장, 대학장 등 각급 학교장을 임명하는 일과 각 도의 교육 책임자(학무국장), 기관장을 임명하는 것이었는데 실질적으로 중요 문제를 심의, 결정했습니다.[21]

오천석은 해방 직후 고급 기술 인력의 극심한 부족 문제를 해결하고 제한된 우수 교수진을 공유하고자 했습니다. 무엇보다 경성제국대학과 서울 시내 산개한 9개 관공립 전문학교들과의 교육재정 중복 투자를 줄여서 예산 낭비 요인을 없애고자 했습니다. 그러나 공개적으로 명시된 취지와 달리「국대안」은 교수-학생으로 구성된 대학자치 기능을 억압하고 해체시키는 방향으로 전개되었습니다.

실제로 1946년 8월 22일에 미군정법령 102호로 공포된 내용을 보면「국대안」에는 교수 재임용 조항이 있고 관료들이 대학을 통제할 수 있게 했습니다. 실제로 대학 운영의 주도권을 교육 관료로 구성된 서울대학교 이사회가 행사하게 되어 있었습니다. 나아가 초대 국립 서울대학교 총장으로 미군정청 육군대위 해리 앤스테드H. Ansted가 임명된 것은 조선 민족의 자존심에 심각한 상처를 주는 조치였습니다. 미군정 당국은「국대안」사건을 통해 학원 내에 존재하는 진보적인 교수와 학생들을 배제시키는 정책을 취했습니다. 결국 해방 후 최대 교원 단체인 조선교육자협회는「국대안」반대 투쟁의 최전선에 서게 되었고 미군정의 경찰력 등 물리력에 대항합니다. 교수 집단은「국대안」반대 성명서와 집단 사퇴, 학생들은 등록거부와 동맹휴업 등으로 거세게 저항합니다.

1946년 7월부터 시작된「국대안」사건은 해를 넘겨 1947년 3월 초까지 계속되고 결국 수백 명의 교수들과 수천 명의 학생들이 학교에서 제명당합니다. 1947년 3월 5일 현재 서울대학교 9개 단과대학 8,040여 명 중에서 4,956명(61.6%)이 제명된 상태였습니다. 서울대학교 교수 역시 총 429명 가운데 380여 명(88%)이 대학 강단에서 쫓겨난 상태로「국대안」강행 이전과 비교하면 12% 기능밖에 발휘할 수 없었습니다.[22] 나중에 미군정청 문교부는 심사를 거쳐 진보적인 교수와 학생들을 배제시킨 채 단순 가담자 상당수를 복교시키지만「국대안」사건은 교육이 굴절되고 파행으로 치닫는 한국 교육문제의 근원적 재앙으로 작용합니다.

해방 후 최대의 자주적인 조선 교육자 단체인 조선교육자협회는 「국대안」 반대 투쟁 중에 극심한 탄압을 받습니다. 「국대안」이 어느 정도 마무리된 1947년 10월에는 「국대안」 반대 운동을 이끌었던 핵심 지도부인 조선교육자협회 간부 58명이 체포, 기소됩니다. 조선교육자협회는 결국 공개적인 합법 활동이 불가능해지자 1947년 10월 이후 지하운동단체로 명맥을 유지합니다. 그러던 중 1948년 5·10총선과 남한 단독정부 수립에 반대하는 성명서를 발표한 뒤 이승만 정권의 극단적 반공주의가 지배하는 공안 정국에서 활동을 거의 하지 못하다가 1950년 한국전쟁 기간 해체되는 비운을 맞습니다.

조선교육자협회가 탄압을 받고 지하화하는 바로 그 시기, 1947년 11월에 오천석(미군정청 문교부장)은 미국교육협회NEA를 본떠서 사공환 문교부 차장에게 교육연합 창립을 지시합니다.[23] 오천석은 친일 교육자 조동식을 찾아가 협력을 구하고 최규동을 초대 회장으로 1947년 11월 23일 '조선교육연합회'(약칭 '교련', 한교총의 전신)를 창립합니다.

폭압적인 이승만 반공정권 아래 극우 친일세력의 백색테러 위협이 시시각각 엄혹해지는 상황에서 이만규는 전쟁 전임에도 남북 이산가족이라는 비운을 맞게 됩니다.

이만규는 두 딸을 남쪽 사회에 남겨 둔 채 다른 가족을 데리고 부득불 생존을 위해 북쪽을 선택합니다. 일제 치하 한글강습회 강사, 한글맞춤법 제정위원, 조선어 표준어 사정위원, 조선어학회 간사장으로 활약하며 조선어학회 사건 당시 귀 한쪽이 심각하게 훼손되는 고문을 당했던 이만규는 진보적 민족주의자이지 공산주의와는 거리가 멀었습니다. 조선어학회의 실질적 지도자였던 이극로 선생이 공산주의자가 아니듯이 이만규도 공산주의 자가 아닙니다.

조선이 낳은 페스탈로치, 이만규! 다음 장면은 이만규의 따뜻한 제자 사랑을 느끼게 하는 대목입니다. 1930년 들어 광주학생운동이 서울로 확산되던 당시, 일경에 체포돼 경찰서에서 취조를 받던 배화여고보 제자들을 걱정하면서 이만규는 취조실 문틈으로 제자들이 취조받는 상황을 모

조선어학회의 지도자 이극로. 이극로는 독일 유학생활을 통해 경제학 박사 학위를 취득하지만 조선어학회를 실질적으로 이끌었던 지도자로서 평생 우리말을 연구했던 국어학자이다.

두 지켜보았습니다. 행여 일제 경찰들에게 폭행을 당하지 않을까 걱정되었기 때문입니다. 취조가 끝나면 일제 경찰의 폭행을 감시하며 경찰서에서 검사국까지 제자들과 동행했습니다. 실로 조선 교육자의 귀감이자 사표가 아닐 수 없습니다.

'조선의 페스탈로치'는 교육부나 한교총이 홍보한 대로 '최규동'이 아니라 단연코 '이만규 선생'입니다. 식민지 잔재와 국가주의 잔재가 여전한 오늘날 조선의 페스탈로치로서 이만규를 복권시키고 낡은 질서로부터 교사와 학생의 진정한 인간해방을 꿈꾸는 일이 절실합니다. 그 첫출발은 이만규를 독립유공자로 복권시키고 교육자 이만규를 널리 알리는 것에서 시작해야 할 것입니다.

사회 통념	역사의 진실
1. 최규동 　교육자의 사표, 조선의 페스탈로치, 초대 교련 회장, 3대 서울대 총장을 역임하며 한국 교육계의 초석을 놓은 훌륭한 교육자, 독립유공자(박정희 정권). 2. 이만규 　망각의 존재(잊혀버린 교육자), 사회주의자, 유물론적 시각에서 『조선교육사』를 쓴 인물.	1. 최규동 　일제 말기 황군 징병을 독려한 친일 교육자, 어용·관변 교육자 단체인 교련 초대 회장, 미군정기 교육자문기구인 '한국교육위원회'에 김활란, 김성수 등 친일 교육자들과 함께 참여한 인물, 『친일인명사전』에 등재된 친일파. 2. 이만규 　항일 민족주의 교육을 실천한 진보적 교육자, 우리 말글을 지킨 조선어학회 사건 33인 중 한 사람, 해방 공간 좌우합작을 통해 분단을 극복하고 통일 민족국가 건설을 추구한 통일운동가, 이승만 정권의 백색테러 등을 피해 생존을 위해 북으로 간 진보적 민족주의자(공산주의자가 아님), 민족주의와 유물론적 시각을 결합하여 저술한 뛰어난 저작 『조선교육사』를 쓴 교육사가. 교육자의 사표, 조선의 페스탈로치.

1. 윤근혁, 「'이달의 친일 스승' 그 후, 너무나 뻔뻔한 교육부와 교총」, 『오마이뉴스』 2015. 3. 11.
2. 윤근혁, 「'친일 의혹' 1·2대 교총 회장, 나란히 '이달의 스승'」, 『오마이뉴스』 2015. 3. 23.
3. 윤근혁, 「'천황 위해 죽자'는 이가 민족의 스승? 교육부, 최규동 초대 교총 회장 선정 논란」, 『오마이뉴스』 2015. 3. 7.
4. 윤재설·장석원·문성준(2009), 『세계의 사회주의자들』, 서울: 펜타그램. 25~27쪽.
5. 허미경(2003), 「반전운동가 아인슈타인의 복원」, 『한겨레』 2003. 3. 22.
6. 김정환(1974), 『교육의 철학과 과제』, 서울: 박영사, 51쪽.
7. 김정환(1996), 『인간화 교육 어떻게 할 것인가』, 서울: 내일을여는책, 274쪽.
8. 柳久雄, 임상희 옮김(1985), 『교육사상사』, 서울: 백산서당, 103쪽.
9. 김정환(1974), 『교육의 철학과 과제』, 서울: 박영사, 51쪽.
10. 김정환(1997), 『전인교육 어떻게 할 것인가』, 서울: 내일을여는책, 136~137쪽.
11. 박종무(2011), 『미군정기 조선교육자 협회의 교육이념과 활동』, 교원대 석사학위논문, 32쪽.
12. 김용일(1995), 『미군정하의 교육정책 연구』, 고려대 박사학위논문, 39쪽.
13. 이만규(1949), 「南朝鮮 敎員의 手記 몇 가지」, 『人民敎育』 1949년 8월 15일 기념호.
14. 『現代史資料』(25), みすず書房, 1966, 10~11쪽. 박득준(1989), 『조선근대교육사』, 서울: 한마당. 227-228쪽에서 재인용.
15. 고광헌(1992), 「인술의 길에서 교육의 길로」, 『발굴 한국 현대사 인물』, 한겨레신문사, 148~149쪽.
16. 이만규(1994), 『가정독본』, 서울: 창작과비평사, 231~233쪽.
17. 이만규(1933), 「女學生에게 보내노라」, 『新女性』 제7권 제7호, 개벽사, 15쪽.
18. 박종무(2011), 위의 논문, 32쪽.
19. 박종무(2011), 위의 논문, 48~49쪽.
20. 허대영(2009), 『오천석과 미군정기 교육정책』, 파주: 한국학술정보(주), 84쪽.
21. 이덕호(2001), 『친미 사대주의 교육의 전개과정』, 서울: 다움, 29~30쪽.
22. 朝鮮通信社(1948), 『朝鮮年鑑』, 280쪽.
23. 김경숙(1989), 『미군정기 교육운동: 1945-1948』, 서울대 석사논문, 51쪽.
24. 한국사 사전편찬회(1990), 이이화 감수, 『한국 근현대사 사전』, 서울: 가람기획, 57쪽.

2부

역사의 빛과 그림자

3장
망국의 순간, 조선 사회 두 얼굴

1. 노론세력 이완용의 매국행위

1910년 나라가 망해 가는 때 조선 사회는 두 얼굴을 보여 주었습니다. 오백 년 조선왕조가 무너지는 순간 두 얼굴은 우리로 하여금 전율을 느끼게 합니다. 일본제국주의는 한반도를 강점하면서 저항 세력을 잔혹하게 탄압했습니다. 反반봉건 反반제국주의를 기치로 내걸고 일어난 동학농민전쟁이 그렇습니다.

역사에는 가정이 없지만 동학농민혁명이 성공했다면 조선이 식민지로 전락하지 않았을 것입니다. 삼남지방 농촌을 초토화시키면서 동학농민군을 참혹하게 죽인 세력이 바로 제국주의 일본입니다. 동학농민혁명 당시 동학군 간부는 동학교도들이겠지만 수만 명에 달한 동학농민군 다수는 학정과 수탈에 시달렸던 일반 농민들이었습니다. 일본군의 완전 초토화 작전으로 공주 우금티 전투에서 시체가 산을 덮고 피로 강을 이루었다고 기록돼 있습니다. 농촌 구석구석을 초토화시킨 결과 동학농민혁명 기간 1년 동안 30~40만 명이 희생될 정도였으니 일제의 탄압이 얼마나 극심했는지 짐작할 수 있습니다.

반면에 국가를 망하게 하는 데 적극 협력한 친일세력들에겐 수억 원에 달하는 은사금과 귀족의 작위를 주었습니다. 매국노 이완용은 한일병합 당시 내각 총리대신으로 은사금 15만 원과 백작의 작위를 받았습니다. 1910년대 당시 1원이 오늘날 시세로 환산했을 때 1만 3,000원[1]인 점을 고려하면 20억 원을 받은 셈입니다. 일국의 총리대신(수상)으로서 일말의 저항은커녕 경쟁자인 또 다른 매국노 송병준에 앞서서 나라를 통째로 팔아넘긴 대가였습니다.

한일병합 전후 시기 친일파로 분류되는 국내 정치세력 가운데 이용구, 송병준의 일진회는 급진적 합방을 강조하는 조선 주둔 일본군과 결탁했습니다. 반면에 이완용 친일 내각은 점진적 합방을 주장한 조선통감부의 지원을 받으며 일진회와 치열한 주도권 다툼을 벌입니다.[2] 실제로 일진회 수령 송병준은 을사늑약이 체결되기도 전인 1904년 12월에 일본군 참모 마쓰이시松石에게 편지를 보냅니다. 그는 편지글에서 '조선 국민이 능히 조선의 독립을 유지할 수 있는가'를 물으며 "조선국의 치안과 외교를 일본 정부에 일임하여 조선 국민으로 하여금 일본 신민과 동등하게 대우받게 해야 한다"고 매국적 발언을 일삼았습니다.[3]

결국 이완용은 자신의 충복이자 비서인 이인직을 시켜 조선통감부(조선총독부의 전신) 외사국장 고마쓰를 통해 나라를 팔아넘기는 협상을 벌입니다.

이완용은 1898년 7월 이전까지는 독립협회 초대, 2대 회장을 역임하고 종로에서 열린 만민공동회 집회에 참가합니다. 그러다 1898년 7월에 제국주의 열강에 이권을 넘겨준 죄행들이 들통 나서 독립협회에서 제명당했습니다. 이완용의 친일 행각은 1900년 이후 노골화합니다. 학부대신으로서 을사늑약 당시 고종 황제를 위협해 앞장서서 조약에 서명을 합니다. 이 사건은 이토 히로부미의 눈에 띄었고, 이후

초대 통감 이토 히로부미의 추천으로
1907년 5월 내각 참정대신(총리대신)에
오릅니다.

이완용. 이완용은 금색 제복을 입고
훈장 달기를 좋아했다. 건달 기질의
송병준과 달리 시문에 능했고 당대 식
자층에 속했지만 이토 히로부미를 스
승으로 칭했던 매국노였다.

황제국가에서 황제의 서명이 없는 조
약은 무효입니다. 고종의 서명이 없었
음에도 을사늑약으로 외교권을 강제로
박탈당했습니다. 그리고 뒤이어 헤이그
밀사사건을 계기로 이완용은 박영효(궁
내부 대신)의 반대에도 불구하고 직접
궁내부 대신 서리직을 맡아 고종의 퇴
위식을 강제 집행합니다. 일제의 충견忠
犬으로 전락한 모습이 아닐 수 없습니다.

고종을 강제 퇴위시키고 일주일이 채 지나지 않아서 이완용은 정미
조약을 체결합니다. 정미조약은 조선통감부에 입법권, 행정권, 인사권
을 모두 넘겨준다는 내용입니다. 그런 매국적인 조약을 참정대신으로
서 이인직의 둘도 없는 친구[4] 조중응(법부대신, 이인직의 도쿄정치학교
동창) 그리고 송병준(농상공부 대신)과 함께 일사천리로 처리해 버립
니다. 곧이어 언론, 집회, 결사를 금지시키고 군대를 전격 해산시킵니
다. 이 일로 이완용은 일본 정부가 주는 훈1등 훈장을 받습니다.[5]

이완용은 황실을 지키는 1개 대대 병력만 남기고 대한제국 군대를
모두 해산시켜 버립니다. 조선의 군대가 해산당하자 시위대 대대장 참
령 박승환은 망국의 울분에 권총으로 자결을 합니다. "군인으로서 나
라를 지키지 못했고 신하로서 충성을 다하지 못했으니, 만 번 죽은들
무엇이 애석하겠는가軍不能守國 臣不能盡忠 萬死無惜"라는 유서를 남기고
자결했습니다. '대한제국 만세'를 외친 뒤 권총으로 스스로 목숨을 끊

어 순국했습니다.

이를 계기로 조선의 군인과 백성들이 크게 동요합니다. 국모가 죽음을 당한 을미참변 때처럼 조선의 군인들이 남대문에서 일본군과 치열하게 시가전과 백병전을 벌이는 등 원주, 수원, 강화 등 전국 각지에서 의병을 일으켜 거세게 저항합니다. 서울의 경우 대한제국 군인 3,000명 정도가 연병장에서 훈련을 받다가 군대 해산을 통보받고 무기 반납 명령을 받습니다. 그리고 조선 정부로부터 군대가 해산되었으니 각자 고향으로 돌아가라는 서찰을 받습니다. 서찰마다 10원씩이 들어 있었습니다. 병사들은 너무 놀라서 어안이 벙벙했고 일부는 대성통곡했습니다. 그러던 중 병사들이 갑자기 서찰을 찢어 버린 채 무기고 문을 때려 부수고 총을 꺼내 무장하기 시작했습니다. 불과 몇 분 사이에 일본군과 전투가 벌어졌고 일본군 300명을 죽입니다.[6] 시위대 1연대 1대대 병사들과 2연대 1대대 병사들이 3일 동안 일본군과 치열하게 교전을 벌였습니다. 결국 일본군 500~600명을 죽이지만 시위대 역시 천여 명이 희생[7]될 정도로 장렬히 전사하면서 강제 진압당합니다. 한국군 강제 해산과 박승환의 자결을 계기로 해산당한 군인들이 의병부대에 대거 합류, 무장력을 강화하면서 한반도 전체에서 의병전쟁이 일어나 일제와 전면전을 치릅니다.

무장력을 한층 강화한 의병부대들은 13도 연합전선을 형성하여 이인영을 총대장, 허위를 군사장으로 임명해 경기도 양주에 1만 명을 집결시킨 뒤 서울 진격 작전을 펼칩니다. 그러나 의병부대의 서울 진격 작전은 동대문 밖 전투에서 일본군에 패한 뒤 산발적인 게릴라전 형태로 변모합니다. 1909년 가을 시작된 일본군의 남한 대토벌 작전은 그물망을 쳐 조이듯이 농가를 샅샅이 뒤져 의심이 가는 조선인들을 무참히 살육했습니다. 삼남지방 농민 5만 명을 살상, 절멸시키면서 자행된 일본군의 대대적인 토벌 앞에서 이미 기울어진 국운을 돌이킬 순 없었습니다. 1909년에 사법권을 박탈당했고 1910년엔 경찰권마저 빼앗겨 버렸기 때문입니다.

송병준과 경쟁하던 이완용은 송병준의 일진회가 청원한 합방청원서를 애써 저지시킵니다. 그리고 이완용은 깊어 가는 초조감 속에서 비서인 이인직을 시켜 1910년 8월 4일 밤 11시에 몰래 남산 아래에 있던 통감부 관사로 고마쓰(통감부 외사국장)를 찾아가게 했습니다.[8] 결국 이완용은 데라우치 통감 관저에서 1910년 8월 22일 "한국 황제 폐하는 한국 정부에 관한 일체의 통치권을 완전하고도 영구히 일본국 황제 폐하께 양여한다(제1조)"[9]는 조약에 서명합니다. 서명 직후 공표되지 못한 채 1주일이 지난 8월 29일(국치일)에 조약이 발표된 것은 조선 민중의 거센 저항을 두려워했기 때문입니다.

이완용은 나라를 팔아먹은 이후 식민지 시절에도 적극적 친일 행위를 서슴지 않았습니다. 한일병합 직후인 1910년 조선총독부 자문기구인 중추원 고문에 임명되었고, 1911년 메이지 천황 생일을 축하하러 일본에 갑니다. 그리고 1915년에는 다이쇼 천황 즉위 대례식에 처와 함께 참석합니다. 1916년에는 조선반도사 편찬 심사위원으로 활동했고 마침내 식민사관을 만들어 냈던 총독부 산하 '조선사편수회' 고문으로 활동하는 죄악을 저지릅니다.

3·1 독립운동 당시에는 세 차례나 조선 민중의 경거망동(?)을 경고하는 글을 『매일신보』 등 신문에 게재하면서 독립을 외치는 것은 허망한 짓이고 조선독립이 불가능함을 역설했습니다. 1919년 3월 8일 자 『매일신보』에 기고한 '황당한 유언에 미혹치 말라'는 제목의 글은 그야말로 황당한 내용이 아닐 수 없습니다.

"이번에 조선독립운동이라 칭하여 결성, 행한 운동이라는 것은 사리를 분별하고 국정을 알지 못하는 자들의 경거망동으로 내선동화의 실을 상해하는 것이라 말하지 아니치 못할지라. 그 운동의 원인, 이유라 하는 것을 보건대 조선인으로 다년간 해외에 있으면서 현재 조선의 상태를 알지 못하는 도배가 우연히 파리의 강화회의에 제출, 토의된 민족자결주의를 방패와 난간으로 삼아서 조선의 독립을 기도하여 민심을 고혹, 선동한 결과 여사한 불상사를 기한 것이다."(이하 생략)[10]

따라서 조선 민족 장래의 행복을 위해서는 오히려 실력을 양성하는 것이 급선무라며 3·1운동의 의미를 폄하하는 망언을 일삼았습니다.[11]

2. 황현의 순절과 소론세력의 집단 망명

그런 망국의 시기에 조선의 마지막 선비 정원하와 황현의 삶과 죽음이 존재합니다. 이것이 우리를 전율케 하는 또 다른 조선의 얼굴입니다. 매천 황현은 벼슬을 하지 않았고 전라남도 구례라는 시골 초야에 묻혀서 밤낮으로 글공부만 했던 선비입니다. 단 한 번도 조선왕조로부터 국록을 받지 않았습니다. 그런 선비가 나라가 망하는 그 시기 스스로 목숨을 끊었던 것입니다.

매천(황현의 호) 선생 스스로 나라가 망하는 때 자신이 죽어야 할 이유는 없다고 했습니다. 그렇지만 선비를 오백 년 동안 길러낸 선비의 나라 조선왕조가 망하는 날, 선비가 한 명도 죽지 않는다면 이 어찌 이상하지 않은가라고 탄식합니다. 나라가 망하는 날 글 읽은 선비로서 의리와 도리를 지키며 다량의 아편을 먹고 스스로 목숨을 끊었던 것입니다. 국가가 당한 치욕을 통분하며 매천 선생은 돌아가시기 전 자제들을 불러 모아 다음과 같은 유언을 남겼습니다.

"내가 벼슬을 하지 않았기에 가히 죽어야 할 의무는 없지만 다만 이 나라가 선비를 기른 지 오백 년에 나라가 망하는 날, 선비 한 사람도 책임을 지고 죽는 사람이 없어서야 어찌 슬프지 않겠느냐? 나는 위로는 한결같은 마음의 아름다움을 저버리지 않았고 아래로는 평생 읽던 좋은 글의 의리를 저버리지 않으려 고요히 잠들면 통쾌하지 않겠느냐? 너희들은 내가 죽는 것을 크게 슬퍼하지 마라."

_「유자제서遺子弟書」[1910]

매천의 『오하기문』에는 동학농민혁명이 일어났을 때 농민군을 비난하는 대목이 여러 차례 나옵니다. 그런 보수적인 지식인이지만 국가가 망하는 날 지식인으로서 부끄러움을 토로하며 목숨을 초개와 같이 버렸습니다. 망국을 탄식하며 스스로 목숨을 끊은 황현의 죽음 앞에서 우리는 전율합니다. 지사적인 풍모를 갖춘 조선의 마지막 선비의 모습을 보기 때문입니다. 지식인으로서 시대의 아픔을 자신의 아픔으로 느끼고 절망했던 황현입니다. 지식인의 고뇌를 여실히 보여 준 절명시 한 구절을 소개합니다.

어지러운 세상 속에 살다 머리털 다 희었네. 몇 번이고 죽으려 했던 목숨이었나. (…) 새와 짐승도 울고 온 산천도 찡그리네. 무궁화 강산 이미 망해 버렸구나. 가을 등불 아래 책을 덮고 역사를 회고하니 글 아는 사람 지식인 노릇 제대로 하기 어렵구나. (…)

_「절명시絶命詩」[1910]

매천 황현. 전봉준을 울분에 찬 선동꾼으로 묘사하고 동학농민군을 어리석은 무리로 평가했던 지식인 황현이지만 나라가 망하는 순간 다량의 아편을 먹고 음독, 자결한다.

나라가 망하고 두 달이 지난 1910년 10월 7일 일제는 매국노 76명에게 귀족의 작위와 은사금을 주었습니다. 76명 중 소속 당파를 알 수 있는 사람은 64명으로 북인(2명), 소론(6명), 남인(0명), 노론(56명)입니다. 노론 가운데 귀족의 작위를 거부하거나 치욕 끝에 음독 자결한 이들도 일부 있었지만 절대다수가 노론 일색입니다.[12] 그들은 17세기 인조반정 이후 조선 사회를 300년 동안 지배하며 주자사대주의로 일관했던 집권 세력입니다.[13] 반면에 노론의 거두 송시열과 맞섰던 제자 윤증이 스승과 결별한 이후 소론계열 지식인들은 경종 때 잠깐 집권한 시기를 빼고는 중앙정치에서 철저히 소외돼 있었습니다. 성리학적 질서가 지배했던 조선 후기 사회에서 양명학은 이단시되었습니다. 그런 양명학을 연구했던 학자들이 소론계열 지식인이었고 그들이 만든 학파가 강화학파입니다.

정원하는 우리가 역사책에서 배운 강화학파의 창시자 하곡 정제두의 7대 장손입니다. 정제두는 소론의 거두 윤증의 제자로서 성리학이 지배했던 조선 후기 사회에서 양명학을 연구했던 보기 드문 인물입니다. 주자의 학설을 다르게 해석했다 하여 사문난적斯文亂賊으로 몰려 죽음을 당하던 시대 분위기를 생각하면 양명학을 연구했던 그는 특이합니다. 그것은 중앙정계에서 남인을 무자비하게 살육했던 노론 붕당

정치의 폐해를 맛보며 노론이 주도하는 정치세계에 환멸을 느꼈던 스승 윤증의 영향이 컸습니다.

정제두는 낙향하여 강화도를 중심으로 학문에 매진합니다. 강화학파를 중심으로 양명학을 연구했던 일군의 학자들이 소론들이었음은 그런 이치입니다. 주자의 학설에 갇혀 학문적으로 경직된 노론과 달리 소론의 학문적 영역은 다양했고 유연했습니다. 불교와 노장사상을 연구하고 수용했으며 학문적으로 주체적이고 현실 지향적이었습니다. 청나라의 고증학을 비판적으로 수용하여 실학의 학풍을 보였고 붕당정치의 폐해를 비판했습니다.

황현의 친구 이건창, 이건승, 이건승의 친구 정원하, 홍승헌, 이건승의 제자이자 민족주의 사학자 정인보 그들 모두 강화학파에 속하거나 소론계열의 지식인들입니다. 나아가 신채호, 박은식, 김택영, 이상설, 이회영 모두 소론계열 지식인으로서 학문적으로 양명학과 깊이 연관된 인물들입니다. 실제로 소론계열 지식인들은 나라가 망하자 집단 망명으로 일본제국주의에 항거했습니다.[14] 그들의 학문적 배경은 지행합일을 추구했던 양명학이었고 정원하 역시 양명학자였습니다. 정원하는 대사헌으로 봉직하던 1894년 갑오개혁 당시 일본을 모방하는 개혁을 반대합니다. 갑오개혁을 추진하던 친일내각의 대신들을 역적으로 규정하고 이들을 성토하는 상소문을 이건창과 함께 올리며 분을 삭이지 못했습니다. 조선의 근대화는 자주적인 개화정책에 기초해야 함을 역설했던 것입니다.

을사늑약 당시 많은 우국지사들이 국가가 당한 치욕을 맞아 통분 끝에 죽음으로 항거합니다. 민영환, 조병세, 홍만식, 이상철, 김봉학의 자결이 그렇습니다. 정원하, 홍승헌, 이건승 세 친구 역시 죽음을 결심하지만 뜻을 이루지 못했습니다. 당시 정원하는 스스로 목숨을 끊고자 준비하던 중 자결을 눈치챈 가족들에게 발각됩니다. 그러자 정원하는 급히 주위에 있던 칼을 찾았습니다. 그 순간 가족들이 먼저 칼을 빼앗아 버리자 정원하 칼날을 잡고 놓질 않았습니다. 칼자루를 놓아 주면 정원하가 목을 찌르거나 손목을 그을 것을 안 가족들이 칼자루를 쥐고 통곡하는 기막힌 상황이 벌어진 것입니다. 결국 정원하는 칼날을 놓지 않는 바람에 평생 한쪽 손이 불구가 되어 버립니다.[15]

대사간, 대사헌을 역임한 정원하, 홍승헌은 나라가 망한 시점에 이건승과 함께 망명을 결심합니다. 양명학을 연구했던 소론계열 지식인들, 즉 강화학파 정원하는 세 친구 중 가장 먼저 일제 경찰의 감시를 피해 만주 서간도 횡도촌으로 망명을 떠납니다. 이건승, 홍승헌도 뒤를 이어 만주로 망명합니다.[16] 망명지 서간도에서 정원하는 조선인 마을을 세우고 이를 바탕으로 독립군 기지를 건설하기 위해 진력하던 중 이국 땅 만주에서 쓸쓸히 운명합니다. 이렇듯 강화학파 지식인들은 국치를 당하자 대부분 자결하거나 국외 망명을 떠납니다. 자기 내면을 닦고 오직 지행합일에 충실했던 양명학의 학문적 가르침대로 살아갔던 것입니다. 정원하, 홍승헌, 이건승! 국가가 존망의 위기에 처했을 때 학교를 세워 교육구국운동을 전개했고, 국치를 당한 때 치욕의 통분으로 자결하려 했던 그들의 삶의 자세에서 우리는 우국지사의 참모습을 마주하게 됩니다. 나라가 망하는 절체절명의 시기에 우국지사의 삶과 죽음, 그리고 국외 망명을 보는 우리의 마음은 처연하고 또 한편 숙연해집니다.

이와 달리 기울어 가는 나라를 굳세게 일으켜 세우기는커녕 서로 먼저 일본제국주의에 나라를 팔아넘기려 다투던 자들이 있었습니다. 이른바 친일 매국노들은 경쟁적으로 대한제국의 멸망을 앞당기기 위해 고심하고 분투합니다. 친일 매국노들의 그런 추악한 모습 앞에 우리는 또 한 번 전율하지 않을 수 없습니다. 이완용과 송병준! 그들은 일찌감치 일본제국주의의 주구가 되었습니다. 대한제국의 총리대신까지 오른 이완용, 그리고 일진회 우두머리 송병준은 나라를 통째로 팔아넘긴 대가로 일왕 메이지부터 수억 원에 이르는 은사금과 귀족의 작위를 받습니다. 문제는 그들이 일본 통감부와 내통하면서 서로 경쟁적으로 나라 팔기에 혈안이 되었다는 사실입니다. 심산 김창숙 선생은 『벽옹 73년 회상기』에서 그들 매국노들을 '적에게 아첨하는 개돼지'로 표현하면서 그런 자들을 만나면 얼굴에 침을 뱉어 꾸짖겠노라[17] 일갈하셨습니다.

망국의 순간! 조선 사회 지식인 계층의 두 얼굴

1. 이완용(총리대신): 노론세력의 영수로 노론세력은 망국의 일등공신
   초대, 2대 독립협회 회장으로 종로에서 열린 만민공동회 참가. 그러나 제국주의 열강에 이권을 넘겨준 죄행이 들통 나서 독립협회에서 제명당함.
   을사늑약 체결 당시 학부대신으로 고종을 협박하는 데 공을 들인 게 눈에 띄어 이토 히로부미의 추천으로 총리대신에 올랐다.
   망국의 대가로 일왕 메이지로부터 백작의 귀족 작위와 은사금 15만 원(현재 시세 20억 원)을 받았다.
   식민사관을 만들어 낸 조선총독부 산하 기구 '조선사편수회' 고문 역임.

2. 정원하: 소론계열 지식인들은 망국의 순간 자결하거나 국권회복을 위해 해외로 망명했다.
   양명학을 공부한 강화학파 정제두의 7대 장손. 정제두는 소론의 영수 윤증의 제자.
   망국의 순간 자결을 기도했으나 실패하고 이건승, 홍승헌 세 친구 중 최초로 망명길에 올랐다.
   양명학을 공부한 소론계열 인물들은 홀로 망명하거나(이건승, 홍승헌, 신채호), 집단 망명을 단행하여(이회영, 김대락, 이상룡) 나라를 되찾기 위해 해외 독립군 기지 건설에 주력했다.

---

1. 민족문제연구소(2009),『친일인명사전』, 25쪽.
2. 전봉관(2010),「친일 정치가로서 이인직의 위치와 합방 정국에서 그의 역할」,『한국 현대문학연구』제31집, 31쪽.
3. 김삼웅(1995),『곡필로 본 해방 50년』, 서울: 한울, 28쪽.
4. 고재석(2004),「이인직의 죽음, 그 보이지 않는 유산」,『한국어문학연구』제42집, 227쪽.
5. 민족문제연구소(2009), 앞의 책, 33쪽.
6. 김산·님 웨일스, 조우화 옮김(1999),『아리랑』, 서울: 동녘, 70쪽.
7. 이정규 외(2002),『의병운동사적』, 서울: 현대실학사, 64쪽.
8. 고재석(2004), 앞의 논문, 238쪽.
9. 김삼웅(1997),『사료로 보는 20세기 한국사』, 서울: 가람기획, 39쪽.
10. 김삼웅(1995),『곡필로 본 해방 50년』, 서울: 한울, 29쪽.
11. 민족문제연구소(2009), 앞의 책, 35~36쪽.
12. 이덕일(2009),『이회영과 젊은 그들』, 서울: 역사의 아침, 74쪽.
13. 이덕일(2000),『송시열과 그들의 나라』, 서울: 김영사, 395~398쪽.
14. 우당 이회영 선생 기념사업회(2010),『우당 이회영 일가의 망명과 독립운동』, 우당 이회영 일가 망명 100주년 기념 학술회의, 40쪽.
15. 이덕일(2009),『이회영과 젊은 그들』, 37쪽.
16. 이덕일(2009), 위의 책, 38~39쪽.
17. 민족문제연구소(2009), 앞의 책, 36쪽.
18. 이덕일(2009), 위의 책, 75쪽.

4장

'관제 조선일보'를 만든 송병준과 '항일 조선일보'를 만든 안재홍

1. 기생의 아들로 태어나 기생을 갈취하며 노년을 보낸 송병준

일본 수상에게 '1억 5,000만 엔만 주면 조선을 팔겠다'고 흥정한 희대의 매국노 송병준은 기질이 매우 저돌적인 데다 깡패 같은 성격을 지닌 인물입니다. 일본의 정치 낭인浪人들처럼 간특하고 교활하여 황제를 협박, 공갈하는 데 앞장섬으로써 나라를 팔아먹는 조약 체결과 매국 행위에 앞장선 위인입니다.[1] 송병준 스스로 조선 후기 신분제도의 문란 속에서 신분 세탁을 통해 송시열의 9세손이라 칭했습니다. 그렇지만 송병준은 함경남도 장진군의 낮은 신분에 속한 속리屬吏 송문수와 함흥의 관기 사이에서 출생했다고 합니다.

8살 때 잦은 도둑질로 기생 어머니에게서 쫓겨난 송병준은 거지생활을 하며 문전걸식으로 연명합니다. 그러던 어느 날 참외 서리를 하다가 주인에게 들켜 그를 불쌍히 여긴 주인집 머슴이 되었고 주인과 함께 참외를 팔러 상경합니다. 서울에 온 송병준은 수표교 기생집에서 잔심부름을 하며 호객행위를 하는 등 조방군助幇軍(호객군) 노릇을 했습니다. 그러던 중 충정공 민영환의 눈에 띄어 청지기로 생활하다가 명성황후에게 편지를 전달하는 등 궁중을 출입합니다. 고종이 장 귀인을 사랑하여 의친왕 이강을 낳자 명성황후는 장 귀인을 질투 끝에 죽이고자 합니다. 명성황후의 부탁을 받고 장 귀인을 청부살해한 송병준은 이후 명성황후의 총애를 받아 대전별감이 되고 약방 관기의 기둥서방이 됩니다.[2] 그런 송병준은 1920년대 60살이 넘은 나이에도 기생조합인 권번 경영에 참여하여 기생 영업증을 발급하고 기생들을 관리하는 등 인생의 말년까지 기생들의 화대를 착취하면서 살아갑니다.

송병준의 친일행위는 10대 후반부터 시작되었습니다. 1876년 일본의 함포 사격 등 무력시위 끝에 맺은 불평등한 강화도조약 당시 송병준은 접견사 수행원이 됩니다. 그리하여 일본 군납업체 거물 오쿠라를 만나 함께 부산에다 고리대금업과 무역업을 겸한 상관을 설치합니다. 그렇지만 부산 개항장을 중심으로 일본 상인들의 횡포가 심해지면서 일본의 경제 침략을 의식한 시민들이 벌인 일본 상품 불매운동 분위기가 확산돼 습격을 받습니다. 오쿠라와 함께 차린 부산 상관이 습격을 받아 불에 타 박살 나고 오쿠라 역시 사망하자 부산 상관은 실패작으로 끝납니다. 이후 송병준은 신분제도가 어지러운 틈을 타 중앙 정치계로 진출하려 합니다. 20대 중반이었던 임오군란과 갑신정변 때는 조선의 민중들에게 친일파로 낙인찍혀 집이 불타고 간신히 목숨만 부지한 채 도주하기도 합니다.[3]

송병준이 일약 중앙정계에서 떠오르는 친일파로 주목받기 시작한 것은 1904년 무렵입니다. 1904년 러일전쟁 당시 송병준은 12사단 오타니 소장의 통역으로 복무합니다. 전황이 일본에 유리하게 돌아가자 일본인들은 조선에 대한 황무지개척권 등 경제 침탈을 자행합니다. 그러자 서울에선 일제의 경제 침탈을 저지하고 일제의 간악한 침략 의도를 폭로하고자 1904년 7월 보안회를 결성해 종로 일대에서 연일 시위를 벌입니다. 종로 상인들도 철시 투쟁으로 동참하지요. 일제는 헌병 경찰을 동원해 강제 진압을 시도하고 시위대와 연일 충돌하는 상황이 지속됩니다.

2. 구한말 최대의 정치단체 일진회와 송병준의 조선일보

송병준은 보안회 활동을 방해하고 일제의 침략을 돕고자 1904년 8월 일진회를 결성합니다. 일진회는 유신회와 진보회를 통합해 만든 친일단체입니다. 유신회는 윤시병, 유학주를 우두머리로 하여 구독립협회 회원을 주축으로 만든 단체입니다. 반면에 진보회는 천도교 손병희의 지시로 그가 신임했던 이용구가 전국의 옛 동학 잔여 세력을 조직해 만든 전국 조직이었습니다.[4] 독립협회와 동학운동 세력이 결합해 만든 두 운동 조직을 송병준이 일진회로 통합하면서 구한말 최대의 정치단체로 등장합니다. 그리하여 일진회는 조선의 상층 양반 사회에서 찾아볼 수 없는 전국적인 조직이자 창설 당시 회원 수가 최소 10만 명을 헤아렸습니다. 따라서 일진회는 구한말 위세를 떨친 거대 민간단체이자 최대의 정치단체였습니다.[5] 일진회 회원들은 'A' 자 휘장을 단 사냥 모자를 쓰고 두루마기 제복을 입은 채 특권의식에 사로잡혀 활보했는데 일진회 스스로 회원이 100만 명에 이른다[6]고 떠벌렸습니다.

일진회의 급격한 정치적 성장이나 정치단체로서 위세를 떨친 배경에는 일제의 은밀한 정치공작 차원에서 물질적 지원과 일제 특무기관의 적극적 보호조치가 있었습니다. 1904년 설립 당시 일진회는 그들의 친일행위로 인해 대한제국 군경의 공격을 받거나 대한제국 정부의 탄압을 받았습니다. 실제로 1904년 12월 대한제국 군경은 일진회 본부를 포위하고 일진회와 격렬한 공방을 벌였고 지방에선 일진회 회원이 피살되기도 했습니다. 1904년 12월 31일에 내부대신 이용태는 전국 13도에 훈령을 내려 일진회 해산을 명령하고 정부 차원에서 일진회를 탄압합니다.[7] 그럼에도 보호국화의 주역인 이토 히로부미 등 일제는 조선의 보호국화를 위해 정치단체 일진회를 이용했습니다. 일진회 역시 대한제국 정권과 조선 사회 양반 지배 계층에 대해 적대적 관계였기에 일진회로서는 조선이 일본의 보호국화하는 것이야말로 자신들의 가장 든든한 정치적 기반이 되었습니다. 일본의 보호국이 되어 달라고 '을사보호조약 찬성선언서'를 발표하는가 하면 1909년에는 통감부에 합방청원서를 제출하며 노골적으로 친일의 길을 걷습니다.

일진회는 1904년 8월에 결성되어 1910년 9월 초대 총독 데라우치에 의해 해체될 때까지 6년 정도 존속합니다. 1904년 8월 결성 당시 보안회 활동에 대항하고자 공식적인 민간 사회단체로서 인가를 받습니다. 표면상으로는 이용구를 내세우고 이면에서는 송병준이 맹활약하면서 일진회 활동을 좌지우지했습니다. 일진회는 회원의 회비보다는 통감부나 일제 특무기관이 지원한 1,900만 원의 공작금으로 친일 활동에 적극 나서게 됩니다. 러일전쟁 당시에는 군수품 수송을 위한 경의선 철도 보수와 개축에 황해도, 평안도 일진회 회원 15만 명을 대거 동원해 군용품 운반용 군용도로를 닦는 데 앞장섭니다. 거기다 일진회원 11만여 명을 동원하여 군수물자 운반에 무보수로 집단 노역을 제공합니다.[8] 그리고 함경도와 북간도 일대의 러시아군 동태를 파악해 일본군에 첩보를 제공하는 역할도 수행합니다. 경원선 착공 때에는 경기도, 강원도, 함경도 3도의 일진회원들이 집단 노역을 제공했고 노임은 일본군 군사비로 헌납했습니다.[9] 도로 사정이 열악한 20세기 초 조선의 현실을 생각해 보면 러일전쟁에서 일본군이 승리하는 데엔 일진회의 친일 공적을 부인하기 어렵습니다.

무엇보다 일진회와 송병준의 씻을 수 없는 친일행위는 러일전쟁 종전 직후 대한제국을 일본의 보호국화하려는 움직임에 적극적으로 앞장서고 나라와 이천만 민중을 팔아넘기기 위해 일본 수상과 '너무 싸게 사는 것 아니냐'며 정치적 흥정을 했다는 것입니다. "이만큼 넓은 토지와 2,000만 인구를 통째로 일본인의 손에 넣을 수 있지 않은가! 조금도 비싸지 않다"며 송병준은 여러 차례 흥정합니다. 가쓰라 타로 일본 수상이 '그렇게 시행하는 것은 곤란하지 않은가'라고 되묻자 처음에 1억 5,000만 엔을 내걸었던 송병준이 '1억 엔만 있으면 훌륭히 수행할 수 있다'며 "조선 땅과 2,000만 명 인구에 대한 대가로 수십억, 수백억 엔의 세금이 들어오는데 너무 싸지 않은가"라고 계속 흥정하는 대목이 나옵니다. 그러나 일본이 조선 사회를 멸망시키는 데 3,000만 엔밖에 들지 않았다는 당시 재무국 사무관 후지모토 슈조藤本修三의 증언[10]은 가히 충격적입니다. '낙후된 조선 사회를 근대화하고 후진적인 조선 사회를 문명화시키는 데 일본의 힘이 절대적으로 필요하다'는 송병준의 궤변은 일진회의 논리가 되어 일제의 충견 노릇을 하는 데 부족함이 없었습니다.

을사늑약을 강요하고 대한제국의 주권을 강탈하는 데 주역을 맡았던 이토 히로부미는 조선을 식민지로 전락시키는 일에 조선 지배계층의 협력은 필수적이라고 판단했습니다. 그를 위해 친일적인 조선 사회 지배계층을 양성하여 그들의 논리로 대한제국이 스스로 일본과 합방하겠다고 나서 주기를 의도했습니다. 그런 간교한 계책으로 이토는 반일 성향의 지배계층에 대해선 '어리석고 시류에 동떨어진 세력'[11]이라 비난하고 친일적인 지배계층을 체제 내로 포섭하는 이중전략을 구사했습니다. 따라서 이토는 일진회가 조선을 보호국화하여 친일 지배계층을 체제 내로 양성하는 정치적 조건에서는 일진회를 적극 지원합니다.

그러나 일제의 침략 야욕을 대리 충족시켜 줄 친일 지배계층이 형성된 이후에는 통치 안정을 위해 일진회를 용도 폐기할 생각이었습니다. 왜냐하면 일진회는 조선 사회 지배계층과 기본적으로 적대적 관계였던 탓입니다. 조선 사회 최상의 지배계층을 친일 일색으로 덧칠하여 반발을 최소화하고 망국이라는 급격한 변화에 따른 조선 민중의 저항을 약화 내지 거세시키는 것이 이토의 교활한 책략이었기 때문입니다. 한일병합 직후인 1910년 9월, 조선총독 데라우치가 일진회를 해체시킨 것은 그런 의도에서였습니다.

나라를 통째로 팔아넘기는 데 혈안이 되고 망국의 순간 또 다른 매국노 이완용과 경쟁관계에 있었던 송병준! 그는 이완용에게 패배함으로써 자작의 칭호를 얻지만 이완용은 한 등급 높은 백작의 칭호를 얻습니다. 그러나 일제 강점기 친일 매국노 가운데 이완용과 송병준, 고희경, 오직 세 놈만 귀족의 작위가 한 등급씩 올라갑니다.[12] 송병준은 백작으로, 이완용은 후작으로 승작됩니다. 이완용은 학식을 갖추고 시문에도 능했으며 서체도 웅장한 인물로 간교함과 지략이 뛰어났습니다. 구한말 친미파 → 친러파 → 친일파로 발 빠르게 변신하며 철저하게 시류와 시세에 편승하여 음모를 꾸미는 관료적 정치가였습니다.

이완용이 금색으로 찬란한 예복을 입고 관직과 작위를 탐했던 반면, 송병준은 학식이 부족하지만 다른 사람의 말을 듣고 중지를 따를 줄 알며 대중을 향해 시위, 선동을 일삼던 대중 정치가였습니다. 송병준은 깡패 기질과 담력이 있어 낭인들과 교류하며 공공연히 정치적 견해를 발표하는 대중 정치가로서[13] 면모를 보였습니다.

그렇지만 둘 다 풍전등화의 위기 속에 나라와 민족을 팔아 호의호

식했고 재산을 탐하고 모으는 데 탁월했습니다. 이완용의 직계 종손인 이윤형은 박정희 정권 시절 대한사격연맹 사무국장을 역임했고 캐나다에 거주하다 1980년대 말 국내에 들어와 이완용 땅 찾기 소송을 걸어 승소 판결로 수십억 원을 챙겼습니다. 송병준은 조선총독부 중추원 고문과 왕실재산조사위원장을 맡아 전국 각지의 토지대장 수천만 평에 자기 이름을 새겨 넣고 조선총독부로부터 막대한 땅을 불하받아 치부를 했습니다. 1925년 뇌일혈로 죽은 뒤 그의 재산과 작위는 아들 송종헌이 물려받습니다.

송종헌 역시 중추원 참의를 지내면서 조선독립불가론을 주장하고 국방헌금을 내는 등 적극적인 친일 반역자로 살아갑니다. 송종헌은 국민정신 총동원 조선연맹 평의원, 조선유도연합회 평의원, 일본제국의회 귀족원 의원이란 감투를 썼습니다.

일제 식민지 통치 기간 조선인으로 일본제국의회 귀족원 칙선의원이 된 자가 10명에 그쳤을 정도이니 송종헌은 '극상의 예우를 받는 지위'[14]였습니다. 그리하여 『친일인명사전』에 송병준, 송종헌 부자가 나란히 등재된 전대미문의 친일파 집안이 됩니다. 해방 당시 송종헌은 경기도 용인군 관내 토지만 75만 평을 소유했습니다. 그는 해방 후 경기도 용인군 내사면 추계리의 99칸짜리 저택과 전답을 긴급히 처분하고 서울로 피신합니다. 그러나 곧 반민특위에 체포돼 서대문형무소에 수감됐다가 1949년 뇌일혈로 사망합니다. 송병준의 손자 송재구는 일본 메이지대학을 졸업한 뒤 1930년 홋카이도에서 조선목장 약 800만 평을 경영했습니다. 모두 친일행위의 대가였습니다. 송병준의 증손자 송돈호는 역삼동에서 건설회사를 운영하다 2010년 초 헌법재판소에 친일재산 특별법 위헌소송을 내며 송병준 땅 찾기에 집요한 의지를 보였습니다.[15]

메이지明治 일왕이 위독하자 목욕재계하고 7일간 밤낮으로 기도한 인물! 다이쇼大正 즉위 대례식에 참석하여 천황의 얼굴을 보았던 것을 '조선 민족 광영'이라고 경탄했던 인물! 젊은 시절 자신을 구제해 준 충정공 민영환이 을사늑약 체결에 항의해 자결하자 민영환의 인천시 부평구 산곡동 일대 500석지기 재산을 강탈한[16] 배은망덕한 인물! 1909년 1월 말 순종황제의 서순행에 배종했다가 술에 취해 시종무관인 어담과 시비가 붙어 황제 앞에서 칼을 빼어 든[17] 무뢰한 송병준!

한편 송병준은 1920년대 대성사大成社라는 개인 기업을 설립합니다. 고리대금업 이외에 유흥업까지 손을 대 기생들을 관리하는 권번 경영을 전담했습니다.[18] 서울의 4대 기생조합인 권번 가운데 대정권번大正券番 등 2개의 권번을 소유해 기생 영업증을 발급해 주며 화대를 착취합니다. 그런 희대의 친일 매국노 송병준이 오늘날 대한민국 최대 일간지를 자랑하는 조선일보의 창간(1920년 3월 5일)을 주도한 주역이라는 사실이 충격적입니다. 또한 1921년 4월 8일에는 조선일보 판권을 직접 매입해 1924년 9월 8만 5,000원을 받고 민족 진영으로 판권을 넘겨줄 때까지 3년 5개월 동안 조선일보사를 경영했다는 데 아연실색하지 않을 수 없습니다.[19]

3. 일제 치하 조선일보와 동아일보는 민족정론지가 아니다
물산장려, 문맹퇴치·브나로드 운동은
총독부 협력 아래 진행된 민족개량적·타협주의 노선

조선일보의 창간 배경은 3·1운동1919으로 일제의 무단통치가 종식되고 교활한 문화통치가 시작되는 것과 맥을 같이합니다. 1910년대 무단통치 기간에 일제는 조선 사회의 언론의 자유와 표현의 자유를 억압한 탓에 총독부 기관지 매일신보를 제외하고 신문 발행을 금지시켰습니다. 그러나 3·1운동 이후 새로 부임한 사이토 총독은 3·1운동을 사전에 막지 못한 주요 원인 중 하나가 '언로言路의 폐쇄'라고 판단해 취임 직후 언론사 설립을 허가합니다.[20] 특히 한글 신문의 창간은 "조선 민족의 불평을 완화시켜 주는 안전판이자 민심의 흐름 내지 동태를 엿볼 수 있는 바로미터"였습니다.[21]

조선일보는 동아일보보다 먼저 창간되어 현존하는 신문 가운데 가장 오랜 역사와 전통을 간직한 신문입니다. 일제 치하 조선일보의 성격은 크게 세 시기로 구분할 수 있습니다. 제1기는 조선일보 창간 주체인 대정친목회와 송병준이 경영하던 창간 시기부터 1924년 9월까지입니다. 제2기는 이상재, 신석우, 안재홍 등 민족주의 독립지사들이 조선일보사 사장이 되어 신문사 혁신을 통해 '신간회 기관지'로 명성을 떨치던 시기입니다. 제3기는 현재 조선일보사 사주(방상훈)의 직계존속인 방응모가 인수한 뒤 1940년 자진 폐간할 때까지입니다.[22]

3·1운동 이후 데라우치 총독의 헌병경찰제도가 폐지되고 새로 부임한 사이토 총독이 보통경찰제도를 시행하면서 조선에 신문 발행을 일부 허가합니다. 일본제국 하라 수상의 신문 발행 방침이 보도되자 조선에서는 서울일보 등 10여 건 넘게 신문 발행 신청이 쇄도했습니다. 1910년 강점 이후 신문 발행과 언론의 자유가 탄압받았던 것에 대한 반작용이었습니다. 사이토 총독은 10여 건의 신청 가운데 조선일보, 동아일보, 시사신문 단 세 군데만 신문 발행을 허가합니다. 시사신문은 참정권, 자치운동을 부르짖던 친일단체 '국민협회' 기관지였는데 창간한 지 채 1년이 못 되어 폐간됩니다. 이후 최남선이 1924년 3월 31일 시대일보를 창간하면서 이후 중외일보-중앙일보-조선중앙일보로 신문 이름이 바뀌게 됩니다. 따라서 1920~1930년대 한국인이 발행한 민

간 신문은 조선일보, 동아일보, 조선중앙일보 세 종류였습니다. 총독부 기관지 매일신보를 포함하면 일제 강점기에는 4종류의 신문이 존재한 셈이지요.

동아일보는 대지주·자본가 출신의 김성수가 주도하여 1920년 4월 1일 창간합니다. 박영효-김성수-송진우-이승훈-김성수-송진우 등이 차례로 사장을 역임하는데 일제 강점기 내내 신문 시장 1위를 유지합니다. 거기에는 그럴 만한 이유가 존재했습니다. 한 가지 사례로 사건 현장에서 동아일보 기자의 헌신적인 취재를 지적할 수 있습니다. 1920년 봉오동, 청산리 전투에 대패한 일본군은 간도참변을 일으켜 간도 조선인 마을을 불태우고 조선인들을 닥치는 대로 학살합니다. 간도참변 당시 이를 현지 취재하던 동아일보 기자 장덕준은 일본군에 납치되어 살해된 채 발견됩니다.

우리가 흔히 알고 있는 손기정 선수의 일장기 말소 사건도 당시 동아일보 사장(송진우)의 태도와 달리 사회부 기자들의 편집 자세에서 비롯된 사건이었습니다. 일제 식민지 통치 기간 내내 동아일보가 조선일보보다 신문 시장 1위를 유지할 수 있었던 것은 동아일보 기자들의 언론인으로서의 사명감과 남다른 기자 정신 덕분입니다.

그런데 일제 강점기 총독부의 발매반포 금지와 압수, 무기정간 조치 등 일제의 탄압이 있었음에도 조선일보와 동아일보는 민족 신문으로서 중대한 결함을 지녔습니다. 민족지로서 항일의식을 드높이고 민족의 해방과 독립운동에 기여하는 신문의 역할을 수행했다고 보기 어렵기 때문입니다. 한국인의 항일 독립 의지를 치열하게 꽃피우기보다 오히려 항일의식을 희석시켜 식민지 현실을 인정하는 타협적인 방향으로 개량화함으로써 종국엔 독립 의지를 거세시키려는 총독부 식민지 정책에 포섭돼 민족 분열정책에 일조했기 때문입니다.[23]

실제로 조선·동아일보는 일본의 식민통치를 기정사실화했고 조선의 민중들이 이를 받아들이게 교화하는 데 많은 지면을 할애했습니다. 일본제국주의자들이 허락하는 범주 안에서 참정권 행사를 요구하는 자치론 내지 준비론, 실력양성론을 외쳤습니다. 1924년 1월 2일부터 5회에 걸쳐 '민족적 경륜'이라는 제목의 논설을 써 대며 정치활동의 국면 타개를 역설한 이광수의 사설은 대표적인 사례입니다. 조선·동아일보는 물산장려운동, 문맹퇴치운동(조선일보), 브나로드 운동(동아일보) 그리고 체육대회, 음악, 미술, 연극 등 수익성 사업을 계속 개발함으로써 식민지 민중이 소시민적 생활에 안주하게 했습니다. 이는 식민지 현실에서 해방되고자 하는 조선 민중의 열망을 외면하는 편집 방향으로 종국엔 조선 혁명에의 의지와 항일의식을 꺾어 버리는 결과를 초래했습니다.

　　물산장려운동은 경성방직 등 여러 계열사 기업을 거느린 대자본가 김성수의 동아일보가 주도한 국산품 애용 및 소비촉진운동으로 다분히 의도적이었습니다. 또한 1930년대 전반기 총독부 협조 아래 진행된 문맹퇴치운동과 브나로드 운동 역시 한글 보급을 통해 신문 독자 확장과 민족개량적·타협주의 노선을 선전, 보급하는 데 목적을 둔 민족부르주아 문화운동이었음은 주지의 사실입니다.

　　1930년대 조선·동아일보는 '민족지'라는 칭호는 던져 버리고 식민지 통치에 복무하는 선전매체로 총독부 지관지 매일신보와 별 차이 없는 논조를 노골화합니다. 1932년 이봉창 의사의 일왕 히로히토 폭탄 투척 사건에 대해 당시 동아일보와 조선일보는 '의거를 치하하고 통쾌하게 생각했을 조선 민중의 정서'는 기사화하지 않았습니다. 오히려 '일왕의 무사함이 천만다행스런 일'로 전하면서 이봉창 의사를 '범인' 취급했습니다. 조선일보는 이튿날 동아일보 보도기사(1932년 1월 9

일)의 내용을 토씨 하나 틀리지 않고 기사화했습니다. 당시 기사 제목 '대불경不敬사건 돌발, 폭탄투척, 폐하께옵서는 무사어환행無事御還幸, 범인은 경성생京城生 이봉창李奉昌'만 읽어 봐도 조선·동아일보가 친일적 성격을 노골화한 것을 짐작할 수 있습니다.[24]

역설적이게도 이 시기 조선일보 사장은 민세 안재홍이었습니다. 일제 강점기에 항일 독립운동을 하다 무려 아홉 번씩이나 투옥됐던 강골의 항일 언론인이자 비타협적 민족운동을 펼쳤던 지조와 절개의 민족주의 사학자입니다. 특히 해방 공간 중도우파 정치인으로서 중도좌파 정치세력을 대표하는 몽양 여운형 선생과 함께 즉각적으로 건국준비위원회(약칭 건준)를 구성한 인물입니다. 건준은 해방 직후 미소 양군이 한반도를 점령하기 직전까지 실질적으로 한반도를 통치했던 준정부기구였습니다. 건준 부위원장 안재홍! 이후 민세 안재홍은 외국 군대에 의해 분단된 조국의 통일을 위해 중간파 정치인으로서 여운형, 김규식, 김성숙 등과 함께 해방 공간 좌우합작운동을 활발하게 펼쳤지요.

'조선일보 사장 안재홍-대불경 범인 이봉창 사건'의 역설이 발생한 연유를 알려면 1930년대 초 조선일보를 둘러싼 내외적인 요인을 이해해야 합니다. 1931~1932년 1년이 채 안 되는 몇 개월 동안 안재홍은 조선일보 사장과 발행인, 편집인을 겸하게 됩니다. 이 시기는 조선일보 내적으로 경영권 문제 등 내분이 발생한 시점이자 외적으로는 신간회가 일제의 탄압과 내부 분열로 해체된 이후입니다. 알다시피 신간회는 민족주의와 사회주의 좌우통일전선체로 1927년 만들어지고 1931년 해산되지요. 따라서 1932년 조선일보는 이미 동아일보와 함께 식민지 문화정책의 큰 틀에 갇혀 '대일본제국의 선전매체'로서 한계를 드러냈던 것입니다.

몽양 여운형기념관(경기도 양평군 소재, 경의중앙선 신원역 부근). 해방 공간 12차례 테러 위협 속에서도 통일정부 수립을 위해 좌우합작운동에 매진하던 몽양 여운형 선생을 기리기 위해 2011년 생가 터 부근에 몽양기념관을 건립했다.

1930년대 조선·동아일보는 앞서 언급한 대로 조선 민중에게 항일의식과 독립의지를 고취시키는 민족지의 성격에서 벗어나 일제의 식민지 정책에 노골적으로 동조했습니다. 조선일보의 경우 1932년 조만식을 사장으로 영입해 경영난을 극복하고자 노력하지만 결국 1933년 1월 방응모가 경영권을 인수하는 것으로 끝납니다.

방응모가 1933년 7월 사장으로 취임하면서 창간 이래 만성적인 경영난을 해결하여 재정은 튼튼해졌으나 조선일보의 논조는 완전히 식민지 동화정책을 노골화하는 것을 넘어서서 매일신보와 별반 차이가 없는 적극적인 친일 신문으로 일관합니다. 그것은 방응모 사장 취임 이래 조선일보가 단 한 번도 정간을 당한 적이 없다는 데서도 알 수 있습니다. 오히려 1936년 일장기 사건 이후 조선·동아일보는 '대일본제국의 언론기관'으로 변신을 선언하고 제국의 신민으로서 조선의 청년들을 전쟁터로 내모는 데 앞장섭니다.

동아일보의 김성수, 조선일보의 방응모는 각종 연설회와 강연, 기고문, 국방헌금을 통해 중일전쟁 이후 일제의 침략전쟁을 적극 옹호하는 친일 신문으로 일관합니다. 그러다가 1940년 8월 총독부 기관지 매일신보와 별반 차이가 없는 논조에다 전시물자 절약 차원에서 총독부의 전시체제 정책에 협조하는 분위기가 조성되자 자진 폐간합니다. 기존에 알려진 대로 일제 총독부에 의해 강제 폐간된 게 아니었습니다. 아래 조선일보 기사는 이를 여실히 보여 주기에 부족함이 없습니다.

"요컨대 금번 지원병제도의 실시는 위정당국에서 위로 일시동인一視同仁의 성려聖慮를 봉체奉體하고 아래로 반도 민중의 애국 열성을 보아서 내선일체의 대정신으로 종래 조선 민중의 국민으로서 의무를 다하지 못하고 있던 병역의무의 제일 단계를 실현케 하는 것이다. 황국 신민된 사람으로서 그 누가 감격치 아니하며 그 누가 감사치 아니하랴. (중략) 장래 국가의 간성으로서 황국에 대하여 갈충진성竭忠盡誠을 하지 아니하면 안 된다. 그리하여서 국방상 완전히 신민의 의무를 다하여야 할 것이다."[25]

조선일보를 창간한 주체! 대정친목회는 무단통치기 조선 사회 유일한 친일 단체로 1916년 11월 29일 내선융화內鮮融和를 목적으로 명월관에서 50여 명의 발기인이 참석하여 설립되었습니다.[26] 데라우치 무단통치 기간인 1910년대 집회, 결사의 자유를 누리지 못한 탓에 조선인이 만든 단체는 대정친목회가 유일했습니다. 대정친목회는 귀족, 대지주, 예속자본가, 관료 등이 주축이 되어 조선 사회의 '사교와 풍속을 교화'하고 이를 통해 식민지 정책인 '내선융화'를 지향했던 친일 단체입니다. 한마디로 조선의 민중이 식민지 정책에 잘 순응하도록 하기 위한 과제를 내걸었던 단체지요. 실제로 대정친목회는 3·1운동이 발발하자 전원이 3·1운동에 반대하는 태도를 취합니다.

1916년 창립 당시 '서로 간 의사소통을 통해 정의를 두텁게 하고 정신수양'을 지향합니다. 이를 위한 연구 과제로 ① 국가경축일에 관한 건, ② 경제 및 근검저축, 식산흥업에 관한 건, ③ 법령을 주지시키고 납세의무, 예의질서에 관한 건 등 식민지 통치에 순응하는 친일 활동을 주요 내용으로 삼았습니다.[27] 그러나 실질적으로 대정친목회의 주된 활동은 조선총독부 고위 관료들이 식민지 조선에 부임하거나 임기를 마치고 떠날 때 송환영회 행사를 주관한 것입니다. 식민지 조선 사회에서 자신들의 기득권을 지속적으로 향유하기 위한 인맥관리였던 셈이지요.

그런 대정친목회가 3·1운동 이후 침체된 활동을 만회하기 위해 조선일보 창간을 시도합니다.[28] 실업신문의 성격을 표방하며 대정친목회 내 경제실업인들을 중심으로 '대정실업친목회'를 만들어 조선일보 창간을 주도했던 것입니다. 조진태, 예종석, 송병준, 유문환 등이 조선일보 창간 발기인들인데 총독부 역시 실업신문이 되기를 기대하면서 신문 창간을 허락해 줍니다. 그러나 조선일보는 한 달가량 늦게 창간한 동아일보와 달리 신문 시장에서 고전을 면치 못합니다. 조선일보 창간 주체가 송병준, 조진태, 예종석 등 친일 주구들이자 초기 조선일보 사장 조진태, 부사장 예종석을 비롯해 임원진이 친일 인물 일색이었기 때문입니다. 또 창간 당시 '신문명 진보의 주의'를 신문사 사시로 내걸고 실업인 자신들을 위한 실업신문을 지향했기 때문입니다. 반면에 동아일보는 초대 사장 박영효가 친일파였음에도 창간사에서 동아일보가 '조선 민중의 표현기관임을 자임할 것'을 분명히 밝히며[29] '민주주의 지지', '문화주의 제창'을 표방했습니다.

그런데 조선일보는 창간 초기 대정친목회 출신 조진태 사장을 비롯해 발행인, 편집국장 등 임원진이 친일 일색이었지만 오히려 동아일보보다 더 많은 압수와 정간 조치를 당합니다. 특히 2대 사장 유문환 역시 대정친목회 출신인데 사장 부임 이후 1920~1921년 사이 조선일보는 동아일보보다 더 강한 논조로 총독정치를 비판합니다. 친일단체 대정친목회가 조선일보를 운영할 동안 23회에 이르는 신문 반포 금지 조치와 두 차례 정간을 당하는 등 '대정친목회와 최다 압수'라는 역설적인 상황[30]이 전개됩니다.

왜 이런 일들이 벌어졌을까요? 창립 당시 조선일보는 동아일보에 비해 인기가 없었습니다. 따라서 경영난을 타개하기 위해 고육지책으로 더 많이 더 강하게 총독부 비판 기사를 실었기 때문입니다. 조선총독부는 조선일보를 대정친목회 간부 조중응에게 인가해 주었다가 다시 송병준에게 넘겼지만 경영난을 해결하지 못했습니다.

4. 아홉 차례의 투옥에도 항일 의지를 드높인 민족주의 좌파 언론인 안재홍

1924년 4대 조선일보 사장 이상재가 취임하면서 안재홍이 논설위원이 되고, 동아일보 출신 기자들과 사회주의자들이 대거 영입됩니다. 그리하여 1920년대 중·후반 무렵 조선일보는 항일 민족지다운 면모를 유감없이 발휘하면서 민족 정론지로서 그 역할을 다합니다. 실제로 1920년대 중반 당시 조선일보는 '좌경지'[31]라고 일컬어질 만큼 가장 민족지다운 기사편집을 하게 됩니다. 민세 안재홍이 조선일보 이사 및 논설 주필로 재직하던 1926~1928년 조선일보는 '신간회 기관지'로서, 항일 신문으로서 명성을 떨칩니다. 2년 전 1924년 조선일보는 민중의 신망이 두텁던 이상재를 사장으로 영입하고 안재홍을 조선일보 이사 및 논설위원으로, 박헌영, 김단야, 홍남표, 임원근 등 사회주의 성향의 진보적인 기자들로 조선일보를 혁신합니다. '조선 민중의 신문'이라는 새로운 기치 아래 신문 제작과 경영 면에서 혁신의 바람을 불러일으킨 결과였습니다.[32]

1930년대 조선·동아일보가 '대일본제국의 언론매체'로 변신을 선언하고 식민지 침략정책을 노골화하던 조선일보는 창간 때부터 계속되던 경영난에 허덕입니다. 신석우 후임으로 1931년 5월 사장으로 부임한 안재홍은 경영난 속에서도 단재 신채호의 조선사 관계 원고를 거의 1년 가까이 조선일보에 연재합니다. 당시 신채호는 아나키즘 독립운동을 하던 중 독립운동 자금을 조달하기 위해 국제위체國際爲替 위조사건으로 체포돼 여순 감옥에서 복역 중이었습니다. 일제 강점기에 아홉 차례 투옥되면서 7년 3개월간 옥고를 치른 강골의 선비이자 항일지사답게 안재홍은 서릿발 같은 독립지사이자 선비인 단재 신채호를 존경했고 흠모했습니다.

안재홍은 비타협적 항일 언론인답게 조선일보 논설주필, 사장, 부사장으로 재직하는 동안 네 번이나 투옥됩니다. 1928년 조선일보 주필 겸 발행인으로 있을 당시 쓴 '보석 지연의 희생'이라는 사설로 두 번째 투옥을 겪게 됩니다. 총독부의 감옥제도와 고문의 비인도적 처우를 비판적으로 다룬 글이었는데 안재홍은 금고 4개월을 선고받습니다.[33] 세 번째 투옥은 일본군의 산동반도 출병을 비판한 논설 때문인데 조선일보는 무기정간 처분을 당했고 안재홍은 신문지법 위반으로 8개월 동안 감옥에 갇힙니다.

1929년 조선일보 부사장 재직 시절 광주학생운동(1929~1930)이 발발하자 신간회 총무간사였던 안재홍은 광주학생운동 진상보고 민중

조선어학회 항일기념탑(서울시 종로구 광화문광장 부근). 조선어학회 사건은
민족문화를 말살하려던 일제 말기에 전개된 항일 언어독립투쟁이다. 당시 함경
남도 홍원경찰서, 함흥경찰서로 압송돼 잔혹하게 고문을 당한 33인의 명단을
새겨 2014년 7월에 건립했다.

대회를 준비하다 일경에 체포된 것이 네 번째 투옥입니다. 당시 신간회는 민족주의 계열과 사회주의 계열의 협동전선체로서 광주학생운동 당시 가장 활발한 움직임을 보였던 전국적인 운동단체입니다. 거기서 안재홍은 민족주의 좌파[34]의 대표적인 언론인으로서 신간회 총무간사가 되어 광주학생운동의 실상을 대중에게 알리는 역할을 담당했습니다. 그 당시 동아일보 지도급 인사들이 일제와 타협적인 자치운동 쪽으로 기울어진 반면, 조선일보는 일제와 비타협적인 신간회 활동의 주축이 되었던 것입니다. 언론인으로서 마지막 투옥인 다섯 번째는 만주사변(1931) 당시 학살과 재난을 당한 만주 동포들을 돕기 위한 구호 활동에 나섰다가 일경에 피검되었는데, 안재홍은 조선일보 사장과 발행인, 편집인을 겸하고 있었습니다.

아홉 번째 투옥은 1942년 12월 서울에서 함경남도 홍원경찰서로 압송돼 영하 20도를 오르내리는 혹한 속에서 대장에 냉상冷傷을 입고[35] 코끝이 동상에 걸리는 등 혹독한 고문을 당한 조선어학회 사건 때였습니다. 엄혹한 식민지 시절 안재홍은 일제 식민지 통치에 맞서 항일 언론인으로서 민족의 자존을 지켜 나갔습니다. 그리고 투옥되거나 석방돼 고향 평택에서 요양하던 시절 조선학 연구자로서 조선상고사와 고대사 연구에 깊이 천착했습니다.

당대의 지식인들이 앞다투어 변절하고 일제의 침략전쟁을 성전聖戰이라 외치던 암울한 시절! 안재홍은 식민지 현실에 타협하지 않고 오로지 민족의 해방과 독립을 위해 꼿꼿이 지조와 절개를 지킨 몇 안되는 항일 독립지사였습니다. 나아가 암흑기로 치닫던 숨 막히는 시절! 간악한 고문에도 굴하지 않고 끝까지 저항했던 손꼽히는 항일 언론인이자 조선학 연구자로서 고결한 인품과 삶의 귀감을 보여 주었습니다.

사회 통념	역사의 진실
1. 조선일보는 항일 민족정론지로 출발했다. 2. 조선일보는 일제에 의해 강제 폐간당했다.	1. 조선일보는 처음 친일파 집단인 대정친목회가 만든 신문으로 출발했다. 2. 조선일보가 항일 언론 내지 신간회 기관지로 맹성을 떨친 것은 이상재, 안재홍 등 민족주의 좌파와 박헌영, 김단야, 임원근 등 사회주의 독립지사들이 기자로 재직했던 기간이다. 3. 조선일보는 결코 강제 폐간당하지 않았다. 총독부 기관지 매일신보와 논조가 비슷하고 전시 물자 절약 차원에서 방응모(현 조선일보 방상훈의 증조부) 스스로 폐간했다.

1. 이현종(1964), 「한일합방 전후와 매국 주구들」, 『사상계』 통권 133호, 43쪽.
2. 임혜봉(2014), 「송병준의 친일행적과 재산축적」, 『역사와 책임』 제7호, 86~87쪽.
3. 박한용(2008), 「희대의 매국노 송병준, 조선을 바겐세일하다」, 『독립기념관』 통권 246호, 28쪽.
4. 김종욱·이덕일(2004), 「〈혈의 루〉의 작가 이인직은 합병 밀사」, 『월간중앙』 통권 346호, 82쪽.
5. 이태훈(2010), 「일진회의 '보호통치' 인식과 합방의 논리」, 『역사와 현실』 통권 78호, 348쪽.
6. 이이화 외(1993), 『인물로 보는 친일파 역사』, 서울: 역사비평사, 74쪽.
7. 이태훈(2010), 위의 글, 353~354쪽.
8. 임혜봉(2014), 위의 글, 93쪽.
9. 임종국 편(1987), 「일본군 참모에의 사신」, 『친일논설선집』, 서울: 실천문학사, 31쪽.
10. 편집부(2004), 「매국노 송병준, 매국 대가 1억 5000만 엔 요구」, 『순국』 통권 164호.
11. 이태훈(2010), 위의 글, 355쪽.
12. 임혜봉(2014), 위의 글, 100쪽.
13. 박한용(2008), 위의 글, 29쪽.
14. 임혜봉(2014), 위의 글, 105쪽.
15. 정희상(2010), 「친일파 할아버지 고맙습니다」, 『독립정신』 통권 52호, 28~29쪽.
16. 정희상(2005), 「더러운 땅에 몰리는 추잡한 손들」, 『시사저널』 통권 796호, 41쪽.
17. 김소영(2010), 「순종황제의 남·서순행과 충군애국론」, 『한국사학보』 제39호, 180쪽.
18. 이기훈(2008), 『일제 강점기 조선 귀족의 재산 보유 규모 및 경제활동에 대한 연구』, 대통령 소속 친일반민족행위자 재산조사위원회, 12쪽.
19. 임혜봉(2014), 위의 글, 100쪽.
20. 장신(2010), 「1920년 대정친목회의 조선일보 창간과 운영」, 『역사비평』 통권 92호, 291쪽.
21. 장신(2010), 위의 글, 295쪽.
22. 장신(2010), 위의 글, 291쪽.
23. 강동진(1980), 『일제의 한국침략정책사』, 서울: 한길사, 386쪽.
24. 김동민(1990), 「일제하 조선·동아일보는 민족지였나」, 『역사비평』 제11호, 200~205쪽.
25. 『조선일보』 1938년 6월 15일
26. 장신(2007), 「대정친목회와 내선융화운동」, 『대동문화연구』 제60집, 364~366쪽.
27. 강동진(1980), 위의 책, 224쪽.
28. 장신(2010), 「1920년 대정친목회의 조선일보 창간과 운영」, 『역사비평』 통권 92호, 295쪽.
29. 정진석(1990), 『한국언론사』, 서울: 나남, 406쪽.
30. 장신(2010), 「1920년 대정친목회의 조선일보 창간과 운영」, 『역사비평』, 293~294쪽.

31. 강동진(1980), 위의 책, 225쪽.
32. 정진석(1990), 위의 책, 404쪽.
33. 김재명(2003), 『한국 현대사의 비극』, 서울: 선인, 235~237쪽.
34. 박찬승(2000), 「부르주아 민족주의 좌파의 민족주의론」, 『한국독립운동사연구』 제15집, 72쪽.
35. 정윤재(2002), 『다사리 공동체: 민세 안재홍 평전』, 서울: 학사원, 71쪽.

5장
경성제대 수재 전봉덕의 반역의 삶과
서울대 김치호 군의 의로운 죽음

1. 경성제대가 서울대학교의 전신(?)
식민지 중견 관료 양성기관

　세간에선 경성제국대학(약칭 경성제대)을 서울대학교의 전신이라고 합니다. 일제 강점기 조선의 수재들이 다녔던 대학이자 해방 후 미군정 통치하에서 경성대학으로 교명을 바꾼 뒤 오늘날 서울대학교의 탄생(?)과 관련이 있기 때문입니다. 하지만 그것은 몰역사적이고 탈각된 의식의 표현일 뿐입니다. 미군정 통치하에서 서울대학교의 탄생(?)이 「국대안」[1] 사건이라는 비극 속에서 출발한 것은 맞지만 경성제대를 '서울대학교의 전신'이라 일컫는 것은 올바른 표현이 아닙니다. 왜냐하면 경성제대는 일제 치하 전문학교, 사범학교, 농림학교 등이 있던 국내에서 유일한 대학이었지만, 어디까지나 조선총독부가 일제의 침략과 수탈 정책을 학문적으로 뒷받침하기 위해 세운 식민지 대학이기 때문입니다.

　실제로 경성제대는 일제 침략의 방편으로 설립했으며 침략정책을 충실히 수행할 '유능한' 인재를 공급하는 식민기구로서 도쿄제국대학의 분교 형태이자 반反민족적인 대학으로 기능했습니다.[2] 매년 도쿄에서 치른 고등문관시험 행정과 합격을 가장 큰 영광으로 받아들였고 사회적으로도 그런 분위기였습니다. 고문(고등문관시험) 행정과 합격 자의 대부분이 제국대학 출신들이었습니다. 그중에서도 조선총독부가 세운 경성제국대학 출신이 제일 많이 합격했습니다. 1931년부터 1943 년까지 매년 합격자를 배출했는데 150명 안팎에 이를 정도로 많았습 니다. 이는 일제가 시행한 고등문관 시험 행정과 전체 합격자의 3분 의 1에 해당하는 수치로 조선총독부의 친일분자 양성정책이 성공적으 로 수행되었음을 의미합니다.[3] 실제로 1930년대 고등문관 시험 합격자 전원이 도쿄제국대학과 경성제국대학 출신들로 채워질 정도였습니다.[4] 요컨대 경성제대는 '서울대학교의 전신'이 아니라 일제가 식민지 조선 을 효율적으로 지배하려고 만든 '식민지 수탈의 첨병인 중견 관료 양 성을 위한 식민지 대학'이었습니다.

일제 식민 통치 당국은 1919년 3·1운동이 거족적으로 발생하자 1910년대 헌병경찰제의 무단통치 방식을 바꿔 문화정치를 표방합니 다. 식민지 조선에서 교육을 적절히 활용하여 식민통치체제를 더욱 견 고하게 굳히기 위해 기존 내무부 학무과를 총독부 산하 직속기구인 학무국으로 승격시킵니다.[5] 그리고 1922년 2차 조선교육령을 발표하여 조선에서 대학의 설립을 허용합니다. 그런 시대 분위기와 1920년대 일 본의 '다이쇼 데모크라시(大正 민주주의)'라는 정치적 유화국면 속에 서 물산장려운동과 민립대학 설립운동이 활발히 전개됩니다. '우리 민 족이 만든 국산품을 애용하자'는 물산장려운동과 조선인 한 사람이 1 원씩 천만 명이 힘을 합치면 1,000만 원을 모금하여 3년 내 민족대학 을 창설할 수 있다는 민립대학 설립운동이 그것입니다.

일제 식민 당국은 조선 민중의 높은 교육열을 억압, 저지하고 일제 의 식민 지배를 용이하게 하려는 간교한 의도를 드러냅니다. 조선 민족이 세우는 민족대학은 민족주의 운동, 독립운동의 온상지가 될 수 있기 때문입니다. 그리하여 조선총독부가 선수를 칩니다. 조선 내 사정에 능통한 식민지 중견 관료를 양성하기 위해 총독부 법령으로 경성제국대학을 설립한 것입니다. 1924년 청량리에 경성제대 예과(중등교육과정) 건물이 들어서고, 1926년 법문학부, 의학부로 경성제대 학부과정(고등교육과정)이 동숭동에 설립됩니다. 일제는 경성제국대학의 설립으로 식민지 조선에도 대학이 존재하는 것처럼 선전효과를 노렸습니다. 나아가 조선 민중이 마치 고등교육의 혜택을 받는 것처럼 통치 효과를 극대화시키고 싶었습니다. 식민지 조선에 일제가 근대교육의 시혜를 베풀지 않았느냐는 오늘날 일본 극우세력의 주장처럼 말이지요.

그러나 경성제국대학은 존속했던 1924~1945년까지 21년 동안 2,300여 명의 졸업생을 배출하지만 조선인 졸업생은 3분의 1 수준인 800여 명에 그쳤을 뿐입니다.[6] 당시 입학 비율을 보더라도 법문학부는 일본인과 조선인이 6 대 4였고 자연과학 계통은 7 대 3인 것만 봐도 조선인을 위한 고등교육기관이 아니라 일제 통치의 기간요원을 양성하기 위해 설립한 것[7]임은 자명한 사실입니다. 1930년대 초 조선에 거주한 일본인 50만 명에 비해 2,000만 명이 넘었던 조선 민중을 생각하면 경성제국대학은 일제 식민 당국의 선전대로 조선인을 위해 설립한 고등교육기관은 아니었습니다. 더구나 경성제대에 입학한 조선인들 대부분이 지주 계층 출신이거나 친일 인사의 자제였던 점을 생각하면 결코 조선 민중을 위한 대학이 아니었음은 분명합니다.

입학과정에서 일제 경찰의 철저한 신원조회와 독립운동 전력 등 사상 검증을 거쳤기에 반일의식을 지닌 조선의 청년들은 아무리 우수해도 입학할 수 없었습니다. 이들 조선인 경성제대 졸업생들의 삶을 추적해 보면 그 점은 더욱 분명해집니다. 실제로 조선인 졸업생 대부분이 식민통치의 지배 엘리트로 편입되어 일제의 '하수인'으로 일했기 때문입니다. 그러한 인물 가운데 대표적인 사람이 경성제대의 수재 '전봉덕'입니다.

2. 민족을 배반한 전봉덕의 삶
국회 프락치 사건, 백범 김구 피살 사건 수사를 조작·왜곡하다

전봉덕(1910~1998)은 흔히들 수필가이자 번역문학작가 전혜린(1934~1965)의 아버지로 기억합니다. 어린 시절 아버지 전봉덕을 '신神'처럼 생각했던 전혜린은 원하지 않았지만 아버지의 뜻에 따라 서울법대에 진학합니다. 그러나 문학소녀이자 자유로운 정신을 지닌 전혜린은 법학에서 독문학으로 전공을 바꾸어 졸업한 뒤 독일 뮌헨대학으로 유학을 떠납니다. 독일 유학 시절부터 시작된 문학 작품 번역은 1960년대 초 한국 사회에 적지 않은 반향을 불러일으켰습니다. 일제강점기 독일로 망명한 한국 작가 이미륵(본명 이의정)의 『압록강은 흐른다』(1959), 루이제 린저의 『생의 한가운데』(1961), 하인리히 뵐의 『그리고 아무 말도 하지 않았다』(1964)가 그 작품들입니다. 정확한 문장력과 유려하고 섬세한 문체는 한국 독자들에게 깊은 인상을 심어 주기에 충분했습니다.

전혜린이 30대 초반 요절하기 직전 쓴 수필집 『그리고 아무 말도 하지 않았다』(1966)에는 눈보라 치는 날! 전차를 타고 이미륵의 무덤을 찾아가는 이야기가 쓸쓸하게 펼쳐집니다. 1970~1980년대 군사정권 시절 한국의 대학생들이 몰래 읽었던 『아무도 미워하지 않는 자의 죽음』의 주인공 한스 숄, 조피 숄 남매와 나치에 저항했던 지하단체 '백장미' 이야기, 그리고 함께 처형된 뮌헨대 신학과 후버 교수의 이야기도 나옵니다.

일제 치하 고등문관 시험 합격자들은 일제 강점기 고위 관료 경력을 바탕으로 해방 후에도 한국 사회 권력 엘리트로 편입됩니다. 황산덕(공화당 정권 문교부 장관), 한희석(내무부 차관, 국회부의장), 한통숙(체신부 장관, 국회의원), 정운갑(농림부 장관, 국회의원), 한태연(공화당 정권 유정회 국회의원), 신현확(부흥부 장관, 경제기획원 장관, 국무총리), 진의종(신민당 국회의원, 보사부 장관, 국무총리) 등 헤아릴 수 없이 많습니다.[8] 전봉덕 역시 같은 경로로 한국 사회 지배 엘리트로 살아갑니다. 전봉덕의 해방 후 삶의 이력은 대강 이렇습니다. 미군정청 경무부 공안과장, 경찰전문학교 부교장, 헌병사령관, 국무총리 비서실장을 역임합니다. 그리고 1950년대에 변호사 개업을 해 서울시와 서울시 교육청 법률고문이 되고 1960년대 말~1970년대 초에는 서울시변호사회 회장, 제18대 대한변협 회장을 지냅니다. 1950년대 서울대, 연세대 등에서 법제사 강의를 했고 경성제국대학 졸업 논문인 「암행어사 제도 연구」를 발전시켜 1968년에는 「한국법제사 연구」로 서울대에서 박사학위를 받습니다.[9]

1970년대에는 '한국법사학회'를 창립해 초대 회장을 하고 대한적십자사 서울지사장을, 전두환 정권 때는 헌법개정소위원회 위원장과 평화통일자문위원 겸 상임위원을 역임합니다. 그는 「암행어사제도 연구」, 「한국법제사 연구」, 「한국 근대법사상사」, 「경제육전 습유」 등 한국법사학계의 자존심을 살린 학문적 업적 등 큰 족적을 남긴 선구적인 법학자로 기억됩니다. 경성제대 동기생이며 일제 강점기 고등문관 시험에 합격한 동료이자 법철학자인 이항녕은 고희를 맞은 전봉덕을 축하하면서 경성제대 재학 시절 공부하는 학생이라기보다 늘 수석을 차지한 '연구하는 학자'였다고 회고했습니다. 나아가 그의 학문적 업적은 "한국법제사학의 토대를 이룬 것으로 한국법사학계에 끼친 공적은 천고에 남을 것"이라 했습니다.[10]

그러나 전봉덕이 대단히 배반적인 삶을 살았던 반민족적 인물임을 부정할 수는 없습니다. 전봉덕은 일제 치하 그의 행적과 해방 후 국회 프락치 사건, 그리고 백범 암살 사건 당시 수사 책임자로서 사건을 조작하고 은폐시킨 장본인이기 때문입니다. 실제로 전봉덕은 당시 헌병 부사령관으로서 암살범 안두희를 적극 비호했습니다. 당시 포병 소위 안두희는 서북청년단 핵심 간부이고 미국 CIC(방첩대) 요원이자 해방 공간 암살단체인 백의사 요원이었습니다.

안두희는 김구 선생을 암살한 후 어디서 왔는지 헌병대 지프차를 탄 헌병들의 호의를 받으며 헌병사령부로 오게 됩니다. 이때 전봉덕은 안두희에게 호의를 베풉니다. 안두희는 사건 직후 총소리를 듣고 놀라 뛰어온 경교장 경호원들에게 총 개머리판으로 얻어맞아 피투성이가 되었는데, 전봉덕은 그를 양호실로 보내 치료받게 하고 편히 쉬도록 비호했습니다. 그리고 사건 수사를 책임진 위치에서 백범 암살 사건을 '단독 범행', '한독당 내분', '김구의 측근', '군軍과 무관' 등의 수사 결과[11]를 조기에 발표함으로써 안두희 개인의 범행으로 축소, 은폐했던 장본인입니다. 놀랍게도 암살범 안두희가 백범 김구 선생을 암살하던 날 오전에 서대문 경교장(오늘날 강북 삼성병원 소재) 근처엔 헌병대 지프차가 대기하고 있었습니다. 김구 피살 직후 암살범 안두희를 헌병대 지프차에 태우고 쏜살같이 헌병사령부로 신병을 인수해 간 것도 암살에 헌병대가 깊숙이 개입했음을 함축합니다.

전봉덕은 1984년 아내가 당뇨병으로 사망하자 1985년 자녀들이 있는 미국 LA로 이민을 갑니다. 그리고 1995년 백범 암살 사건 45년 만에 최초로 입을 엽니다. 국회 법사위 산하 '백범 김구 선생 시해 사건 진상조사위' 위원들이 미국까지 찾아가 그를 만납니다. 전봉덕은 진상조사위원들에게 객관적인 역사적 사실과 상당히 다르게 진술합니다. 증언 자체는 거짓으로 일관하지만 백범 암살 사건 수사기관 최고위 책임자로서 중요한 발언을 남깁니다. 그것은 대통령 이승만에게 최초로 사건 보고를 하러 갔을 때 교통부 장관 허정이 배석하고 있었다는 사실입니다. 백범 김구 선생이 암살당하던 그날 경교장엔 30분 전부터 헌병대 군인들이 지프차를 탄 채 대기하고 있었습니다. 그리고 백범 피살 전에 교통부라고 밝히며 '별일 없느냐'라는 전화가 경교장으로 걸려 왔기 때문입니다.[12]

전봉덕은 일찍이 17세에 수재들이 들어간다는 경성사범학교에 입학합니다. 경성사범학교 보통과와 연습과를 거쳐 1932년 졸업과 동시에 만주 봉천보통학교 교사로 발령을 받습니다. 당시 사범학교를 나오면 5년간 보통학교 교사로 근무하는 것이 의무였는데, 전봉덕은 만주로 가면 의무연한을 다 채우지 않아도 될 것으로 판단했습니다.[13] 그리하여 2년 후 고급관료인 도지사를 욕망하며 1934년 경성제국대학 예과에 입학합니다. 당시 출세욕은 사범학교 출신들에게서 더욱 잘 드러납니다. 우리가 익히 알고 있듯이 대구사범학교를 졸업한 뒤 문경보통학교 교사를 그만두고 만주군관학교에 입학한 박정희가 그런 부류의 인물입니다. 박정희, 전봉덕 이외에도 충남사범학교를 수석 졸업한 한희석, 그리고 광주사범학교 졸업 후 보통학교 교사로 재직하다 고등문관시험에 합격한 신용우도 그렇습니다.[14]

전봉덕은 경성제대 재학 중인 1939년 고등문관시험 행정과와 사법과에 동시 합격합니다. 졸업 후 조선총독부 내무국 지방과에 임명되었다가 1941년 고등관 7등의 경시(오늘날 총경, 경찰서장에 해당)로 임명돼 평안북도 경찰부 보안과장으로 발령을 받습니다. 해방 직전 전봉덕은 경기도 경찰부 수송보안과장을 지냅니다. 당시 경기도 수송보안과장의 역할은 범죄즉결, 독립운동가 첩보 수집 및 검거, 조선 민중을 전시체제에 동원[15]하는 등 서울을 포함해 경기도 일대 전시 물자를 수송하고 통제하는 중책이었습니다. 다시 말하면 일제 말기 전시동원 체제하에서 물자 수송 및 교통수단을 통제함으로써 전쟁 수행을 적극적으로 지원하는 지위로 일제 총독부의 신임이 매우 두터웠음을 반증하는 것입니다.

실제로 전봉덕은 해방 당시 윤종화(황해도 경찰부장)를 제외하고 가장 직급이 높은 친일 경찰이었습니다. 그 경찰 경력을 인정받아 해방 직후 미군정청 경무부 공안과장(1946)으로 발탁됩니다. 이후 경찰전문학교 부교장, 경무부 교육국 부국장(1947)을 역임하다가 반민특위 활동이 전개되자 자신의 과거를 숨기고 변신하기 위해 경찰직에서 군대로 전직합니다. 1948년 10월 '88구락부'[16]의 같은 회원이던 신성모 국방장관의 도움으로 육사 1기 고급장교반에 입교하여 1948년 12월 졸업과 동시에 육군 소령에 임관됩니다. 그리고 3개월 뒤인 1949년 3월에 육군 중령으로 진급하고 일본군 출신 육군참모총장인 채병덕에 의해 헌병대 부사령관에 임명됩니다.

전봉덕이 경찰 고위직에서 헌병대로 이직한 이후 헌병사령부는 친일파들의 도피처이자 은신처이기도 했습니다. 당시 헌병대는 반민특위에 체포되는 것을 모면해 보려는 친일 경찰들의 '성역'으로 간주되던 도피 공간이었습니다.[17] 애초에 미군정청 경찰은 일본인의 앞잡이로서 민족을 괴롭히던 친일 경찰들의 좋은 피난처 구실[18]을 했습니다. 전봉덕 역시 마찬가지로 해방 직후 미군정청 경무부 공안과장으로 근무했습니다. 1948년 9월 「반민법」('반민족 행위자들을 처벌하기 위한 특별법'의 약칭)이 제정되고 반민특위가 활동을 개시하자 친일세력들은 '공산주의자 척결', '용공분자 색출'이라는 미명 아래 반민특위를 공격합니다. 1949년 1월 8일 반민특위가 본격적으로 노덕술, 하판락 등 친일경찰들을 검거하기 시작합니다. 그러자 친일 경찰들은 불안 속에 사태의 추이를 예의주시하며 「반민법」 제정에 앞장선 국회의원들을 암살하려는 모종의 음모를 꾸미기도 합니다. 시시각각으로 친일세력들의 숨통을 조여 오던 6월 4일 서울시경 사찰과장 최운하와 종로경찰서 사찰주임 조응선이 체포 구속되고, 6월 5일 서울시 경찰국장 김태선도 구속되자 친일세력들은 크게 동요합니다.

1949년 6월 6일 아침 7시! 친일세력인 장경근 내무부 차관의 지시를 받은 중부경찰서장 윤기병의 주도 아래 친일 경찰 40여 명은 반민특위를 급습합니다. 반민특위를 습격하여 출근하던 특위 사무처 직원, 특위위원들을 결박하고 오세윤 특경대장 등 무장한 특경대원들(특별경찰대의 약칭) 24명의 총을 탈취, 무장을 해제시킨 뒤 잔인하게 구타합니다. 반민특위 청사는 순식간에 아수라장이 됩니다. 반민특위 활동 관련 서류 뭉치들을 압수하자 급습 소식을 듣고 황급히 달려온 권승렬 검찰총장과 국회의원, 특위 검찰관의 무장을 해제시키고 트럭에 태워 압송합니다. 친일 경찰들은 항의하는 검찰총장의 가슴에 권총을 들이대며 '우리는 상부의 명령을 따를 뿐이니 알 바 없다'며 안하무인이었습니다.[19] 반민특위 습격사건, 일명 '6·6사건'은 해방 후 청산되었어야 할 반민족 세력들이 거꾸로 민족(독립)운동 세력을 역청산한 사건으로 세간에 상상할 수 없는 충격을 안기고 민족의 앞날에 심각한 재앙을 초래했습니다. 그 와중에 전봉덕은 반민특위를 주도한 김약수(국회부의장), 노일환, 이문원, 최태규, 이귀수 등 소장파 국회의원 13명이 국가보안법 위반 혐의로 '국회 프락치' 사건에 연루되자 헌병사령부 산하에 특별수사본부를 설치하고 수사본부장에 올라 반민특위에 앞장선 국회의원들을 체포해 고문을 자행합니다.[20]

전봉덕은 백범 김구 선생을 암살한 안두희가 부상을 입고 헌병대로 오자 치료부터 받으라며 부하들에게 '정중하게 모시도록' 지시한 인물입니다. 백범 피살 사건이 발생하자 전봉덕은 신성모 국방장관과 함께 경무대(오늘날 청와대)로 가서 최초로 대통령 이승만에게 사건 내용을 보고합니다. 이승만은 보고를 받은 그 자리에서 임정 계통의 중국군 출신 헌병 대령인 장흥 헌병사령관을 해임시켜 즉시 일선 사단장으로 발령을 내버립니다. 반면, 헌병 중령이자 헌병대 부사령관인 전봉덕을 사건 발생 5시간 만에 헌병대 사령관으로 승진시켜 수사를 맡깁니다. 그러는 사이 벌초를 갔다가 뒤늦게 백범 암살 소식을 듣고 귀대한 장흥 헌병사령관은 안두희가 융숭한 대접을 받고 있는 것에 노발대발하면서 '안두희! 저 새끼를 당장 영창에 처넣어라'고 격노합니다. 이후에 장흥, 오동기 등 중국군 출신과 송호성 장군 등 임정 계통의 광복군 출신 장교들은 용공세력으로 몰립니다. 그러다가 일명 '한국군의 아버지' 하우스만 대위의 비호 아래 김창룡이 맹활약하는 한국군 군부 내 숙정 작업이 진행되면서 광복군, 중국군 출신들은 한국 군부의 주류에서 완전히 제거됩니다.

경성제국대학의 수재 전봉덕의 삶은 민족이 처한 고난의 역사 속에서 빛과 어둠이 교차된 지극히 배반된 모습을 보여 줍니다. 최종고 교수의 평가대로 법사학자로서 법제사 연구 등 한국법사학계에 선구자적인 학문적 업적을 남겼음을 부인할 수 없습니다. 그 외에 '법의 날' 제정에 기여하고 법학 교육의 중요성을 강조하는 등 해방 후 법률가로서 행한 공적이 뚜렷하다는 평가를 받습니다.[21] 그러나 일제 암흑기 식민지 조선이 고통에 처했을 때 전봉덕은 민족의 고난을 헤쳐 나가려는 일말의 노력조차 보이질 않았습니다. 뛰어난 머리와 재능을 지녔음에도 개인의 출세와 일신의 영달을 위해 일제의 고위 관료가 되었고 침략전쟁을 충실히 수행했을 뿐입니다. 또한 해방 후 미군정과 이승만 극우 반공 파시즘 아래서 변신과 출세의 과정 역시 화려하다 못해 지극히 반민족적인 행보를 보여 준 것 또한 부인할 수 없습니다.

전봉덕은 엘리트 코스를 밟으면서 민족의 고난을 자신의 고난으로 받아들이지 못하고 철저히 친일, 친독재의 반민족적인 삶의 궤적을 보였습니다. 70살이 넘어 미국으로 떠나기 전까지 전두환 5공 세력에 법률 지식을 팔고 독재 권력에 기생한 모습은 지식인으로서 가장 경계해야 할 부끄러운 자화상이 아닐 수 없습니다. 일제 강점기 학병으로 끌려가 목숨을 걸고 탈출한 한국광복군 제1호 김준엽(중국 문제 전문가, 역사학자) 전 고려대 총장은 군사독재 정권으로부터 10여 차례에 걸쳐 국무총리, 장관 등 입각 제의를 받았으나 단호하게 거절했습니다. 우리는 누구를 역사적으로 기억하며 그 삶을 본받아야 할까요? 역사의 평가는 냉혹하고 준엄합니다.

3. 그리스도인의 삶과 향기를 보여 준 김치호 군의 죽음
하복부 총상을 입고도 어린 학생들에게 수술 차례를 양보하다

전봉덕만큼 뛰어난 재능을 지녔지만 자신의 삶을 민족의 제단에 바친 젊은 영혼이 있었습니다. 1960년 4·19혁명 당시 경무대(오늘날 청와대) 앞에서 총상을 입고 수술을 받기 위해 기다리던 대학생은 자신에게 돌아온 수술 차례를 어린 중·고등학생들에게 계속 양보합니다. 그

대학생은 이튿날 새벽녘이 되어서야 수술을 받지만 결국 사망합니다. 그는 서울대학교 문리대 수학과 3학년에 재학 중이던 김치호 군입니다. 시대의 의로운 죽음은 역사에 길이 기억될 것이며 그 순결한 영혼의 울림은 우리들 가슴에 영원히 남을 것입니다.

김치호 군은 해방 직후 월남한 부모님의 영향으로 기독교 모태신앙을 간직한 독실한 크리스천이었습니다. 한경직 목사가 시무한 영락교회를 어려서부터 다녔고 성경 말씀을 일상생활 속에 실천하며 삶과 신앙을 일치시키려고 노력한 영혼이 맑은 청년이었습니다. 김치호 군은 아인슈타인과 같은 과학자를 꿈꾸었고 사랑을 실천한 슈바이처 박사의 삶을 동경했습니다. 과묵하고 내성적인 성격이어서 주변 친척들에겐 순진무구한 이상주의자로 비치기도 했지만 내면에 충실한 그리스도인의 향기를 간직한 학생이었습니다. 새색시처럼 조용한 성격이었지만 전형적인 외유내강형 품성으로 개성이 분명했으며 주위를 따뜻하고 평온하게 했습니다. 7남매 중 막내로 태어나 어려서부터 부모님의 사랑을 듬뿍 받고 자라난 탓에 4·19혁명 당일 가회동 집을 나설 때도 부모님은 걱정 어린 당부를 잊지 않았습니다. "치호야, 조국의 앞날을 생각할 때 젊은이로서 시위에 참여 안 할 수는 없겠지만 너무 시위가 격렬하게 문란해지면 그 대열에서 뛰쳐나오고 어두워지거든 곧장 집으로 돌아와야 한다."[22] 아버지 김익순 씨는 유달리 귀엽고 사랑스러운 막둥이 아들을 근심 가득한 얼굴로 배웅했습니다.

김치호 군의 둘째 형 김치선 박사(전 서울대 법과대학장)는 한국 노동법학계의 선구자적인 학자로 한경직 목사를 직접 모시고 월남한 인물입니다. 1960년 6월 『사상계』 잡지에 막내 동생의 의로운 죽음을 기리며 기고한 글에는 김치호 군이 평소 일기를 꼬박꼬박 적으며 자신의 생각들을 매일 정리해 놓는 생활을 했다[23]고 쓰고 있습니다. 실제로 김치호 군은 1960년 4월 19일 시위에 나가기 전 자신의 수첩에 짤막한 메모로 이렇게 적어 놓았습니다.

"신성한 민권! 이것을 빼앗는 자는 누구인가? 나는 이를 사수하리라. 나는 오늘도 정의를 위하여 죽음을 두려워하지 않으련다. 4·19!"

김치호 군은 4월 19일에 부모님과 함께 살던 큰형님 집을 나와 곧장 동숭동 대학로 문리대 교정으로 갔습니다. 이미 이른 아침부터 수백 명의 무장 경관들이 학교 주변에 배치돼 있었습니다. 교정 여러 곳에는 정치학과, 사회학과, 철학과 2~3학년 학생들이 며칠 전부터 밤새써 붙인 구호와 격문, 그리고 플래카드로 어수선했습니다. 실제로 1960년 4월 16일 서울대 문리대 3학년 학생 15~16명이 정치학과 연구실에 모여 항의 데모를 결의했고, 4월 17일에는 서울 시내 다른 대학들과 연대하여 4월 19일 동시에 데모하기로 연락을 취했습니다.[24]

당시 서울 시내 9개 대학 가운데 학생회 차원에서 4월 혁명에 조직적으로 참여하지 않은 대학은 이화여대 한 곳이었습니다. 1980년 전두환 신군부 세력이 세계 역사상 가장 긴 쿠데타를 일으켰음에도 바로 권력의 전면에 등장하지 못했던 것은 당시 학생운동 세력이 무서웠기 때문입니다. 1980년 '서울의 봄' 당시 전두환을 비롯한 정치군인들은 학생운동의 동향에 촉각을 곤두세웠습니다. 권력욕으로 가득 찬 신군부가 주목한 곳이 바로 이화여대였습니다. 당시 이화여대는 학생운동의 구심인 전국 각 대학 학생회장들이 집결하여 조국의 운명을 결정하는 중대한 회의가 개최되었던 역사적 공간이었기 때문입니다. 그러나 1980년과 달리 1960년 4월 혁명 당시 이화여대는 너무도 조용했습니다. 서울대학교 학생 80%가 참여한 4월 혁명의 물결에 이화여대는 학생회 차원에서 불참하는 역사적 오점을 남깁니다.

다음은 4월 혁명 당시 이화여대를 다니는 딸의 아버지가 사랑하는 딸에게 보낸 편지의 일부입니다. '비굴한 행복'보다 '당당한 불행'을 선택할 줄 아는 여성이 되기를 간절히 바라는 마음이 담긴 편지글입니다. 치열했던 4월 혁명의 가슴 뛰는 역사의 현장을 고스란히 전해 주기에 부족함이 없어 여기에 소개합니다.

"인옥아! 사랑하는 내 딸아! (중략) 구태여 너의 학교 이름을 밝히지 않아도 4·19 데모에 나서지 않고 빠져 버린 대학이라면 하나밖에 없기 때문에 세상 사람들은 누구나 다 짐작할 것이다. (중략) 너의 학교는 수십 년 역사를 가지고 빛나는 전통을 자랑하며 수많은 현모양처와 여성 지도자를 배출한 이름 높은 학교였다. (중략) 그러나 나는 완전히 할 말이 없게 된 부끄러운 아버지가 되고 말았다. 나는 신문이란 신문은 모조리 뒤지면서 행여나 내 딸의 학교 이름도 나오지 않나 하고 얼마나 찾았는지 모른다. (중략) 서울의 거리가 온통 너와 같은 젊은 세대의 불길로 거세게 타오를 때 인옥아! 너는 어디서 무엇을 하고 있었단 말이냐? 그 '피의 폭풍'이 강산을 휩쓸고 마침내 낡고 썩은 것들이 너희들 젊음 앞에 굴복을 하고 만 그 시각에 나의 피를 받은 너는 대체 어디서 무엇을 생각하고 있었더냐? 그 불덩어리들 속에 타오르는 심장의 핏빛이 네 피와는 다르더란 말이냐? (중략) 서글픈 일이다. 분한 일이다. 네 젊음을 스스로 모독한 시대의 고아가 되고 말았구나! 총탄에 쓰러진 아들딸을 가진 부모들의 비통함보다 털끝 하나 옷자락 하나 찢기지 않은 너를 딸로 가진 이 애비의 괴로움이 더 깊고 크구나. 인옥아! 어서 배지를 떼고 교문을 나와 병원으로 달려가거라. 죄인과 같은 부끄러움과 겸손한 태도로 아직도 병상에서 신음하는 그 젊은 영웅들 앞에 네 피를 아낌없이 쏟아라. (중략) 결코 '부잣집 맏며느릿감'을 만들기 위해서 너를 대학에 보낸 애비가 아니라는 것! 네가 잘 알 것이다. 이 찬란하고 장엄한 역사의 아침 앞에서 이렇게 흥분하지 않고는 못 배길 것 같다."25

　4월 혁명 과정에서 220명이 넘는 꽃 같은 젊은이들이 목숨을 잃었습니다. 그리고 2,000명이 넘는 총상 환자가 발생하여 그분들은 평생 불구로 살아가야 했습니다. 장엄한 역사의 한 장을 넘기는 데 우리는 수천 명의 희생자를 민주 제단에 바쳤습니다. 4월 19일! 옷깃을 여미지 않을 수 없는 찬란한 역사의 그날이 그렇게 밝아 왔습니다.

　4·19일 혁명의 아침! 김치호 군 역시 평소처럼 동숭동 문리대 교정으로 들어섭니다. 이미 문리대 교정 정문 앞에는 서울시경 형사들이 진을 치고 있었습니다. 교정의 분위기는 술렁였는데 김치호 학생은 정문에서 시경 형사들에게 데모 주동자로 지목돼 연행됩니다. 그때 마침

4월 학생혁명 기념탑(서울대학교 두레문예관 부근). 4월 혁명 당시 김치호를 포함해 고순자(응용미술과 3년), 박동훈(법학과 2년), 안승준(경제학과 3년), 유재식(체육교육과 2년), 손중근(국어교육과 4년) 모두 6명의 서울대생이 희생된다. 관악 캠퍼스로 이전하면서 후미진 곳에 50년 가까이 방치되다가 현재 위치로 이전되었다.

종로 5가 쪽에서 대광고등학교 학생들의 시위대가 경찰에 쫓기는 장면이 목격됩니다. 그러자 서울대 문리대 학생들은 자연스레 데모 예정 시간을 앞당겨 교문을 박차고 거리로 진출했습니다. 분노한 학생들은 민의를 왜곡한 '부정선거 규탄', '민주주의 수호'를 외치다가 동대문경찰서 앞에서 투석전이 벌어집니다. 무장 경찰들은 곤봉과 개머리판으로 시위대 학생들을 잔인하게 난타했고 학생들은 돌멩이로 맞섰습니다. 동대문경찰서 앞에서 최초로 서울대 문리대생 17명이 연행되는데 경찰서 내에서도 학생들은 무수히 구타를 당했습니다.

당시 진압 경찰들의 잔인성은 상상을 초월합니다. 4월 혁명 당시 쫓기는 시위대와 진압 경찰의 잔학성을 생생히 기록한 문리대 학생의 글이 유독 눈길을 끕니다.

"4월 19일 교문을 나섰을 때 벌써 길가에는 무장 경관들이 꽉 차 있었다. (중략) 경찰들은 곤봉과 개머리판으로 학생들을 난타하면서 강제 해산시키려 했고 우리들은 돌을 던지며 악착같이 저항했다. 잔인한 경찰들은 한 사람에게 두세 명이 달려들어 사정없이 때렸다. 나는 별달리 저항도 하지 않았지만 그 매질은 지독한 것이었다. (중략) 그들은 죽어라고 나를 때렸고 뒤통수며 얼굴이며 가슴을 가리지 않고 찌르고 때렸다. '개새끼 죽여 버린다!'고 하면서 다음에는 쇠갈고리와 총 개머리판으로 장작 패듯 내리치고 있었다. 정신을 잃고 근처 전매청 공장으로 한사코 뛰어 들어갔다. (중략) 나는 죽어라고 전매청으로 뛰어 들어가 숨었다. 숨이 막히고 온몸이 아파서 견딜 수가 없었다. 왜 나를 그렇게 때렸을까? 아니 때려야만 속이 시원했을까? 동족인데 그 경찰관들은 너무나 잔인하고 악질이었다. (하략)"[26]

1960년 4월 혁명 당시 한국 경찰 가운데 총경급(오늘날 경찰서장의 직책) 60%가 일제 강점기 경찰 출신이었습니다. 실제로 미군정기 한국인 경찰 가운데 「미군정청 관보」에 실린 52명은 일제 강점기 고위 경찰 출신들입니다. 이들은 경무국장 대리, 도 경찰부장(오늘날 지방 경찰청장에 해당), 도 경찰부의 감찰관 및 과장, 경찰서장을 지낸 것으로 나옵니다.[27] 그들 중 상당수는 전봉덕처럼 독립운동가에 대한 첩보를 수집하고 불온사상을 탐지하며 일제의 충견 노릇을 서슴없이 저지른 자들이었습니다. 그들 친일 경찰 출신들은 일제의 전쟁 수행을 지원하는 반민족적인 친일행위를 충실히 수행한 것처럼 해방 후에도 이승만 독재 권력의 충견 노릇을 충실히 수행한 것입니다. 독재 권력을 지탱하기 위해 시민의 정당한 저항을 잔혹하게 탄압했던 방식은 일제의 방식 그대로였습니다. 물론 모든 경찰들이 악질적인 친일행위를 했던 것은 아닙니다.

　　경기도 경찰부 황옥 경부처럼 극히 일부 조선인 경찰은 의열단 등 독립운동에 관련되어 투옥되고 고난을 자처한 사례도 있습니다. 그리고 백범 김구 선생의 어머니 곽낙원 여사와 두 아들(김인, 김신)이 머물던 황해도 안악 지방을 감시하던 조선인 형사 정이철은 곽낙원 여사와 손자들이 비밀리에 출국할 때 오히려 그 시각 순찰을 돌지 않았습니다. 무사히 출국한 사실을 확인한 직후 고등계 형사직을 미련 없이 내던졌습니다.[28] 그러나 절대다수 조선인 경찰들은 식민 당국의 신임을 얻기 위해 일본인 경찰보다 더 잔인하고 가혹하게 동포들을 대했음을 그간의 연구 결과가 말해 줍니다.

　　따라서 4월 혁명 당시 한국 경찰들이 부정선거에 항거하는 시민들의 저항을 왜 그토록 잔혹하게 탄압했는지 그리고 부패한 독재 권력의 충견 노릇에 왜 그토록 혈안이 되었는지 우리는 역사를 통해서 이해할 수 있습니다. 일제 말기 부산 동래중학교 학생들의 '독서회' 사건을 취조하던 친일 경찰 하판락은 고문 도중 16살 중학생의 혀를 펜치로 잡아 빼는 악행을 저지릅니다. 그는 해방 직후 반민특위에 체포되지만 곧 풀려나 90세가 넘도록 천수를 누렸습니다. 당시 같이 고문당하던 생존자는 16살의 어린 나이에 갖은 악형으로 숨져 간 친구의 영혼을 생각하면 죽을 때까지 그놈(하판락)을 잊을 수 없다고 절규했습니다.

역사적으로 1946년 9월 남조선 총파업과 10월 대구 항쟁을 시작으로 서울, 부산 등 인민 항쟁을 진압하는 과정에서 한국 경찰은 수적인 면에서 확장기를 맞습니다. 그리고 '기관총 순경대' 설치 및 전체 경찰에게 카빈 소총을 보급하는 등 화력 면에서도 한국 경찰은 본격적인 전투경찰 체제로 변신하는 물리적 확장기를 맞습니다.[29] 다음은 해방 직후 부산지역 친일 경찰이 보여 준 고문의 사례입니다. 1946년 10월 항쟁 당시 미군 장교의 목격담으로 해방된 조국에서 청산되지 못한 친일 경찰들이 얼마나 잔악했는지 그 실상을 엿볼 수 있습니다.

"나는 한국 경찰이 각이 날카로운 나무 몽둥이로 사람들의 정강이를 때리는 것을 보았습니다. 경찰들은 사람 손톱 밑에 뾰족한 나무 조각을 쑤셔 넣는 짓도 했지요. 내가 기억할 수 없을 만큼 많은 사람들이 물고문을 받았어요. 그들은 한 친구의 입에다 고무 튜브로 계속 물을 퍼부어 거의 질식할 지경으로 만들어 놓았습니다. 또한 경찰들이 쇠몽둥이로 한 사람의 어깨를 갈기고 그를 쇠갈고리에 매달아 놓는 것도 보았습니다."[30]

김치호 군은 이날 오후 서울시경에서 무수히 구타를 당하고 훈방됩니다. 그러나 곧장 태평로 국회의사당(오늘날 서울시 의회 의사당 건물) 앞으로 달려갑니다. 그리고 10만 명이 운집한 거대한 시위대 행렬에 동참합니다. 3·15 부정선거 규탄의 목소리는 이승만 대통령 하야의 외침으로 변했고, 마침내 분노에 찬 정치적 요구로 폭발하면서 경복궁 쪽 경무대(오늘날 청와대)를 향해 거세게 분출되었습니다. 4월 19일 당일 서울시 경찰국장 유충렬은 경무대로 가는 초입인 통의동 저지선을 전 화력을 동원해 저지시키라고 명령을 내립니다.

유충렬은 일제 강점기 순사부장 출신으로 해방 후 계속 경찰에 재직하면서 한국전쟁 직전 총경으로 승진한 인물입니다. 이후 제주도 경찰국장, 충남 경찰국장, 경남 경찰국장을 역임하고 1960년 서울시 경찰국장으로 부임한 친일 경찰 출신입니다.[31] 11시 30분에 통의동 파출소에서 시위 학생들을 향해 발포가 시작되었지만 시위대는 이를 뚫고 중앙청 옆 효자동 1차 경찰 저지선을 돌파했습니다. 시위대는 경무대 입구 2차 저지선마저 돌파하여 빼앗은 소방차를 앞세우고 약간 경사진 경무대 입구를 향해 사력을 다해 돌진했습니다.

이날 경무대 입구엔 바리케이드가 쳐져 있었는데 그 뒤 1차 저지선엔 카빈 소총으로 무장한 경찰들이 배치되었고, 그 뒤 2차 저지선엔 헌병대 군인들이 M1 소총으로 무장하고 있었습니다. 4월 19일! '피의 화요일!' 이날 하루 동안 100여 명이 경찰의 무차별 총격으로 희생됩니다. 경무대 앞에서는 오후 1시부터 5시까지 계속 총격 소리가 울리면서 시위 학생들과 경찰 간에 밀고 밀리는 공방 속에 학생들의 파상 공세가 계속되었습니다. 김치호 군은 고교생 10여 명으로 결사대를 편성하여 지휘했는데[32] 총소리가 울리면 주위로 흩어졌다가 다시 경무대로 돌진해 가는 파상공세를 감행했습니다. 그러다 오후 2시 30분 김치호 군과 고교생들은 총상을 입고 쓰러집니다. 김치호 군을 쓰러뜨

김치호 군이 남긴 유언(4월 학생혁명 기념탑). 1960년 4월 19일 혁명 당시 김치호 군(서울대 수학과 3년)이 시위 현장으로 떠나기 전에 자신의 일기장에 남긴 글귀 "오늘도 나는 정의를 위해 죽음을 두려워하지 않으련다."

린 총탄은 하복부를 통해 간-갈비뼈-심장을 관통하여 하복부 출혈
이 심각한 상태였습니다.

4월 19일 당일 오후는 비상계엄이 선포된 삼엄한 분위기였습니다.
수도육군병원 입·퇴원과장이었던 김용규 대위는 계엄사령부로부터 경
무대 입구 현장에 가서 사상자를 후송하라는 명령을 받습니다. 앰뷸
런스 2대에 위생병들을 인솔하여 현장에 도착한 김 대위는 경무대 정
문 맞은편 경복궁 미술관 옆 뜰에서 사상자와 체포된 군중 200여 명
을 목격합니다. 현장 지휘관은 시체부터 신속히 처리하라고 요구하지
만 김용규 대위는 의사로서 부상자 가운데 중상자를 유심히 관찰했
습니다. 안경을 끼고 교복 차림의 대학생 한 명이 하복부 출혈 상태가
심각함을 한눈에 발견하고 즉시 후송 지시를 내립니다. 그 순간 김치
호 군은 "저는 괜찮습니다. 저 아이들이 더 심각하니 먼저 데려가 주
십시오"라고 애절한 부탁을 합니다. 생명이 위독해 화급을 다투는 상
황에서도 다른 부상자를 더 생각하는 김치호 군의 모습에 김용규 대
위는 감명을 받습니다. 그리고 병원 도착 즉시 일반외과 과장인 이은
태 대위에게 위중한 상태를 전하며 특별히 수술을 부탁합니다. 이은태
대위는 외과 수술 담당 군의관 김수득 소령과 함께 가장 우선적으로
위독한 상태인 김치호 학생의 수술을 시작하려고 했습니다. 그러자 김
치호 군은 응급실에서도 계속 '저 어린 고교생부터 치료해 달라'며 더
욱 간절한 눈빛으로 애원했습니다. 의사들은 어쩔 수 없이 수혈을 통
해 수술이 가능한 혈압을 유지하는 조치를 취할 수밖에 없었습니다.
결국 어린 중고교 학생들에게 수술 차례를 양보하다가 저녁 늦은 시
각 수술에 들어갔지만 간에 치명상을 입은 탓에 수술한 보람도 없이
이튿날 새벽 6시 김치호 군은 운명합니다.[33]

이 땅의 민주주의가 심각하게 훼손되고 정의가 곤두박질치는 암울

한 시절! 과학도로서 꿈을 키우던 한 대학생이 민주 수호를 외치다 간악한 독재 권력의 흉탄에 쓰러졌습니다. 생명이 위독한 상황에도 자신보다 어린 중고생을 걱정하며 수술을 여러 차례 양보했던 김치호 군! 내면의 신앙에 충실했고 마음이 시키는 대로 행동했던 맑은 영혼을 간직한 김치호 군! 스물두 해 짧은 생을 살다 갔지만 역사는 영원히 그 이름을 기억하고 우리 후손들 가슴에 새겨질 것입니다.

역사의 그림자(전봉덕)	역사의 빛(김치호)
경성제국대학의 연구하는 학생	전도유망한 서울대학교 수학과 학생
〈일제 강점기〉 1. 경성사범학교(서울대 사범대 전신) 졸업 후 국민학교(현 초등학교) 교사 2. 고시(고등문관시험) 행정과 사법과 합격 3. 경기도 경찰부(현 서울시경+경기도경) 수송보안과장으로 독립운동가 검거, 전시 물자 동원으로 일제 침략 전쟁에 적극 협력 〈해방 후〉 4. 헌병대 사령관으로 '국회 프락치 사건' 조작 관련 민족주의 성향의 반민특위 국회의원들 체포 및 고문 수사 5. 백범 김구 암살범 안두희를 비호, 암살사건을 축소 은폐시킨 최고위 수사 책임자 6. 서울시변호사회 회장, 대한변협 회장, 서울대학교에서 암행어사 연구로 박사학위, 한국법사학회의 선구자, 88세 천수를 누림	1. 노동법학계 선구적인 권위자 김치선 교수(서울대학교 법과대학장)의 아우 2. 4월 19일 혁명 당일 경무대(현 청와대) 앞 시위 도중 하복부 총상을 입고도 어린 중고교생들에게 병원 후송을 여러 차례 양보하고 수술 차례도 양보함 3. 모태신앙을 간직한 독실한 크리스천으로 영락교회를 다님. 그리스도인의 향기를 간직한 크리스천으로 주위를 따뜻하고 화평케 한 성품 4. 4월 혁명 당일 경찰서에 연행돼 무수히 구타를 당한 뒤 훈방되지만 곧장 태평로와 경무대 시위에 참가, 고교생 10여 명으로 결사대를 조직

1. 「국대안」 사건은 「국립 서울대학교 설립안」 사건의 줄임말이다. 1946년 7월 미군정청 학무국에서 조선에 국립종합대학교를 설립하려는 의도에서 기존 경성제대를 중심으로 서울 소재 관공립 전문학교 9개교를 강제 통합한 고등교육정책이다. 「국대안」이 법령으로 발표되자 경성제대를 비롯해 경성법학전문학교, 경성의학전문학교 등 해당 학교 구성원들의 격렬한 「국대안」 반대 운동이 해를 넘겨 1947년까지 지속되었다.

2. 장세윤(1993), 「일제 침략의 첨병 양성 기관, 경성제국대학」, 『殉國』 통권 34호, 32~41쪽.

3. 장세윤(1993), 「일제의 고문시험 출신자와 해방 후 권력 엘리트」, 『역사비평』 통권 23권, 167쪽.

4. 박은경(1999), 『일제하 조선인 관료 연구』, 서울: 학민사, 97쪽.

5. 이명화(1993), 「조선총독부 식민지 교육의 산실, 학무국」, 『殉國』 통권 34호, 23쪽.

6. 김호일(2000), 「식민지 시기 대학설립운동의 몸부림」, 『전환의 시대, 대학은 무엇인가』, 서울: 한길사. 122쪽.

7. 김호일(2000), 위의 책, 120쪽.

8. 이기동(1985), 「일제하의 한국인 관리들」, 『신동아』 306호, 472~474쪽.

9. 최종고(2007), 『한국의 법률가』, 서울: 서울대 출판부, 360쪽.

10. 최종고(2007), 위의 책, 362~365쪽.

11. 김학현(2014), 「반민족 인사가 떵떵거리는 시대, 더 이상은 안 돼」, 『오마이뉴스』 2014. 7. 19.

12. 우종창(1995), 「백범 암살 보고 때 허정 씨 배석했다」, 『주간조선』 1341호, 91쪽.

13. 이충우·최종고(2013), 「이전에서 나온 수재들」, 『다시 보는 경성제국대학』, 서울: 푸른사상, 284쪽.

14. 장신(2007), 「일제하 조선인 고등 관료의 형성과 정체성」, 『역사와 현실』 통권 63호, 53쪽.

15. 김경진(2010), 『일제 강점기 전봉덕의 삶과 시대인식』, 동국대 석사학위논문, 1쪽.

16. 88구락부 회원으로는 이승만 정권의 실세들인 일본 육사 출신의 채병덕 육군참모총장 이외에 김창룡 육군 방첩대장, 김태선 서울시경국장, 장은산 포병사령관 등이다. 친일파 장은산 포병사령관이 88구락부 리더였고 안두희는 포병장교이자 방첩대 소속이었다.

17. 김무용(1993), 「전봉덕, 화려한 경력으로 위장한 친일 경찰의 본색」, 『친일파 99인』(2), 서울: 학민사, 115쪽.

18. 김민철(1993), 「제 민족 탄압에 앞장선 친일 경찰」, 『殉國』 통권 35호, 66쪽.

19. 서영준(1988), 『반민특위의 활동에 관한 연구』, 서울대 석사학위논문, 123~128쪽.

20. 민족문제연구소(2009), 『친일인명사전』, 391쪽.

21. 최종고(2007), 위의 책, 366~367쪽.

22. 조화영(1960), 『4월 혁명 투쟁사』, 서울: 국제출판사, 113쪽.

23. 김도연(1984), 「맑은 인간애, 순결한 양심」, 『마당』 통권 32호. 72쪽.

24. 박청방(1984), 「새날의 서광, 서울대학교」, 『4·19의 민중사』, 서울: 학민사, 177쪽.

25. 학민사 편집실(1984). 「딸에게 보내는 편지」. 『4·19의 민중사』, 서울: 학민사, 4~6쪽.
26. 이철우(1984), 「총알과 돌멩이」, 『4·19의 민중사』, 서울: 학민사, 178쪽.
27. 안용식(2008), 「일제하 한국인경찰 연구」, 『현대사회와 행정』 제18권 제3호, 224쪽.
28. 이경남(1992), 「일제하 친일 경찰관 인맥」, 『신동아』 1992년 9월호, 289쪽.
29. 류상영(1988), 『초창기 한국 경찰의 성장 과정과 그 성격에 관한 연구』, 연세대 석사학위논문, 75쪽.
30. 마크 게인, 편집부 옮김(1986), 『해방과 미군정』, 서울: 까치, 87쪽.
31. 편집부 엮음(1983), 『4·19 혁명론』(Ⅱ), 서울: 일월서각, 161~177쪽.
32. 학민사 편집실(1984), 위의 책, 446쪽.
33. 김도연(1984), 위의 글, 72쪽.

3부

역사의 참회록

6장

20억 원에 나라를 팔아먹은 이완용

1. 전덕기 목사의 상동교회는
   1900~1910년대 항일민족운동의 성지

이완용은 나라를 팔아먹은 대가로 일왕에게 백작이라는 귀족 작위와 20억 원이 넘는 돈을 받습니다.[1] 러일전쟁을 승리로 장식한 일본은 미국의 중재로 맺은 포츠머스 강화조약으로 조선에 대한 지배권을 국제적으로 인정받습니다. 그전에 일본 수상 가쓰라와 미국 국무장관 태프트는 가쓰라-태프트 밀약을 맺습니다. 미국이 필리핀을 지배하는 대신 일본이 조선을 먹기로 미일 양국 간 합의를 한 것이지요. 영국, 독일, 프랑스 등 다른 제국주의 열강들도 일본의 조선 지배를 인정합니다. 제국주의 열강들이 합의하여 아시아 식민지를 나눠 먹되 일본이 조선을 먹기로 국제적으로 승인을 받은 것입니다. 이름하여 제국주의 열강들의 식민지 분할 정책입니다.

일본제국주의는 이러한 국제적 승인을 배경으로 1905년 11월 조선에게 '을사보호조약'을 강제합니다. 이를 위해 총리대신을 두 번씩이나 역임한 이토 히로부미를 조선으로 급파하여 속전속결로 조선을 '보호국'화합니다.[2] 이완용은 을사늑약 체결 당시 학부대신으로 고종을 협

중명전(서울시 중구 정동극장 근처). 중명전은 러시아 건축가가 설계한 2층 벽돌로 된 왕실도서관으로 을사늑약이 체결된 치욕의 공간이자 고종이 헤이그 밀사 파견을 감행한 역사적 장소이다.

박하는 데 남달리 앞장섰던 인물입니다. 이토 히로부미는 그 공로를 인정해 이완용을 추천해 총리대신에 오르게 합니다. 을사늑약으로 외교권을 박탈당하자 미국, 영국, 독일 등 열강들은 약속이나 한 듯이 외국 공관들을 조선에서 철수해 버립니다.

1907년 고종 황제는 이러한 일제의 만행을 폭로하고자 이회영과 비밀리에 헤이그 밀사를 파견합니다.[3] 헤이그 밀사 파견에 대한 논의는 상동교회 전덕기 목사의 도움으로 진행되었습니다. 당시 상동교회 담임목사였던 전덕기 목사는 을사늑약의 주범 이토 히로부미의 간담을 서늘하게 만들고, 을사오적 처단과 헤이그 밀사 파견을 이회영과 함께 준비했습니다.[4] 상동청년회는 1905년 을사늑약 당시 '을사조약 반대 상소운동' 일명 '도끼 상소운동'을 전개하며 종로 일대에 격문을 돌리고 시위를 주도합니다. 또한 을사늑약에 앞장선 을사오적을 처단하기 위한 모의를 시도합니다. 그러나 일제의 탄압이 교회에까지 미칠 것을 염려한 상동감리교회 설립자 스크랜턴의 반대로 상동청년회는 1905년 곧바로 해산됩니다.

　상동청년회는 애초에 상동교회 엡윗청년회Epworth League로 출발했는데 1897년 순수 종교단체로 조직되었습니다. 그러나 1903년 전덕기 목사가 회장이 되면서 항일 정치조직으로 변모합니다.[5] 전덕기 목사는 상동청년회를 배경으로 1904년 상동청년학원(중등과정)을 세웁니다. 상동청년학원은 1900~1910년대 애국계몽운동과 근대민족운동의 중심 역할을 수행합니다.[6] 상동청년학원 교사 가운데 남궁억, 여준, 이동녕, 이상재, 이회영, 조성환, 이승만, 현순, 주시경 등 13명의 교사가 독립유공자로 인정[7]받을 정도로 근대민족운동의 요람이자 항일민족운동의 구심점 역할을 수행합니다. 실제로 신민회 창설과 헤이그 밀사 파견 모의는 상동교회 지하실 회합에서 이루어집니다. 매주 목요일 저녁 7시 교회에 모여 예배를 드린 뒤에 전덕기, 이동녕, 이회영, 양기탁, 이승훈 등 독립지사들이 모임과 토론을 했습니다. 상동청년회 외교부장 출신이자 대중연설가 이준 열사와 이회영의 친구 이상설도 자주 모임에 참석했습니다.[8] 최남선은 1956년 2월 YMCA 총무를 지낸 전택부와 면담에서 이렇게 진술한 적이 있습니다.

　　"상동교회 뒷방에는 전덕기 목사를 중심으로 이회영, 이상설, 이준 씨 등 지사들이 무시로 모여와 국사를 모책했는데, 나는 그들만큼 많이 끼이지는 않았으나 늘 그 패에 끼인 일이 있습니다. 진실로 상동교회 뒷방은 이준 열사의 헤이그 밀사 사건의 온상이라고도 할 수 있습니다. 나에게는 전덕기 목사의 감화가 큽니다."[9]

　실제로 상동교회에서는 공옥학교와 상동청년학원을 직접 설립 운영하며 교육구국운동을 펼쳤고, '가정잡지' 등을 발간하여 애국계몽운동을 전개했습니다. 또한 1911년 일제가 조작한 '105인 사건' 이후 감옥에 간 이승훈과 안창호를 대신하여 전덕기 목사는 정주 오산학교와 평양 대성학교 운영을 보살핍니다. 나아가 신흥무관학교로 구체화되는 해외 독립군 기지 건설을 이회영, 이동녕과 함께 도모하는 등 전덕기 목사의 활동은 전방위에 걸쳐 전개됩니다. 따라서 일제의 조선 침탈 전후 국내 최초의 항일비밀결사 단체인 신민회 조직과 헤이그 밀사 사건, 그리고 105인 사건 모두 상동교회 전덕기 목사와 연계되었음에 주목할 필요가 있습니다.[10] 1910년대 민족운동사에서 전덕기 목사는 이회영, 김구, 안창호, 이승만, 이승훈에 견주어 결코 그 비중이 작지 않은 근대민족운동의 선구적인 인물이기 때문입니다.

그리하여 이회영은 전덕기 목사의 도움으로 자신의 친구 이상설을 정사로, 상동청년회 출신 이준을 부사로 하여 주러시아 공사관에 근무하던 이위종을 상트페테르부르크에서 만나게 합니다. 이위종은 프랑

상동교회(서울시 중구 남대문 시장 회현역 부근). 1900~1910년대 항일민족운동의 구심점 역할을 수행한 상동교회. 정문에 '북녘 어린이 사랑 후원 기도회' 및 '우당 이회영 선생 순국 84주기 추모식' 플래카드가 걸려 있는 게 인상적이다.

스어 등 외국어에 능통한 외교관이었습니다. 이들은 러시아를 출발하여 독일 베를린을 거쳐 네덜란드 헤이그에서 열리는 만국평화회의 장소로 이동합니다. 고종 황제의 친서와 신임장을 지닌 채 일제의 국권침탈을 폭로하고 반식민지 상태로 떨어진 조선을 세계 여론에 호소하고자 했습니다. 그러나 제국주의 열강 러시아와 영국, 네덜란드는 제국주의 국가인 일본의 편을 들었습니다. 열강들의 냉담한 반응 속에 회의장 밖에서 문전박대를 당한 채 외국 언론에 호소하는 수밖에 없었습니다. 결국 일본제국주의 침략 시기 뛰어난 대중연설가이자 열혈우국지사 이준 열사는 통분 끝에 헤이그의 숙소에서 순국합니다.

헤이그 밀사 사건을 계기로 일제는 궐석재판에서 이상설을 사형에, 이위종을 종신형에 처하고 고종 황제를 폐위시킵니다. 친일파 송병준은 고종 황제 폐위를 적극적으로 주장하며 고종을 몰아내는 데 앞장서면서 일약 스타로 떠오릅니다. 초대 조선통감부 통감 이토 히로부미는 1907년 6월의 헤이그 밀사 사건을 계기로 고종을 순종으로 갈아치웁니다. 순종이 1907년 7월 20일 즉위하자 4일 만에 강제로 정미칠조약(한일신협약)을 맺고 조선에 대한 내정권을 완벽하게 장악합니다. 이어서 각종 악법을 통과시켜 그해 7월 언론을 장악하고 8월에는 군대를 해산시켜 버립니다. 10월에는 경찰권마저 빼앗습니다.

2. 이토 히로부미를 '스승'이라고 말하다

1905년 을사늑약으로 외교권을 빼앗은 일제는 내정권에 이어 언론권, 군사권, 경찰권을 순차적으로 박탈했습니다. 동양의 평화를 위한다는 명목으로 이토 히로부미는 그렇게 조선의 국권을 능멸했습니다.

제국주의 침략의 선봉 역할을 자처했던 이토 히로부미는 1909년 10월 26일 안중근 의사가 쏜 총탄 3발을 가슴과 복부에 맞고 즉사합니다. 이토가 처단된 지 10여 일이 지난 시점, 서울에서 그를 추도하는 추도회가 열립니다. 이완용은 추도사에서 "이토 공은 나의 스승과 같은 존재였고 이토 공을 존경한다"는 망언을 합니다.

1910년 5월 3대 조선통감이 된 데라우치는 '한일합방'이라는 국권 찬탈 시기를 저울질합니다. 데라우치는 육군대신의 직위에 있던 육군대장으로 일제의 조선 침탈 직후 조선총독부 초대 총독이 됩니다. 1910년 7월 조선에 부임한 데라우치는 일반 경찰을 헌병경찰제로 전환시키면서 조선을 식민지로 전락시킬 궁리에 몰두합니다.

바로 그 시점에 자신의 며느리를 겁탈했던 패륜아 이완용이 등장합니다. 이완용은 비서 이인직(근대 신소설 「혈의 누」의 작가)을 시켜 "지금의 내각이 와해되어도 이보다 더 친일적인 내각이 나올 수 없다"며 협상에서 선수를 칩니다. 그리하여 1910년 8월 14일 이인직을 조선통감부에 몰래 보냅니다. 밤 11시가 넘는 야심한 시각에 말이죠. 망국협상을 진행하기 위해서였습니다. 그 협상은 새벽 1시에 끝났습니다. 나라를 팔아먹는 데 신경을 곤두세우고 경쟁하던 이완용은 송병준을 제치고 협상에 성공합니다.[11]

1910년 8월 18일 '한일합방'을 위한 내각회의에서 이완용(총리대신), 조중응(농상공부대신), 박제순(내부대신) 등 일제의 주구走狗인 매국노들은 합방에 적극 찬동하며 분위기를 몰아갔습니다. 그러나 이용식(학부대신)이 국운이 결정되는 최후의 순간, 죽는 한이 있어도 망국적인 합방안에 찬성할 수 없다며 반대하자 이날 회의는 연기되었습니다. 이후 이완용은 이용식이 회의에 참석하지 못하도록 일본 수해지역 시찰 특파사로 임명하는 이면공작을 펼칩니다.[12]

그리고 1910년 8월 22일 오후에 어전회의를 열어 '병합조약안'을 전격 통과시킵니다. 당시 어전회의는 일본군 2개 사단이 서울에 동원되어 어전회의장 주변을 물샐틈없이 경계하는 등 아주 살벌한 분위기에서 외부와 통신연락이 단절된 채 진행되었습니다. 순종은 일제의 앞잡이 노릇하는 매국 대신들을 나무랐지만 일본의 방해로 선왕인 고종과 전화 연락을 할 수도 없었으며 무기력했습니다.[13] 8월 22일 오후 4시 어전회의에서 '한일병합안'이 통과되자 이완용은 마차를 타고 데라우치 통감 관저로 쏜살같이 달려갑니다. 1910년(경술년) 8월 22일 오후 5시에 '한일병합조약'은 그렇게 체결되었습니다. 일제는 조선 민중의 동요를 두려워해 조약을 체결한 즉시 공포하지 못했습니다. 조선의 유력한 대신들을 일본군이 가택 연금한 상태에서 일주일 동안 조선 사회를 예의주시합니다. 그러다가 1910년 8월 29일 치욕적인 '한일병합조약'을 공표합니다.

'한일병합조약' 전문은 이렇습니다.

"한일 간 두 나라의 행복을 증진하고 동양평화를 영구히 확보하기 위해 데라우치와 이완용이 각국 황제의 전권을 위임받아 합병조약을 체결한다."

8개 조항에는 한국의 통치권을 일본이 행사한다는 것과 일본 황제가 한국의 황제와 황족들 그리고 나라를 망하게 하는 데 훈공을 세운 조선인들에게 작위와 은사금을 주겠다는 내용입니다. 거기다 이 조약을 받아들이고 식민지 정책에 협조하는 조선인 가운데 충량한 자들을 총독부 관리로 등용하겠다는 내용입니다.

그런데 누가 봐도 나라를 팔아먹은 일은 보통 일이 아니었습니다. 일제는 조약 체결 사실을 숨긴 채 한국인의 정치활동을 금지하고 원로대신들을 옴짝달싹 못하게 연금시켰습니다. 치열하게 전개된 의병전쟁을 겪은 터라 조선 민중의 저항이 무서웠기 때문입니다. 한국인의 손발을 묶고 동태를 살피다가 일주일이 지나서야 조약을 발표했는데, 이날이 바로 8월 29일 경술국치일입니다.

3. 경술국치일과 마이클 잭슨의 생일

선비를 길러낸 선비의 나라! 조선 오백 년 역사가 망하는 날 수많은 선비들이 목숨을 끊습니다. 홍범식, 송병순, 송주면, 이만도, 안숙, 이재윤, 김석진, 김도현, 김지수, 송완명, 정동식, 조장하, 황현 등은 나라 잃은 슬픔과 통분 끝에 자결합니다. 오천 김석진은 과거에 급제하고 호조판서에까지 올랐던 인물입니다. 그는 을사늑약의 파기를 고종에게 건의했고 을사오적을 처벌할 것을 주장했습니다. 나라가 망하던 해 1910년 일제는 오천 선생에게 남작 작위를 수여하며 회유했지만 오히려 선생은 치욕으로 받아들이며 그해 9월 8일 통분 끝에 목숨을 끊었습니다.[14]

한동안 매년 8월 29일이 되면 이 땅에선 집집마다 조기를 게양했습니다. 나라가 망해 국가가 치욕을 당한 날임을 잊지 말자는 시민들이 역사의식을 되새김질하는 날이었습니다. 그러나 독재 정권 시절 언젠가부터 국기교본을 고쳐 이날 조기를 게양하지 못하게 했습니다. 그래서 수십 년이 지난 오늘날 대한민국 국민 대부분은 8월 29일이 '경술국치일'임을 모르고 지나갑니다.

웃지 못할 슬픈 일화도 있습니다. 1980년대 말 강남의 어느 학교에서 선생님이 아이들에게 역사의식을 심어 주려고 '8월 29일, 오늘이 무슨 날이냐?'라고 물었습니다. 선생님은 아이들한테서 '경술국치일'이라는 답을 듣고자 했죠. 그러나 아이들 중 상당수가 마이클 잭슨 생일이라고 답했습니다.

일제의 조선 강점 이후 일제는 조선을 식민지배체제로 전환시켜 35년간 가혹한 수탈을 자행했습니다. 역사 시간에 배웠던 '토지조사사업'을 강제하여 조선의 토지 소유 제도를 근대화시킨다는 명분으로 미신고 상태의 수많은 토지를 총독부 관할 토지로 수탈했습니다. 대다수 한국 농민들은 소작인이 되어 일제의 수탈 대상으로 전락했습니다.

뿐만 아니라 금융업·광업·임업·어업·운수업·통신업 등 조선 사회 모든 산업 분야를 완전히 독점했습니다. 게다가 1910년 12월에 내려진 '회사령會社令'은 조선인의 기업 설립 자체를 사실상 불가능하게 만들었습니다. 문화·교육 면에서도 우리 민족 고유의 전통을 하나하나 파괴해 갔습니다. 우리나라 사람이 설립한 사립학교는 '사립학교령私立學

군산항 부잔교(전북 군산시 내항 소재). 1899년 군산이 개항된 이후 일본제국주의는 호남평야에서 생산된 쌀을 군산항을 통해 일본으로 수탈해 갔다. 조정래의 대하소설 『아리랑』에는 미두와 수탈 장면이 상세히 묘사되어 있다.

校슈'에 의해 일제의 탄압을 받았습니다.

또한 일본어가 국어로 상용되었고 모든 집회와 정치 결사의 자유가 금지되었기 때문에 조선의 발전은 지체되었습니다. 우리의 말과 글을 통제하고 창씨개명까지 강요한 일제의 집요한 민족말살정책은 급기야 고유한 민족문화를 단절시키는 결과를 가져왔습니다.

이완용은 1909년 12월 명동성당에서 거행된 벨기에 황제 추도식에 참석하고 귀가하다 이재명 의사의 칼에 폐를 깊숙이 찔렸습니다. 그는 간신히 생명을 건져 요양 중이었습니다. 당시 큰아들 이승구는 일본 유학 중이었는데 이완용은 병시중을 들던 며느리와 간통을 합니다. 시아버지와 간통한 며느리 임건구는 간통 와중에 '하늘이 무섭다'고 고백하지만 이완용은 '즐겁다'고 했습니다. 결국 귀국한 아들이 내실에서 며느리 무릎을 베고 누운 이완용을 목격하고 자살합니다. 일말의 죄의식조차 사라진 이완용에게서 인간성의 바닥을 보는 듯합니다.

을사늑약 체결 당시 이완용은 매국노다운 궤변을 늘어놓았습니다. "나는 친일파다. 어차피 넘어갈 나라이니 일본과 손잡고 희생을 줄여야 한다. 조금이라도 대한제국의 황실을 보호하고 이 땅의 백성을 보호하기 위해서 내가 나섰다."[15] 이완용의 자기합리화는 이후 친일 매국노들의 한결같은 궤변이 되어 자신들이 '민족의 십자가'를 졌다며 친일행위를 미화하는 논리로 써먹습니다.

매국노 이완용의 망언

이완용(총리대신):

"나는 친일파다. 어차피 넘어갈 나라이니 일본과 손잡고 희생을 줄여야 한다. 조금이라도 대한제국의 황실을 보호하고 이 땅의 백성을 보호하기 위해서 내가 나섰다."(친일행위 미화 논리).

"이토 공은 나의 스승과 같은 존재였고 이토 공을 존경한다."(이토 히로부미 추모사에서)

---

1. 민족문제연구소(2009), 『친일인명사전』, 25쪽.
2. 한국근현대사학회(2007), 『한국 근대사 강의』, 서울: 한울, 277쪽.
3. 최영주(1985), 「우당 이회영의 天路歷程」, 『정경문화』 제240호, 경향신문사, 377쪽.
4. 곽병찬(2016), 「이토를 떨게 한 전덕기 목사와 청년들」, 『한겨레』 2016. 9. 27.
5. 이덕주(2014), 「전덕기의 목회와 신학사상」, 『전덕기, 왜 전덕기인가』, 전덕기 목사 서거 100주기 추모 학술대회, 47쪽.
6. 한규무(2014), 「전덕기의 구국계몽운동과 상동청년학원」, 위의 책, 103쪽 참고
7. 한규무(2014), 위의 글, 101쪽.
8. 윤경로(2014), 「전덕기 목사의 구국운동과 애국정신」, 『전덕기, 왜 전덕기인가』, 73쪽.
9. 전택부(1978), 『한국기독교청년운동사』, 서울: 정음사, 244쪽.
10. 윤경로(2014), 위의 글, 73쪽.
11. 전봉관(2010), 「친일 정치가로서 이인직의 위치와 합방 정국에서 그의 역할」, 『한국현대문학연구』 제31집, 31쪽.
12. 이현종(1964), 「한일합방 전후와 매국 주구들」, 『사상계』 통권 133호, 41~42쪽.
13. 이현종(1964), 위의 글, 42쪽.
14. 독립기념관 학예실(2012), 「일제의 강제 병탄에 죽음으로써 항거한 우국지사 오천 김석진」, 『독립기념관』, 통권 288호, 27쪽.
15. 이이화 외(1993), 『인물로 보는 친일과 역사』, 서울: 역사비평사, 75쪽.

7장
'견마의 충성'을 바친 박정희
혹은 오카모토 미노루

1. '견마犬馬의 충성' 혈서까지 쓴 다카키 마사오

박정희와 윤동주는 둘 다 1917년생 동갑내기 식민지 청년이었습니다. 일제 강점기 초등학교 훈도(교사)를 교육하는 사범학교는 머리가 똑똑하고 우수한 청년들이 선호하던 학교였습니다. 두뇌가 명석했던 박정희는 경북지역 수재들이 몰렸던 대구사범학교에 입학했습니다. 그러나 사범학교 시절 결석일수가 연평균 40일이 넘고 학년이 올라갈수록 성적은 하위권을 맴돌거나 거의 꼴찌 수준이었습니다. 대구사범 4학년 때 73등/73명, 5학년 때는 69등/70명이었습니다.[1] 그렇지만 일본어와 일본사, 군사훈련(교련) 과목은 매우 우수했습니다. 그는 사범학교를 졸업한 뒤에 문경 공립보통학교 교사로 발령을 받아 3년 정도 아이들을 가르쳤습니다. 그러다가 무슨 영문인지 23살의 박정희는 잘나가던 교사직을 그만두고 만주국군 초급장교를 양성하는 신경육군군관학교 입학시험에 응시합니다.

신경육군군관학교는 일본의 괴뢰傀儡 정부인 만주국이 세운 만큼 일본육군사관학교의 분교나 마찬가지였습니다. 그런데 조선인 박정희는 사범학교 재학 시절 결혼도 했고 16세 이상 19세 이하라는 나이 제한에 걸려 불합격합니다. 이에 그는 나이 제한을 뛰어넘고자 혈서를 써서 편지에 동봉하여 보냅니다. 친일 관제언론 『만주신문』 1939년 3월 31일 자에는 박정희의 혈서 편지에 징모과徵募課 직원이 감격했다는 기사가 소개됩니다. 장문의 편지에는 "일본인으로서 수치스럽지 않을 만큼의 정신과 기백으로써 일사봉공一死奉公의 굳건한 결심"을 피력하고 있습니다. 그리고 "조국(일본)을 위해 어떠한 일신의 영달을 바라지 않겠다"고 쓴 뒤 "멸사봉공滅私奉公, 견마犬馬의 충성을 다할 결심"도 밝힙니다. 반지半紙에 써서 편지에 동봉한 혈서의 내용은 '한 번 죽음으로써 충성함. 박정희一死以テ御奉公 朴正熙'라고 쓰여 있었습니다.[2]

혈서까지 썼지만 두 번의 낙방 끝에 나이 제한을 뛰어넘을 수 있었던 비결은 무엇보다 박정희 자신의 확고한 의지가 컸습니다. 그것은 대구사범학교 재학 시절 군사훈련을 가르쳤던 교련주임 아리카와 대좌의 추천서가 결정적인 도움을 주었기 때문입니다. 게다가 대구 출신 간도특설대 창설요원인 강재호 소위가 만주군관학교 교관부에서 근무하면서 큰 도움을 주었기에 가능했습니다.[3]

그런가 하면 박정희가 1939년 말에 자발적 친일파로 구성된 간도 조선인특설부대에 입대했고 이를 바탕으로 1940년 신경육군군관학교에 입학했다는 유력한 학설[4]도 있습니다. 아무튼 만주국육군군관학교 2기생 240명 가운데 조선인은 11명이었는데 모두 자발적 친일 군인들이라 할 수 있습니다. 높은 사회적 존경과 대우를 받았던 교사의 지위를 박차고 만주국육군군관학교에 두 번 낙방 후 삼수 끝에 어렵게 입학한 박정희! 그는 240명 졸업생 가운데 1등으로 졸업하고 만주국 마지막 황제 푸이로부터 선물로 금시계를 받습니다. 15등으로 입학했지만 최우등으로 졸업했기에 박정희는 대열 앞으로 나와 만주국 황제에게 충성을 맹세합니다. "대동아공영권을 이룩하기 위한 성전에서 목숨을 바쳐 사쿠라와 같이 훌륭하게 죽겠습니다."[5]

2. 창씨개명을 두 번이나 한 박정희

그는 당시 관례대로 일본육군사관학교 3학년으로 편입하여 일본육사 57기, 전체 3등이라는 우수한 성적으로 육군대신상을 받고 졸업합니다. 육군대신상을 받은 것은 조선인으로서는 유일했습니다. 박정희는 일본육사 생도 시절 군국주의 일본 군대의 학습과 훈련 등 모든 방면에서 뛰어난 성적을 보임으로써 다른 일본인 생도들에게 모범이 될 정도였습니다. 일본육사 교장 나구모 쥬이치 장군이 일본 생도들 앞에서 "다카키 생도는 태생은 조선인일지 몰라도 천황폐하께 바치는 충성심이라는 점에서 그는 보통의 일본인보다 훨씬 일본인다운 데가 있다"[6]고 극찬할 정도였습니다. 실제로 박정희는 조선인 청년의 정체성을 애써 지워 버렸습니다. '다카키 마사오'라는 조선인 흔적이 남아 있던 창씨개명이 마음에 걸렸는지 완전한 일본식 이름인 '오카모토 미노루'로 두 번씩이나 창씨개명을 했던 인물입니다.

어린 시절 구미지역에 와서 가끔씩 야외 훈련을 하던 일본 군인들을 보면서 박정희는 '긴 칼'을 휘두르는 군인을 꿈꿉니다. 초등학교 5~6학년 시절 읽었던 이순신과 나폴레옹을 흠모했고[7] 대구사범학교 시절 나폴레옹 전기에 깊이 심취하면서 히틀러의 『나의 투쟁』을 애독했습니다.[8] 박정희는 대통령으로서 18년 집권 기간 동안 14번이나 충무공 탄신일 기념행사에 참석하고 현충사 성역화 공사 관계기관 회의에 참석할 정도로[9] 이순신을 신격화하고 군인 출신으로서 자신의 영웅주의 의식을 일치시켰습니다. 오로지 영웅주의와 힘의 논리를 인격

속에 내면화했던 식민지 청년 박정희! 일본 군국주의 장교를 양성했던 군관학교에서 천황에 대한 절대적 복종과 충성심, 그리고 사무라이 문화로 의식화되어 갔습니다.

대통령 시절 청와대 집무실에서 가끔 일본군 장교 복장을 하고 가죽장화에 말채찍을 휘두르곤 했답니다. 말 달리던 만군滿軍 장교 시절이 그리웠던 것이지요. 그럴 때 박정희는 기분 좋은 표정이었습니다. 실제로 박정희는 일본 영화 수입과 상영이 금지돼 있던 1970년대에 일본 사무라이 영화나 드라마를 즐겨 보았습니다. 모두 중앙정보부 요원을 통해 외교 행낭 편으로 배달된 것들이지요. 군국주의 의식과 사무라이 문화를 흠모하다 죽은 박정희의 죽음에 대해 한 일본인 외교관은 '대일본제국 최후의 군인이 죽었다'고 평가할 정도였습니다.[10]

박정희는 1944년 일본육사 졸업 후 중국 열하성 보병 8단에 배속돼 중국항일부대(팔로군) 토벌에 참여하다 해방을 맞게 됩니다. 박정희는 대통령 시절 일본군 장교로 팔로군(공산군)을 토벌한 것을 자랑했습니다. 총 110차에 이르는 중국항일부대 팔로군 토벌[11]이 진정 자랑할 만한 일일까요? 자신의 친일을 반공 행위로 둔갑시켜 과거를 교묘히 위장, 미화하려는 것으로 생각됩니다. 왜냐하면 팔로군(독립위군)은 중국 공산당 산하 항일부대로 70만 관동군에 맞서 1940년대 일제 말기까지 치열한 전투를 벌였기 때문입니다. 무엇보다 1940년대 빛나는 항일 무장투쟁의 백미인 조선의용군의 용맹무쌍한 전투 역시 모두 팔로군 부대와 연계되어 치러졌기 때문입니다. 의열단 출신으로 『격정시대』, 『최후의 분대장』, 『21세기 신화』의 작가 고 김학철 선생은 호가장 전투[12]에서 당당히 조선의용군의 일원으로 일본 관동군과 교전하다 체포돼 한쪽 다리를 절단합니다. 또 의열단 출신으로 관동군에 맞서 싸우다 1942년 반反소탕전[13]에서 장렬히 전사한 석정 윤세주도 조선의용군 출신입니다. 1940년대 일제가 패망할 때까지 조선의용군은 중국공산당 산하 항일부대인 팔로군 소속으로 일제 관동군에 맞서 가장 용맹스럽고 치열하게 싸웠던 항일독립군 부대였습니다.

만주군 장교 시절 박정희는 조선독립군 출몰 소식이 방송을 타면 토벌에 앞서 두 주먹을 불끈 쥐고 '요시ょし'를 외치며 고함을 질러 대곤 했다고 고 곽태영 선생은 전했습니다.[14] 고 곽태영 '박정희 기념관 건립 반대 국민연대' 상임공동대표는 백범 김구 선생을 살해한 민족 반역자 안두희를 수년간 추적하여 해방 후 최초로 응징했던 분입니다. 박정희는 일본제국주의가 일으킨 전쟁 말기에 일본군 장교로 복무하면서 항일독립군 전사들을 때려잡는 데 앞장섰던 반민족적, 반역사적인 삶을 살았던 인물입니다.

3. 해방 직후 한국광복군 중대장, 남로당 군사부장으로 변신하다

갑자기 찾아온 일제의 무조건 항복 소식 앞에 박정희는 기회주의적인 변신을 시도합니다. 해방 후 사이비 독립군 중위로 변신하여 한국광복군 제3지대 2중대장으로 귀국합니다. 그 후 조선경비사관학교(육군사관학교 전신) 2기생으로 남조선국방경비대(국군의 전신) 장교가 되어 춘천 8연대, 육군사관학교 중대장으로 근무합니다. 해방 직후 박정희는 일제하 독립운동가이자 사회주의자인 친형 박상희의 영향을 받고 남로당에 가입합니다. 셋째 형인 박상희는 박정희에게 아버지와 같은 존재였습니다. 가장으로서 무능했고 가족을 돌보지 않았던 아버지 박성빈과 달리 박상희는 성격이 활달했고 명석했습니다. 박상희는 일

제 치하 신간회 활동, 조선중앙일보
대구지국장, 동아일보 구미지국장 겸
기자를 역임할 정도로 항일민족의식
과 사회주의 의식이 투철했습니다.
박상희는 사업 수완도 뛰어나 여러
채의 집을 사서 형제들에게 줄 정도
로 큰돈을 벌었고, 박정희의 대구사
범학교 시절 기숙사비를 대줄 정도
로 실질적인 가장 역할을 했습니다.
그러던 박상희가 1946년 10월 대구
인민항쟁 당시 경찰의 총격으로 사

박정희 친형 박상희(독립운동가). 일제 강
점기 신간회 간부, 동아일보와 조선중앙
일보 기자, 여운형의 건국동맹 등 항일운
동에 투신했고, 해방 후 건준, 인민위원
회, 민주주의민족전선 활동을 하다 1946
년 대구 10월 항쟁 당시 경찰의 총격으로
사망한다. 김종필은 박상희의 사위이다.

망하자 박정희는 이후 어떤 이유에서인지 남로당에 가입합니다.

  박정희의 남로당 가입은 미군정의 탄압이 심화돼 남로당이 지하화
한 시점에 이루어집니다. 더구나 박정희의 지위는 남로당 간부(군사책
임자)로서 상당한 위치에 있었습니다. 따라서 적발될 경우 군인으로서
출세는 물론이고 목숨을 보존하는 것조차 장담할 수 없는 좌우 대결
로 치닫던 상황이었습니다. 아무리 해방 직후 조선의 정세가 좌익세력
이 민중의 압도적 지지를 받던 상황이라 할지라도 그에게는 어려운 선
택이었습니다. 단순히 힘의 논리를 좇아 박정희가 기회주의자로서 공
산주의자가 되었다고 보기는 어렵습니다.

  1948년 당시 박정희는 이화여대생 이현란과 약혼한 상태로 용산 관
사에서 동거 중이었습니다. 물론 유부남인 것을 숨긴 사실이 드러나
가출을 시도했던 이현란과의 갈등은 심각했고 그만큼 박정희는 이 여
성에게 집착했습니다.[15] 그러던 중 육사 중대장으로 재직하던 1948년
11월 여순 사건이 발생하는데 박정희는 남로당 군사책임자로서 김창

룡에게 체포돼 사형선고를 받고 처형될 위기에 처했습니다. 그때 박정희는 동료 장교들의 명단을 순순히 넘겨주는 대가로 처형을 면하게 됩니다. 한국 군부 내에 침투한 남로당 프락치로서 박정희가 넘겨준 명단에 따라 김종석, 최남근 중령 등 72명의 장교들이 처형됩니다. 박정희는 동지들을 밀고한 대가로 1948~1949년 숙군(군부 숙청) 작업에서 간신히 목숨을 부지합니다.

박정희가 숙군에서 살아남게 된 데에는 만주군 출신 친일 군부 인맥의 도움이 결정적이었습니다. 총살형을 기다리던 박정희 소령은 어느 날 백선엽 육군본부 정보국장과 마주하며 한 번 살려 달라고 구명을 합니다. 박정희의 구명 운동에 김창룡은 연대보증을 서 주었고, 만주군 출신 백선엽과 정일권은 채병덕 육군참모총장에게 사형집행 면제를 정식으로 건의했습니다. 또한 이승만한테 각자 찾아가 박정희 구명을 호소하기도 했습니다.

백선엽은 '한국군의 아버지'로 불리는 제임스 하우스만 대위와 윌리엄 로버츠 준장(미 군사고문단장)에게도 구명활동을 했습니다. 여기에는 만주군 군의관(중좌) 출신 원용덕이 백선엽에게 박정희 구명을 강력히 요청한 배경이 있었던 것으로 추정합니다. 악질 친일파 집단인 조선인 간도특설대 출신 백선엽이 한국군 장교가 되는 데에 원용덕의 힘이 크게 작용했기 때문입니다. 그런 연유로 박정희는 첫 번째 부인(김호남)에게서 태어난 큰딸(박재옥) 결혼식 때 원용덕에게 주례를 부탁할 정도로 생명의 은인에 대해 특별한 고마움을 드러냈습니다.[16]

박정희는 대구사범학교와 만주군관학교, 일본육사를 거치면서 군국주의 파시즘에 깊숙이 물들었고 사무라이 문화 숭배자가 되었습니다. 박정희는 대통령 시절 술에 취하면 일본 가요를 즐겨 불렀고 화가 나면 일본 군용도를 마구 휘두르곤 했습니다. 조선의 역사를 당쟁과 사화로 일관한 분열과 오욕의 역사로 규정한 박정희는 식민사관을 주장한 어떤 일본인 관학자보다 일제 식민사관에 오염된 인물이었습니다. 5·16 쿠데타 직후 발간한 저서 『우리 민족의 나갈 길』[1962]이나 『국가와 혁명과 나』[1963]에서 우리 민족사에는 악의 유산이 많다며 사대주의, 이조당쟁사, 식민지 노예근성을 깨끗이 청산할 것을 역설한 점이 그렇습니다.[17]

그리고 우리 민족이 "빈곤의 나락과 안일 무사주의의 악순환 속에서 분열, 파쟁만을 일삼았고… (중략) 단 한 번 국가다운 국가를 세워보지 못했음이 오늘까지의 우리의 역사"라며 "생각하면 참으로… (중략) 통탄과 비분과 치욕을 금할 수 없는 우리의 과거였다"[18]라고 회상합니다. "한마디로 우리의 반만년 역사는 퇴영과 조잡과 침체의 연쇄사였기에… (중략) 이 모든 악의 창고 같은 우리 역사는 차라리 불살라 버려야 옳은 것"[19]이라는 생각이 박정희의 솔직한 신념이자 그릇된 확신이었습니다. 또한 그는 일본 황도파 청년 장교들이 의회정치를 타파하고 천황제 절대주의를 기도하며 일으킨 1932년 5·15 사건[20]과 1936년 2·26 쿠데타[21]를 열렬히 흠모했던 군국주의 파시스트입니다. 요컨대 박정희는 쇼와 유신을 한국 사회에 적용하고자 군부 쿠데타를 욕망한 인물이었습니다.

4. 개발독재, 경제정의를 침몰시킨 물신주의의 근원

흔히들 박정희 18년 개발독재 기간 한국은 수천 년의 빈곤에서 해방되었다고 평가하곤 합니다. 박정희 집권 기간 이룩한 경제 성장을 통상 박정희 1인의 공적으로 돌리는 이들이 많지요. 하지만 그런 태도는 영웅주의 사관에 젖은 사고방식이며 정치적으로 지극히 편향된 해석입니다. 전태일 같은 수많은 노동자들의 피와 땀과 눈물이 빚어낸 경제 성장이자 도시노동자의 저임금을 저곡가정책으로 뒷받침한 농민들의 희생 위에 이룩한 성장이기 때문입니다. 박정희 집권 18년 동안 세계 최장의 노동시간과 세계 최고의 산업재해 발생 국가였음은 주지의 사실입니다. 반면에 부유한 자들의 불로소득은 천정부지로 치솟았습니다. 1963년 기준 강남의 땅값은 7년 후 압구정동이 25배로 올랐고 신사동은 50배로 뛰었습니다. 땅부자들이 생겨나고 불로소득 계층이 선망의 대상인 시절이 도래했습니다. 은행 여신금리가 20% 안팎이던 시절에 2~3%의 관치금융으로 특혜 대출을 받은 재벌들은 앞다투어 부동산 투기에 열광했습니다. 박정희의 개발독재는 한국 사회의 경제정의를 침몰시켰고 사회 전반에 물신주의의 뿌리를 드리운 재앙의 근원이었습니다.

쇼와 유신을 흠모하고 일으킨 5·16 군사 쿠데타 이후 박정희는 국민들에게 암기를 강요했던 '혁명 공약'을 스스로 배반하며 민간정부에 정권을 이양하지 않았습니다. 두 번의 대통령도 성에 차지 않았는지 이승만의 발췌개헌과 사사오입 개헌처럼 중앙정보부를 앞세워 고문 등 공작정치와 공포정치를 통해 삼선 개헌을 새벽에 날치기 처리합니다. 박정희의 헌정 질서 유린은 이에 그치지 않고 1972년 10월 유신 선포를 통해 종신대통령을 기도했고 마침내 민주주의를 뿌리째 훼손했습니다. '영도자적 대통령제'를 표방한 1970년대 유신 체제는 1930년대 군국주의 '쇼와 유신의 한국판'으로 삼권분립을 무력화했고 의회민주주의를 부정했습니다. 그 결과 시민의 자유권과 기본적 인권은 무참히 짓밟혔고 중앙정보부 기관원들이 언론사와 대학에 상시 상주하면서 언론을 통제하고 민권을 난도질했습니다.

유신체제를 비판하는 대학교수들을 간첩으로 조작, 고문 살해하거
나 학원에서 추방했고, 유신체제
에 동조하지 않는 판사들은 법관
재임용 심사를 통해 강제로 법복
을 벗겼습니다. 야당 대선 후보이
자 강력한 정치적 라이벌인 김대
중을 납치 살해하려는 시도에 중
앙정보부 등 국가 기구를 사조직
처럼 동원하는 등 독재 권력은 후

안무치 그 자체였습니다. 급기야
야당 총재이자 국회의원인 김영삼
을 국회에서 제명시키는 등 무소

박정희 흉상(서울시 영등포구 문래근린공원
소재). 문래근린공원은 본래 6관구 사령부,
수도군단 등 군대가 주둔했던 지역으로 1961
년 5·16 군사 쿠데타를 일으켰을 당시 박정
희는 이곳 벙커에서 쿠데타를 지휘했다. 박정
희 흉상은 현재 철거 논란에 휩싸여 있다.

불위의 절대 권력을 휘둘렀던 독재자 박정희는 부마 민주항쟁(1979)[22]
이라는 거센 저항에 직면합니다. 당시 박정희는 "서울에서 부마사태와
같은 일이 벌어지면 자신이 직접 발포명령을 내리겠다"고 했습니다. 대
통령 경호실장 차지철은 킬링필드 캄보디아의 사례를 들며 캄보디아
에서는 300만 명을 죽였는데 한국에서 100~200만 명 정도 희생시키
는 것쯤은 문제 될 것 없다며 옆에서 부추겼습니다. 1979년 부마항쟁
(1979) 당시 진압부대로 투입된 공수부대가 고스란히 1980년 광주 민
중항쟁 당시 학살 부대로 투입되었던[23] 역사적 사실 앞에 우리는 전율
하지 않을 수 없습니다.

이토 히로부미가 일본 총리 시절 미쓰이, 미쓰비시 재벌에 각종 특
혜를 지원했듯이 박정희도 1960~1970년대 개발독재를 주도하면서 초
저금리 관치금융 등 온갖 특혜를 재벌들에게 제공하면서 대기업집
단 중심 성장을 주도했습니다.[24] 이는 1997년 11월 IMF 위기의 진원

지로 작용했고 불법 정치자금이라는 고질적인 정경유착의 부패 고리를 낳았습니다. 기실 장·노년층들은 박정희의 경제 성장을 찬양하며 박정희에 열광합니다. 그러나 집권 기간 경제 성장률을 단순 비교하면 8.5%의 박정희 집권 기간보다 9.3%의 성장률을 보인 전두환 집권 기간이 더 높았습니다. 그러나 아무리 장·노년층이라 할지라도 전두환을 숭배하거나 열광하진 않습니다. 비록 형식적이지만 전두환을 법정에 세우고 사형을 언도하는 등 역사 청산을 단행했기 때문입니다. 18년 군사정권 시절 저질렀던 강제징집과 민주화운동 탄압, 의문의 죽음들, 숱한 인권 유린 사태를 생각하면 박정희 또한 준엄하게 역사의 심판을 받아 마땅합니다. 그러나 불행하게도 한국 사회에서 과거사에 대한 역사 청산은 없었습니다. 1948년 출범한 '반민특위'는 이승만 정권의 탄압으로 친일파 청산을 하지 못했습니다. 2005년 노무현 참여정부에서 출범한 '진실과 화해를 위한 과거사정리위원회'는 이명박 정권이 들어서고 지속되지 못한 채 2010년 해체되어 결국 미완의 과제로 남았습니다.

1920년대 1차 세계대전의 패전국가인 독일은 유럽사회의 전형적인 후진 국가였습니다. 히틀러 집권 6년 만에 독일은 일약 경제대국, 군사강국, 정치대국으로 급부상했지만 독일 국민 절대다수는 히틀러를 존경하거나 그에 열광하지 않습니다. 독일은 철저하게 역사를 청산했기 때문입니다. 독일은 뉘른베르크 전범재판 이후 오늘날에도 나치에 협력했던 독일인들을 색출하여 90세가 넘은 고령의 나이에도 법정에 세우고 징역형을 언도합니다.

2013년에 나치 친위 대원이었던 지베르트 브루스인스(당시 92세)를 레지스탕스 요원 살해 혐의로 법정에 세웠습니다. 2015년에는 아우슈비츠 강제수용소 장부관리인이었던 오스카어 그뢰닝에게 징역 4년을 언도했습니다. 2016년에도 나치 SS 친위대원이자 폴란드 아우슈비츠 수용소 경비병이었던 라인홀트 한닝에게 징역 5년을 선고했습니다. 94세에 징역 5년을 선고받은 라인홀트 하닝. 그는 폴란드 아우슈비츠 강제노동수용소 경비병으로 집단학살을 방조한 혐의를 받고 70년이 지난 2016년 전범으로 독일 법정에 섰습니다. 그는 법정에서 "불의가 저질러지는 것에 침묵했고 그를 멈추게 하기 위한 어떠한 노력도 하지 않았던 것이 부끄럽다"고 고백했지만 형사처벌을 피할 순 없었습니다.

독일 정부는 과거사 청산에 단호합니다. 극우 세력이 장기 집권한 일본이나 한국과는 전혀 다릅니다. 독일 당국은 지금도 단 한 사람의 나치 전범일지라도 끝까지 추적해서 법의 심판대에 세울 것을 강조합니다.[25] 우리가 역사 청산에 철저한 독일에게 배워야 할 소중한 대목이 아닐 수 없습니다. 굴곡진 한국 근현대사 속에서 매 순간 역사를 거슬러 갔던 기회주의자 박정희에 열광할 것이 아니라 박정희 신화로 왜곡된 역사의 장막을 걷어 내고 역사의 진실에 깊이 천착해야 할 이유입니다.

박정희의 기회주의적 변신

1. 1917년생 윤동주와 동갑내기 식민지 청년.

2. 일제 강점기 대구사범학교 졸업 후 문경공립보통학교 (훈도)교사로 3년 정도 재직.

3. 23살 박정희: 높은 사회적 존경을 받던 교직을 포기하고 큰 칼 찬 군인을 욕망함.
   만주국 신경군관학교에 '한 번 죽음으로써 충성함. 박정희(一死以テ御奉公 朴正熙)' 혈서까지 썼지만 불합격하고 삼수 끝에 15등으로 입학. 2년 뒤 240명 중 1등으로 졸업하여 일본육군사관학교 3학년으로 편입. 1944년 조선인으로는 유일하게 육군대신상을 수상하며 3등이라는 우수한 성적으로 졸업. 중국 열하성 보병 8단에 배속돼 중국항일부대(팔로군) 토벌에 두 주먹 불끈 쥐고 '요시(よし)'를 외치며 110여 차례 참여.

4. 해방 당시 28살 박정희: 한국광복군 제3지대 2중대장의 신분으로 변신하여 귀국.
   한국광복군으로 발 빠르게 변신했을 때 일본제국 군인의 절도에 절은 모습에 격분한 장준하(한국광복군 대위)로부터 빰을 얻어맞음.

5. 30살 박정희(1947): 남로당에 가입하여 군사총책을 맡음.

6. 31살 박정희: 여순 사건(1948) 직후 한국군 군부 내 숙청 당시 김창룡에게 체포돼 사형 집행이 예정됨. 한국군 내에 침투한 남로당 장교 명단을 제공하는 대가로 목숨을 구함.

1. 김재홍(2011), 「이해 못할 박정희의 과거, 이건 또 뭔가」, 『오마이뉴스』 2011. 11. 28.
2. 민족문제연구소(2009), 『친일인명사전』, 106쪽.
3. 민족문제연구소(2009), 위의 책, 106~107쪽.
4. 류연산(2005), 「독립군 때려잡던 박정희, 왜 거짓말하나」, 『말』 2005년 6월호, 154쪽.
5. 정해구(1999), 「박정희 그 치욕과 영광의 삶」, 『망치일보』 1999. 8. 10.
6. 최상천(2001), 『알몸 박정희』, 서울: 사람나라, 115쪽.
7. 박노자(2005), 『우승 열패의 신화』, 서울: 한겨레신문사, 34~35쪽.
8. 서중석(2016), 「"악의 창고 같은 우리 역사, 불살라야" 박정희는 왜?」 『프레시안』 2016. 1. 16.
9. 전재호(2000), 『반동적 근대주의자 박정희』, 서울: 책세상, 95쪽.
10. 강준만(2002), 『한국 현대사 산책 3』 서울: 인물과사상사, 277~278쪽.
11. 박청산(2005), 「팔로군 토벌은 반공이 아니라 친일의 증거」, 『말』 2005년 8월호, 197쪽.
12. 호가장전투(1941)는 1941년 12월 12일 새벽, 김세광 대장 이하 조선의용군 30여 명이 일본군 500명의 포위망을 육탄전을 벌여 뚫고 치열한 전투 끝에 박철동 대원 등 4명의 전사자를 낸 전투이다. 중국 하북성 호가장 지역 인민학교 교과서에 소개될 정도로 조선의용군의 용맹과 기개를 만방에 알린 전투이다. 적탄에 중상을 입은 김세광 대장은 쓰러지면서도 "조선 사람은 조선 민족의 절개를 지켜라"고 절규했다. 호가장 전투에서 김학철 분대장은 총상을 입고 일본군에 체포돼 나가사키 형무소에서 해방을 맞았다. 이정식, 한홍구(1986), 『조선독립동맹 자료1: 항전별곡』, 서울: 거름, 121~125쪽.
13. 반(反)소탕전은 1942년 5월 일본군 20개 사단 40만 명이 중국 항일부대와 조선의용군을 포위해 들어온 소탕전에 맞서 싸운 전투이다. 이 당시 조선의용군 박효삼 부사령의 지휘하에 혈로(탈출로)를 확보하고 역으로 일본군을 포위하여 조선의용군이 떠맡았던 일본군 6만 명 가운데 절반 이상을 섬멸하는 등 역사적인 승리를 거둔 전투이다. 반소탕전에서 의열단 출신 석정 윤세주는 교전 중 전사한다. 이정식·한홍구(1986), 위의 책, 108~115쪽.
14. 고 곽태영('박정희 기념관 건립 반대 국민 연대' 상임공동대표) 의 글.
15. 신용구(2000), 『박정희 정신 분석, 신화는 없다』, 서울: 뜨인돌, 167~168쪽.
16. 서중석(2016), 「박정희는 왜 일본 극우를 그토록 칭찬했나」, 『프레시안』 2016. 1. 10.
17. 서중석(2016), 「박정희와 식민사관, 그 특별한 관계」, 『프레시안』 2016. 1. 3.
18. 박정희(1997), 『국가와 혁명과 나』, 서울: 지구촌, 30쪽.
19. 박정희(1997), 위의 책, 252~256쪽.
20. 1932년 5·15사건은 일부 장교들이 일본 수상을 살해하면서 발생한 사건으로 이 사건 이후 1920년대 다이쇼 민주주의(대정 민주주의), 즉 일본의 의회 정당정치는 쇠락하고 군부의 정계 진출 등 군부의 입김이 득세했다. 5·15사건으로 조선총독을 역임한 사이토 마코토가 일본 수상이 된다.

21. 1936년 2·26 쿠데타는 천황제일주의 황도파 20대 청년 장교들이 쇼와 천황(히로히토)을 통치의 중심에 놓고자 예하 병력을 동원하여 일으켰다 실패한 쿠데타로 일제가 군국주의 파시즘으로 치닫는 계기가 된다. 2·26 쿠데타 당시 3·1운동 직후 부임해 문화통치를 시행한 조선총독 출신 사이토 마코토 장관도 피살된다.

22. 부마 민주항쟁은 1979년 10월 15~20일에 걸쳐 '유신정권 물러가라'를 외치며 부산, 마산, 창원 일대에서 벌어진 반정부 시위를 가리킨다. 박정희 유신 정권은 공수부대를 투입했고 부산 일대에 비상계엄령을, 마산 일대에 위수령을 발동해 강경 진압했다. 부마 민주항쟁은 경제적 요인으로 1979년 제2차 오일쇼크에 따른 경기 침체와 YH무역사건 등 재벌 중심의 반(反)노동자적 정책에 기인한다. 그리고 무엇보다 김영삼 신민당 총재에 대한 국회의원 제명 조치 등 박정희 유신 정권이 자행한 의회 민주주의 파괴 및 시민의 자유권을 극도로 탄압한 정치적 배경을 안고 발생한 시민항쟁이다.

23. 김재홍(2011), 「서울 사태 나면 발포 명령? 간담이 서늘했다」, 『오마이뉴스』 2011. 10. 31.

24. 이정우(2009), 「박정희, 이토 히로부미, 스탈린」, 『한겨레』 2009. 10. 25.

25. 김보나(2016), 『연합뉴스 TV』 2016. 6. 18.

8장
권력에 기생한 언어마술사 서정주

1. 청년 시절부터 친일에 앞장선 매국 시인

"마쓰이 히데오! 그대는 우리의 오장伍長 우리의 자랑, 그대는
조선 경기도 개성 사람, 인씨印氏의 둘째 아들, 스물한 살 먹은 사내,
마쓰이 히데오! 그대는 우리의 가미카제 특별공격대원… (중략) 우리
의 동포들이 밤낮으로 정성껏 만들어 보낸 비행기 한 채에 그대, 몸
을 실어 날았다간 내리는 곳… (중략) 쪼각쪼각 부서지는 산더미 같
은 미국 군함! 수백 척의 비행기와 대포와 폭발탄과 머리털이 샛노
란 벌레 같은 병정을 싣고 우리의 땅과 목숨을 뺏으러 온 원수 영미
의 항공모함을 그대 몸뚱이로 내리쳐서 깨었는가? 깨뜨리며 깨뜨리
며 자네도 깨졌는가. 장하도다, 우리의 육군 항공 오장 마쓰이 히데
오여, 너로 하여 향기로운 삼천리의 산천이여, 한결 더 짙푸르른 우
리의 하늘이여, 아아 레이테만은 어데런가, 몇 천 길의 바다런가, 귀
기울이면 여기서도 역력히 들려오는 아득한 파도소리, 레이테만의
파도소리."

이 시는 1944년 12월 9일 해방 9개월을 앞두고 서정주가 조선총독

부 기관지 『매일신보』에 발표한 「송정 오장 송가松井 伍長 頌歌」의 일부입니다. 가미카제 특공대의 죽음을 찬양한 시임을 한눈에 알 수 있습니다. 서정주는 살아생전 자신의 친일 작품을 시 3편과 산문 1편 등 총 4편으로 기억했습니다. 그러나 일제 말기 서정주의 친일 작품은 총 11편으로 시, 소설, 수필, 르포, 평론 등 문학의 전 장르를 망라하며 일본말로 또는 우리말로 일본 군국주의를 찬양하기에 낯이 뜨거울 정도였습니다. 『조광』(1943년 10월호)에 발표한 수필 「스무 살 된 벗에게」와 『춘추』(1943년 10월호)에 발표한 수필 「징병 적령기의 아들을 둔 조선의 어머니에게」는 징병 적령기 조선의 청년들에게 전선으로 나갈 것을 부추기고 독려한 글입니다.[1] 서정주 자신이 28, 29살의 젊디젊고 팔팔한 나이에 벌어진 일입니다. 서정주 나이 28살에 친일잡지 『국민문학』에 일본어로 발표된 '항공일에'라는 작품을 봅시다.

"여린 숨을 푹푹 내쉬며 내 귓가에서 자그마한 서운녀西雲女가 일곱 살 서투른 고향말씨로 아이 하늘은 서울이레야, 속삭이던 그 하늘이구나(중략) 아아, 애달파라 아직은 감을 수 없는 눈과 눈이여, 잊을 수 없는 파아란 정, 해 저물어 밤이 되면 별똥은 반짝거려, 아아 애달파 지금 사랑하는 사람들, 스러져 나날이 하늘은 깊어만 가고(중략) 아아, 날고프구나 날고 싶어, 부릉부릉 온몸을 울려 사라진 모든 것, 파랗게 걸린 저 하늘을 힘차게 비상함은 내 진작 품어온 바램!"[2]

두 살 적은 윤동주가 일본 군국주의 말기 조선의 청년으로서 그리고 식민지 시인으로서 부끄러움을 우리말 시어로 고백하며 '재 교토 조선인 학생 민족주의 그룹' 사건으로 생체실험을 당해 피골이 상접한 상태로 죽어가던 시기입니다. 그 시기, 비슷한 나이의 서정주는 일본말로 일본 군국주의를 숭배하는 「항공일에」라는 시를 쓰고 스스로 종군기자가 되어 김제평야에서 벌어진 일본군 경성 사단 돌격훈련 모습을 생생하게 취재하며 일본 군국주의를 미화하고 찬양하기에 여념이 없었습니다. 서정주의 초기 작품집 『화사집』(1941)에 실린 「자화상」에서 23살의 서정주는 자신의 미래 삶을 마치 운명적으로 꿰뚫어 보듯이 노래하고 있습니다.[3]

"애비는 종이었다. 밤이 깊어도 오지 않았다. 파뿌리같이 늙은 할머니와 대추꽃이 한 주 서 있을 뿐이었다… (중략) 스물세 해 동안 나를 키운 건 八割(팔할)이 바람이다. 세상은 가도 가도 부끄럽기만 하더라. 어떤 이는 내 눈에서 罪人(죄인)을 읽고 가고 어떤 이는 내 입에서 天痴(천치)를 읽고 가나 나는 아무것도 뉘우치지 않으련다. 찬란

정동 평화의 소녀상(서울시 서대문구 정동 프란치스코 교육회관). 이화여고 역사 동아리 '주먹도끼' 학생들이 주도하고 서울 시내 각 학교 고교생들이 자발적으로 성금을 모아 2015년 건립한 소녀상.

히 틔어 오는 어느 아침에도 이마 위에 얹힌 시의 이슬에는 몇 방울의 피가 언제나 섞여 있어 볕이거나 그늘이거나 혓바닥 늘어트린 병든 수캐마냥 헐떡거리며 나는 왔다."

서정주의 아버지 서광한은 호남의 대지주 김성수의 농장 관리인(마름)이었습니다. '애비는 종이었다'는 표현은 서정주 스스로 출생에 대한 굴욕적인 의식을 드러낸 것입니다. 그럼에도 '스물세 해 동안 나를 키운 건 팔 할이 바람'이라고 고백한 것은 자칭 '떠돌이' 시인 서정주의 방랑의식이 담긴 표현입니다. 서정주를 통해 문단에 데뷔한 고은 시인은 그런 서정주의 언어유희를 삶의 진정성 측면에서 비난한 적이 있습니다. 1970년대 민주화운동 과정에서 고은 시인은 스승 서정주와 다른 문학 행로를 걸어갔습니다. 1980년 광주 학살 당시 고은 시인은 서정주를 80% 이상 부정[4]했다고 고백했습니다. 80년 광주를 피로 물들인 전두환을 찬양하는 모습에서 스승 이전에 인간으로서 모멸스럽고 고통스러웠기 때문입니다.

그것은 마치 일제 식민지 시기 민족이 수난에 처해 영혼마저 고통스러운 시절! 젊디젊은 나이에 친일 작품으로 뒤덮은 서정주의 모습을 연상시킵니다. 민족이 억압받고 민중이 땅을 빼앗겨 쫓겨난 그 자리에 서서 서정주는 일본 군국주의를 찬양하며 한껏 언어유희에 골몰했기 때문입니다. 민족과 민중을 배반한 삶이 시적 언어유희로 가려질 수 있을까요? '아름다운 우리말을 구사한 천재 시인' 또는 '우리말 시인 가운데 가장 큰 시인', '국민시인'이란 저간의 문단의 평가가 과연 올바른 자리매김인지 회의가 들지 않을 수 없습니다. 2000년 미당이 죽고 1년도 되지 않아 김대중 국민의 정부는 국민의 이름으로 금관문화훈장을 추서했습니다. 그리고 미당의 후학과 후배 문인들에 의해 미당문학상이 제정되었습니다. 자신의 삶의 중요한 시기마다 권력을 찬양하고 양지를 좇은 반민족적이고 반민중적인 시인을 후대는 아름답게 포장하고 기리는 데 여념이 없습니다. 한국 문단의 자정 능력이 실종된 탓입니다.

실제로 미당 탄생 100주년이던 2015년 미당기념사업회는 죽은 지 15년이 지난 미당을 기념하는 성대한 행사를 동국대에서 거행했습니다. 한국문인협회, 한국시인협회, 한국작가회의와 함께 서정주 100세 생일 시 잔치 겸 시 전집 출판기념회가 그것입니다. 이 자리에서 문학평론가이자 고려대 교수인 이남호는 서정주를 '겨레의 말을 가장 잘 구사한 시인'이자 '겨레의 고운 마음을 가장 잘 표현한 시인'[5]이라고 극찬했습니다.

무릇 시는 당대를 살아간 사람들의 삶이 담겨 있어야 합니다. 삶이 들어 있지 않은 시를 문학작품이라고 할 수는 없습니다. 순수문학, 참여문학 논쟁은 그다음에 할 일입니다. 왜냐하면 그것은 작품의 지향성에 관한 논쟁으로 문학작품의 성립 조건을 갖추었는가에 대한 논쟁은 아니기 때문입니다. 문학작품으로서의 성립 조건! 그것은 작품에 삶이 담겨 있는가 하는 것입니다. 그런 점에서 서정주의 작품은 자신의 삶을 반추하며 아름다운 시적 언어로 녹여낸 작품도 있지만 당대의 삶과 유리된 채 권력과 시류를 좇아 언어유희에 머문 작품도 많은 게 사실입니다. 시적 기교로 배반된 삶을 감추고 현란한 언어유희로 자신의 혼탁한 삶을 탈색한 작품들이야말로 우리가 서정주에게 주목하는 이유입니다. 기교와 언어유희에 능한 마술사를 우리가 훌륭한 시인이라고 부를 수 없듯이 시인과 문학인으로서의 서정주에 대한 평가는 엄격하고 냉정할 수밖에 없습니다.

1980년 광주 학살의 원흉! 전두환을 '구국의 위인'으로 찬양했던 서정주는 1987년 전두환 56회 생일에 축시 「처음으로」를 낭독하면서 전두환을 '단군 이래 최고의 미소'를 가진 인물로 극찬합니다.

한강을 넓고 깊고 또 맑게 만드신 이여
이 나라 역사의 흐름도 그렇게만 하신이여
이 겨레의 영원한 찬양을 두고두고 받으소서

새맑은 나라의 새로운 햇빛처럼
님은 온갖 불의와 혼란의 어둠을 씻고
참된 자유와 평화의 번영을 마련하셨나니

잘사는 이 나라를 만들기 위해서는
모든 물가부터 바로잡으시어
1986년을 흑자원년으로 만드셨나니

안으로는 한결 더 국방을 튼튼히 하시고
밖으로는 외교와 교역의 순치를 온 세계에 넓히어
이 나라의 국위를 모든 나라에 드날리셨나니

이 나라 젊은이들의 체력을 길러서는
86 아세안 게임을 열어 일본도 이기게 하고
또 88 서울올림픽을 향해 늘 꾸준히 달리게 하시고

우리 좋은 문화능력은 옛것이건 새것이건
이 나라와 세계에 떨치게 하시어

이 겨레와 인류의 박수를 받고 있나니

이렇게 두루두루 나타나는 힘이여
이 힘으로 남북대결에서 우리는 주도권을 가지고
자유 민주 통일의 앞날을 믿게 되었고

1986년 가을 남북을 두루 살리기 위한
평화의 댐 건설을 발의하시어서는
통일을 염원하는 남북 육천만 동포의 지지를 얻으셨나니

이 나라가 통일하여 흥기할 발판을 이루시고
쉬임없이 진취하여 세계에 웅비하는
이 민족기상의 모범이 되신 분이여!

이 겨레의 모든 선현들의 찬양과
시간과 공간의 영원한 찬양과
하늘의 찬양이 두루 님께로 오시나이다.

_「처음으로」(1987) 전문

2. 평생 독재 권력을 찬양한 정치적 무뇌아

'정치적 무뇌아'라는 세간의 혹평이 쏟아져 나왔음에도 서정주의
권력자 예찬은 마를 줄 모릅니다. 일찍이 권력욕의 화신! 독재자 이승
만을 찬양하는 이승만 전기를 썼습니다. 그 대가로 30대 초반에 이승

만 정권 초대 문교부 예술과장을 역임합니다. 박정희 정권 시절 박정희 전기 작가인 박목월에게 밀리지만 서정주는 1960년대 박정희 정권의 베트남 파병을 찬양하는 시 「다시 비정의 산하에」(1966)를 발표하며 권력에 꼬리를 칩니다. 한국의 청년들에게 새로 나갈 길은 하늘에서도 땅에서도 베트남뿐이라며 베트남 파병을 고무하고 촉구한 시입니다. 그런가 하면 1980년 광주민중항쟁을 북한 공산당의 행위[6]로 규탄한 적도 있습니다. 광주를 피로 물들이고 정권을 찬탈한 정치군인 전두환을 찬양하는 발언을 라디오를 통해 그리고 텔레비전에 출연해 떠벌린 적도 있습니다. 그 대가로 서정주는 5공 국보위 위원이 되었습니다.

이러한 자기분열적인 행보를 서정주 자신은 '하늘이 우리 겨레에게 준 팔자'라고 합리화하며 '종천순일從天順日'로 설명 아닌 해명을 한 적이 있습니다. '상황에 따라 어쩔 수 없이 그렇게 됐으니 굳이 붙이자면 종천순일파'[7]라는 것입니다. '정치적 무뇌아'다운 구차하기 이를 데 없는 자기변명이자 합리화이고 지식인의 교활함이요 역겨움 그 자체입니다.

서정주는 처음부터 민족을 배반한 삶을 살진 않았습니다. 서정주의 젊은 시절 방황과 식민지 청년, 지식인으로서 고뇌는 민족의 고통스러운 현실과 유리되지 않았습니다. 서정주의 학창 시절 항일의식과 민족주의 운동에 참여한 전력을 살펴봅시다. 식민지 지식인으로서 서정주는 자신이 처한 민족모순과 나약한 삶의 이중성을 여실히 보여 주었습니다. 마름이었던 아버지 서광한은 큰아들인 서정주가 경성제국대학에 입학하여 관료로 출세하기를 바랐습니다. 그러나 아버지의 바람과 다르게 서정주는 학창 시절 줄곧 부모의 기대와 어긋난 삶을 살았습니다.

어렸을 적 매우 총명했던 서정주는 전북 부안 줄포공립보통학교 6년 과정을 5년 만에 우수한 성적으로 졸업했습니다. 아버지의 기대를 한껏 받은 서정주는 1929년 상경하여 중앙고보에 입학했습니다. 경성제대를 졸업하고 고등관 시험에 합격하여 떵떵거리며 사는 지배계층을 욕망하면서 아버지 서광한은 큰아들을 서울 중앙고보에 입학시킨 것입니다. 입학시험에 떨어졌지만 김성수의 마름이라는 친분을 이용해 김성수가 주인인 중앙고보에 보결로 입학할 수 있었습니다. 그러나 입학한 그해 11월 광주학생운동이 발발했고 서정주는 선배의 권유로 항일 시위에 참여합니다. 그는 '식민지 노예교육 반대'를 외치다 종로경찰서로 연행돼 심한 매질을 당하고 석방됩니다.

　경찰서에서 나온 직후 서정주는 식민지 현실의 참상을 체험하고자 자청해서 중앙고보 인근 계동의 하숙집을 나와 아현동 빈민굴에 들어갑니다. 그러다가 다시 1년 후 광주 학생들의 항일운동 1주년 기념 시위를 주도했다는 혐의로 구속돼 중앙고보에서 전격 퇴학을 당합니다. 부득이 아버지의 노력으로 고창군 소재 고창고보에 편입하지만 사회주의 사상 관련 독서회 사건[8]과 시험거부 백지동맹[9]을 주도한 혐의로 일경에 발각되어 권고자퇴를 당합니다.

　고창고보에서 쫓겨나던 1931년 겨울에 17살의 서정주는 아버지가 요긴하게 쓰려고 모아 둔 거금 300원을 훔쳐 서울로 달아나기도 했습니다. 톨스토이의 휴머니즘에 심취했던 19살 때도 아버지의 돈 30원을 갖고 서울로 줄행랑쳤을 만큼 아버지의 기대와는 다른 삶을 살았습니다. 서정주는 독립운동을 위해 훔친 돈으로 권총을 사서 만주나 연해주로 떠나려 했습니다. 그러나 서울 하숙집 주인 청년 배상기를 만나면서 서정주는 항일독립운동 대신 문학청년으로 삶의 방향을 선회합니다. 배상기는 세계문학에 박식한 중앙고보 선배로서 서정주에게

'미당未堂'이란 호를 지어 준 인물입니다. 서정주는 하숙집에 머물면서 8개월 동안 경성도서관을 드나들며 독서에 탐닉했습니다. 배상기는 서정주에게 소설가 김동리의 형을 소개해 주었고 나아가 당대 중앙불교전문학교(동국대 전신) 교장을 역임한 박한영 대종사를 만나게 해 주었습니다. 서정주의 문학과 인생에 상당한 영향을 미쳤던 인물이 바로 배상기였습니다.[10]

아조 할 수 없이 되면 고향을 생각한다/이제는 다시 돌아올 수 없는 옛날의 모습들/안개와 같이 스러진 것들의 형상을 불러일으킨다/귓가에 와서 아스라이 속삭이고는, 스쳐 가는 소리들/(중략)소녀여 뭐라고 내게 말했던 것인가?(중략)소녀여, 내가 가는 날은 돌아오련가/내가 아조 가는 날은 돌아오련가/막달라의 마리아처럼 두 눈에는 반가운 눈물로 어리여서, 머리털로 내 손끝을 스치이련가/(중략)소녀여, 비가 갠 날은 하늘이 왜 이리도 푸른가/어디서 쉬는 숨소리이기에 이리도 똑똑히 들리이는가/무슨 꽃으로 문지르는 가슴이기에 나는 이리도 살고 싶은가(생략).

_「무슨 꽃으로 문지르는 가슴이기에 나는 이리도 살고 싶은가」(1946)

눈이 부시게 푸르른 날은/그리운 사람을 그리워하자/저기 저기 저, 가을꽃 자리/초록이 지쳐 단풍 드는데/눈이 나리면 어이 하리야/봄이 또 오면 어이 하리야/내가 죽고서 네가 산다면/네가 죽고 내가 산다면/눈이 부시게 푸르른 날은/그리운 사람을 그리워하자.

_「푸르른 날」(1946)

내 마음 속 우리 님의 고운 눈썹을/즈믄 밤의 꿈으로 맑게 씻

어서/하늘에다 옮기어 심어 놨더니/동지섣달 날으는 매서운 새가/
그걸 알고 시늉하며 비끼어 가네.

_「동천」(1966)

3. 겨레의 큰 시인이 아니라 언어 기교의 마술사

미당 서정주는 86세 천수를 누리면서 1,000편이 넘는 시, 시집 15권
을 남겼습니다. 『귀촉도』(1948)에 수록된 대표 시 「무슨 꽃으로 문지르
는 가슴이기에 나는 이리도 살고 싶은가」, 「푸르른 날」, 그리고 『현대
문학』 5월호(1966)에 발표된 「동천」 등 서정성 짙은 미당의 시들은 정
말이지 아름답기 그지없습니다. 그것이 인간 생명의 고귀함을 노래하
든 동양사상의 정신을 되뇌든 불교의 인연설을 담고 있든 미당의 시
적 언어는 토속적이다 못해 서정적이고 아름답습니다. 송창식의 노래
로 히트를 치지 않았더라도 서정주의 「푸르른 날」은 그 어떤 산문보다
그리움을 이토록 절절하게 표현할 수 있었을까요! 「무슨 꽃으로 문지
르는 가슴이기에 나는 이리도 살고 싶은가」는 윤동주의 「서시」 다음
으로 한때 학생들에게 가장 많이 애송되는 시로 꼽혔습니다.[11] 그러나
미당 서정주의 시 세계는 거기까지입니다.

교과서에 수십 년 수록되어 국민 애송시로 칭송받은 「국화 옆에서」
가 2000년 서정주가 죽은 이후 문학 교과서에서 사라지기 시작했습니
다. 노란 국화꽃이 '머언 먼 젊음의 뒤안길에서' 온갖 풍상을 겪고 '돌
아와 거울 앞에 선 내 누님같이 생긴 꽃'이라는 비유적 해석에 의문이
제기되었습니다. 노란 국화꽃, 즉 '황국黃菊=친근한 누님, 거울=관조의
경지'라는 비유적 해석과 달리 '노란 국화는 14세기 이후 일왕과 그

가문을 상징하는 문장紋章'이었고 '거울은 일왕이 현인신現人神의 위상을 획득하는 상징물'이라는 상징적 해석이 제기되었습니다.[12] 「국화 옆에서」가 해방 직후 발표된 시이기에 '일본제국주의를 상징'하는 '한 송이 국화꽃'을 찬양한 미당의 시 세계에 정신적 혼돈이 느껴짐을 부인하기 어렵습니다. 시적 언어의 기교면에서 미당의 시는 아름답긴 하지만 감동은 금세 사라져 언어의 유희로 남고 맙니다. 일찍이 '미당을 체질적으로 싫어한 김수영'은 그 이유를 밝힌 적이 있습니다. 그는 "하나는 그 토속성이 견딜 수 없고 둘은 그 늘어지는 서정성이 그렇고 마지막은 미당의 반동성이 역겹다"[13]고 혹평했습니다.

1987년 서정주는 한국문인협회 회장 시절 전두환의 4·13 호헌조치에 대해 '구국의 결단'이라는 지지성명서를 냈습니다. 전두환 5공 정권을 찬양한 대가로 돈을 받아 잡지 『문학정신』을 발간하여 1980년대 참여문학인 민중문학 진영과 사상논쟁을 불러일으키기도 했습니다. 어떤 이는 미당의 삶이 잘못된 부분도 있지만 그의 시가 아름다운 만큼 미당의 시 세계를 삶과 분리해서 이해하려는 노력이 필요하다고 합니다. 물론 미당 서정주는 친일 범죄를 솔직히 인정한 시인이라는 점에서 그간의 친일 문인들과는 달랐습니다. 그러나 그것도 거기까지입니다. 그가 기회 있을 때마다 자신의 친일을 번복하거나 '어쩔 수 없었다'거나 당시 '나만 그런 것이 아니다'라는 식으로 친일 행위를 희석시키려 했던 것 또한 사실입니다.[14]

미당 서정주, 일장기 히노마루를 깃대에 꽂고 두 손 가지런히 모아 경건하게 합장하다

친일 행적에 대한 미당의 기회주의적인 태도 변화는 한국 문단에서

차지하는 자신의 걸출한 위상과 관련이 깊습니다. 미당은 1955년 『서정주 시선』 발간 이후 소위 '국민시인'으로 확고한 위치[15]를 점했습니다. 다시 말해 한국 문단사에서 서정주를 통하지 않고 시인으로 등단하기가 결코 쉬운 일이 아니었습니다. 결국은 문단 권력의 문제입니다. 역사 청산도, 친일 문인들을 청산하는 것도 그리고 최근에 표절 논란을 일으킨 신경숙 작가에 대한 창비의 태도 역시 결국 권력의 문제와 맥을 같이하기 때문입니다. 친일 행적에 대해 시기마다 미당의 태도가 표변한 것은 바로 그런 연유에서 비롯됩니다.

4. 조선 청년들을 태평양전쟁으로 내몬 '민족시인'(?)

미당의 과거 친일 행적은 여느 친일 인사들의 변명과 궤를 같이합니다. '일제 말기를 살아 보지 않았으면 말을 말아야 해', '그때는 다들 그랬어', '부득이 어쩔 수 없는 상황이었잖아' 등 흔히 상황론을 들먹입니다. 미당 역시 그러했습니다. 고보 중퇴 학력으로 일본어에 능숙했던 서정주는 일본어가 밥벌이의 중요 수단이었습니다. 고창군청과 만주 양곡주식회사 경리직 생활에서도 그리고 국내로 돌아와 최재서를 통해 일본어 번역일로 생계를 유지할 때에도 일본어는 명실공히 서정주 자신에겐 국어로서 생존 기반이자 문명세계에 정서적으로 반응하는 언어[16]였습니다. '깃대에 일장기를 꽂아 보고 싶어서 견딜 수 없었던' 서정주! '일장기 히노마루를 방 아랫목에 세워두고 한참 동안 합장을 하며' 경건한 마음을 다했던 서정주! 일본제국주의가 일으킨 침략전쟁인 태평양전쟁을 '국가사회 발전을 약속하는 진리'의 전쟁이자 '역사적 사명'으로 치켜세웠던 서정주! 일제 말기 서정주의 친일 행적은 단순한 감정이 아닌 이성과 논리로 확신에 찬 신념이었습니다.[17] 그런 점에서 미당은 명백한 친일 문인이자 역사적으로 청산되었어야 할 문학인입니다.

1937년 중일전쟁 이후 일본제국주의는 전쟁 수행을 위한 총후銃後 문학체제를 구축하기 위해 1939년 조선총독부 학무국의 지시로 '조선 문인협회'를 만듭니다. 이는 1943년에 '조선문인보국회'로 변신하면서 일본 정신을 퍼뜨리는 황도皇道 문학에 광분합니다. 세칭 '국민문학'이 등장한 것이지요. 민족적 양심을 지닌 작가들이 붓을 꺾거나 작품을 쓰더라도 발표를 하지 않았던 시절입니다. 그러나 서정주를 비롯해 이 광수, 유진오, 김동인, 최남선, 최재서 등은 제국주의 침략을 선동하는 내용을 일본어로 쓰는 데 망설임이 없었습니다. 1945년 8월 15일 해방 당일 오전 10시에 서정주는 김동인과 함께 조선총독부 정보과장을 찾아갔습니다. 대일본제국에 더욱더 충성할 작가단체를 만들고 싶다 는 의견을 피력했지만 거절당합니다.[18] 그리고 귀가하던 도중 일왕 히 로히토의 무조건 항복 방송을 접하고 집으로 줄행랑을 칩니다.

해방 후 그들은 한결같이 '일본이 그렇게 빨리 망할 줄 몰랐다'고 변명했습니다. 서정주 역시 일본이 몇백 년은 지속될 거라 믿었습니 다. 그런데 친일파, 즉 반민족행위자들을 처벌하기 위한 반민특위가 이 승만 정권의 노골적인 탄압과 방해공작으로 흐지부지되면서 친일 문 학인들은 한국 문단의 주류로 다시 등장했습니다. 게다가 한국전쟁은 한국 문단을 반공 일색으로 색칠하면서 친일 문인들을 화려하게 부활 시켜 주었습니다.

아름다운 우리말로 마지막까지 시를 썼던 민족시인 윤동주는 '조선 인 민족주의 그룹 사건'으로 옥사했습니다. 매화 향기 가득한 항일 혁 명 시인 이육사 또한 일본영사관 경찰서 감옥에서 잔혹한 고문 끝에 옥사합니다. 일제 식민지 치하 3대 시인이었던 이용악, 오장환은 해방 공간 북을 선택했고 정감 어린 우리말로 향토색 짙은 시를 썼던 정지 용은 한국전쟁 기간 납북되었습니다. 그 끊어진 시의 산맥을 미당 서 정주가 이어 갔다고 흔히들 이야기합니다. 그러나 아름다운 언어로 우 리말의 맥을 잇고 형상화한 시인은 서정주가 아닙니다. 시는 단순히 언어의 기교가 아니기 때문입니다. 언어마술사라면 모를까 적어도 서 정주를 우리말을 아름답게 시어로 형상화한 '민족시인'이니 '국민시인' 이니 하며 찬미하는 것은 이치에 맞지도 않고 정당한 평가도 아닙니 다. 그것은 치열한 작가정신을 담아 우리말을 아름답게 시적 언어로 형상화한 이육사, 윤동주를 모독하는 배반된 행위입니다. 나아가 민족 스스로에게도 자기분열적인 태도입니다. 미당 서정주는 권력을 좇아 양지만 바라보며 살다 간 언어마술사 그 이상도 그 이하도 아닙니다.

일본제국주의와 독재 권력에 착근한 서정주의 기회주의적 변신

1. 1915년생 윤동주보다 두 살 많은 식민지 청년.

2. 28살 서정주: 윤동주가 생체실험을 당해 죽어간 나이에 가미카제 특공대의 죽음을 찬양. 시, 평론, 수필, 소설, 르포 등 문학의 거의 전 장르에 걸쳐 일본제국주의를 찬양하고 태평 양전쟁을 '사회 발전을 위한 진리의 전쟁'이라고 역설하며 조선 청년들에게 전쟁의 총알받 이가 될 것을 독려한 서정주! 고난의 역사 앞에서 부끄러움을 망각하다.
   → 20대 서정주! 일장기 히노마루를 깃대에 꽂고 두 손 가지런히 모아 경건하게 합장.
   → 친일작품을 쓰던 그 시절, 39세의 이육사! 잔혹한 고문으로 핏물이 낭자한 채 옥사.
   → '일본이 그렇게 빨리 망할 줄 몰랐다', '일본이 몇백 년은 지속될 거라 믿었다'고 변명.

3. 30대 초반 서정주: 독재자 이승만 전기를 쓰고 문교부 예술과장을 역임.

4. 40대 서정주: 한국 문단의 권력자가 되고 박정희 정권의 베트남 파병을 찬양.

5. 50대 서정주: 한국 문단사에서 시인의 등단을 좌지우지하다.

6. 60대 서정주: 광주항쟁을 비난, 독재자 전두환을 찬미하는 시를 쓰고 5공 국보위원이 되다.

7. 86세 천수를 누린 '정치적 무뇌아' 서정주!
   → 윤동주와 이육사 앞에 '민족시인', '겨레의 큰 시인'임을 부끄러워해야 한다.

---

1. 이경철(2015), 『미당 서정주 평전』, 서울: 은행나무, 203~206쪽.
2. 김병걸, 김규동(1986), 『친일문학 작품 선집 2』, 서울: 실천문학사, 273쪽.
3. 조연현(2015), 「서정주論」, 『월간문학』 560호. 한국문인협회. 27쪽.
4. 고은(2001), 「미당 담론」, 『창작과 비평』 112호(2001년 여름호), 289~294쪽.
5. 김정임(2015), 「한 송이 국화꽃을 피우기 위해」, 『월간문학』 560호, 한국문인협회.
   71쪽.
6. 홍기돈(2001), 「한 사이버 논객이 밝혀낸 '국화꽃의 비밀'」, 『말』 183호, 158쪽.
7. 윤석성(2015), 『한국 현대시인 연구』, 서울: 지식과교양, 60쪽.
8. 서정태(2014), 「미당 동생 서정태 시인, 서정주를 말하다」, 『주간조선』 2341호,
   45쪽.
9. 이경철(2015), 위의 책, 25~26쪽.
10. 이경철(2015), 위의 책, 27-32쪽.
11. 문학교육연구회(1987), 『삶을 위한 문학교육』, 서울: 연구사, 190쪽.
12. 김환희(2001), 『국화꽃의 비밀』, 서울: 새움, 25~28쪽.
13. 고은(2001), 위의 글, 290쪽.
14. 오성호(2003), 「시인의 길과 '국민'의 길」, 『배달말』 통권 32호, 110쪽.
15. 허병식(2015), 「식민지 주체의 아이덴티티 수행과 친일의 회로」, 『한국문학연구』
    제48집, 126쪽.
16. 허요한(2015), 『서정주 초기 시적 담론 연구』, 성균관대 석사학위논문, 33~34쪽.
17. 김승환(1996), 「친일문학론」, 『畿甸語文學』 10·11호, 435~436쪽.
18. 안창현(2015), 「조선말을 사랑한 선비작가 이태준」, 『한겨레』 2015. 10. 1.
19. 이원규(2007), 『김산 평전』, 서울: 실천문학사, 46~47쪽.

4부

역사의 한길을 가다

9장
항일전선의 순결한 영혼 김산

1. 톨스토이즘에 심취한 순결한 영혼

암울한 일제 치하 부나방처럼 권력을 좇아 조선인의 영혼을 팔았던 김창룡과 달리 일본제국주의 침략에 맞서서 자신의 젊음을 불살랐던 고귀한 영혼이 있습니다. 역사 교과서에 단 한 줄도 기술돼 있지 않지만 한국 최고의 독립운동가 김산을 기억합니다. 한국의 독립을 위해 생명을 바치는 것을 가장 가치 있는 일로 여겼던 한국 제1의 독립운동가 김산! 다음 세대에 길이길이 전해야 할 의미 있고 숭고한 이름일 것입니다. 한국인의 자유와 존엄을 위해 불꽃처럼 살다 간 김산은 우리 역사의 찬란한 빛입니다. 그는 오늘의 역사 속에 위대한 영혼으로 살아 숨 쉬고 있습니다.

김산의 본명은 장지락張志樂입니다. 장지학은 호적상 이름입니다. 형제처럼 지냈던 운암 김성숙(김충창)도 회고록에서 장지락이라는 이름을 사용했습니다. 님 웨일스의 『아리랑』에 등장하는 '금강산에서 온 붉은 승려'가 바로 김성숙 선생입니다. 다만 김산은 중국공산당 지하조직 활동을 할 때 장명張明이라는 이름을 썼고 그 외 10개가 넘는[1] 가명을 썼습니다. 님 웨일스는 김산의 가명을 대여섯 가지로 언급했지만 실상은 그보다 많았습니다. 장명張明은 중국공산당에 가입하여 즐겨 썼던 이름입니다.

독립운동가 장지락에게 '김산'이란 이름을 붙여 준 사람이 님 웨일스(본명은 헬렌 포스터 스노)입니다.[2] 님 웨일스는 웨일스계 미국인 여성 작가이자 기자로서 남편(에드가 스노)과 함께 중국대륙을 취재하던 중 1937년 초여름 중국 연안延安에서 우연히 김산을 만납니다. 당시 연안은 중화소비에트 본부가 있던 수도였는데 그곳에는 '루신魯迅 도서관'이 있었습니다. 영어로 대화할 수 있는 사람을 찾던 님 웨일스는 도서관에서 영어 서적을 계속해서 대출해 가는 인물에 호기심과 관심을 갖습니다.

님 웨일스가 쓴 편지가 김산에게 전달되면서 극적으로 만나게 되고 22번의 대화와 노트 7권 분량의 기록 속에서 불후의 고전 『아리랑』이 탄생합니다. 『아리랑』은 당대 뛰어난 휴머니스트이자 고결한 인격을 지녔던 조선인 독립운동가의 강인한 정신과 치열한 삶을 기록한 책입니다. 파묻힐 뻔했던 무명의 조선인 독립운동가가 한국 근대 정신사에서 가장 찬란하게 빛나는 인물임을 알게 해 준 불후의 명작입니다.

『아리랑』은 1941년 뉴욕에서 『아리랑의 노래Song of Ariran』로 출간되었습니다. 부제는 '한 조선인 혁명가의 생애 이야기The Life Story of A Korean Rebel'였습니다. 님 웨일스는 1939년 필리핀 휴양도시 바기오에서 『아리랑』의 초고를 완성했고 1940년 뉴욕으로 떠납니다. 1937년 님 웨일스와 인터뷰 당시 김산이 만주 항일전쟁에 참가하고자 보안을 위해 향후 2년간 출판을 보류해 달라고 요청했기 때문입니다.

고 이영희 교수의 회고대로 님 웨일스가 죽음을 각오하고 삼엄한 장개석 국민당 군대의 포위망을 뚫고 연안을 찾아가지 않았다면 『아리랑』은 탄생하지 못했을 것입니다. 후손인 우리들 역시 조선독립운동사에서 '김산'이라는 탁월한 인물을 만나지 못했겠지요. 님 웨일스의 회상대로 "일제의 억압 속에서 동시대의 조선인들에겐 영명한 지도자이자 사상가였으며 뜨거운 영혼과 가슴을 지닌 순수한 인도주의자" 김산은 우리의 기억 속에 존재하지 않았을 것입니다.

『아리랑』은 우리나라에는 해방 후 처음 소개되었습니다. 1946년 10월부터 1948년 1월까지 13회에 걸쳐 『신천지』에 번역, 연재되었습니다.[3] 김산의 본명이 장지락이라는 사실도 님 웨일스가 1961년 자신의 작품집에 공개하기 전까지는 베일에 가려졌습니다. 그리하여 고 이영희 교수는 김산을 '김책', '최용건'으로 상상하거나 한글학자이자 조선독립동맹 의장이었던 '김두봉'으로 그 가능성을 추정하기도 했습니다.[4]

님 웨일스를 만났을 당시 김산은 항일군정대학에서 수학, 물리학, 일본어, 한국어를 가르쳤는데 폐결핵 등 중병에 시달렸습니다. 일제 경찰의 극악한 물고문으로 폐가 망가졌고 극심한 빈곤과 영양실조로 결핵에 감염돼 계속 각혈을 했습니다. 그런 와중에도 김산은 중화소비에트 연안에 파견된 조선인 대표로서의 역할이 끝나면 만주로 달려가 항일전쟁에 참전할 생각이었습니다. 이미 항일전쟁에 참전 중이던 친구 오성륜으로부터 수차례 편지가 왔기 때문입니다. 오성륜(본명 전광)은 광둥廣東코뮌, 해륙풍소비에트 시절 함께했던 김산의 친구이자 유명한 테러리스트입니다. 그는 조선독립동맹 중앙위원으로서 활동했고 만주에서 항일전쟁 당시 동북항일연군 2사단 정치위원, 동북항일연군 제1로군 군계처장으로 활동했습니다.

불행히도 1938년 김산은 중국공산당 강생(본명 조영)에 의해 트로츠키주의자, 일본 스파이 혐의로 체포돼 비밀리에 처형됩니다. 증거가 불충분했음에도 불구하고 중국공산당 보안법정 책임자였던 강생의 지시에 따라 비밀리에 재판이 진행되고 전격 처형되었습니다.[5] 처형

김산과 님 웨일스. 검인정 8종 한국사 교과서조차 한 줄도 기술하고 있지 않지만 조선독립운동가 김산(본명 장지락)은 일제 강점기 가장 고결한 영혼을 지닌 걸출한 독립운동가임을 부인할 수 없다. 연안에서 님 웨일스와의 우연한 만남이 없었다면 『아리랑』(1941)은 출간될 수 없었다. 김산의 존재 자체도 묻혔을지 모른다.

당시 김산의 나이 33세였습니다. 다행히 중국공산당은 1984년 김산의 아들 고영광 씨의 명예회복 조사 요청을 받아들여 잘못된 재판이었음을 인정했습니다.

> "김산의 처형은 특수한 역사적 상황 아래에서 발생한 잘못된 조치였다. (중략) 본 결의에 의해 그에게 덮어씌워졌던 불명예가 제거되며 그가 지녔던 명예를 모두 그에게 되돌린다. 또한 이로써 그의 당원 자격은 회복된다."[6]

따라서 항일혁명가로서의 명예를 회복했고 휴머니즘 넘치는 치열하고도 고결한 삶을 추후에 인정받았습니다. 대한민국도 2005년 뒤늦게 김산을 독립운동가로 인정하고 건국훈장 애국장을 추서했습니다.[7]

김산은 14살에 3·1운동을 경험하고 이에 앞장을 섭니다. 당시 3·1

운동은 조선인 독립운동가들에겐 인생에 크나큰 전환점으로 작용했습니다. 죽산 조봉암 선생이 그렇고, 운암 김성숙 선생도 3·1운동이 자신의 인생에서 인생행로를 결정짓게 한 역사적인 사건으로 작용했다고 회고했습니다.[8] 실제로 김성숙은 1919년 3월 1일 탑골 공원에서 기미독립선언문을 낭독할 때 현장에 있었습니다. 이후 경기도 양주와 포천 지역에서 독립선언서를 배포하고 시위를 주도하다 일경에 체포돼 서대문형무소에서 2년간 옥고를 치릅니다.[9]

『아리랑』의 주인공 김산 역시 3·1운동을 겪으면서 일본제국주의의 잔악성과 민족의식에 크게 눈을 뜨게 됩니다. 물론 김산이 일본제국주의의 잔악성과 무도함을 처음 체험한 것은 7살 어린 시절이었습니다. 예방주사를 맞으러 오지 않았다는 이유로 어머니가 일본인 순사 2명으로부터 무자비하게 얼굴을 구타당하고 피를 흘리는 모습을 보면서 김산은 울부짖습니다.[10] 그리고 평생 일본제국주의에 대한 적개심과 분노를 간직합니다. 어머니는 가난과 고통 속에서도 독립운동가 김산의 삶을 높게 평가하고 평생 마음으로 지지했습니다.

그는 1920년 고학으로 일본 유학을 떠나 톨스토이즘, 아나키즘, 크로포트킨의 사상을 접합니다. 특히 중학교 때 처음 톨스토이를 접한 김산은 이상주의자였습니다. 김산의 의식 저변에 깔린 인도주의 정신은 아마도 어린 시절 기독교의 영향과 톨스토이즘에 그 뿌리가 닿았을 것입니다. 그는 톨스토이즘에 심취하여 도쿄 유학 시절 이후 1921년부터 1927년 광둥코뮌 때까지 톨스토이의 『인생독본』을 주머니에 넣고 다니면서 거의 매일 읽곤 했습니다.[11] 일본 유학 시절 도쿄는 새로운 학문과 사상의 수원지이자 혁명가들의 피난처였습니다. 아침 일찍 신문 배달을 하거나 인력거를 끄는 등 고된 고학생활 끝에 김산은

1년간의 짧은 일본 생활을 접습니다. 새로운 사상의 주원천지인 소련의 모스크바로 가서 공부할 생각이었습니다. 용케 압록강을 건너 하얼빈행 기차를 탔지만 시베리아 국제간섭군의 방해로 방향을 바꿔 남만주 신흥무관학교를 찾아갑니다.

2. 교과서에 기록해야 할 조선 독립의 희망

16살 어린 나이에 700리 길을 혼자 걸어서 신흥무관학교(삼원보 합니하 소재)를 찾아가는 대목에선 눈물이 날 정도입니다. 운암 김성숙 선생은 18살에 신흥무관학교를 찾아가다가 뜻을 접고 경기도 양평 용문사로 출가합니다.[12] 김산은 그러지 않았습니다. 한 달이 걸린 긴 도보여행 끝에 독립군 무관을 양성했던 독립운동의 산실 신흥무관학교를 찾아갑니다. 마적과 강도를 만날까 두려워 매일 밤 몰래 밖으로 나가 땅에 돈을 파묻고 이튿날 새벽 일찍 돈을 파내서 아침도 안 먹은 채로 여인숙을 나서는 일을 반복한 끝에 신흥무관학교를 찾아갑니다. 그러나 나이가 너무 어리다고 입학이 불허되었을 때 김산 스스로 '가슴이 찢어질 정도로 아파서 엉엉 울며'[13] 통곡했다고 썼습니다. 빼앗긴 조국을 되찾으려는 그 강렬한 의지와 정신, 가난 속에 고통받는 민족을 사랑하는 순결한 영혼 앞에 사뭇 옷깃을 여미지 않을 수 없습니다.

김산은 1921~1922년 아나키스트 독립운동 단체인 의열단과 가까이 지내면서 의열단원이 됩니다. 의열단 의백 약산 김원봉은 김산을 친동생처럼 위했고 의열단 선전부장 김성숙과는 의형제 이상의 관계를 맺습니다. 특히 운암 김성숙은 김산의 일생에서 정신적으로 가장 지대한 영향을 미쳤는데 그에게 마르크스주의를 소개하고 입문시킨 장본인입니다. 실제로 김성숙은 뛰어난 논설을 많이 썼는데 베이징에서 발간된 「혁명」의 주필이기도 했습니다. 상하이에 머물 당시 김산은 춘원 이광수를 도와 상해임정의 기관지인 「독립신문」 발간에 관여했습니다. 이후 「독립신문」 주필이던 이광수의 친일 행각을 비판했고 도산 안창호 선생으로부터 깊은 정신적 감화를 받습니다. 김산 스스로 고백했듯이 도산 선생은 김산의 인생에서 두 번째로 깊은 영향을 미쳤던 인물[14]로 묘사됩니다. 김산은 도산이 1916년에 세운 흥사단에 가입합니다.

1923년 전후에 김산은 중국공산당에 입당하고 명문 베이징 협화의과대학에 다닙니다. 의열단원이었던 아나키스트 김산이 공산주의자가 되는 경로는 의열단의 테러 활동이 역사적 한계에 부딪혔기 때문입니다. 1920년대 중반을 전후해 개인적인 항일 테러 활동으로는 일본제국주의를 타도하는 데 한계를 느낍니다. 1923~1927년까지 제국주의에 대한 용맹스러운 항일 테러로 일제의 간담을 서늘하게 했지만 300명이 넘는 의열단원이 처형되는 등 손실이 너무 컸기 때문입니다. 그리하여 조선의 항일운동은 전략을 수정하여 민중을 조직하고 대중운동을 통한 혁명전쟁으로 전환합니다.

의열단을 비롯한 당대의 조선인 독립운동가 상당수는 1920년대 중반 전후로 공산주의 사상에 경도됩니다.[15] 약산 김원봉이 베이징北京에 '레닌주의 정치학교'를 설립하고 난징南京에는 '조선혁명 군사정치간부학교'를 세워 독립군 장교를 양성한 이유도 그러한 시대의 변화에 조응한 때문입니다. 물론 그 시기 공산주의 사상의 이념적 우월성에 힘입은 바도 컸습니다. 베이징 한인 사회 역시 1924년 이후 급속도로 공산주의 사상이 확산되었습니다. 김산은 아나키스트에서 공산주의로 넘어갑니다. '중국혁명의 성공이 조선혁명의 지름길'이라고 확신했기에 독립운동의 한 방편으로 공산주의자가 됩니다. 그것은 지하활동을 통해 대중을 조직하고 무장한 군대조직을 보유하여 항일전쟁을 새롭게 전개하는 것으로 전략적 변화가 요청된 시대상황이 엄존했기 때문입니다.

그리하여 김성숙은 1924년 베이징 공산주의 세력을 하나로 결집하기 위해 장건상, 김산, 양명, 김용환 등과 함께 '창일당創一黨'을 조직합니다. 창일당은 이르쿠츠크파 공산당의 베이징 지부였습니다. 창일당은 기관지로 「혁명」을 발간했는데 김성숙의 주옥같은 논설로 인해 창간 6개월이 채 안 된 시점에 3,000명이 넘는 구독자를 확보할 정도로 인기가 컸습니다.[16] 그러나 1925년 6월 만주를 지배하던 군벌 장작림이 일제와 야합해 조선인 독립운동가들을 체포하기 시작하자[17] 김산 등은 혁명의 중심지 광저우廣州로 내려갑니다. 1925년 무렵에는 장개석 국민당 우익의 반동적 음모를 분쇄하고 좌파 무한정부를 지키기 위해 김산은 의열단 동지들과 함께 광둥廣東으로 떠납니다. 김산은 1925년 광둥으로 가서 1927년까지 그곳을 떠나지 않습니다. 중국혁명의 성공이 조선혁명으로 이어질 것으로 믿었으므로 중국혁명의 성공은 조선인 독립운동가들에겐 절대적 신념이자 조선혁명의 희망이었습니다.

김산은 약산 김원봉, 운암 김성숙, 오성륜과 함께 '조선혁명청년동맹'을 결성하고 조직위원으로 피선됩니다. 광저우에서 결성된 '조선혁명청년동맹'은 의열단 민족주의자, 중국공산당 지부, 상해파 고려공산당, 이르쿠츠크파 고려공산당 등 내부 분파가 존재했습니다. 김산은 김성숙과 함께 내부 분파 행동을 타파하기 위해 만주, 시베리아, 상하이, 베이징, 국내 등 각지에서 온 한인 공산주의자들을 대상으로 비밀스러운 조직 'KK'(독일어 Koreaner Kommunismus의 약자)를 조직하여 중앙집행위원이 됩니다.[18] 김성숙, 김원봉, 김산처럼 대부분 중산대학

재학생들로 구성되었으며 혁명이론과 실천에 매우 강했습니다. 김산은 분파 행동을 해소하기 위해 기관지 「혁명운동」의 부주필이 되어 맹활약했고 광둥 중산대학을 다녔습니다. 이후에는 약관의 나이에 황포군관학교에서 강의를 맡았습니다. 그러다 좌파 무한정부가 장개석 국민당군에 쓰러지자 광둥코뮌과 해륙풍소비에트 봉기에 참여하고 사선을 넘나드는 전투를 벌입니다.

말라리아에 걸려 사경을 헤매면서도 김산을 비롯한 조선인 독립운동가들은 중국혁명에 젊음과 목숨까지 아낌없이 바칩니다. 광저우 무장 봉기와 해륙풍 봉기 당시 열정적이고 뛰어난 자질을 갖춘 조선인 독립운동가 수백 명이 처형되거나 희생됩니다. 이준 열사의 아들 이영, 러시아혁명 당시 백러시아 군대에 맞서 싸우며 풍부한 전투 경험을 지닌 우국지사 박진과 그의 형제들, 탁월한 대포 전문 기술자이자 군사 지도자인 양달부 등 이름 없이 스러져 간 조선 독립운동의 영웅들을 만납니다. 이후 김산은 해륙풍 시절 천신만고 끝에 홍콩을 거쳐 상하이로 탈출했고, 그곳에서 광둥코뮌 당시 죽은 줄 알았던 오성륜, 김성숙과 극적으로 상봉합니다.

3. 나는 승리했다, 조선인 혁명가의 외침

조선혁명의 이론적 지도자 김성숙의 만류에도 불구하고 김산은 1929년 봄 혁명 활동을 계속하기 위해 베이징으로 떠납니다. 베이징은 만주사변 이후 일제의 엄혹한 감시와 통제가 한층 강화되었습니다. 그럼에도 김산은 일본의 첩자들이 촉수를 번득이는 베이징으로 들어가 지하활동을 벌입니다. 중국공산당 베이징시 지부 당비서가 되어 수많은 노동자조직을 세우고 당 조직이 굳건하게 뿌리를 내리는 데 힘썼습니다. 또한 중국공산당과 만주에 있는 조선인 공산주의 항일세력을 연결시키려 만주를 오가며 연계 노력을 게을리하지 않았습니다. 오성륜은 1930년 가을 만주 항일전쟁에 참가하기 위해 만주 빨치산 부대에 합류하여 조직을 튼튼하게 합니다. 그리하여 7,000명 전원이 조선인으로 구성된 동북항일연군 제2사단 정치위원으로 활동합니다. 오성륜은 하루빨리 만주에서 김산과 함께 항일 전쟁을 수행하길 원했습니다.

베이징에서 지하 혁명 활동을 벌이던 김산은 1930년 11월과 1933년 4월 두 차례 체포됩니다. 한 번은 중국 경찰에, 또 한 번은 장개석 군대의 비밀경찰 '남의사'에 체포되어 일본 경찰에 넘겨졌습니다. 당시 중국 내에선 공산주의자는 무조건 사형선고를 받고 처형되던 시절이었습니다. 김산은 여섯 차례의 물고문과 살점이 떨어져 나가는 야만적인 고문에도 꿋꿋이 버텨 냅니다. 정강이뼈가 하얗게 드러날 정도로 잔혹하기 이를 데 없는 고문을 당하지만 끝내 증거 불충분으로 공산주의와 무관함을 인정받아 출옥합니다. 문제는 출옥 후 발생했습니다. 어떻게 조선의 감옥에서 그렇게 빨리 석방되었는지, 김산은 동지들로부터 왜놈 첩자로 의심을 받았습니다. 베이징 지부 당비서라는 지위를 회복하지도 못한 채 좌절과 실의의 나날을 보냈습니다.

26살 젊은 나이임에도 야만적 고문으로 인해 몰골은 노인네처럼 늙고 추레한 모습이었습니다. 게다가 심각한 물고문으로 폐가 망가졌고 결핵균마저 침투한 상태로 거의 죽음과 같은 시절을 보냅니다. 출옥 후 베이징으로 돌아왔을 때 다수의 배반자가 발생했고 당조직이 깨졌으며 동지들과의 모든 연락이 끊겼습니다. 김산은 절망적인 상황과 폐결핵과 말라리아로 만신창이가 된 육신 앞에서 죽음을 생각합니다.

그러나 패배하더라도 좌절하지 않았던 김산은 죽음을 넘어서서 인류 사회의 평화와 행복을 위해 숭고한 투쟁을 멈추질 않았습니다. 완전무결한 순결과 청렴결백을 고집했고 용서를 모르는 단호한 성격으로 정적이 많았기에 김산은 때때로 '로베스피에로'[19]라고 불렸습니다.

결국 김산은 재판을 요청한 끝에 명예를 회복했고 1929년 코민테른(국제공산당)의 1국 1당 원칙에 따라 조선혁명을 중국혁명에 종속시켰던 기존의 전략을 수정했습니다. 그리하여 중국혁명과 달리 조선혁명의 독자성에 주목합니다. 나아가 계급투쟁을 민족투쟁에 종속시킵니다. 그것은 이탈리아, 독일, 스페인 등 파시즘의 대두와 군국주의로 치닫는 일본제국주의의 정세 변화 등 1930년대 중반 세계정세의 급격한 변화에 직면했기 때문입니다. 그에 따라 1935년 코민테른 제7차 대회에서 반反파시즘 통일전선을 형성하는 것으로 전략이 전환됩니다. 김산 역시 해륙풍소비에트에서 민족주의자, 무정부주의자, 공산주의자를 아우르는 조선민족해방동맹을 결성하고 중앙위원이 됩니다. 조선민족해방동맹의 강령은 항일투쟁의 기초 위에 공화국을 건설하여 조선혁명의 부르주아 민주주의 단계를 건설하는 것입니다. 일체의 일본제국주의 타도와 기득권 몰수, 시민적 자유의 보장과 조선 민중의 교육받을 권리 보장, 그리고 생활조건의 개선과 가혹한 세금의 폐지, 마지막으로 공공사업과 독점기업의 국유화 조치였습니다.[20]

1936년 8월 김산은 조선혁명 통일전선체인 조선민족해방동맹의 조선 대표로 중화소비에트 연안에 파견됩니다. 파견 당시 중병을 앓고 있었음에도 김산은 위험하기 짝이 없는 전선의 봉쇄를 뚫고 연안을 거쳐 초기 중화소비에트 수도인 보안保安에 도착합니다. 김산은 도착 후에 쓰러져 두 달 동안 침상에서 일어나질 못했습니다. 다시 일어나는 것을 기대할 수 없을 정도의 중병으로 죽어 갔습니다. 1936년 12월

서안사변 이후 중국공산당 홍군이 연안을 차지하여 수도를 옮기자 김산은 와병 중임에도 연안으로 따라갑니다. 연안 항일군정대학에서 김산은 물리학, 화학, 수학, 일본어, 한국어를 가르칩니다. 마침내 1937년 7월 님 웨일스와 우연히 만나면서 불후의 고전 『아리랑』이 탄생하게 됩니다.

이 책에서 우리는 김산의 영혼의 외침과 같은 담담한 고백을 듣습니다.

> "내 청년 시절 친구나 동지들 수백 명 거의 모두가 죽어 버렸습니다. 민족주의자, 기독교신자, 무정부주의자, 테러리스트, 공산주의자 그들은 죽었지만 그러나 내게는 그들이 지금도 살아 있습니다. 그들의 무덤을 어디로 정해야 하는지 따위는 전혀 마음에 두지 않습니다. 전쟁터에서, 사형장에서, 도시와 마을의 거리거리에서, 그들의 뜨거운 혁명적 선혈은 조선, 만주, 시베리아, 일본과 중국의 대지 속으로 자랑스럽게 흘러 들어갔습니다. 그들은 눈앞의 승리를 보는 데는 실패했지만 역사는 그들을 승리자로 만듭니다."[21]

김산은 일본제국주의로부터 조국을 해방시키려는 조선혁명에 자신의 젊음과 목숨을 바칩니다. '나의 젊음을 어느 순간 잃어버렸다'는 고백과 함께 '나의 전 생애는 실패의 연속이었다'고 되뇝니다. 그렇지만 '그러나 단 하나에 대해서만, 즉 나에 대해서만은 승리했다'고 고백합니다. 자신이 고난 속에서도 계속 전진할 수 있었던 것은 바로 비극과 실패, 좌절과 절망의 고통이 오히려 스스로를 더욱 단련시켰기 때문입니다. 일본제국주의의 침략이 노골화되어 숨 막히던 시절, 조선인 혁명가 김산의 삶에 대한 깊은 성찰과 영혼의 외침에 우리는 주목합니다. 나아가 민족해방을 향한 조선혁명의 대의와 고난 속에서도 '진리의 순례자'처럼 단련되어 갔던 고결한 영혼에 경의를 표합니다.

불꽃처럼 치열하게 살았지만 교과서에 기록되지 않은 독립운동가

1. 김산! 어린 시절 일본 순사로부터 구타당해 피 흘리던 어머니 모습을 보고, 3·1운동을 경험하면서 인생에 크나큰 전환점을 맞다.

2. 김산! 톨스토이의 인도주의를 바탕으로 15살 일본 유학시절 크로포트킨 등 사회과학을 공부하고 무정부주의 사상을 접하다.

3. 김산! 16살 어린 나이에 700리 길을 혼자 걸어서 이회영의 신흥무관학교를 찾아가다.

4. 김산! 상해임정 당시 기관지 「독립신문」 제작에 참여하고 흥사단에 가입하는 등 정치지도자 도산 안창호로부터 깊은 정신적 감화를 받다.

5. 김산! 약관의 나이에 「혁명운동」의 부주필이 되고 코뮤니스트로서 황포군관학교 강의를 맡다.

6. 김산! '중국혁명의 성공은 조선혁명의 성공으로 가는 지름길'이라는 신념으로 광둥코뮌에 참가하다

7. 22살의 김산! 광둥코뮌과 해륙풍소비에트 전투 참가 중 말라리아에 걸려 죽을 고비를 넘기고 전선에서 살아남다.

8. 24살의 김산! 1929년 봄 중국공산당 베이징시 지부 당비서가 되어 당조직을 세우다.

9. 20대 청년 김산! 지하 혁명 활동 중 1930년, 1933년 두 차례 체포돼 야만적인 고문을 받다.

10. 26살, 야만적 고문으로 인해 노인네처럼 늙고 추레한 모습이 되다.

11. 중국혁명에 종속된 조선혁명의 독자성을 강조하고 조선 내 계급모순보다 민족모순을 우위에 두어 조선혁명의 통일전선을 추구하다.

12. 조선혁명의 통일전선체 '조선민족해방동맹'을 결성하고 조선 대표로 중화소비에트 연안에 파견되다.

13. "나의 전 생애는 실패의 연속이었다. 그러나 단 하나에 대해서만, 즉 나 자신에 대해서만은 승리했다."

14. 한국 독립운동사의 찬란한 빛으로, 위대한 영혼으로 존재하는 김산의 본명은 장지락.

15. 조선 독립운동가 장지락에게 '김산'이란 이름을 붙여 준 인물은 『아리랑』의 저자 님 웨일스.

16. 님 웨일스가 바라본 김산은 진리의 순례자. 일제의 억압 속에서 동시대의 조선인들에겐 영명한 지도자이자 사상가였으며 뜨거운 영혼과 가슴을 소유한 순수한 인도주의자.

17. 김산! 중국공산당에 의해 1938년 트로츠키주의자, 일본 스파이로 처형당하지만 1984년 뒤늦게 항일혁명가로서 명예를 회복. 대한민국은 2005년 독립운동가로서 건국훈장 애국장을 추서하다.

1. 김산, 님 웨일스(1999), 『아리랑』, 서울: 동녘, 30쪽.
2. 김산, 님 웨일스(1999), 위의 책, 331쪽.
3. 이해영(2009), 「근대초기 한 조선인 독립운동가의 동아시아 인식」, 『한중 인문학 연구』 제27집, 179쪽.
4. 김산, 님 웨일스(1999), 위의 책, 7쪽.
5. 김산, 님 웨일스(1999), 위의 책, 336쪽.
6. 김산, 님 웨일스(1999), 위의 책, 337쪽.
7. 베이징 연합, 「독립유공자 인정받은 '아리랑' 김산의 아들 고영광 씨: 서른 넘어서야 아버지 삶 알았다」, 『한겨레』, 2005. 8. 5.
8. 김광식(2011), 「김성숙의 정치이념과 민족불교」, 『대학사상』 제16집, 269쪽.
9. 혜봉 스님(2001), 「독립운동가, 불교 진보사상가 운암 김성숙」, 『불교와 문화』 통권 제40호, 124쪽.
10. 김산, 님 웨일스(1999), 위의 책, 51~52쪽.
11. 김산, 님 웨일스(1999), 위의 책, 124~126쪽.
12. 편집부(2007), 「대한민국 임정 국무위원 운암 김성숙 선생」, 『순국』 통권 제196호, 120쪽.
13. 김산, 님 웨일스(1999), 위의 책, 87쪽.
14. 김산, 님 웨일스(1999), 위의 책, 99쪽.
15. 김성국(2007), 「누구를 위한 독립운동이었는가: 『김산 평전』 서평」, 『서평문화』 제65집, 45쪽.
16. 이동언(2011), 「김성숙의 생애와 독립운동」, 『대학사상』 제16집, 240쪽.
17. 신규탁(2011), 「이념 사상가로서 김성숙이 지니는 현대적 의의」, 『대학사상』 제16집, 314쪽.
18. 운암 김성숙 선생 기념사업회(2013), 『운암 김성숙의 생애와 사상』, 서울: 선인, 51~54쪽.
19. 김산, 님 웨일스(1999), 위의 책, 241쪽.
20. 김산, 님 웨일스(1999), 위의 책, 293쪽.
21. 김산, 님 웨일스(1999), 위의 책, 300~301쪽.

10장
매화 향기 가득한 항일 혁명 시인 이육사

1. 저항 시인 이육사

서정주가 「스무 살 된 벗에게」와 「징병 적령기의 아들을 둔 조선의 어머니에게」란 작품을 발표하여 조선 청년들을 향해 전쟁으로 나갈 것을 부추기던 1943년 10월! 그때 그는 28살 청년이었습니다. 그 나이에 자기 민족의 젊은이들에게 일본 군국주의가 저지른 전쟁의 총알받이로 나가라고 독려한 글들을 발표했으니 참담하기 이를 데 없습니다. 바로 그 시기! 1943년 10월 이육사는 일본 헌병대에 체포돼 동대문경찰서에 수감되고 며칠 뒤 베이징 주재 일본 영사관 경찰서 감옥으로 압송됩니다. 그리고 일본 경찰의 잔혹한 고문 끝에 불과 석 달 뒤인 1944년 1월 16일 감옥에서 순국합니다. 사망 직후 연락을 받고 영사관 감옥에 도착한 독립운동 동지이자 친척인 이병희의 증언에 따르면 온몸에는 피가 낭자했고 두 눈을 뜬 채로 죽었다고 합니다. 이병희 여사가 두 눈을 감겨 주자 이육사는 코에서 많은 피를 쏟았습니다.[1] 일본 경찰의 극악한 고문으로 숨졌음을 짐작하게 하는 장면입니다.

한국문학사에서 저항 시인이라면 단연코 이육사와 윤동주를 꼽을 수 있습니다. '저항'이라는 개념 자체가 한국문학사에서는 '항일'

과 관련되어 사용되었습니다.[2] 윤동주가 문사적인 소극적 저항의 성격을 드러낸 반면 이육사는 투사적 적극성을 드러낸 저항 시인이었습니다.[3] 항일 혁명 시인 이육사는 만 39세의 생애 동안 17번 투옥되어 잔혹한 고문을 받습니다. 그럼에도 결코 변절하지 않는 지조와 의리, 고고한 절개를 지켜 나갔습니다. 나아가 일본 군국주의에 맞서 반제 민족해방의 길을 글보다 행동으로 몸소 실천했던 점은 다른 문인들에게서 볼 수 없는 차별성을 지닙니다.[4] 지칠 줄 모르는 강렬한 항일 정신의 뿌리가 어디에서 비롯되었는지 육사의 출생과 성장 배경을 살펴봅시다.

2. 지조와 절개의 선비정신을 간직한 이육사

이육사는 남인계열의 정신적 태두인 퇴계 이황의 14대손입니다. 이황의 직계 자손들이 100여 호 넘게 집성촌을 이루고 살던 안동시 도산면 원촌 마을에서 1904년 5월 18일 6형제 중 둘째로 태어났습니다. 어릴 때 이름은 이원록 또는 이원삼입니다. 유교적 전통과 규범이 엄격히 지켜지던 집성촌 마을 분위기는 그가 수필 「은하수」에서 회고하듯이 유교 전통의 규범의식과 선비로서 교양을 쌓는 정신적 배경으로 작용했습니다. 새벽 한 시가 넘도록 유교의 경서를 외는 등 한학과 유교 경전 공부를 통해 선비의식[5]을 지니게 되었습니다. 육사가 항일운동 과정에서 보여 준 의리와 지조 그리고 17번의 투옥과 고문에도 굴하지 않고 치열하게 저항정신을 표출한 것은 선비정신의 신념에서 비롯되었음은 명약관화한 사실입니다. 또한 선비정신은 육사의 시 정신을 지탱하는 근간으로 작용했습니다.[6]

이육사의 가족 면면을 보더라도 숨길 수 없는 항일지사 집안이었습니다. 19살에 요절한 막내 이원홍을 제외하고 5형제 모두 일제의 요시찰 대상이었습니다. 1927년 조선은행 대구지점 폭탄 투척 사건인 '장진홍 의거' 당시 함께 피검된 형 이원기는 항일 독립유공자입니다. 첫째 동생 이원일은 당대 뛰어난 서화가로 명성을 날렸는데 역시 장진

홍 의거 당시 이육사, 이원조와 함께 피검돼 옥고를 치릅니다. 동생 이원조는 도쿄대 불문학과 출신으로 일제 치하 조선일보 학예부장을 거쳐 해방 후 진보적인 언론인 현대일보, 해방일보 주필을 역임했을 뿐 아니라 최고의 문학평론가로서 명성을 날렸던 인물입니다. 월북 후 1953년 남로당 숙청 당시 투옥돼 2년 뒤에 옥사합니다.[7]

이원조. 이육사의 동생으로 일제 치하 조선일보 학예부 기자, 해방 공간 좌파 언론지 현대일보 편집국장을 역임한 당대 걸출한 문학평론가로 남로당 숙청 때 감옥에서 옥사했다.

이육사 외조부는 항일의병장 출신 범산 허형이고 이육사의 어머니 허길 여사는 구한말 13도 의병연합부대 군사장이었던 왕산 허위의 종질녀입니다. 간악한 일제에 의해 1908년 서대문형무소에서 최초로 처형당한 왕산 허위는 이육사와 6촌 친척인 종조부입니다. 이육사의 외삼촌들도 모두 독립지사인데 특히 육사는 외숙부인 허규의 영향을 많이 받았습니다. 이렇듯 친가, 외가 모두 의리와 절개의 선비정신과 치열한 항일의식이 고취되는 분위기에서 이육사는 자연스럽게 항일 독립지사로 성장했습니다.

까마득한 날에/하늘이 처음 열리고/어데 닭 우는 소리 들렸으랴/(중략)/지금 눈 내리고/매화 향기 홀로 아득하니/내 여기 가난한 노래의 씨를 뿌려라/다시 천고千古의 뒤에/백마 타고 오는 초인超人이 있어/이 광야曠野에서 목 놓아 부르게 하리라.

_「광야」(『자유신문』 1945년 12월 17일)

특히 외가 친척인 허형식은 이육사에겐 선망의 대상이었습니다. 허형식은 1930년대 동북항일연군 제3로군 참모장 및 군장을 역임했으며 일제 관동군이 조상지, 양정우와 함께 거물로 취급했던 인물입니다. 1930년대 동북만주 항일 무장투쟁의 선봉에서 그 용맹성과 사나움이 하늘을 찔러 북만주에서는 '이희산(허형식의 별칭)이 온다'고 말하면 우는 아이들조차 울음을 뚝 그치게 만들 정도였다고 합니다. 허형식은 키가 크고 준수한 용모로 북만주 일대에서 백마를 타고 다녔습니다. 당시 독립운동 자금책으로 활동하던 육사의 외삼촌 허규와 함께 육사는 허형식을 만주 전투지구에서 만난 적이 있습니다. 백마를 탄 허형식 장군의 인품에 매료돼 그를 흠모한 나머지 육사는 「광야」를 노래합니다. 시 「광야」에 나오는 '다시 천고의 뒤에 백마 타고 오는 초인超人'은 바로 허형식 장군을 묘사한 대목입니다.[8]

어린 육사가 여섯 살이 되던 1910년 일제의 한국 병탄으로 경술국치를 당하자 뜻있는 선비들은 비분강개하여 스스로 목숨을 끊습니다. 전국적으로 수십 명에 이르는데 송상도宋相燾의 『기려수필騎驢隨筆』에 따르면 벼슬한 선비로서 치욕을 통분하며 자결한 분이 18명에 이른다고 합니다. 그 가운데 이만도, 이만규, 이중언은 안동의 선비로서 이육사와 먼 친척이었고, 이육사의 조부 이중직과 함께 개화기 계몽운동을 펼쳤던 선각자들이었습니다.[9] 육사는 목숨보다 중요한 의리와 지조

그리고 절개를 강조했던 선비 마을의 엄격한 분위기 속에서 성장합니다. 육사는 마을 사람들이 보여 준 분위기, 즉 마을의 정신적 환경을 수필 「계절의 오행」에서 '무서운 규모가 우리를 키워 주었다'고 회고했습니다.[10] '무서운 규모'는 바로 유교의 전통적 규범, 고고한 선비의식을 가리키는 표현입니다.[11] 이는 육사가 17번의 투옥과 참혹한 고문 속에서도 변절하지 않고 민족해방을 향해 맹렬히 투쟁할 수 있었던 정신적 근원으로 작용했습니다. 요컨대 육사의 정신적 토대는 유교적 세계관이나 선비의식이고 육사의 삶 자체는 유교적 정명론[12]에 그 뿌리를 두었던 것입니다.

나라가 망하자 조부 이중직은 노비문서를 불태우고 남녀 노비들을 풀어 주었습니다. 그리고 예안에 보문의숙을 설립하고 학교장이 되어 신학문을 널리 보급합니다. 육사는 12살이 되었을 때 보문의숙을 다니면서 서양 근대 학문을 접하게 됩니다. 보문의숙은 나중에 도산공립보통학교로 바뀌는데 보문의숙의 학생과 교사가 함께 편입된 형태로 교명이 개칭되었습니다. 육사는 1919년 도산공립보통학교 제1회 졸업생이 됩니다.[13]

엄격한 규범의식과 전통적인 유교의 가풍 속에서 할아버지 이중직에게 6살 무렵 이육사는 『소학』을 배웁니다. 열두세 살 즈음엔 『중용』, 『대학』 등 수준 높은 유교의 경전을 공부하는데 육사가 보문의숙에 입학하면서 접한 물리, 화학 등 신학문은 그 자체로 혼란이자 충격이었습니다. 육사가 수필 「연인기戀印記」에서 술회하듯이 "그야말로 살풍경의 십 년이 지나갔다"고 고백합니다. 어린 시절 육사 자신의 내면을 지배했던 유교적인 전통규범이 점차 힘을 잃고 새로운 근대 학문에 눈을 뜨게 된 것이지요.[14]

3. 비밀결사 활동 속에서 꽃핀 육사의 삶과 작품

청소년기 육사의 내면을 지배한 것은 엄격한 규범과 선비정신인데 열다섯 살 때 목격한 3·1운동과 이후 대구 교남학교, 영천 백학학원을 통해 신학문을 접하면서 육사의 의식 저변에 근대성이 자리를 잡습니다. 그리고 1924~1925년 육사가 스물한 살 무렵 일본 유학생활에서 육사는 강렬한 민족의식에 눈을 떴고 급진적 사회혁명의식으로 발전합니다. 유학을 떠나기 1년 전에 발생한 1923년 9월 관동대학살의 참상과 이에 대한 응징으로 1924년 1월 의열단 단원 김지섭의 일본 왕궁을 향한 폭탄 투척 사건 등은 육사의 사회의식에 급진적 변화를 가져온 환경적 요인으로 작용했습니다. 더구나 의열단원 김지섭은 육사와 같은 안동 출신이었습니다.

무엇보다 육사의 민족의식, 사회의식에 급격한 변화를 가져다준 것은 아나키즘 사상이었습니다. 육사는 일본 내 아나키스트 운동 단체인 '흑우회' 회원으로 가입합니다. 육사는 1925년 귀국한 후 의열단으로 추정되는 비밀결사조직에 가입하고 1926년 초 중국 베이징 중국대학과 광저우 중산대학을 다니다가 1927년 8월에 귀국합니다. 중산대학 재학 시 의열단 김원봉(의열단장), 김성숙(의열단 선전부장)이 만든 '유월한국혁명동지회'에 가입하고 『아리랑』의 주인공 김산(본명 장지락)을 만납니다. 1920년대 이육사는 사상적인 측면에서 아나키스트 내지 사회주의자로서 투철한 이념형 독립지사로 비쳐지기도 합니다. 그렇지만 당대 아나키즘이나 사회주의 사상이 조선의 절대 독립을 위한 방편적 도구로 기능했듯이 육사 또한 민족해방을 위한 독립운동방략으로서 아나키즘과 사회주의를 수용했을 뿐입니다.

1933년 육사가 의열단 군관학교인 조선혁명군사정치간부학교를 제1기로 졸업할 당시 발표한 졸업기념 연극 작품 「지하실」 대본은 사회주의 사상을 고무하는 내용입니다. 육사가 대본을 쓰고 연기자로 공연했던 그 작품에서 육사는 '조선혁명 성공'과 '일제 타도', 그리고 '노동자, 농민이 지배하는 공산사회'를 추구하고 있습니다. 육사는 난징 소재 조선혁명군사정치간부학교에서 정치학, 경제학, 사회학, 철학, 그리고 군사학을 배웠습니다. 그 외에 통신법, 선전법, 연락법, 탄약, 뇌관, 도화선 등 폭발물 취급 및 투척법, 요인 암살, 사격술, 위장 및 변장술, 무기 운반법, 철로 폭파법, 서류 은닉법[15] 등 정치사회의식과 군사훈련을 받았는데 권총 명사수로서 사격술이 특히 출중했습니다.[16] 졸업 후 상하이를 거쳐 1933년 국내로 침투한 뒤 노동자, 농민의 항일의식 고취와 인재 발굴 임무를 띠고 맹활약 도중 일경에 체포됩니다. 피검되기 전에 발표한 평론 「자연과학과 유물변증법」(1933. 4) 그리고 「레닌주의 철학의 임무」(1933. 4)는 그 시절 육사의 사상적 편력을 잘 드러낸 작품들입니다.

육사의 문필 활동이 집중된 시기는 짧습니다. 발표된 작품 수도 많지 않아 현재까지 전해진 시는 34편입니다.[17] 그의 작품 활동 대부분이 사십 평생 후반부 10년 동안이었고 서른을 넘어선 때였습니다.[18] 물론 최초로 시 작품을 발표한 때는 20대 후반이고 마지막 작품은 1942년 12월 『매일신보』에 발표한 「고란초」입니다.[19] 중외일보 기자 신분으로 1930년 1월 말띠 해를 맞아 조선일보에 발표한 「말」이라는 시가 최초의 작품입니다. 1927년 10월 조선은행 대구지점 폭탄 투척 사건인 장진홍 의거에 연루된 혐의로 1년 7개월간 고문과 옥고를 치릅니다. 대구형무소에서 수인번호 264는 그렇게 육사의 필명이 되었습니다. 감옥생활과 고문으로 지칠 대로 지친 자신의 모습을 말에 비유하면서 새해 힘차게 도약할 말의 해를 맞아 더욱 독립운동에 매진할 것을 다

짐하는 시입니다.

> 흐트러진 갈기/후줄근한 눈/밤송이 같은 털/오! 먼 길에 지친
> 말이여!/수굿한 목통/축 처진 꼬리/서리에 번쩍이는 네 굽/오! 구
> 름을 헤치려는 말/새해에 소리칠 흰말이여!
>
> _「말」(1930. 1)

대나무로 훑듯이 매일같이 고문으로 피에 젖은 옷을 받아 내는 수
형생활 동안 육사의 형제들은 깊은 우애를 보여 주는데, 고문을 받
을 처지에 몰릴 때도 서로 자신이 받겠다고 나섰다는 일화는 유명합
니다. 육사의 문필 활동은 육사의 나이 26살이 되는 1930년 시작하여
유고 작품을 제외하면 1942년 말까지 약 12년간 지속됩니다.[20] 육사가
최초로 발표한 평론은 1930년 10월에 잡지 『별건곤別乾坤』에 발표한
「대구사회단체 개관」입니다. 대구지역 사회문화운동의 중심인 조양회
관을 비롯하여 대구 경북지역 청년동맹, 신간회, 근우회, 형평사, 소년
동맹 등을 소개하면서 일제의 탄압을 뚫고 다시 웅비하기를 열망하는
내용입니다. 육사는 광주학생운동 1주년과 레닌 기념일을 기해 일제의
식민 지배를 격렬히 비난하는 격문을 대구 시내에 살포합니다. 1931년
1월 일명 '대구격문사건'으로 인해 육사는 동생 원일과 함께 대구경찰
서 고등계에 피검돼 또다시 두 달 정도 고초를 겪습니다.

1931년 3월에 석방된 뒤 육사는 외숙부 허규의 독립 군자금 모금관
계로 만주로 가서 윤세주를 만납니다. 밀양 사람 석정石正 윤세주는
중외일보 기자 출신으로 의열단 창단 멤버이자 항일혁명운동에서 육
사와 가장 가까운 동지였습니다. 육사에게 의열단장 김원봉을 소개하
고 조선혁명군사정치간부학교 입교를 권유했으며[21] 함께 1기 졸업생으

로 육사와 같이 훈련을 받았던 인물입니다. 1942년 5월 관동군 40만 군대가 중국공산당 팔로군과 조선의용군에 대해 대토벌을 자행할 당시 윤세주는 태항산 반反소탕전에 참전하여 장렬히 전사합니다. 육사는 수필 「연인기」에서 조선혁명군사정치간부학교를 졸업한 뒤 국내 침투를 앞두고 윤세주와 헤어지는 장면을 내밀한 언어로 묘사합니다. "언제 다시 만날지 모르는 최후의 만찬" 자리에서 목

석정 윤세주. 이육사의 절친이자 김원봉과 동향인 밀양 출신 의열단 창립 멤버로 일제 관동군에 맞선 조선의용군으로 1943년 반(反)소탕전 태항산 전투에서 장렬히 전사한다.

숨만큼 소중한 친구에게 자신이 가장 아끼는 비취인장翡翠印章을 선물합니다.

1930년대 육사의 문필 활동 시절 육사와 가장 가깝게 지냈던 친구는 신석초와 이병각입니다. 신석초는 위당 정인보 선생 댁에서 다산 문집을 발간하는 일로 이육사를 처음 만납니다. 육사가 베이징 감옥에서 순국함으로써 둘의 사귐이 채 10년이 되지 않았지만 육사가 서울에 머물 때는 언제나 함께 지낼 정도로 막역한 사이였습니다. 이병각은 '자오선' 동인이자 문우로서 대단히 막역하게 지냈습니다. 특히 이병각이 후두결핵에 걸린 데 이어 그 부인마저 앓아눕자 육사는 전염을 우려한 친지들의 만류에도 불구하고 친구로서 의리와 신의를 굽히지 않고 병간호를 도맡았습니다. 육사의 극진한 간호에도 불구하고 서울 성모병원에 입원한 이병각이 요절하고 아내마저 죽자 육사는 장례까지 치러 주면서 슬퍼했습니다. 그런 연유로 나중에 육사마저 폐결핵에 걸려 서울 성모병원에 입원하게 되고 폐질환이 낫지 않은 상

태에서[22] 1943년 10월 일본 헌병대에 피검됩니다.

애초에 육사陸史라는 필명도 처음에는 육사戮史를 사용했는데 그 말 속에는 '역사를 죽인다'는 뜻! 바로 '혁명을 꿈꾸겠다'는 의지가 담겼습니다. 옥고를 치르느라 병든 몸을 요양하기 위해 몇 개월 포항 친척집에 머물던 이육사는 '육사戮史'란 표현이 너무 거칠고 노골적이라는 친척의 조언을 받아들여 '육사陸史'로 쓰게 되었습니다. '대구 二六四'는 1930년 단 한 차례 사용되었고 1930년부터 1939년까지는 '이활'이라는 필명을 썼습니다. 그 1934년부터 1942년에는 '육사'라는 이름을 사용했는데 이활은 시사평론에 주로 사용했고 시나 수필엔 이 육사라는 필명을 썼습니다.[23]

신경림 시인은 항일 혁명 시인으로서 이육사의 경우 1930년에서 1941년까지 12년간 문학 활동치고 되게 과작인 편이라고 평했습니다. 더구나 수준 높은 작품은 예닐곱 편에 지나지 않는다며 육사가 위대한 삶을 살았지만 그의 시마저 위대한 것은 아니라고 비평한 적이 있습니다.[24] 그것은 육사의 삶과 문학 활동을 분리시켜 이해하는 데서 오는 단견일 것입니다. 육사의 문학은 육사의 삶 그 자체와 분리될 수 없습니다. 더구나 육사의 삶 자체가 비밀결사 조직 활동의 연장선 상에서 육사의 문학으로 피어나는 만큼 세간에 널리 알려진 유명한 작품 「청포도」, 「광야」, 「절정」 이외에도 빼어난 작품들은 많습니다. 「꽃」, 「황혼」, 「실제失題」, 「강 건너간 노래」, 「교목」, 「연보」, 「한 개의 별을 노래하자」 등 식민지 현실의 비극과 절망 속에서도 강렬한 저항정신과 항일 의지를 형상화한 작품들은 모두 수작이 아닐 수 없습니다.

1939년 이후 『문장』에 발표한 「청포도」, 「절정」, 「일식」, 「자야곡」 등의 시가 거의 대표작으로 꼽히지만[25] 「노정기路程記」 역시 수작이 아닐 수 없습니다. 「노정기」는 육사의 삶을 가장 집약적으로 표현한 작품입

니다. 항일독립운동에 투신한 자신의 삶을 '깨어진 뱃조각'과 '밀항하
는 정크'선에 비유한 모습은 육사의 삶이 얼마나 신산한 삶의 연속이
었는지를 충분히 가늠하게 합니다.

목숨이란 마-치 깨어진 뱃조각/여기저기 흩어져 마음이 구죽
죽한 어촌보다 어설프고/삶의 티끌만 오래 묵은 포범布帆처럼 달아
매었다/남들은 기뻤다는 젊은 날이었건만/밤마다 내 꿈은 서해를
밀항하는 정크와 같아/소금에 쩔고 조수潮水에 부풀어 올랐다/(중
략) 쫓기는 마음! 지친 몸이길래/그리운 지평선을 한숨에 기어오르
면/시궁치는 열대식물처럼 발목을 오여 쌌다/새벽 밀물에 밀려온
거미인 양/다 삭아빠진 소라 깍질에 나는 붙어 왔다/머-ㄴ 항구의
노정路程에 흘러간 생활을 들여다보며.

_「노정기」(1937)

일제의 요시찰 인물이자 항일 비밀결사 활동으로 점철된 육사의 삶
은 절체절명의 시대인식 속에서 긴장과 불안, 고난의 연속이었습니다.
육사의 문학은 그런 배경 속에서 탄생된 시대의 절망이자 비극이요,
절망 속에서도 희망을 노래하는 강렬한 저항문학의 보석 같은 결정체
입니다. 1940년 7월 『인문평론』에 발표한 「교목喬木」을 음미해 보면 극
한의 환경 속에서도 시인 자신의 굽힐 줄 모르는 강인함과 견고함![26]
바로 육사의 표현대로 '금강심'이 묻어 나오는 느낌을 받습니다.

푸른 하늘에 닿을 듯이/세월에 불타고 우뚝 남아 서서/차라리
봄도 꽃피진 말아라/낡은 거미집 휘두르고/끝없는 꿈길에 혼자 설
레이는/마음은 아예 뉘우침 아니리/검은 그림자 쓸쓸하면/마침내

호수 속 깊이 거꾸러져/차마 바람도 흔들진 못해라.

_「교목」(1940)

4. 최초의 중국 현대문학 연구자

육사의 문필 활동은 문학작품에 비견할 정도로 평론이 그 절반을 이룹니다. 주로 국민당 정부의 부패와 장제스의 독재를 비판하는 내용이 주를 이루는 중국의 정치정세를 분석 비평한 글로는 「오중전회伍中全會를 앞두고 외분내열外分內裂의 중국정세」(1934)와 「위기에 임한 중국정정中國政情의 전망」(1935)을 들 수 있습니다. 1933년 조선의 문인 가운데 최초로 루쉰과의 만남, 그리고 그 정신적 영향으로 중국 현대문학을 소개하고 비평하는 평문을 발표했는데 「노신 추도문」, 「중국문학 50년사 초역」, 「중국현대시의 일단면─斷面」 등이 바로 그렇습니다.

그 외에 「국제무역주의의 동향」, 「1935년과 러·불 관계 전망」, 「중국의 신 국민운동 검토」, 「중국 농촌의 현상」, 「조선 지식여성의 두뇌와 생활」, 「조선 문화는 세계 문화의 일륜─輪」, 「영화에 관한 문화적 촉망」, 「예술형식의 변천과 영화의 집단성」 등의 평론들이 1934년부터 1941년까지 발표한 작품입니다. 어쩌면 육사는 중국 현대시와 현대문학을 조선에 소개한 최초의 조선인이자 최초의 중국 현대문학 연구자일 것입니다.

영하 30~40도의 혹한이 지속되는 광활한 만주벌판에서 민족해방을 뜨겁게 노래한 이육사! 의열단 항일비밀결사 활동 속에서 조직의 엄격한 규율을 자신의 삶 속에 내면화한 열혈 독립지사 이육사! 폐결핵을 앓던 친구를 간호하다 폐질환에 걸려서도 잠시도 민족해방운동을 멈추지 않았던 항일혁명가 이육사! 서른아홉 해를 살면서 17번의 투옥과 모진 악형을 감내하고 오직 조선혁명운동을 위해 자신의 젊음과 삶을 송두리째 바쳤던 이육사! 고난으로 점철된 자신의 삶을 문학작품으로 훌륭하게 형상화한 이육사! 오늘날 우리들이 감히 항일 혁명 시인으로 추앙하며 부르는 이유입니다. 민족의 고난을 자신의 고난으로 받아들이며 오직 민족해방을 꿈꾸며 치열하게 그리고 불꽃처럼 살다 간 겨레의 영원한 별! 이육사를 우리가 '겨레의 큰 시인'이자 감히 '민족시인'이라고 부르는 이유입니다.

1. 의열단, 항일 혁명 시인 이육사! 만 39세의 생애 동안 17번의 투옥과 잔혹한 고문을 이겨 내다.

2. 이육사는 지조와 의리, 절개의 선비 정신을 교육받고 성장하다.

3. 육사 5형제는 독립운동가로 일제의 요시찰 대상, 동생 이원조는 해방 후 최고의 문학평론가.

4. 13도 의병연합부대 군사장 왕산 허위는 육사의 종조부, 육사의 외조부 범산 허형식 역시 의병장.

5. 이육사의 「광야」에 나오는 '백마 타고 오는 초인(超人)'은 바로 허형식 장군.

6. 이육사에게 강렬한 민족의식을 심어 준 사건은 관동대학살과 김지섭의 일 왕궁 폭탄 투척사건.

7. 이육사! 조선의 절대독립과 민족해방의 수단으로 아나키즘과 사회주의 사상을 수용.

8. 육사는 의열단 군관학교이자 간부학교인 '조선혁명군사정치간부학교' 제1기 졸업생.

9. 조선은행 대구지점 폭탄 투척 사건(1927년, 장진홍 의거)으로 피검돼 수인번호 264가 되다.

10. 대나무로 훑는 등 매일같이 피에 젖은 옷을 받아 내는 고문과 수형생활을 이겨 내다.

11. 육사의 가장 절친한 혁명 동지 윤세주! 관동군의 소탕전에 맞서 태항산 전투에서 산화하다.

12. 필명 이육사(李陸史)는 조선혁명을 꿈꾼 항일 혁명 시인의 강렬한 의지를 드러낸 표현!

13. 육사의 삶은 절체절명의 시대인식 속에서 긴장과 불안, 그리고 고난의 연속. 육사의 문학은 일제 암흑기 항일 저항문학의 빛나는 보석! 육사의 문학은 항일 비밀결사 활동으로 점철된 신산한 삶이 문학작품으로 피어난 결정체!

14. 육사는 중국 현대시와 현대문학을 조선에 소개한 최초의 조선인이자 중국 현대문학 연구자.

15. 서정주가 친일 작품을 쓰던 시절, 39세 이육사! 잔혹한 고문으로 핏물이 낭자한 채 옥사하다.

16. 민족해방을 꿈꾸며 불꽃처럼 살다 간 혁명 시인! 이육사야말로 '겨레의 큰 시인'이자 '민족시인'.

1. 이옥비(2010), 「나의 아버지 이육사」, 『문예운동』 제105호, 68쪽, 변창구(2013), 「이육사의 선비정신과 독립운동」, 『민족사상』 제7권 1호, 110쪽에서 재인용.
2. 김진희(2009), 「문학과 정치의 경계: 저항시 장르와 문학사」, 『국제어문』 제46집, 103쪽.
3. 손민달(2008), 「1940년대 시에 나타난 전통 생태의식 연구」, 『한민족어문학』 제53호, 369쪽.
4. 박옥실(2009), 『일제 강점기 저항시의 주체 연구: 이육사, 이용악, 윤동주를 중심으로』, 아주대 박사학위논문, 54쪽.
5. 이준호(2006), 『이육사 시 연구: 효용론적 성격을 중심으로』, 세종대 석사학위논문, 20쪽.
6. 손유진(2012), 『이육사 시의 저항정신 연구』, 동국대 석사학위논문, 30쪽.
7. 김희곤(2000), 『새로 쓰는 이육사 평전』, 서울: 지양사, 45~46쪽.
8. 박도(2015), 「실록 소설 들꽃: 이육사의 백마 타고 오는 초인은 이 남자?」, 『오마이뉴스』 2015. 2. 4.
9. 조창환(1998), 『이육사, 투사의 길과 초극의 인간상』, 서울: 건국대학교출판부, 21쪽.
10. 한경희(2004), 「지역문학의 범위와 문학적 성과」, 『泮橋語文硏究』 제17집, 200쪽.
11. 김희곤(2004), 「이육사의 민족문제 인식」, 『한국독립운동사 연구』 제23집, 139쪽.
12. 김옥성(2013), 「일제 강점기 시인의 분노와 저항」, 『일본학 연구』 제39집, 251쪽.
13. 김희곤(2000), 위의 책, 서울: 지양사, 50~51쪽.
14. 강진호(1996), 「육사, 일제하 암흑기의 별」, 『문화예술』 제204호, 54쪽.
15. 강만길(1995), 「조선혁명간부학교와 육사 이활」, 『민족문학사 연구』 제8호, 171쪽.
16. 신석초(1964), 「이육사의 생애와 시」, 『사상계』 7월호, 248쪽. 이동철(1983), 「이육사의 내재의식과 시 세계」, 『어문논집』 제26집, 242쪽에서 재인용.
17. 김홍규(2011), 「육사의 시와 세계인식」, 『창작과 비평』 제40호, 239쪽.
18. 정재완(1986), 「李陸史論」, 『어문논총』 제9호, 449쪽.
19. 김용직, 손병희 편저(2004), 『이육사 전집』, 서울: 깊은샘, 410쪽.
20. 김임구(1998), 「나르시스-디오니소스적 祝祭와 비극적 현실수용」, 『동서문화』 제30집, 146쪽.
21. 김영범(2009), 「이육사의 독립운동 시-공간과 의열단 문제」, 『한국독립운동사 연구』 제34집, 343쪽.
22. 김학동(2012), 『이육사 평전』, 서울: 새문사, 56쪽.
23. 신웅순(2006), 『20세기 살아 숨 쉬는 우리 문학과의 만남』, 서울: 푸른사상, 16쪽.
24. 신경림((1996), 「광야에서 초인을 기다린 개결의 시인 이육사」, 『우리교육』 1996년 6월호, 97쪽.
25. 박지영(2004), 「이육사의 시 세계-전통적 미의식과 혁명적 실천의 결합」, 『泮橋語文硏究』 17집, 163쪽.
26. 윤석영(2005), 『1930-40년대 한국현대시의 의식지향성 연구』, 국민대 박사학위논문, 75쪽.

11장
민족 저항 시인 윤동주

1. 백석의 시집 『사슴』에 대한 열정

13살 소년 박정희가 대구에 주둔한 일본군 보병 80연대의 구미지역 원정 훈련을 구경하면서 긴 칼 찬 군인을 흠모하던 시절, 윤동주는 등사판 문예지를 만듭니다. 서울에서 간행되던 『어린이』, 『아이생활』을 구독하면서 어린아이의 순수함과 동심의 상상력을 바탕으로 『새 명동』이란 문예지를 만들며 시적 감수성을 연마합니다.

윤동주는 어린 시절 아명이 윤해환이었습니다. 베이징 유학을 다녀온 뒤 명동소학교 교사로 있던 아버지 윤영석은 명동소학교 교장이자 독립운동가 김약연의 누이동생과 결혼하여 딸을 낳지만 어린 나이에 그만 병으로 죽고 맙니다. 윤동주는 아버지 윤영석이 결혼한 지 8년 만에 얻은 귀한 아들이었습니다. 명동교회 장로였던 할아버지 윤하현은 윤동주의 출생 소식을 듣고 너무 기쁜 나머지 흥분을 감추지 못했습니다. 그리하여 할아버지 윤하현 장로는 어린 손자 윤동주가 해처럼 밝게 자라라는 뜻으로 윤해환이라고 이름을 지어 주었습니다.[1] 해처럼 밝은 윤동주의 시적 감수성은 북간도 명동소학교 시절 등사판 잡지 『새 명동』을 만들면서 이미 시인으로서 가능성을 예고했습니다.

윤동주의 외삼촌 김약연이 개척한 북간도 명동촌의 생활과 은진중학교 시절은 윤동주에게 매우 중요했습니다. 민족주의 독립지사 김약연이 세운 명동소학교와 가톨릭 계통의 외국 선교사가 세운 은진중학교는 어린 동주에게 민족의식을 일깨워 주었기 때문입니다. 실제로 윤동주의 일생에서 명동 시절만큼 정신적으로 풍요로운 날들은 다시 찾아오지 않았습니다. 명동소학교와 은진중학교, 숭실중학교 동창인 늦봄 문익환 목사는 윤동주를 회상하는 것만으로도 "언제나 넋이 맑아지는 것을 경험했고 윤동주는 아주 고요하고 내면적인 친구였다"고 전했습니다.[2] 또한 동주가 살아 있었다면 그 우정은 한결같았겠지만 자신은 시인이 되진 않았을 것이라고 회상하며[3] 북만주 명동, 용정의 우정이 계속되지 않았던 사실에 아쉬움을 드러낸 적이 있습니다.

박정희가 대구사범학교를 다니며 일본어, 일본사, 군사훈련 과목에서 특급 실력을 갖추며 황국신민으로서 제국주의 식민지 교육에 흠뻑 젖어들 때 윤동주는 정지용의 동시와 시집에 심취합니다. 박정희가 10대 후반 문경보통학교 교사로 만족하지 못하고 긴 칼 찬 군인을 흠모하며 만주군관학교를 동경할 때 윤동주는 앉은자리에서 백석의 시집 『사슴』을 완전히 베낄 정도로 시인으로서 열정과 면모를 드러냅니다. 1936년 윤동주가 스무 살 되던 해 신사참배 거부사건으로 평양 숭실중학교가 폐교되자 윤동주는 부득이 만주 광명중학교 4학년으로 편입합니다. 박정희가 만주 육군군관학교 입학시험에 첫 번째 떨어지던 그 시절, 윤동주는 북간도 연길에서 발간되던 『가톨릭 소년』지에 「병아리」, 「빗자루」, 「오줌싸개 지도」 등 몇 편의 동시를 발표합니다.

2. 「향수」의 시인 정지용을 흠모한 윤동주

특히 21살에 발표한 동시 「오줌싸개 지도」는 식민지 현실이라는 윤동주의 시대인식이 생활 속 어린 동생의 오줌 싼 지도에 동시 형태로 잘 드러난 작품입니다. "빨랫줄에 걸어 논 요에다 그린 지도는 지난밤에 내 동생 오줌 싸 그린 지도, 꿈에 가 본 엄마 계신 별나라 지돈가? 돈 벌러 간 아빠 계신 만주 땅 지돈가?" 식민지 시절 만주로 쫓겨온 북만주 동포들의 신산한 삶을 오줌으로 얼룩진 요에 그려진 지도에 비유하며 작품으로 형상화시켰기 때문입니다.[4] '엄마가 계신 별나라 지도'라고 묻는 낙천적인 질문에 '돈 벌러 간 아버지 계신 만주 땅 지도인가'라는 시적 표현은 당대 식민지 유랑민의 삶을 표현하기에 부족함이 없기 때문입니다. 북간도 용정 시절 윤동주는 시인 강소천을 만났고 정지용의 시집에 깊이 파고들며 탐독했습니다. 시인으로서 윤동주에게 가장 큰 영향력을 미쳤던 시인은 아마도 「향수」의 시인 정지용일 것입니다. 윤동주가 즐겨 읽었던 동시는 정지용과 윤석중의 동시인데 그가 평생을 두고 가장 좋아한 시인[5]이자 윤동주의 시 세계에 동심의 상상력과 문학적 자양분의 토대가 되었던 인물이 바로 정지용입니다.[6]

22살 박정희가 '한 번 죽음으로써 충성을 다하겠다'고 혈서를 써 가며 만주군관학교에 두 번째 지원하던 그 시절, 윤동주는 연희전문학교(연세대학교 전신) 문과에 입학하여 2학년에 재학 중이었습니다. 방학 때 윤동주는 북간도 용정으로 돌아와 교회 성경학교에서 태극기와 애국가를 가르치고 기미독립운동과 광주학생운동 이야기를 들려주었습니다. 민족의식에 충만한 기독교인으로서 그리고 식민지 청년으로서 항일의식을 어린 세대에게 가르쳤습니다. 이 시기 윤동주는 송몽규(고종사촌)와 함께 최현배 선생의 조선어 수업과 손진태 교수의 역사 수업, 그리고 이양하 교수의 영문학 강의를 통해 민족과 역사 앞에 깊은 자기 성찰을 합니다. "산모퉁이 외딴 곳 우물에 비친 자신의 모습이 미워져 다시 돌아서지만 사나이가 가엽고 그리워서 다시 우물을 찾아가 가만히 들여다봅니다." 식민지 현실의 어둠 속에서 자신에 대한 성찰과 끊임없는 침전은 내면을 가만히 응시하는 「자화상」을 탄생시켰습니다.

23살의 박정희가 교사 신분을 박차고 삼수 끝에 만주군관학교에 입학하던 그 시절! 동갑내기 윤동주는 23살에 고종사촌 송몽규와 함께 연희전문학교 3학년이었습니다. 한글학자 최현배 선생과 김윤경 선생의 조선어 수업을 기다렸는데, 이는 특히 윤동주로 하여금 한글에 대한 애정과 매력을 느끼게 했습니다. 연희전문 시절 윤동주에게 시를 쓰도록 동기를 부여한 인물은 최현배, 김윤경, 이양하 세 분의 영향이 무엇보다 컸다고 볼 수 있습니다.[7]

"산모퉁이 외딴 곳 우물에 비친 자신의 모습이 미워져 다시 돌아서서 내면을 가만히 응시하는"「자화상」을 바탕으로 1년간 절필 끝에 23살이 끝나 가던 해 「팔복」을 씁니다. "슬퍼하는 자는 복이 있나니 저희가 영원히 슬플 것이오." 민족이 처한 식민지 현실에 슬퍼하면서도 시인으로서 자신의 나약한 모습을 스스로 위로하며 기독교 신앙으로 극복합니다. 「십자가」가 허락된다면 어두워 가는 식민지 하늘 아래 꽃처럼 피어나는 피를 흘리겠다는 의지와 달리 복을 얻고 천국에 이르기 위해서는 영원히 슬픔을 감내하는 슬퍼하는 자가 될 수밖에 없음을 기독교 신앙을 통해 표현합니다.[8]

23살의 식민지 청년 윤동주! 1937년 중일전쟁 직후 전시하 국가총동원 체제로 치닫던 군국주의 시절! 윤동주는 민족의 암울한 현실 앞에 절망하며 어린 시절 자신의 시적 자양분이 되었던 기독교적 신앙을 토대로 자신의 내면을 쉼 없이 성찰하고 식민지 어둠의 현실에 저항하며 이를 극복하려 합니다.

윤동주는 1938년 연희전문 문과에 입학한 때로부터 1941년 12월 졸업할 때까지 33편의 시를 씁니다. 연희전문 시절 윤동주는 백양로 은빛 물결을 지나 언더우드 동상 앞을 즐겨 걸었고 학교 수업이 마치면 서강 들녘을 거닐면서 자연의 아름다움을 시적 상상력을 동원해 함축적으로 표현했습니다. 기숙사의 다락방, 교정의 잔디밭에 누워 식민지 조선의 어두운 현실을 내면의 성찰과 함께 서정성 짙은 시어로 승화시켰습니다. 윤동주의 대표작인 「서시」, 「자화상」, 「별 헤는 밤」, 「새로운 길」, 「십자가」 등 윤동주 문학의 개화기라 할 수 있는 작품들이 대부분 이 시기에 탄생했습니다.[9]

3. 창씨개명이 부끄러워 「참회록」을 쓰다

박정희가 만주군관학교를 1등으로 졸업하고 성적우수자로 일본육군사관학교 본과 3학년으로 편입학할 1942년 당시 윤동주는 연희전문학교 시절부터 졸업 이후 실존주의 철학자 키르케고르에 심취해 있었습니다. 윤동주의 시 세계에 키르케고르의 철학은 절대적이어서 윤동주의 시의 근저에 뿌리를 깊이 내리고 있다고 해도 과언이 아닙니다.[10] 식민지라는 암울한 시절! 절망적인 상황 속에서도 윤동주는 진정한 자기 자신을 찾기 위해 번민하고 삶을 모색하는 데 키르케고르의 실존 철학이 도움을 줄 수 있다고 생각했기 때문입니다.[11]

절망적인 상황 속에서도 식민지 청년으로서 고난의 길을 감당해 갔고 스스로 내면의 성찰을 통해 자기 자신을 정립해 나갈 수 있었던 것은 윤동주 시문학의 결정체라 할 수 있습니다. 윤동주는 아버지의 권유로 사상운동(독립운동)에 관여하지 않겠다는 다짐을 받고 일본 유학을 떠납니다. 일본 유학을 위해 도일과정에서 부득이 창씨개명을 하면서 윤동주는 「참회록」을 남깁니다. 창씨개명을 거부하면 배에 오를 수 없었고 유학을 떠날 수 없었기 때문입니다. 개명된 창씨계를 연희전문학교에 제출한 5일 후 윤동주는 "만 24년 1개월을 무슨 기쁨을 바라 살아왔던가"를 탄식하며 "밤이면 밤마다 나의 거울을 손바닥으로 발바닥으로 닦아 보자"고 참회합니다.

고종사촌이자 윤동주에겐 절친한 벗이요 자신의 우상이었던 송몽규와 함께 도쿄와 교토로 유학을 떠납니다. 일찌감치 18살의 나이에 독립군을 꿈꾸며 중국육군군관학교 낙양 분교 한인반 2기로 입교했던 송몽규는 윤동주에게 항상 경외의 대상이었습니다. 윤동주는 온화한 성품으로 독립운동의 근거지인 북만주 용정에서 어린 시절을 보냈습니다. 할아버지, 아버지 모두 독실한 기독교 신앙인으로서 윤동주의 정신세계에 깊은 영향을 주었습니다. 윤동주 시를 둘러싼 시공간적 배경 자체가 종교적 양심과 깊은 내면적 성찰에 바탕을 둔 것은 그러한 이유 때문입니다. 그러나 윤동주는 항상 자신의 우유부단함과 비행동성 그리고 송몽규와 달리 결단을 내리지 못하고 망설이는 소극성을 고민했습니다.[12]

교토제국대학에 응시했으나 송몽규만 합격하고 자신은 떨어진 사실, 그리고 릿교대학 한 학기를 마친 후 도호쿠제국대학으로 편입학하려다 여의치 않아 송몽규가 있는 교토 도시샤대학으로 편입학한 것 등이 모두 콤플렉스로 작용했습니다. 그런 만큼 윤동주는 자신의 내면에 더욱더 깊이 천착함으로써 식민지 청년으로서의 고뇌와 번민 그리고 저항의지의 순수성을 오롯이 빛나는 시어로 승화시켰던 것입니다. 그러한 대표적인 작품이 "부끄럽지만 어둠을 저만큼 몰아내고 시대처럼 올 아침"의 「쉽게 씌어진 詩」입니다. 송몽규가 교토제국대학 사학과를 다닐 동안 윤동주는 한 학기 동안 릿쿄대학을 다녔는데 그 시절 쓴 작품입니다. 「쉽게 씌어진 詩」는 윤동주 사후 최초로 발표된 시이기도 합니다. 당시 경향신문 편집국장으로 있던 정지용이 1947년 2월 13일에 「쉽게 씌어진 詩」를 4면에 발표하고 3월 13일에는 「또 다른 고향」을, 7월 27일에는 「소년」을 경향신문에 게재했습니다.[13]

윤동주는 「쉽게 씌어진 詩」에서 "육첩방은 남의 나라… (중략) …인생은 살기 어렵다는데 시가 이렇게 쉽게 씌어지는 것은 부끄러운 일"임을 고백합니다. 그리고는 "'등불을 밝혀 어둠을 조금 내몰고 시대처럼 올 아침을 기다리는 최후의 나'를 생각하며 한없이 작아진 "자신에게 작은 손을 내밀어 눈물로 위안"합니다. 도쿄 유학 시절 낯선 타국에서 식민지 어두운 현실과 함께 한없이 작게 느껴지는 자기 자신에 대한 내면적 성찰을 민족의식을 담아 시적 언어로 승화시켰던 작품입니다. 윤동주는 1942년 가을 송몽규가 있는 교토 도시샤대학으로 편입합니다. 그곳은 자신이 시인으로서 열렬히 흠모했던 정지용이 다녔던 대학으로 윤동주는 도시샤대학 영문학과에 적을 두고 새벽 두 시까지 책을 읽고 글을 쓰는 생활을 계속했습니다. 그리고 송몽규 등 조선의 유학생들과 함께 책을 읽고 식민지 조선의 현실에 대해 고민을 토로하곤 했습니다.

박정희가 일본 육사를 3등이라는 우수한 성적으로 졸업하던 1944년 그해! 윤동주는 송몽규와 함께 치안유지법 혐의로 징역 2년이라는 재판을 받습니다. 일명 '재교토 조선인 학생 민족주의 그룹 사건 책동' 혐의로 1943년 여름 귀향을 앞두고 7월 14일 체포됩니다. 윤동주를 체포한 자는 고우로기라는 일본인 형사였는데 북간도로 소화물을 부친 후 기차역에서 출발을 기다리던 윤동주의 손목에 수갑을 채웁니다. 그는 이미 요시찰 인물이었던 송몽규를 윤동주보다 나흘 앞선 7월 10일에 체포합니다. 체포 이유는 모임을 주도한 송몽규가 자신의 하숙집과 윤동주 하숙집에서 징병제도를 조선독립을 위한 방편으로 이용하여 독립지도자를 양성하여 궐기할 것을 모의했다는 죄목이었습니다.[14]

4. 1917년생 박정희와 윤동주
동갑내기 식민지 청년의 서로 다른 삶

박정희가 만주국군 장교가 되어 중국 항일부대와 싸울 때 윤동주는 생체실험을 당하며 피골이 상접한 상태로 죽어 갔습니다. 해방 6개월을 앞둔 1945년 2월 16일! 72년 전 28살의 팔팔한 식민지 청년이 후쿠오카 형무소에서 매일 이름 모를 주사를 맞으며 식민지 조국의 암울한 현실 앞에 꽃같이 피를 흘리며 외마디 비명을 지른 채 숨을 거둡니다. 숨 막히는 일본제국주의 시절 민족의 암울한 현실에 분연히 떨쳐 독립투쟁을 펼쳤던 이회영, 김산과 다르게 윤동주는 총을 들고 항일 의지를 불태우진 않았습니다. 그러나 일제 말기 너도나도 친일의 길을 걸으며 일본어로 작품을 쓰던 시절, 조선의 지도급 인사들이 학병과 징병, 정신대(일본군 위안부 포함)를 독려하며 적극적 친일부역행위를 서슴지 않던 시절, 시인 윤동주는 한글로 시를 쓰며 식민지 청년으로서 깊은 고뇌와 성찰의 시간을 보냅니다. 그리고 그 끝은 민족의 제단에 꽃같이 피를 흘리며 식민지 현실에 고뇌하는 슬픈 시인의 자화상으로 영원히 되살아옵니다.

적국의 땅, 차디찬 형무소 바닥에서 외마디 비명을 크게 지르고 죽어간 윤동주! 눈을 부릅뜬 채 죽어간 송몽규! 태평양전쟁 말기 일본 제국주의자들은 피가 모자라자 생리적 식염수를 혈장 대용으로 쓸 수 있는지를 조선인 청년들에게 실험했던 것입니다. 그렇게 생체실험을 당해 후쿠오카 형무소에서 죽어간 청년들이 64명(1943), 131명(1944), 259명(1945) 등 전쟁 말기 재소자 사망률이 급격하게 증가[15]한 것은 윤동주를 비롯한 조선의 청년들이 생체실험으로 희생되었음을 짐작하게 합니다. 구타와 고문, 조선어로 적힌 불온한(?) 시어들을 일본어로 번역하도록 강압을 받으면서 윤동주는 두툼한 서류뭉치와 함께 순국합니다.

여전히 우리의 현실은 참담합니다. 윤동주의 무덤을 북간도 용정에서 발견한 것이 1985년이고, 그나마도 연변대학에 교환 교수로 와 있던 일본인 오무라 마츠오에 의해서 햇빛을 보게 됩니다. 더구나 연세대 교정에 윤동주 시비가 세워진 것도 1968년 고 성래운 교수에 의해서 이루어졌고[16] 윤동주 기념관이 세워진 것도 2000년에 가서야 가능했다는 사실입니다.[17] 윤동주의 판결문이 공개된 것이 2010년 7월 8일, 송몽규 판결문의 존재가 확인되어 처음 공개된 것은 2011년 7월 22일입니다.[18] 윤동주만큼 아니 윤동주보다 더욱 치열하게 살다 간 송몽규가 일반인들에게 알려진 것도 2016년 2월 개봉된 영화 〈동주〉를 통해서였다는 사실은 오늘을 사는 우리를 참으로 부끄럽게 합니다.

더구나 영화 〈동주〉에서 잠깐 등장하는 윤동주의 연희전문 시절 절친이었던 강처중의 존재입니다. 연희전문 시절 기숙사 '핀슨홀 3총사'였던 강처중! 그는 윤동주의 시집 『하늘과 바람과 별과 시』(1941)에 실린 열아홉 편의 시와 윤동주가 일본 유학 시절 강처중 자신에게 보

윤동주 시비 「서시」(연세대 교정). 윤동주 시비 뒤로 보이는 건물이 핀슨홀인데 윤동주 재학 당시엔 송몽규, 강처중 3총사가 묵었던 기숙사였다.

낸 다섯 편의 시 등 총 서른한 편의 시를 묶어서 1948년『하늘과 바람과 별과 시』를 추모 기념 시집으로 발간하는 데 가장 큰 역할을 수행한 인물입니다. 정지용이 서문을 쓰고 강처중이 발문을 달았지만 10년 뒤 증보판에서는 정지용과 강처중의 글은 온데간데없이 삭제된 채 발행됩니다. 정지용의 경우 납북 인사임에도 수십 년간 월북문인으로 분류된 탓이었고, 강처중은 해방 후 언론계의 거물로 남로당원[19]이라는 이유 때문이었습니다. 분단의 현실은 윤동주가 가장 존경했던 시인 정지용과 윤동주의 절친 강처중의 존재마저 망각하고 왜곡해 버렸습니다.

2017년은 박정희와 윤동주 탄생 100주년 되는 해입니다. 경북 구미시는 경상북도의 예산 지원을 받아 박정희 탄신 100주년 기념 뮤지컬을 28억 원을 들여 제작에 들어갔습니다. 이미 구미시는 박정희 생가와 박정희 모교인 구미초등학교 사이 6.4km 도로에 '박정희 등굣길'과 동상도 완성했습니다. 그 외에 박정희를 미화하는 우상화 작업으로 40

억 원이 넘는 예산을 들여 기념우표와 기념주화 발행, 국제학술대회, 불꽃 축제, 민방위대와 향토예비군 창설기념식, 박정희 휘호집과 근대화 관련 책자 발간 사업을 계획하고 있습니다.[20] 구미시는 박정희가 태어난 곳 일대 도로명을 '박정희로'로 명명했습니다. 구미체육관도 2002년도에 '박정희 체육관'으로 개칭했습니다. 마치 전두환 고향인 경상남도 합천에서 '새천년 생명의 숲'을 전두환 호를 따서 '일해공원'으로 개칭하듯이. 한술 더 떠 2013년 구미시장 남유진은 박정희 대통령을 '반신반인半神半人'이라고 언급한 적이 있고 박승호 전 포항시장은 구미시를 아예 '박정희시'로 변경하자고 제안한 적도 있습니다.

'새마을운동의 창시자, 조국근대화의 영웅' 박정희! 반신반인인 박정희에 대한 우상화 작업은 상당 부분 진행되었고 지금도 진행되고 있습니다. 박정희 생가 복원, 박정희 동상, 박정희 추모관이 건립되었는데도 2012년 58억 원이 넘는 예산을 들여 '박정희 대통령 민족중흥관'을 지었습니다. 더욱이 286억 원을 들여 박정희 생가 주변 공원화 사업을 진행하고 있고 2013년엔 870억 원을 들여 새마을운동 테마공원 조성사업을 추진 중입니다.[21] 역사의 향기를 간직한 윤동주 탄생 100주년이 상대적으로 너무나 조용한 것과 대조적입니다. 구미시민의 의견 수렴 절차나 사업 예비 타당성 조사도 거치지 않은 채 강행되는 역사의 왜곡 앞에 우리는 깊은 슬픔을 느낍니다.

〈박정희〉	〈윤동주〉
13살: 대구 주둔 일본군 보병 80연대의 구미지역 원정 훈련을 구경하면서 긴 칼 찬 일본 군인을 흠모하다	13살: 어린아이의 순수함과 동심의 상상력을 바탕으로『새 명동』이란 문예지를 만들며 시적 감수성을 연마하다.
10대 후반: 박정희가 대구사범학교를 다니며 일본어, 일본사, 군사훈련 과목에서 특급 실력을 갖추며 황국신민으로서 제국주의 식민지 교육에 흠뻑 젖어들다.	10대 후반: 윤동주는 앉은자리에서 백석의 시집『사슴』을 완전히 베낄 정도로 시인으로서 열정과 면모를 드러내다.
20살: 문경보통학교 교사로 만족하지 못하고 긴 칼 찬 군인을 흠모하며 만주군관학교를 동경하다.	20살: 신사참배 거부사건으로 평양 숭실중학교가 폐교되자 윤동주는 부득이 만주 광명중학교 4학년으로 편입하다.
20대 초반: 박정희가 만주 육군군관학교 입학시험에 떨어지다.	20대 초반: 북간도 연길에서 발간되던『가톨릭 소년』지에「병아리」,「빗자루」,「오줌싸개 지도」등 동시를 발표한다. 특히 21살에 발표된 동시「오줌싸개 지도」는 식민지 현실이라는 윤동주의 시대인식이 드러난 작품으로 식민지 시절 만주로 쫓겨 온 북만주 동포들의 신산한 삶을 오줌으로 얼룩진 요에 그려진 지도에 비유하며 작품으로 형상화하다.
22살: '한 번 죽음으로써 충성을 다하겠다'고 혈서를 써 가며 만주군관학교에 두 번째 지원하지만 낙방하다.	22살: 연희전문학교 2학년 재학 시절 방학이 되면 북간도 용정으로 돌아와 교회 성경학교에서 태극기와 애국가를 가르치고 기미독립운동과 광주학생운동 이야기를 들려주다. 민족의식에 충만한 기독교인으로서 그리고 식민지 청년으로서 항일의식을 어린 세대에게 가르치다. 식민지 현실의 어둠 속에서 자신에 대한 성찰과 내면을 가만히 응시하며「자화상」을 탄생시키다.
23살: 교사 신분을 박차고 삼수 끝에 만주군관학교에 입학하다.	23살: 식민지 현실을 슬퍼하며 슬퍼하는 자는 복이 있나니「팔복」을 쓰다.
23~25살: 만주군관학교를 1등으로 졸업하고 성적우수자로 일본육군사관학교 본과 3학년으로 편입학하다.	23~25살: 윤동주의 대표작인「서시」,「자화상」,「별 헤는 밤」,「새로운 길」,「십자가」등 윤동주 문학의 개화기라 할 수 있는 작품들을 탄생시키다. 식민지라는 암울하고 절망적인 상황 속에서도 윤동주는 진정한 자기 자신을 찾기 위해 번민하고 삶을 모색하는 실존주의 철학자 키르케고르에 심취하다.
27살(1944): 일본 육사를 3등이라는 우수한 성적으로 졸업하다.	27살(1944): 윤동주는 고종사촌 송몽규와 함께 '재교토 조선인 학생 민족주의 그룹 사건' 혐의로 치안유지법 위반 징역 2년을 선고받다.
28살(1945): 중국 열하성 보병 8단에 배속돼 항일부대(팔로군) 토벌에 110여 차례 참여하다. 해방되자 한국광복군 제3지대 2중대장으로 변신하다.	28살(1945): 해방 6개월을 앞두고 후쿠오카 형무소에서 생체실험을 당해 피골이 상접한 상태로 외마디 비명을 지르고 순국하다.

1. 정진구(1992), 『윤동주』, 서울: 산하, 10~15쪽.
2. 구우한(2014), 『윤동주 동시 연구』, 가천대 석사학위논문, 14~15쪽.
3. 문익환(1994), 『목메는 강산 가슴에 곱게 수놓으며』, 서울: 사계절, 26쪽.
4. 김응교(2012), 「만주, 디아스포라, 윤동주의 고향」, 『한민족 문화연구』 제39집, 116쪽.
5. 이승연(2012), 『윤동주의 동시 연구』, 인제대 석사학위논문, 15쪽.
6. 이세란(2014), 『정지용과 윤동주의 동시 및 그 연관성』, 성균관대 석사학위논문, 84쪽.
7. 권일송(1986), 『윤동주 시집』, 부산: 청목, 96쪽.
8. 김수복 외(1999), 『나한테 주어진 길』, 서울: 웅동, 116쪽.
9. 김수복 외(1999), 위의 책, 183쪽.
10. 권유리야(2007), 「확장된 개인, 종교적 실존」, 『민족시인 윤동주의 항일문학사상』, 37쪽.
11. 한미란(2014), 『인성교육을 위한 윤동주 시 교수·학습방법 연구』, 교원대 석사학위논문, 52쪽.
12. 임월남(2014), 『이육사·윤동주 시의 공간 상상력과 실존의식 연구』, 배재대 박사학위논문, 86쪽.
13. 신길우(2012), 「시인 윤동주의 여동생, 윤혜원의 삶과 문학적 공로」, 『문학의 강』 창간호, 93쪽.
14. 이수경(2012), 「윤동주와 송몽규의 재판판결문과 〈문우〉지 고찰」, 『한국문학논총』, 394~395쪽.
15. 김수복 외(1999), 위의 책, 196~197쪽.
16. 신경림, 「청순하고 개결한 젊음의 시인 윤동주」, 『우리교육』 1996년 11월호, 91쪽.
17. 이춘재(2000), 『한겨레』 2000. 3. 30.
18. 콘다니 노부코, 「'시인 윤동주 기억과 화해의 비석' 건립 운동의 현상과 과정에서 공개된 윤동주와 송몽규의 판결문에 대하여」, 『다시 올 문학』 2013년 겨울호, 116쪽.
19. 유영효(2016), 「영화 〈동주〉가 놓친 윤동주의 벗 강처중」, 『오마이뉴스』 2016. 5. 24.
20. 김영화(2016), 「경북 '박정희 탄생 100주년 뮤지컬' 지원 확정 논란」, 『프레시안』 2016. 5. 26.
21. 김일우(2016), 「내년 '탄신제'만 40억… 박정희 우상화 우려스러운 이유」, 『한겨레』 2016. 5. 26.

12장
남과 북에서 버림받은
비운의 애국지사 김원봉

1. 한국 국립경찰!
'수사＝고문'이라는 일본화된 경찰로 출발
독재정권의 보루, 인권 탄압의 상징으로 기능

해방 후 한국인 경찰관은 2만~2만 5,000명 수준이었습니다. 일제 강점기 조선인 경찰관 8,000명에 비해 두 배 이상 늘었습니다. 그런 점에서 '미군정 통치하 한국 경찰은 아직 태어나지도 않은 한국 민주주의 발전에 심각한 위협 요소로 등장했다'는 것이 당시 미군정 관리 맥도날드의 증언입니다. 시카고대 역사학자이자 한국 문제 전문가인 브루스 커밍스 역시 "해방 공간 비극과 미국 책임의 깊이는 무엇보다도 미군 점령기간 한국 국립경찰의 역사에서 가장 뚜렷이 드러난다"고 분석했습니다. '수사=고문'의 관행에 젖은 '일본화된 한국 경찰'은 이승만-박정희-전두환-노태우로 이어지는 42년 독재기간 동안 정권안보의 도구, 인권 탄압의 상징으로 기능했기 때문입니다.[1] 그 뿌리에 '인간백정' 고문 기술자 노덕술, 하판락 등 친일 경찰들이 존재했음을 기억해야 할 것입니다.

그런 측면에서 미군정 통치 3년은 한국 현대사에서 커다란 질곡으로 작용해 왔습니다. 해방 후 당연히 청산되었어야 할 민족반역자 집단이 한국 사회 지배세력으로 재등장하는 과정은 역사의 퇴행이자 민족의 사회정의에 심각한 상처를 주었기 때문입니다. 실제로 1945년 9월 8일 미군이 한반도에 진주한 지 3~4개월 동안 취한 조치와 정책들은 점령군으로서 미군의 정체성을 드러내기에 부족함이 없었습니다. 그 점은 미군 진주 이후 불과 3~4개월 동안 친일반민족 세력들이 남한 사회 내 지배구조를 공고히 하기에 충분한 기간이었기 때문입니다. 해방된 조국에서 독립운동가들이 오히려 친일파들에게 역청산을 당하는 일들이 어렵지 않게 목격되고 백색테러가 횡행하던 시절이 도래한 것 또한 그렇습니다. 해방된 지 불과 5개월 뒤 찬탁과 반탁으로 국론을 분열시킨 탁치 파동은 친일반민족 세력들로 하여금 미군정을 등에 업고 야금야금 과거의 지배적 지위를 회복하며 정치적 반격을 시도하게 한 사건이었습니다.

의열단을 이끌며 일제 경찰의 간담을 서늘하게 만들었던 약산 김원봉 역시 노덕술에게 체포돼 치욕스러운 고문을 당한 시점이 바로 그렇습니다. 해방된 조국에서 '친일 경찰의 대명사' 노덕술이 걸출한 독립운동가 의열단 단장 김원봉을 검거하고 치욕을 안긴 사건은 한국 현대사의 굴절을 상징하는 대표적인 사건이었습니다.

신탁통치를 찬성하던 시위대를 당시 민전('민주주의민족전선'의 약칭) 공동의장이었던 김원봉이 배후에서 사주해 벌인 시위로 체포한 때문입니다. 민전은 1946년 초 탁치파동을 계기로 사회주의 세력과 민족주의 좌우파 세력을 망라한 통일전선체였습니다. 민족주의 세력인 김성숙, 장건상, 윤기섭 등 임시정부 요인들 일부도 임정을 탈퇴하고 민전에 가담한 것은 그들 스스로 신탁통치 찬성이 분단을 막고 통일조국을 건설하는 길이라고 믿었기 때문입니다.

2. 노덕술 등 친일파의 정치적 부활

모스크바 3상 회의와 신탁통치 파동

모스크바 3상 회의 발표 당일인 1945년 12월 30일 '미국은 신탁통치 반대, 소련은 신탁통치 찬성'이라는 동아일보의 잘못된 기사는 한반도를 좌우 이념 대결로 치닫게 했고, 이후 정국을 냉전 대결로 고착시켜 버립니다. 이것은 친일반민족 세력에게 다시 재생의 기회를 열어주는 엄청난 민족적 과오를 낳게 됩니다.

해방 직후부터 친일파 청산은 민족 최대의 지상과제였고 아무리 미군정 통치의 시작이지만 당시 그 시점에서도 친일파 청산은 여전히 민족 지상의 당면 과제였기 때문입니다. 따라서 친일세력들은 미군정을 등에 업고 과거의 지위를 회복하고는 있었지만 불안 속에 정국을 관망하던 중이었습니다. 그러던 중 갑자기 발표된 모스크바 3상 회의와 동아일보 오보 기사는 그때까지 민족독립운동 세력 대 친일반민족 세력의 대결 구도를 일순간 좌우 이념 대결 구도로 전환시키는 변곡점으로 작용했습니다. 여기에 민족 비극의 씨앗이 뿌려진 이유입니다. 1946년 1월 초 탁치파동을 계기로 친일반민족 세력은 정치적 반격과 함께 화려하게 부활합니다. 그들은 '반공, 타공打共'을 외치며 하루아침에 애국세력으로 둔갑할 수 있었습니다. 공산주의를 반대하는 '자유대한'을 외치며 길거리 시위는 연일 좌우 이념 대결로 치닫던 시절이었기 때문입니다.

모스크바 3상 회의 발표 초기에는 사회주의 세력을 포함하여 민족주의 좌우 세력 모두 강한 우려를 드러냅니다. 민족 전체가 즉각 반발하는 격앙된 분위기로 휘몰아칩니다. 또다시 식민지 상태로 강대국 지배 하의 예속의 길을 걷는 것이 아닌가 하는 강한 우려 속에 좌우 모두 신탁통치 결정에 반대 성명을 발표합니다. 그러나 모스크바 3상 회의 결정문의 내용이 알려지고 동아일보 기사가 오보임을 인식하자 사회주의 세력과 진보적 민족주의자들은 신탁통치 찬성으로 돌아섭니다. 신탁통치가 현실적으로 조국의 분단을 막고 통일된 독립국가 건설의 지름길임을 인지했던 것이지요.

왜냐하면 '신탁통치 기간 5년 이내'라는 내용보다 결정적으로 중요한 것은 '우선적으로 조선에 통일된 임시정부를 수립한다'는 조항이었기 때문입니다. 그리고 신탁통치 기간은 조선의 통일된 임시정부가 미·영·중·소 강대국들과 상의하여 탁치 기간을 1년, 2년, 3년 기간으로 단축할 수도 있고 아예 없앨 수도 있었습니다. 민족의 운명을 가르는 가장 중요한 것은 '가장 최우선적으로 조선에 통일된 임시정부를 수립한다'는 데 있었습니다. 탁치는 그다음의 문제였습니다.

당시 친일반민족 세력과 국제정세에 어두웠던 김구 등 일부 임시정부 추종자들, 그리고 국내에 정치적 기반이 전무했던 이승만 등은 신탁통치 반대 입장에 섭니다. 그들은 친일 지주 계급을 기반으로 하는 한민당과 함께 한민당의 정치적 이익을 대변했던 기관지 동아일보의 오보 기사를 계기로 '민주주의민족전선(민전)'에 대항하는 정치세력으로 결집합니다. 이른바 1946년 2월 '비상시국국민회의'를 결성하고 전면적으로 반탁운동에 돌입하게 됩니다. 당연히 눈치를 보며 정치적 부활을 욕망하던 친일세력들은 '반탁=애국'을 외치며 애국자 행세를 합니다. 따라서 이후 한반도 정치 지형은 탁치 찬성과 탁치 반대 세력으로 양분되어 1946년~1947년 내내 민족 분열은 지속됩니다.

모스크바 3상 회의를 이행하기 위해 열렸던 미소공동위원회가 1차 회의 결렬(1946년 5월)에 이어 2차 회의(1947년 5월)도 결렬됨에 따라 모스크바 3상 회의 결정문은 한반도 내에서 정치력을 상실하고 맙니다. 그 결과 1947년 11월 한반도 문제는 미국이 주도하는 UN으로 이양됩니다. 그리고 한반도 분단은 냉전적 국제정세가 국내외적으로 조성되면서 분단이 기정사실화됩니다. 그것은 전후 국제정치 질서 재편 과정에서 미소 냉전 구도가 형성되는 것과 맥을 같이하기 때문입니다. 결국 미국이 주도하는 UN의 결정은 분단된 상태에서 선거가 가능한 남한만이라도 선거를 치르게 하는 단독선거, 단독정부 수립으로 치닫게 됩니다. 그 와중에서 분단을 막기 위해 뒤늦게 김구, 김규식의 남북 연석회의가 제의되고 이후 남한 단독선거와 단독정부 수립을 반대하는 저항이 제주에서 4·3항쟁으로 표출됩니다.

3. 김원봉의 의열단 결성과 「조선혁명선언」

1919년 11월 김원봉은 같은 고향 출신인 윤세주, 한봉근, 양건호 등 13명의 독립지사들과 함께 길림성에서 의열단을 조직합니다. 의열단의 의혈 무장투쟁은 1919년 3·1만세운동의 좌절과 실패라는 뼈아픈 체험 속에 나온 독립운동 노선의 전환이었습니다. 일제와 무력으로 싸워서 독립을 쟁취할 수밖에 없다는 절박한 현실인식의 소산이었습니다. 의열단은 '5파괴破壞, 7가살可殺'의 맹세와 함께 1923년 단재 신채호 선생이 한 달여간에 걸쳐 작성한 장장 6,400여 자에 이르는 위대한 문서 「조선혁명선언」을 채택합니다.

'강도 일본'으로 시작하는 「조선혁명선언」은 식민지 조선의 현실과 일제의 극악한 탄압 실상을 가장 현실적으로 표현한 명문장으로 읽는 이들의 가슴을 뛰게 합니다. 「조선혁명선언」은 의열단의 강령이자 의열단의 무장투쟁노선을 명시한 선언문입니다. 약산 김원봉은 경남 밀양 출신 독립운동가로서 1920년대 전반기 격렬한 의혈투쟁을 이끌었고 1930년대 조선의용대를 조직해 무장투쟁을 추구했습니다. 김원봉은 1940년대 초반 조선의용대 무장조직을 중경重慶임시정부 한국광복군 제1지대로 편성시킴으로써 해방 당시 임시정부 군무부장(국방장관에 해당)이 되어 환국합니다.

김원봉은 1898년 3월 13일 경남 밀양에서 태어나 7살부터 한학을 수학했고 10세 되던 해 보통학교 2학년으로 편입했습니다. 김원봉이 밀양 동화중학교 2학년에 재학 중이던 1910년 나라가 망했고 일제의 식민지가 되었습니다. 김원봉은 이 학교를 졸업하지 못하고 중단하는데, 그 이유는 동화중학교 전홍표 교장이 배일사상을 고취한다는 이유로 일제에 의해 강제 폐쇄당했기 때문입니다. 동화중학교에서 서릿발 같은 기개로 민족혼을 일깨워 준 전홍표 교장 선생님은 약산 김원봉에겐 평생의 가르침을 준 스승이었습니다.

> "우리가 목숨이 붙어 있는 한 강도 일본과의 투쟁을 단 하루도 게을리해서는 안 된다. 빼앗긴 국토를 다시 찾고 잃어버린 주권을 회복하기 전에는 우리는 언제나 부끄럽고 언제나 슬프고 또 언제나 비참하다."[2]

이후 김원봉은 1년간 밀양 표충사에서 손자, 오자 등 병서를 읽으며 빼앗긴 조국을 되찾고자 무력투쟁을 꿈꿉니다. 1913년 15살 되던 해 서울로 올라와 중앙고보 2학년으로 편입합니다. 김원봉은 중학생으로서 교내 웅변대회에 참가합니다. 연사의 주제가 '사회 발전은 종교에 있는가 교육에 있는가'인데 김원봉은 사회 발전은 교육에 있다는 관점에서 열변을 토했고 그 일로 학교에서 인기가 많았습니다. 그러나 김원봉은 일제의 황민화 교육이 횡행하는 분위기 속에서 학업을 중단하고 지식과 견문을 넓히기 위해 국내 무전여행을 떠납니다. 그 무전여행에서 김원봉은 인상적인 두 명의 인물을 만나게 됩니다. 한 사람은 함께 독립투쟁에 나선 동지 김철성(일명 김인태)이고 다른 한 사람은 사회주의자로서 독립운동을 위해 사재를 턴 강택진입니다.[3]

김원봉은 식민지 상태에서 벗어나 독립을 쟁취하기 위해선 민족의 무장된 힘! 바로 민족을 지켜 줄 군대가 필요함을 절감합니다. 당시 세계 최강의 군대를 보유하고 있던 독일의 군사학을 공부하기 위해 독일 유학을 꿈꿉니다. 그리하여 18세 되던 1916년 김원봉은 톈진에서 독일인이 운영하던 덕화德華학당에 입학하여 독일어를 배웁니다. 그러나 1917년 1차 세계대전 당시 중국이 연합국의 일원으로 가담하여 독일, 오스트리아에 선전포고를 함으로써 덕화학당은 폐쇄돼 버립니다. 약산 김원봉은 서울로 돌아와 중앙고보 시절 절친한 선후배 친구 사이였던 여성 이명건, 약수 김두전을 만납니다. 세 사람은 조국의 독립을 위해 한 점 부끄럼 없이 살자고 다짐합니다. 친일파 처단으로 유명한 대한광복단 출신이자 김원봉에게 정신적으로 큰 영향을 미쳤던 황상규는 이들 세 친구에게 '조국을 잊지 말라'며 이름을 지어 주었습니다. 조국의 산처럼(약산), 물처럼(약수), 별처럼(여성) 살라며 지어 준 이름이었습니다.[4] 김원봉은 20세가 되던 1918년 이들과 함께 중국 난징에 있는 금릉대학에 입학합니다. 그들은 항일무장투쟁을 꿈꾸며 1919년 2월 동북만주지방으로 떠납니다. 선양에 이르렀을 즈음 조선 국내에선 거대한 3·1만세운동이 일어나 항일 민족운동이 들불처럼 타올랐습니다. 이여성과 김약수는 조선의 정세가 급변함에 따라 조선의 인민대중을 조직해 일제와 싸워야 한다며 국내로 들어갑니다.

김약수는 노동, 농민 대중을 기반으로 조선노동공제회, 조선노농총동맹 등 항일의식을 전파하며 노동자 조직화에 혼신을 다합니다. 1925년 조선공산당 창립 멤버로 활동하다가 일제에 피검돼 6년 동안 징역살이를 합니다. 이여성은 자신의 매부 김세용(사회주의자)과 함께 『숫자 조선 연구』(1~5권)를 간행해 조선총독부 통계 발표의 허구성과 식민통치의 간교함을 폭로합니다. 또한 1936년 베를린 올림픽 당시 마라톤 우승자 손기정 선수의 일장기 말살 보도와 관련하여 동아일보에서 강제 해직됩니다.

김약수, 이여성은 일제 당국에 의한 구속과 탄압에도 굴하지 않고 조국 독립을 위해 부끄럼 없는 삶을 살았습니다. 약산 김원봉 역시 조선의 독립을 위해선 무장한 군대를 보유해야 한다는 신념으로 길림성 대한독립의군부를 거쳐 이회영이 세운 서간도 신흥무관학교를 찾아갑니다. 일제에 대한 암살·파괴 등 직접 행동을 통한 폭력혁명노선이 절실하다고 판단한 때문입니다. 당시 신흥무관학교 교장은 충무공 이순신의 종손 이천민입니다.

신흥무관학교에 입학하여 6개월 동안 무기조작과 폭탄제조 및 군사훈련을 마친 김원봉은 의열단을 조직합니다. 같은 밀양 출신 선배이자 친척인 김대지, 황상규, 윤치형의 지원 하에 1919년 11월 9일 동북만주 길림성 파호문 밖 중국인 반潘모 씨 집에서 김원봉은 회의를 주도했습니다. 밀양 출신인 윤세주, 이성우, 한봉근, 한봉인, 배중세(일명 배동선), 김상윤(일명 김옥)과 신흥무관학교 출신이자 경북지역 열혈 청년인 권준(일명 권중환), 서상락, 신철휴, 이종암(일명 양건호), 이수택 등 13명이 모여 밤새워 회의를 했습니다.

이튿날 새벽 1919년 11월 10일 김원봉을 의백義伯, 즉 단장으로 하고 13인으로 구성된 의열단이 탄생됩니다.[5] 의열단 창립의 핵심 세력은 약산 김원봉과 동향인 경남 밀양 출신 선후배 청년들과 신흥무관학교 출신이자 경북지역 열혈 청년들이 절대다수였습니다. 한마디로 의열단은 초기 창립 구성원의 인간관계를 분석해 볼 때 경남 밀양과 경북 칠곡, 달성, 상주, 고령 지역 청년들이 중심[6]이 되어 폭력혁명노선을 취해 만든 항일무장투쟁 단체입니다. 의열단! 이름만 들어도 일제 고위 관료와 밀정, 그리고 친일파들의 간담을 서늘하게 했던 1920년대 의혈 투쟁을 알리는 역사적인 순간입니다. 당시 김원봉의 나이 만 21세였습니다.

4. 조선혁명은 중국혁명으로부터!
1925~1927년 중국혁명에서 의열단 대부분이 희생되다

의열단 결성 당시 단원은 13명이었지만 베이징으로 본부를 옮기고 베이징과 해륙풍소비에트에서 의혈청년들을 모집한 결과 1924년경엔 단원이 70명으로 늘어납니다. 의혈투쟁이 조선독립운동의 중심이었던 1924년까지 300명에 이르는 조선의 열혈 청년들이 일제에 의해 살해되는 등 희생을 당합니다. 당시까지 살아남아 있던 의열단원들은 공산주의와 합류했으며 대중적인 정치활동에 참여했는데, 의열단원 거의 전부가 1925~1927년 사이에 전개된 광동코뮌, 해륙풍 전투 등 중국혁명을 위해 싸우다 죽었습니다.[7] 중국혁명의 성공은 바로 조선의 혁명, 즉 조선의 독립으로 이어질 것이란 믿음에서 이역만리 중국 땅에서 중국혁명을 위해 이름도 명예도 없이 꽃 같은 청춘을 바쳤습니다. 님 웨일스의 『아리랑』에는 의열단의 숭고한 희생과 죽음이 조선독립운동가 김산의 삶을 통해 소상히 기술돼 있습니다.

의열단은 결성 당시 '조선의 독립과 세계평화를 위하여 목숨을 바친다'는 〈공약 10조〉와 암살 및 파괴 대상인 7가살(7可殺), 5파괴(5破壞)를 선언합니다. 암살 대상인 7가살은 조선총독과 대만총독, 군 수뇌, 매국노, 친일파 거두, 밀정, 반민족행위를 일삼은 토호세력입니다. 파괴 대상인 5파괴는 식민통치의 핵심인 조선총독부와 식민지 착취와 수탈 기관인 동양척식회사, 그리고 각 경찰서 및 총독부 기관지인 매일신보사, 일본 중요기관입니다.

〈의열단 강령〉에는 일본제국주의 타도 및 제국주의 침략에 반대하는 세계 약소민족과 연대를 천명하고 있습니다. 나아가 조선에 봉건제도와 반혁명세력을 척결해 진정한 민주국가 수립을 열망합니다. 철도, 전기, 은행 등 국가 기간산업에 대한 국가 경영을 천명하고 있고 의무교육과 직업교육을 국가가 비용을 부담하여 시행한다는 내용이 담겨 있습니다. 여성의 정치·사회·경제적 권리를 남성과 동등하게 보장하며 소득세에 누진율을 적용하는[8] 등 오늘날 북서유럽 선진국에서 시행되고 있는 매우 진보적인 내용들로 가득합니다.

① 부산경찰서장 폭살 투쟁(1920)

의열단의 의혈투쟁의 서막은 부산경찰서장을 폭살시킨 박재혁의 부산경찰서 폭파사건으로 시작합니다. 1920년 3월 일제에 대한 제1차 암살 파괴 계획이 실행됩니다. 상하이에서 어렵게 획득한 폭탄 16개와 권총, 탄환, 폭약 등을 몰래 국내로 반입하여 경남 밀양과 진영에 숨겨두고 기회를 노렸습니다. 그러던 6월경 일제 경찰에 비밀이 누설돼 황상규, 이성우, 곽재기 등 의열단원 관련자 20명이 체포됩니다. 체포된 의열단원들은 일제 경찰에 의해 지상에서 자행한 가장 잔인하고 야만적인 고문으로 취조를 당합니다. 결국 제1차 암살·파괴 공작이 실패로 돌아가고 일제의 탐문이 시시각각 조여 왔습니다.

의열단원 박재혁은 김원봉의 지시로 체포된 동지들의 복수를 위해 부산경찰서를 파괴 대상 목표물로 변경합니다. 그리하여 1920년 9월 14일 박재혁은 중국 고서적상으로 위장한 채, 책 밑에 폭탄을 숨겨 경찰서장실로 직행합니다. 부산경찰서장이 중국 고서적에 호기심을 보인다는 정보를 미리 입수한 탓에 경찰서 정문을 쉽게 통과한 박재혁은 곧장 경찰서장과 독대합니다. 그 자리에서 박재혁은 진기한 중국 고서적을 구경시켜 주는 척하다가 폭탄을 꺼내 들고 유창한 일본어로 일본인 경찰서장을 준열히 꾸짖었습니다. "나는 상해에서 온 의열단원이다. 네가 우리 동지들을 붙잡아 우리 계획을 깨트린 까닭에 우리는 너를 죽이는 것이다." 그러고 나서 일본인 경찰서장을 향해 폭탄을 힘껏 던졌습니다. 경찰서장은 다리가 절단된 채 선혈이 낭자했고 부산경찰서는 일순간 발칵 뒤집혔습니다. 급히 병원으로 옮겼지만 경찰서장은 병원 도착 즉시 사망했습니다. 박재혁도 중상을 입고 체포되었습니다. 박재혁은 동지들의 복수를 이룬 만큼 이제 죽어도 여한이 없다고 생각했습니다. 그리하여 왜놈 손에 죽는 것은 치욕이라고 생각하여 스스로 목숨을 끊기로 결심했습니다. 중상을 입은 몸이지만 박재혁 열사는 왜놈 경찰이 주는 물 한 모금, 밥 한 풀도 거부한 채 곡기를 끊고 순국합니다. 체포된 지 9일이 되는 날이었고[9] 그의 나이 25세였습니다.

② 밀양경찰서 폭탄 투척(1920)

부산경찰서 폭탄 사건이 발생한 지 석 달 뒤엔 밀양경찰서 폭탄 사건이 발생합니다. 의열단 최수봉은 제1차 암살·파괴 공작이 실패하여 동지들이 말로 형언할 수 없는 극악한 고초를 당한다는 사실을 접하고 피가 끓었습니다. 최수봉은 직접 폭탄 2개를 손수 제조하여 기회를 노렸습니다. 12월 27일 아침 조회시간 경찰서장이 일본 순사들에게 일장 훈시를 할 즈음 최수봉은 유리창을 깨고 폭탄을 힘껏 던졌습니다. 천지를 뒤흔드는 폭음과 함께 유리창이 산산이 부서지고 순간 경찰서 안이 아수라장이 되었습니다. 최수봉은 탈출하다 일경에 포위돼 체포될 것을 알고 단검을 꺼내 목을 찔러 자결을 시도했으나 실패했습니다. 대구복심법원에서 사형을 언도받고 27살의 나이에 순국했습니다.

③ 영화 〈밀정〉과 황옥 경부 사건

2016년 추석을 앞두고 개봉된 영화 〈밀정〉은 의열단의 제2차 암살·파괴 계획을 배경으로 한 실화입니다. 일명 '황옥 경부 사건'으로 불리는데 다량의 폭탄과 권총을 국내로 밀반입하려는 의열단 김시현(영화배우 공유)과 조선인 일본 경찰 황옥 경부(영화배우 송강호)의 활약이 눈부십니다. 영화에서도 나오지만 의열단원 김재진의 밀고로 제2차 대암살·파괴 공작도 사전에 발각돼 의열단원들이 체포되고 실패합니다. 영화 속에서는 헝가리 출신 폭탄제조 전문기술자 마자알이 의열단원들과 함께 국내에 잠입하는 것으로 나오지만 실제는 그렇지 않습니다. 김원봉은 상하이 프랑스 조계에 위치한 양옥 한 채를 세내어 지하실에 폭탄제조 공장을 차렸습니다.

그리고 세브란스 의전 출신 의사 이태준을 통해 폭탄제조 기술자 마자알을 소개받습니다. 이태준은 마자알을 상하이로 데려오는 과정에서 체포돼 일본 경찰에 살해됩니다. 마자알은 고성능 폭탄을 제조하는 데 탁월한 기술을 보유했을 뿐 아니라 같은 약소민족 해방을 위해 기꺼이 도움을 주고자 노력했던 젊은 애국자였습니다. 여러 차례 폭탄 실험 결과, 마자알은 파괴용, 방화용, 암살용 세 종류로 36개 폭탄을 만들었습니다.

김원봉은 폭탄과 함께 신채호 선생이 작성한 의열단 선언문 「조선혁명선언」도 수천 장을 인쇄하여 함께 국내로 밀반입합니다. 〈밀정〉의 첫 장면은 의열단 김상옥(영화배우 박희순)이 일경에 포위돼 지붕 위를 넘나들며 쌍권총을 쏘는 등 혈전을 벌이는 것으로 시작합니다. 〈밀정〉에서는 김장옥으로 나오지만 실제 의열단원 김상옥이 종로경찰서 폭탄 투척 사건으로 수배돼 쫓기는 장면에서 천 명에 가까운 일경들과 총격전을 벌이는데 대단히 사실적으로 그린 장면입니다. 김상옥은 일본 경부 등 여러 명을 살상한 뒤 마지막 한 발로 스스로 목숨을 끊습니다.

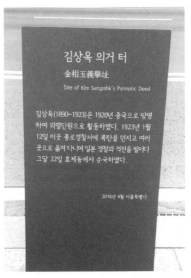

김상옥 의거터(서울시 종로구 종각역 8번 출구 앞). 일제 경찰의 심장부이자 숱한 독립지사들을 탄압한 종로경찰서에 1923년 1월 12일 의열단 김상옥이 폭탄을 투척한 장소. 이후 김상옥은 추격하는 일경 수백 명과 총격전을 벌이며 일본 경부 등 여러 명을 살상하고 투항을 거부한 채 스스로 머리에 권총을 쏘아 자결한다. 영화 〈밀정〉의 첫 장면에서 지붕을 뛰어넘으며 일경과 교전을 벌인 김장옥의 이야기는 김상옥을 묘사한 장면이다.

④ 조선총독부 폭탄 투척(1921)

무엇보다 의열단의 의혈투쟁 가운데 가장 대담하고 가장 성공적인 투쟁이 있어 소개합니다. 식민지 조선의 심장부 조선총독부에 폭탄을 투척한 사건입니다. 의열단원 김익상(본명 김봉남)은 단장 김원봉을 베이징에서 만나 "조선의 독립은 2천만 민족의 10분지 8이상이 피를 흘리지 않으면 아니 된다. 우리는 이때에 선두에 나아가 희생이 됨이 마땅하다"는 말을 듣습니다. 김익상은 '우리라기보다 우선 내가 피를 흘리자'는 생각으로 식민지 통치의 심장부인 조선총독부 폭파 임무를 자원했습니다.[10] 김익상은 1921년 9월 12일 오전 10시 20분경 전기수

리공으로 위장한 채 폭탄을 가방에 넣고 경비가 삼엄한 조선총독부 정문을 들어갑니다. 그리고 비서과와 회계과 두 곳에 폭탄을 던져 회계과에 굉음과 함께 아수라장을 만듭니다. 그 후 김익상은 혼비백산하며 황망히 달려오는 일본 경찰을 따돌리고 총독부 건물을 빠져나와 전차를 타고 유유히 사라집니다. 기차를 타고 국경을 넘은 김익상은 자신이 호언장담한 대로 일주일 뒤 베이징에 나타나 의열단원들을 다시 한 번 놀라게 했습니다.

그 담대함과 기개 앞에 실로 경탄을 자아내지 않을 수 없습니다. 조선총독부 폭탄 투척 사건의 당사자가 잡힌 것은 1년 뒤 상해 황포탄 사건이 일어나고 김익상이 일경에 체포되면서 세상에 그 진상이 널리 알려졌습니다. 실제로 조선총독부 폭탄 투척 사건 직후 일본 경찰은 서울 전 지역을 삼엄한 감시망 속에서 이중 삼중의 수색을 펼치며 탐문을 벌입니다. 당시 용의자가 위로는 검은 양복저고리 옷을 입고 아래는 흰 옷 바지를 입었다는 목격자의 제보에 따라 남산 등 서울 시내 일원에 검은 상의와 흰 바지를 입은 수백 명을 검거하여 조사하지만 허탕을 치고 맙니다. 김익상은 삼엄한 신의주 국경을 통과해 펑톈, 톈진에 드리워진 일본 경찰의 비상선을 뚫고 무사히 베이징 시내 의열단 아지트로 귀환합니다.

5. 의열단의 혁명운동 노선 수정과 조선의용대 결성
개별적 직접폭력투쟁에서 조직적 정치·군사투쟁으로

일제 침략의 수괴! 다나카 육군 대장을 암살하려던 상해 황포탄 사건, 조선인 수천 명을 잔인하게 학살한 일본 관동 대학살에 대한 복수로 거행된 도쿄 2중교 폭탄 투척 사건, 식민지 수탈기관 동양척식회사 폭탄 사건 등 의열단이 거행한 의혈투쟁 가운데 상당수가 실패합니다. 암살·파괴의 격렬한 의혈투쟁에도 불구하고 아까운 젊은 목숨들 300명이 넘게 처형된 현실은 너무나 큰 희생이 아닐 수 없습니다. 의열단의 혁명 활동은 1920년대 중반 이후 한계에 봉착합니다. 그리고 의열단원 거의 대부분이 광둥코뮌 등 중국혁명 과정에서 전사하거나 살해됩니다. 무엇보다 1920년대 중반 이후 풍미한 사회사상, 공산주의가 새로운 혁명사상으로 각광을 받으면서 의열단의 의혈투쟁 역시 한계를 노정함과 동시에 새로운 전략으로 투쟁노선을 수정합니다.

의열단의 의혈투쟁은 1920년대 전반기 조선독립운동사에서 큰 획을 그을 정도로 족적을 남겼습니다. 일제의 고위관리와 경찰, 그리고 친일 매국노, 밀정, 매국적 대지주, 자본가 등 민족을 배반한 반역의 무리들에겐 저승사자로 각인돼 '의열단' 이름만 들어도 간담이 서늘해지던 시절이었습니다.

김원봉은 직접행동에 기초한 암살·파괴라는 의혈투쟁에 한계를 느끼고 1920년대 후반 의열단을 정치조직으로 전환함과 동시에 정치군사활동을 이끌어갈 혁명 간부 육성으로 운동 노선을 변경합니다. 1926년 김원봉은 의열단원들과 함께 29세의 나이로 황포군관학교에 입학합니다. 당시 황포군관학교는 중국 국민당(장제스)과 공산당(마오쩌둥)의 1차 국공합작으로 탄생된 혁명 간부 양성학교였습니다. 제국주의 일본을 타도하고 봉건 군벌 세력을 해체하여 중국혁명을 완수하려는 목적에서 창립된 무관학교입니다. 김원봉은 이곳에서 사회주의 사상을 수용하게 됩니다. 약산 김원봉의 사상과 투쟁에서 중요한 전기를 만들어 준 계기가 바로 중산대학과 황포군관학교의 경험이었습니다. 황포군관학교 출신 상당수가 중국혁명에 참여했고 희생됩니다.

이후 의열단은 투쟁조직에서 정치조직으로 그 위상이 전환되어 조선독립운동을 이끌어갈 혁명 간부 양성을 지향하며 레닌주의 정치학교, 조선혁명군사정치간부학교를 설립합니다. 청포도 시인 이육사가 조선혁명군사정치간부학교 1기 졸업생입니다. 요컨대 1920년대 후반 김원봉의 사상적 궤적은 1910년대 민족주의에서 무정부주의로 그리고 다시 사회주의적 지향을 특징으로 합니다. 그 점은 1928년 의열단 제3차 전국대표대회에서 채택된 강령에 잘 드러나는데, '대지주의 토지몰수'와 '중요 국가산업의 국가경영'이라는 표현에서 확인됩니다.[11]

의열단이 정치조직으로 전환되고 국민당 정부의 지원 아래 혁명 간부를 3기에 걸쳐 130명을 양성, 배출합니다. 1935년 7월 코민테른 7차 대회에서 민족통일전선 노선이 채택되자 김원봉 등 의열단은 한국독립당 등 5당과 통합하여 난징에서 조선민족혁명당(1935)을 결성합니다. 따라서 조선민족혁명당은 통일전선 조직이었고 그 중심 세력은 김원봉 등 의열단이었습니다. 김원봉이 소속된 조선민족혁명당은 1937년 9월 제2차 국공합작에 따라 조선민족혁명당 청년들을 중앙군관학교 성자분교에 입학시켜 무장된 군사조직으로 키우고, 한편으론 조선민족해방동맹(김성숙), 조선혁명자연맹(류자명)과 함께 통일전선조직인 '조선민족 전선연맹'을 결성합니다. 1938년 10월 10일 한커우漢口에서 창설된 조선의용대는 '조선민족 전선연맹'의 외곽 군사조직으로 한국광복군보다 2년 앞서 결성된 군사조직입니다.

조선의용대는 중국 항일전쟁 기간 중 가장 치열하고 고난에 찬 1940년대 무장투쟁을 전개했던 항일독립운동의 금자탑입니다. 중국국민정부 군사위원회의 지휘와 지원을 받아 동아시아 파시즘 세력인 일본제국주의에 저항하는 한중연합군 내지 국제지원군의 형태를 띠었습니다. 조선의용군 출신 김학철 선생의 회고에 따르면 창설 당시 조선의용대는 122명 정도였습니다. 이들 조선의용군은 대다수가 20대로 고등교육을 받은 엘리트들이었고 대부분 김원봉이 이끌던 조선민족혁명당 당원들이었습니다.[12]

6. 김원봉의 조선의용대와 6·25전쟁
한국광복군은 국군으로, 조선의용군은 인민군으로

조선의용대 주력부대는 1939년~1941년 사이 차례로 화북 옌안 지역으로 들어가 조선의용대 화북지대로서 활동하다가 1942년 조선의용군으로 개칭됩니다. 조선의용군은 옌안파 공산주의 항일세력인 조선독립동맹(의장 김두봉)의 외곽 군사조직으로 중국공산당 팔로군과 연합전선을 형성합니다. 일본군 진지에 침투하여 일본 군정을 탐지, 일본군 문서를 변조하는 등 게릴라 활동[13]과 일본군에 대한 선무공작, 후방교란, 그리고 직접 전투에 참여합니다. 김학철 선생이 참가한 호가장 전투, 관동군의 대토벌에 맞서 윤세주가 전사한 반소탕전은 조선의용군의 자랑스러운 무용담으로 길이길이 후대에 전해지고 있습니다.

반소탕전의 경우 1942년 6월 일제 관동군의 대대적인 소탕과 공세에 직면한 한중연합군이 적에게 포위된 상태에 놓입니다. 이때 신흥무관학교 출신 의열단 윤세주가 조선의용군으로 반反소탕전에 참전, 포위망을 뚫고 적과 교전하던 중 태항산에서 장렬하게 전사합니다. 밀양 출신 석정 윤세주는 의열단 창설 멤버이자 이육사에게 의열단 가입을 권유했던 인물로서 육사가 가장 소중하게 생각했던 동지였습니다. 또한 호가장 전투는 중국인민학교 교과서에 실려 있을 정도입니다. 김학철, 윤세주 모두 의열단 출신이자 조선의용군 항일부대 전사였습니다. 1940년대 조선인 무장부대로서 항일무장투쟁의 선봉에 서서 그리고 일제 패망 직전까지 일제 관동군과 치열하게 전투를 벌였던 무장부대가 바로 조선의용군이었습니다.

조선의용대 주력부대가 화북지방으로 이동하면서 조선의용대 본대(총대장 김원봉)와 연락이 두절됩니다. 조선의용대 주력부대는 조선의용군이 되어 일제 관동군과 해방 직전까지 치열한 전투를 벌입니다. 이들은 해방된 뒤 중국 공산혁명에 참전하여 중화인민공화국 탄생에 혁혁한 기여를 하고 북쪽에서 인민군 주력부대를 형성합니다. 실제로 해방 후 조선의용군이 입북하면서 인민군 전력의 1/3을 증강시켜 주었습니다. 1950년 6·25 전쟁 개전 당시 38선 남진 보병 21개 연대 가운데 47%인 10개 연대가 조선의용군 출신이었습니다. 이들은 국공내전을 통해 풍부한 전투 경험을 지녔습니다.[14] 그런 점에서 '북쪽에 조선의용군이 없었더라면 과연 6·25전쟁이 일어날 수 있었을까'라는 의구심이 드는 건 당연한 상상입니다.

반면에 김원봉이 이끄는 조선의용대 본대는 장제스의 강력한 권유와 통일전선을 요구하는 국제정세의 변화에 따라 1942년 가을 김구의 임시정부(군무부장 김원봉)에 합류하면서 한국광복군 제1지대(지대장 김원봉)로 편성됩니다. 이들은 해방 이후 대한민국 국군의 중심이 됩니다. 실제로 해방 직후 수많은 군사단체가 등장합니다. 이들 군사단체는 해방 후 사회 질서와 치안 유지를 위해 생겨났는데, 1945년 11월 미군정청에 등록된 군사단체만 30여 개에 이를 정도였습니다.[15] 미군정은 초대 통위부장(국방경비부의 후신이자 국방부의 전신)에 광복군 출신 유동열 장군을, 조선경비대(국군의 전신) 사령관에 역시 광복군 출신 송호성 장군을 임명합니다. 정부 수립 후 초대 국방부 장관

조선의용대(Korean Volunteers Army) 창설 기념사진(1938). 조선의용대는 한국광복군 창설 (1940)보다 앞선 1938년 10월 10일 김원봉이 이끄는 조선민족혁명당 주도로 창설되었다. 조선 의용대 본대는 1942년 한국광복군 제1지대로 편입되고 조선의용대 주력부대는 화북 연안으로 이동해 1942년 조선독립동맹의 외곽 군사조직인 조선의용군으로 개칭되면서 해방 직전까지 치 열하게 일제 관동군과 전투를 벌였다. 맨 앞줄 깃발 가운데 군복 차림이 김원봉(총대장)이고 김원 봉 왼쪽으로 한 사람 건너 윤세주, 김성숙, 최창익이다.

역시 광복군 출신 이범석 장군이 임명됩니다. 미군정하에서 건군 참 여를 주저하던 광복군 출신 대원들이 정부 수립 이후에는 대거 국군 에 참여합니다. 6·25전쟁은 이들 남과 북으로 갈라진 조선의용대(조선 의용군) 항일세력 간의 참극이 되어 버렸습니다. 말로 다할 수 없는 민 족의 비극이자 역사의 비극이 아닐 수 없습니다. 역사에는 가정이 없 다지만 역사적 상상력을 발휘하여 만일에 김원봉이 조선의용대 전체 부대를 직접 통솔, 지휘하여 중경임시정부 한국광복군으로 갔다면 어 떻게 되었을까요? 반대로 조선의용대 총대장 김원봉이 직접 지휘 통 솔하여 산시성 옌안으로 이동했다면 어떻게 되었을까요?

7. 친일세력에 의한 역청산과 생존을 위한 월북, 그리고 비극적 죽음

남과 북에서 모두 외면당한 김원봉의 죽음!

김원봉은 해방 후 대한민국 임시정부 군무부장으로 귀국합니다. 그러나 해방된 지 6개월도 안 되어 찬탁-반탁으로 국론이 분열되면서 김원봉은 절망합니다. 통일된 독립국가 건설을 열망하며 '민주주의민족전선' 공동의장이 되었지만 악질 친일 경찰 노덕술에게 체포돼 모욕과 고문을 당합니다. 민족의 독립을 위한 방편으로 아나키즘, 사회주의를 한때 이용했을 뿐 공산주의자가 아니었음에도 극우 친일세력이 지배하는 해방된 남쪽에서 목숨을 보전할 방법이 없었습니다. 실제로 이승만은 친일세력과 극우 반공세력을 제외하곤 전부 정치적 반대자로 탄압했기 때문에[16] 대한민국에서 사회민주주의자, 진보적 민족주의자, 심지어 우파 민족주의자들조차 목숨을 보존할 공간은 거의 없었습니다. 1947년 여름 몽양 여운형 선생이 피살되고 약산 김원봉은 암살 위협에 직면합니다. 실제로 한국전쟁 당시 김원봉의 부친은 연금당한 채 굶어 죽었고, 약산 김원봉의 형제들인 김용봉, 김덕봉, 김구봉, 김봉기 4명과 사촌 형제들 5명은 보도연맹원으로 몰려 대한민국 군경에 의해 총살당합니다.[17]

약산 김원봉의 막내 여동생 김학봉(84세)은 김원봉 월북 당시 경남 여고 학생 신분으로 경찰에 끌려가 여러 시간 물고문을 당했습니다. 전쟁 기간 간신히 목숨을 부지하지만 수년간 옥살이를 했고 그녀의 남편은 거름더미에 숨어 지내다 병을 얻어 죽습니다. 김학봉의 시아주버니는 남편 대신 처형당하는 등 김원봉의 직계 가족과 사촌 형제, 심지어 사돈 집안까지 총살당하는 참화를 겪습니다.

약산 김원봉은 1948년 4월 남북협상 때 북에 잔류하면서 북쪽 사회에서 국가검열상, 노동상, 최고인민회의 상임위 부위원장을 역임합니다. 그러나 '한반도 중립국화'를 주장하며 김일성 정권을 비판한 결과, 1958년 김일성에 의해 투옥되고 숙청됩니다. 북한 정권은 김원봉의 시신을 독립운동가들이 묻힌 평양 신미리 애국열사릉에 모시질 않았습니다. 대단히 옹졸하고 비열한 처사가 아닐 수 없습니다.

약산(산처럼) 김원봉의 절친한 친구 약수(물처럼) 김두전, 여성(별처럼) 이명건 역시 반혁명분자로 숙청됩니다. 일제 강점기 가장 거액의 현상금이 붙었던 조선독립운동의 영웅, 약산 김원봉!

의열단장 김원봉의 삶과 죽음은 한국 현대사의 비극을 고스란히 담고 있어 생각하면 생각할수록 눈물이 나고 가슴엔 슬픔이 차오릅니다. 우리들 머릿속에 기억되는 독립운동가를 꼽으라면 대개 김구, 유관순, 안창호, 이승만, 윤봉길, 이봉창 정도입니다. 그럼에도 보수신문은 월북했던 김원봉에 비해 유관순에 대한 교과서 서술이 미약하다고 강변합니다. 나아가 이승만, 서재필에 대한 기술은 부실하고 김원봉에 대한 서술에 치우쳤다며 이념적으로 편향된 시각이라고 주장합니다.[18] 더구나 박근혜 정권에서는 한국사 교과서를 검인정에서 국정교과서로 바꾸려 했습니다.

그 와중에 김원봉에 대한 서술조차 한국사 교과서에서 없앤다는 논란이 제기되었습니다.[19] 그런데 일제 강점기 김구에게 내걸었던 현상금이 60만 원인 데 비해 김원봉에게 내건 현상금은 무려 100만 원이었습니다. 오늘날 200~300억 원에 이르는 거액의 현상금이 걸린 최고의 거물이었습니다.

하지만 월북하여 북한 정권에 참여했다는 이유로 현재까지도 대한민국 정부는 독립운동가로 인정하지 않고 있습니다. 대단히 옹졸한 처사가 아닐 수 없습니다. 남북 정권 모두 외면한 비운의 독립운동가 약산 김원봉을 이제는 대한민국이 먼저 서훈 신청을 받아서 독립유공자로 자리매김해야 할 것입니다.

남과 북에서 모두 버림받은 비운의 항일애국지사, 의열단장 김원봉!

1. 청소년기 김원봉! 『손자』 등 병서를 읽으며 무장투쟁을 꿈꾸고 일제 황민화 교육을 거부한 채 학업을 중단하고 무전여행을 떠나다.

2. 20살 김원봉! 신흥무관학교에 입학해 군사훈련을 마치고 이듬해인 1919년 11월 10일 새벽 의열단을 조직, 21살에 의열단 단장이 되다.

3. 중국혁명은 조선혁명을 가져온다는 믿음 아래 의열단원 대부분 광둥코뮌 및 해륙풍 전투 등 중국혁명에서 1925~1927년 장렬히 산화하다.

4. 〈의열단 강령〉에는 의무교육과 직업교육을 국가가 비용을 부담하여 시행하며 소득세에 누진율을 적용하는 등 오늘날 북서유럽 복지국가의 진보적인 내용들로 가득하다.

5. 의열단 박재혁은 1920년 9월 중국 고서적상으로 위장해 고서적 사이에 폭탄을 숨겨 부산경찰서장을 폭살하고 체포되어 일제가 주는 물과 음식을 거부하고 곡기를 끊어 절명하다.

6. 의열단 최수봉! 스스로 폭탄을 제조하여 밀양경찰서에 폭탄을 던진 후 체포돼 27살에 처형되다.

7. 식민통치의 심장부! 조선총독부에 폭탄을 던지고 유유히 걸어 나와 일주일 만에 상하이로 돌아온 의열단원 김익상! 조선 청년의 담대함과 기개가 하늘을 찌르다.

8. 1930년대 의열단! 개인적인 투쟁보다 레닌주의 정치학교, 조선혁명군사정치간부학교, 조선의용대 등 정치활동을 통한 정치단체 및 무장된 군사조직으로 투쟁 노선을 변경하다.

9. 중국 한커우(漢口)에서 결성된 조선의용대는 한국광복군보다 먼저 결성되었다. 조선의용대는 통일전선체인 '조선민족전선연맹'의 외곽 군사조직으로 중앙군관학교 성자분교 출신들이 다수를 구성하다.

10. 조선의용대 주력부대는 조선의용군으로 1940년대 일제 관동군과 치열하게 전투를 전개했고, 김원봉의 조선의용대 본대는 김구의 한국광복군 제1지대로 편입하다.

11. 조선의용대 주력부대(조선의용군)는 해방 후 북쪽 인민군 주력부대로! 조선의용대 본대(한국광복군 제1지대)는 해방 후 남쪽 국군이 되어 6·25전쟁 때 서로 총부리를 겨누다.

12. 조국의 해방을 위해 '산처럼(약산)', '물처럼(약수)', '별처럼(여성)' 살고자 했던 세 친구! 진보적 민족주의자 김약산, 김약수, 이여성은 김일성의 종파투쟁에 숙청되다.

13. 국정교과서에서 의열단 단장 김원봉에 대한 서술을 삭제하겠다는 논란! 박근혜 정권의 속 좁은 옹졸한 행위이자 역사를 왜곡하는 범죄 행위!

14. 김원봉에 대해 일제가 내건 현상금은 무려 100만 원이었다. 오늘날의 200~300억 원에 이르는 거액의 현상금이 걸린 최고의 거물이었다.

15. 일제 강점기 가장 거액의 현상금이 붙었던 조선독립운동의 영웅, 약산 김원봉! 의열단장 김원봉의 삶과 죽음은 한국 현대사의 비극을 고스란히 담고 있다. 북쪽에선 반혁명분자로 애국열사릉에 없고 남쪽에선 월북했다는 이유로 독립유공자로 인정받지 못하고 있다.

---

1. 강준만(2004), 『한국 현대사 산책 1(1940년대 편)』, 서울: 인물과사상사, 96 ~97쪽.
2. 김삼웅(2008), 『약산 김원봉 평전』, 서울: 시대의 창, 39쪽.
3. 高峻石(1990), 「義烈 と 金元鳳」, 『朝鮮革命家 群像』 東京: 大村書店, 89~90쪽.
4. 곽병찬(2015), 「조국의 시와 별이 된 세 친구들」, 『한겨레』, 2015. 9. 8.
5. 박태원(2000), 『약산과 의열단』 서울: 깊은 샘, 33쪽.
6. 전성현(2011), 「일제 강점기 경남지역의 의열투쟁과 지역성」, 『한국독립운동사 연구』 제38집, 118쪽.
7. 김산, 님 웨일스(1999), 『아리랑』, 서울: 동녘, 105쪽.
8. 高峻石(1990), 위의 책, 93~94쪽.
9. 박태원(2000), 위의 책, 52쪽.
10. 김용달(2011), 「김익상의 생애와 의열 투쟁」, 『한국독립운동사 연구』 제38집, 94쪽.
11. 백동현(1996), 「의혈투쟁에서 민족통일전선운동으로」, 『한국사학보』 창간호, 351쪽.
12. 최봉춘(2005), 「조선의용대의 창설과 활동 補遺」, 『한국독립운동사 연구』 제25집, 233~238쪽.
13. 조천현(2005), 「안심해! 해가 뜨듯 좋은 세상이 와」, 『말』 2005년 3월호, 19쪽.
14. 염인호(2001), 『조선의용군의 독립운동』, 서울: 나남, 351~352쪽.
15. 한시준(2001), 「한국광복군 정통성의 국군 계승 문제」, 『軍史』 제43호 국방부 군사편찬연구소, 19쪽.
16. 김동춘(2000), 『전쟁과 사회』, 서울: 돌베개, 102쪽.
17. 이철호(2015), 「형제 4명은 총살… 김원봉 집안 풍비박산」, 『오마이뉴스』 2015. 9. 24.
18. 『동아일보』, 2015. 8. 19.
19. 「박재홍의 뉴스 쇼」, 『노컷 뉴스』, 2015. 8. 19.

5부

어두운 100년의 역사,
어떻게 청산하고 기억할 것인가

13장
친일 경찰의 대명사 고문의 달인 노덕술

1. 고문 기술자 이근안의 뿌리는 고문귀신 노덕술, 하판락

'친일 경찰, 고문 경찰의 대명사' 노덕술이 반민특위 특경대장 이병창에게 체포된 것은 1949년 1월 25일 아침 7~8시 무렵입니다. 반민특위는 '반민족행위 특별조사위원회'의 줄임말입니다. 일제 강점기 민족을 배반한 반역자들을 처벌하기 위해 '반민족행위 처벌법'(약칭 「반민법」)을 제헌국회에서 특별법 형태로 1948년 9월 7일 통과시킵니다. 맨처음 친일파 1호로 검거된 자는 화신백화점 소유주이자 일제에 비행기 헌납 등 전쟁 수행에 적극 협력했던 박흥식입니다.

1949년 1월 8일 박흥식을 체포한 데 이어 숱한 독립지사를 탄압했던 친일 경찰 김태석, 이성근, 하판락, 노덕술 등 고등계 친일 경찰들을 차례로 검거합니다. 노덕술은 일제 치하 독립운동가를 무수히 체포, 고문하여 이미 2명의 독립지사를 고문치사시킨 전력이 있습니다. '한국 민주화운동의 대부' 김근태를 23일 동안 남영동 대공분실에서 고문한 괴물 경찰 이근안! 007가방에 고문 도구를 들고 출장을 다닌 '고문 기술자' 이근안을 낳았던 것은 바로 고문 기술자 노덕술입니다.

고문의 귀신' 하판락! 16살 어린 중학생의 혀를 뽑아 죽이다

악질 고등계 형사 출신으로 비행기 태우기, 물고문, 전기고문, 화롯불에 달군 쇠젓가락 고문 등 노덕술은 하판락에 버금갈 정도로 악명이 높았습니다. 하판락은 노덕술처럼 고등계 형사 출신으로 독립운동가 체포에 악명을 떨치며 1943년 일제 말기에 경남경찰부(오늘날 경남경찰청에 해당) 고등경찰과 순사부장에 오른 악질 친일 경찰입니다. 당시 부산 경남 일대에선 하판락을 '고문의 귀신', '고문귀拷問鬼'로 불렸습니다. 그의

고문경찰의 대명사 하판락. 착혈고문, 펜치로 혀 잡아 빼기 등 일제 치하 부산, 경남 일대 독립운동가를 잔혹하게 고문한 고문귀신 하판락은 반민특위에 체포되지만 곧 풀려나 90세 넘도록 장수했다. 진주 하씨 가문에선 사회 기부 활동과 선행 등으로 평판이 좋다.

착혈고문은 부산 경남 사람들에게 널리 소문이 날 정도로 악명이 높았습니다.

1930년대 신사참배 거부 운동 당시 기독교인 수십 명을 '조센징' 운운하며 잔혹하게 고문했습니다. 1940년대 일제 말기 독서회 동아리 사건의 경우, 배후를 대지 않는다며 주사기로 피를 뽑아 고문 당사자에게 도로 피를 뿌리는 짓을 반복했을 정도로 잔인했습니다. 특히 동래 중학생 독서회 사건을 취조할 당시 배후를 불지 않는다고 16살 어린 학생의 혀를 펜치로 잡아 빼 죽인 사건은 그가 얼마나 잔인한 놈이었는지 가히 상상할 수 없을 정도입니다. 하판락은 일제 치하에서 독립운동가를 3명이나 죽였습니다. 고문 끝에 살아남은 사람들은 평생 불구로 살아갈 수밖에 없었다고 합니다. 해방 후 반민특위에서 그를 체포해 서울로 압송하려 하자 부산 시민들이 '여기서 우리가 처리할 테니 우리 손에 맡겨 달라'고 읍소할 정도로 민중의 분노가 하늘을 찌

를 기세웠습니다.

해방 직후 숨어 다니던 일부 친일 경찰 민중의 손에 처단되다

갑자기 해방이 되자 친일 경찰들은 쥐새끼처럼 숨습니다. 해방 다음 날부터 8~9월까지 경찰서의 출근율이 20%도 안 될 정도였습니다.[1] 그들은 미군이 진주할 때까지 한 달 가까이 은신한 채 사태의 변화를 살펴야 했습니다. 물론 해방되었다는 소식이 전해지자 친일 경찰에게 개인적인 복수와 응징을 한 사람들도 있습니다. 실제로 1945년 8월 16일부터 8월 23일 사이에 전국적으로 경찰에 대한 응징이 177건이 발생합니다. 그 가운데 조선인 경찰에 대한 폭행 등 보복행위가 111건을 차지했습니다.[2] 일본인 경찰보다 조선인 경찰에 대한 응징과 처단이 2배 가까이 많았던 것은 조선인 고등계 경찰들의 악행 때문이었습니다.

대표적인 사례가 조선어학회 사건 당시 한글학자 이윤재를 고문하여 사망케 한 조선인 고등계 형사 출신 안정묵 습격사건입니다. 이윤재의 장남 이원갑(1924년생)은 경기도 광주경찰서에 근무하던 안정묵을 습격합니다.[3] 친일 경찰에 대한 민중의 분노와 원한은 반민특위 당시 체포된 친일파 중 친일 경찰이 절반에 육박한 데서 잘 드러납니다. 「반민법」으로 검거된 234명 가운데 111명이 친일 경찰 관련자이고 이들 가운데 고등계 형사 출신이 93명, 밀정이 12명, 헌병과 헌병 보조원이 6명입니다.[4]

일각에서 대한민국이 민족사를 계승한 국가로서 정통성을 의심받는 데에는 노덕술 등 친일반민족행위를 일삼던 세력들을 이승만 정권이 비호했기 때문입니다.[5] 실제로 노덕술은 해방 후에도 장택상(미군정청 수도경찰청장)의 오른팔(수사과장)이 되어 몽양 여운형 암살에 중요한 역할을 수행하고 의열단장 김원봉을 체포, 고문하는 등 그 죄행이 너무나 컸습니다.

2. 미군정의 실책과 친일 경찰
친일 경찰이 한국 경찰의 주류

해방 직후 한국 경찰 구성을 살펴보면 친일 경찰 일색입니다. 1946년 후반 당시 경찰 총수인 치안감은 일본 경찰 출신이고 총경급(경찰서장급)은 30명 중 25명(83%)이, 경찰 간부인 경위의 경우 969명 중 806명(83%)이 일본 경찰 출신입니다.[6] 일제 강점기 조선인 경찰 8,000명 중 5,000명이 미군정청 경찰로 활동했고 서울시의 경찰서장 총 10명 가운데 9명이 일본 경찰 출신이었습니다. 특히 고등계 출신은 독립운동가를 고문, 탄압한 악질이었지만 미군정 아래서 승승장구하며 한국 경찰의 주류로 자리 잡았습니다.

미군정 수도경찰청 사찰과에는 60명의 형사가 있었고 각 경찰서 사찰계에도 형사 20~30명이 있었는데 거의 대부분이 일제 고등계 형사 출신이었습니다.[7] 미군정 통치 3년간 친일파를 처단하지 못한 결과, 일제 강점기 민족을 배반한 친일 경찰들은 한국 경찰 간부의 80% 이상을 차지할 정도로 경찰의 주류로 확고히 자리를 잡았습니다.[8] 그리하여 이승만 정권의 극우 반공 파시즘에 따라 친일 경찰들은 '반공=애국'을 신주 모시듯이 소리 높여 외치며 한국 국립경찰의 핵심으로 화려하게 역사의 무대에 부활합니다. 역대 친일 경찰 가운데 해방 후 대한민국 치안 업무의 최고직에 오른 자는 김태선과 이익흥입니다. 조선총독부 경무국 수사국장이었던 김태선은 해방 후 이승만 정권에서 치안국장, 내무부 장관을 역임합니다. 박천경찰서장(경시)으로 일제에 충성했던 이익흥도 이승만 정권 시절 내무부 장관에 오릅니다.[9] 이승만이 경무대에서 방귀를 뀌자 '각하 시원하시겠습니다'라고 아부했던 바로 그놈이지요.

이승만 12년 독재를 붕괴시킨 4·19혁명 때 186명의 어린 학생들에게 총격을 가한 세력도 경찰들입니다. 1960년 4월 혁명 당시 총경(경찰서장)급의 60%가 여전히 친일 경찰 전력이 있는 이들이었습니다. 4월 혁명의 도화선이 된 김주열 군(16살)의 시신을 지프차에 싣고 돌멩이를 매달아 마산 앞바다에 빠트린 자도 일제 강점기 헌병보조원과 고등계 형사 출신 박종표였습니다. 박종표는 노덕술에 버금가는 고등계 형사로서 미군정과 이승만 제1공화국 시기에 경찰로 재직 중이었습니다. 부정 선거 항의 시위인 마산 제1차 시위(3·15 마산의거)는 경찰의 발포로 7명의 사망자와 수백 명의 부상자가 속출하는 가운데 자정을 넘겨 3월 16일 새벽에 완전 진압됩니다.

1960년 3월 16일 새벽에 박종표(마산경찰서 경비과장)는 '눈에 최루탄이 박힌 채 죽은 괴이한 모양의 시체 한 구를 발견'합니다. '직접 군중을 향해 쏘지 말라Don't use on the crowd'는 주의 표시를 무시하고 시위대를 향해 직격탄을 발사한 것입니다. 이 최루탄은 직경 5cm, 길이 20cm 알루미늄 탄피로 만들어진 미제 고성능 특수최루탄으로 꼬리 부분에 프로펠러가 달려 있어서 건물 벽을 뚫고 지나갈 수 있을 정도의 위력을 지녔습니다.[10] 이날 김주열 군의 눈에 박힌 최루탄은 박종표가 마산시청 주변 길에서 발사한 12발 중 한 발인 232호 최루탄이었습니다.

박종표는 경찰서장 지프차에 시신을 싣고 마산 중앙부두로 가서 김주열 군의 몸에 콘크리트 돌멩이를 매달아 바다에 빠트림으로써 사건을 은폐했습니다. 그러나 김주열 군은 27일 만에 왼쪽 눈에 최루탄이 박혀 머리를 관통한 채 4월 11일 마산 중앙부두 앞바다 위로 떠오릅니다. 마산 2차 시위가 점화되고 역사적인 4·19혁명으로 발화되는 순간이 됩니다.

당시에는 새 학년도 개학일이 4월 1일이었으니 김주열 군은 마산상고에 입학할 예정인 16살 어린 학생이었습니다. 김주열 군은 전날 3·15 정부통령 선거가 4할 사전투표와 3인조 투표 등 부정선거로 치닫자 마산고교에 재학 중인 형 김광열과 함께 항의 시위에 참여했습니다. 형은 밤늦게 귀가했지만 김주열 군은 참혹한 죽음을 맞은 것이지요.

그러나 이승만 정권은 '3·15 마산의거'를 공산 지하조직의 사주를 받은 공산 폭도들의 난동으로 몰아갔습니다. 내무장관 홍진기(이건희 삼성회장의 장인)가 발표한 담화문에도 좌익 불순분자와 공산당이 기도한 사회 혼란으로 왜곡합니다.[11] 심지어 3·15 마산의거 직후 마산경찰서 사찰계 주임 노장현 경위는 도립병원 병원장을 권총으로 위협하여 밤에 몰래 시체 안치실로 들어갑니다. 그리고 경찰의 총격으로 숨진 학생들 호주머니에다 자신이 만든 '인민공화국 만세'라는 전단을 몰래 집어넣습니다. 부패하고 불의한 권력은 인간의 양심으로 도저히 상상할 수 없는 만행을 거리낌 없이 자행한 것이지요.

3. 청산되지 못한 친일 경찰과 잔혹한 고문 수법

일제 36년간 조선인으로서 경부(오늘날 경정), 경시(오늘날 총경) 등 일제의 경찰 간부를 지낸 자는 200명이 넘습니다. 그들은 일본제국주의의 앞잡이가 되어 독립운동가 사냥에 핏발을 세웠습니다. 수많은 밀정들을 거느리며 식민지 통치의 제1선에서 민중을 탄압하는 데 앞장 섰습니다. 일본제국주의는 식민지 경찰 특히 조선인 경찰들이 식민통치의 전위대 역할을 수행한다고 믿었습니다.

그들은 조선인 경찰을 출신지에서 임용하고 연고주의에 따라 인사관리를 했습니다. 이것은 해당 지역에 정통할 뿐만 아니라 경찰력 행사에 협조를 얻어 내기가 쉬울 것이라는 간교한 판단과 정책적 의도 때문이었습니다.[12] 악질 고등계 경찰 출신 김태석, 최연, 김덕기, 전봉덕, 노덕술, 윤기병, 하판락 등 친일 경찰의 고문 기술은 해방 후 한국 사찰(정보/대공) 경찰의 고문 기술로 이어집니다. 2012년 11월에 개봉된 영화 〈남영동 1985〉에서 칠성판의 물고문, 관절 뽑기 등을 자행한 '고문 기술자 이근안'이 바로 그렇습니다.

역사의 사례를 봅시다. 3·1운동 이후 새로 부임하는 사이토 마코토 총독에게 폭탄을 던졌던 강우규 의사를 체포한 놈이 악질 친일 경찰 김태석입니다. 1920년 강우규 의사는 사형선고를 받고 서대문형무소에서 순국하기 전 감옥에 찾아온 아들에게 유언을 남깁니다.

"내가 죽는다고 조금도 슬퍼하거나 어쩌지 마라. 내 평생 나라를 위해 한 일이 아무것도 없음이 도리어 부끄럽다. 내가 자나 깨나 잊을 수 없는 것은 우리 청년들의 교육이다. 내가 죽어서 청년들의 가슴에 조그마한 충격이라도 줄 수 있다면 그것이 내가 소원하는 일이다. 언제든지 눈을 감으면 쾌활하고 용감히 살려는 전국 방방곡곡의 청년들이 눈앞에 선하다."[13]

강우규 의사의 폭탄 투척은 미즈노 정무총감과 무라다 육군소장 등 수행원과 신문기자, 경찰 등 37명의 사상자를 내지만 정작 마차에 탄 총독에겐 가벼운 상처만 입혔을 뿐입니다. 이후 강우규 의사는 재차 거사를 계획하며 동지들 집을 전전합니다. 그러다 첫 거사일인 1919년 9월 2일부터 서울 가회동 일대를 16일 동안 샅샅이 탐문 수색하던 친일 경찰 김태석에게 체포됩니다. 김태석은 극심한 고문을 가하지만 64세의 강우규 의사는 함께 모의한 동지들을 보호하며 고문을 견뎌 냅니다. 결국 강우규 의사는 사형선고를 받고 1920년 서대문형무소에서 처형되는데 김태석은 사이토 총독의 치하에 감읍하며 눈물을 흘렸습니다.[14]

그를 따라 제2의 김태석이 되고자 노력했던 자들이 최연, 노덕술, 하판락입니다. 그들의 고문 기술은 해방 후 사찰 경찰, 특무대(보안사 전신), 중앙정보부, 안기부(국정원 전신) 등 이승만-박정희-전두환 등 독재 권력을 유지하고 사건을 조작하는 데 일익을 담당합니다. 숱한 간첩을 만들어 내고 시기마다 공안사건을 조작해 터뜨렸습니다. 국가 안보보다 독재정권 안보에 혈안이 되었고 그를 위해 친일 경찰의 고문 수법은 반복되었습니다. 청산되지 않은 역사는 되풀이되기 때문입니다.

노덕술 등 고등계 친일 경찰의 고문 수법은 1987년 6월 항쟁의 도화선이 된 박종철 군 고문치사사건으로 이어집니다. 피의자가 아닌 참고인 신분의 박종철 군(서울대 언어학과 3학년)을 사망케 한 고문의 실상은 독재정권의 표독스러움과 잔혹함 앞에 온 국민을 전율케 했습니다. 23살 건장한 청년을 한밤중에 강제 연행한 지 불과 10시간도 안돼 죽음에 이르게 한 고문의 실상이 보도지침을 뚫고 어렵게 세상에 알려지자 전 국민은 분노했습니다. 1970~1980년대 라틴아메리카 군사정권이 저지른 야만적인 고문과 의문사 사건은 결코 다른 나라 일이

남영동 대공분실 509호(서울시 용산구 남영동 지하철 남영역 부근). 1987년 6월 항쟁의 기폭제가 되었던 박종철 군 고문치사 사건이 자행된 역사적 공간으로 한국 사회 1세대 건축가 김수근이 1976년 설계했다.

아니었습니다. 40년 넘게 독재정권이 지속되면서 고문 기술은 전수되었고 고문 수법 또한 진화했습니다. 무차별적인 구타, 잠 안 재우기, 통닭구이, 비녀 꽂기, 전기고문, 물고문 등 잔악함은 이루 헤아릴 수 없습니다.

2013년 12월 개봉돼 천만 관객을 매료시킨 영화 〈변호인〉에서 국밥집 아들 진우(배우 임시완)에게 가한 고문 장면을 기억합니다. 단지 사회과학 서적을 같이 읽고 토론했다는 이유로 또는 가난 때문에 배움의 기회를 잃은 여공들의 야학 교사가 되었다는 이유로 가혹하게 고문을 당합니다. 이른바 '부림사건'(1981)으로 명명된 이 사건은 2014년 대법원에서 사건 관련자 22명 전원에게 무죄를 선고한 용공조작 사건입니다.

〈변호인〉에서 대공경찰관이자 '부림사건'을 담당한 차동영(배우 곽도원) 경감이 변호인 노무현(배우 송강호)을 발로 차 쓰러뜨리면서 했던 대사가 생각납니다. "생각해 봐! 당신이 할 수 있는 애국이 뭔지." 마치 해방 직후 친일 경찰들이 1946년 초 신탁통치 파동이 거세게 일어나자 '반공＝반탁＝애국'의 논리를 앞세워 과거 친일의 죄과를 덮고자 '타공打共'을 외치면서 읊조렸던 말과 너무나 닮았음에 소름이 돋습니다.

박정희 정권 시절! 유신체제에 반대하는 학생 시위를 겁박하기 위해 조작한 제2차 인혁당 사건 역시 너무도 고문 수법이 잔인했습니다. 고문 피해자 가운데 송상진, 하재완, 여정남 등은 손과 발 끝부분이 까맣게 타고 창자가 튀어나올 정도로 참혹했습니다.[15] 특히 하재완은 중앙정보부 요원들이 자행한 혹독한 고문으로 창자가 다 빠져 버리고 폐농양증이 생겨 생명의 위협을 느낀 가운데 취조를 받았습니다.[16] 박정희 군사정권은 고문 사실을 은폐하기 위해 가족들에게 시신을 인도하지 않고 몰래 벽제화장터로 시신을 탈취, 곧바로 화장시키는 만행을 저지릅니다. 해방 후 민주화운동 과정에서 자행된 모든 고문 수법들은 일제 치하 독립운동가들을 체포, 고문한 고등계 사찰 경찰들의 죄악에 그 뿌리를 두고 있습니다.

갖가지 형태로 진화한 고문 수법은 민족의 독립과 조국의 통일, 그리고 민주주의를 위해 신명을 바쳤던 애국지사들의 삶을 황폐하게 만들어 버렸습니다. 고문 후유증으로 수많은 항일 독립지사, 민주화운동가들이 한 분, 두 분 유명을 달리했습니다.

무궁화를 삼천리강산에 널리 퍼뜨린 남궁억 선생, 고매한 인격자 도산 안창호 선생, 심산 김창숙 선생의 큰아들 김환기 등 일제 치하 독립지사들 상당수가 출옥 후 고문 후유증으로 시름시름 앓다가 사망합니다. 2차 인혁당 사건 관련 민주화 인사 및 광주 5·18 민주화운동 관련자 상당수도 고문 후유증으로 출옥 후 병사하는 등 역사의 비극은 그대로 반복되었습니다.

사법부를 수족처럼 부렸던 박정희 군사정권은 8명의 인혁당 관련 민주화 인사들을 서대문형무소에서 전격 처형합니다. 대법원에서 사형확정 판결이 떨어진 지 이틀도 지나지 않아서 자행한 사법살인이자 독재정권의 만행이었습니다. 당시 스위스에 본부를 둔 국제법학자회에서는 사형이 집행된 1975년 4월 9일을 '사법사상 암흑의 날'로 선포하면서 항의했습니다. 놀라운 것은 대법원에서 사형선고가 확정되기도 전에 사형선고 통지서가 검찰에 통보되었던 것입니다. 또 사형선고 통지서가 서울구치소에 도착하기도 전에 구치소에서 전격 사형이 집행되었다는 사실입니다.

인혁당 재건위 사건, 즉 제2차 인혁당 사건은 2007년과 2008년 재심 끝에 대법원에서 전원 무죄 판결을 받습니다. 도예종(52세, 삼화토건 회장), 서도원(53세, 전 대구매일신문 기자), 이수병(40세, 일어학원 강사), 김용원(41세, 경기여고 교사), 송상진(48세, 양봉업), 여정남(32세, 전 경북대 학생회장), 우홍선(46세, 회사 상무), 하재완(44세, 건축업) 등에 대한 사형집행은 사법사상 가장 수치스럽고 치욕스러운 오점이자 역사의 비극입니다. 1995년 MBC에서 설문조사 결과 판사 315명은 '우리나라 사법사상 가장 수치스러운 재판'이었다고 인정했습니다. 대법원장으로서 사형확정 판결에 한 표를 던졌던 민복기는 2000년 '자랑스러운 서울대인' 상을 수상합니다. 또한 사형 판결에 참여한 당시 대법원 판사 양병호 역시 1999년 '자랑스러운 서울대 법대인' 상을 수상합니다.

4. 한민당과 미군정의 반대로 무산된 친일파 처벌
민족반역자 처벌에 대한 한국과 외국의 사례 비교

　친일파 처단으로 다시 돌아갑시다. 해방 직후 한국 사회 지배세력이자 주류세력이었던 한민당('한국민주당'의 약칭)은 친일파 처단에 소극적이었습니다. 대지주, 친일 부역자들이 다수를 점하고 있던 김성수, 김준연 등 한민당은 "거리에서 우는 사람은 배고프고 옷이 없어서 우는 것이지 친일파들 때문에 우는 것이 아니다"라고 항변합니다. 해방 직후 민족의 당면 과제는 친일파(민족반역자)를 처단하고 독립된 자주 통일 정부의 수립이었습니다. 실제로 친일 매국노들이 일본제국주의자들에게 협조하지 않았다면 일제 침략 기간이나 식민통치 기간이 그토록 오래 이어지진 않았을 것입니다. 일본제국주의가 물러가고 해방된 세상에서 친일 부역자 처벌과 매국노 처단은 시대의 외침이자 상식이요 사회정의 그 자체였습니다.

　역사 청산에서 세계적으로 가장 주목받는 국가는 프랑스입니다. 프랑스 우파 드골 대통령은 종전 직후 1948년까지 7,037명의 친독 부역자들에게 사형을 선고했고 4만 명을 징역형에 처했으며 5만 명에 이르는 프랑스 시민의 공민권을 박탈했습니다.[17] 심지어 프랑스 자동차 기술의 국민영웅으로 칭송받으며 오늘날 프랑스 르노자동차의 기초를 놓은 루이 르노 회장을 67세의 고령임에도 구속시킵니다. 뿐만 아니라 대기업 등 '국가 자원을 국민의 행복을 위해 개발하고 쓴다'고 하는 드골의 정치철학에 따라 르노자동차는 국가가 몰수해 버립니다.[18]

　그 외에도 나치 독일에 협력했던 친독 반역자들에게 드골 정부는 단호하고 엄격하게 죄를 묻고 처벌했습니다. 프랑스 언론사 정치부장 조르주 슈아레즈는 103건의 히틀러 찬양 기사를 쓴 혐의가 발각돼 재산 몰수와 총살형에 처해졌습니다. 프랑스 천재 작가 로베르 브라지야 크의 경우도 레지스탕스 지식인 프랑수아 모리아크의 사면 간청에도 불구하고 전격 처형시킵니다.[19] 프랑스는 1980년대 2차 숙청까지 나치 독일에 협력했던 정치인, 지식인, 언론인 등을 색출하여 법의 심판대 에 세웠습니다. 심지어 1997년 1월엔 파리경찰국장과 국회의원, 그리 고 장관까지 지낸 모리스 파퐁(당시 86세)을 친독 비시 정권 아래 유 태인 학살범죄 관련 혐의로 법정에 세우고 기소했습니다.[20] 50만 명을 법정에 세우고 15만 명을 구속시켰으며 10만 명에 이르는 공직자를 소 환조사했습니다. 즉결처분 등 처형된 자가 3~4만 명에 이른다고 로베 르 아롱은 『숙청의 역사』에서 주장합니다. 프랑스 전체 인구의 3~5% 가 나치 협력자라는 이유로 숙청된 셈입니다.

500명을 사형 집행한 서독과 1만 3,000명에게 유죄 판결을 내린 동 독도 나치 협력자에 대한 역사 청산은 단호했습니다. 노르웨이, 중국 도 친일 부역자 처벌엔 한결같이 단호했습니다. 중국 국민당 장제스는 항일 전쟁 시기 일제에 협력했던 매국노 '한간'들과 매국노 왕징웨이 관련 정치인들을 처형합니다. 마오쩌둥의 공산당은 더욱더 확실하게 백수십만 명에 이르는 친일 매국노 '한간'들을 처단합니다.

우리나라의 친일파 처단은 미군정 통치의 반대로 좌절됩니다. 오히 려 미군정은 엔도 정무총감 이하 총독부 국장 등 일본인 정부 관리들 을 '행정고문'이라는 이름으로 현직에 유임시켰습니다.[21] 게다가 독립 운동에 소극적이거나 친일의 길을 걸었던 김성수, 송진우, 전용순, 김 동원, 이용설 등 한민당 관련자들을 가장 믿을 만한 집단으로 여깁니 다.[22] 그리하여 그들을 미군정청 행정고문으로 중용함으로써[23] 해방 후 한국인들의 기대를 절망의 나락으로 떨어뜨립니다.[24]

1947년 뒤늦게 구성된 임시 입법기구인 '남조선 과도입법의원'에서 친일파 처벌을 위한 노력 끝에 법을 제정합니다. '민족반역자, 모리간 상배 등 처벌에 관한 특별법'인데 이 또한 미군정의 반대로 시행되지 못했습니다. 미군정 당국은 일제 강점기 '일본의 통치 밑에서 협력자가 되지 않은 사람이 극히 드물다'는 이유를 들어 과거사 청산에 반대했기 때문입니다.

해방 공간에서 한민당과 이승만은 대동단결해야 할 시기에 친일파 처단은 사회 혼란을 야기한다는 이유로 정부 수립 이후로 연기하자며 친일파 처벌을 반대합니다. 그러나 1948년 대한민국 정부가 수립되자 제헌국회는 친일파를 등용할 수 없다는 인식하에 소장파 의원들을 중심으로 친일파 처벌법 제정에 적극 나섭니다. 소장파 의원들은 이승만 정권과 초기 이승만과 한통속이었던 한민당과 사사건건 대립했습니다.

반민법 제정에 앞장섰을 뿐만 아니라 이승만 정권의 '국가보안법'이 일제 강점기 '치안유지법'과 유사하다며 철회를 요구합니다. 나아가 농지개혁법에서는 지주의 이익을 대변했던 한민당과 정면충돌했고, 일본인 적산가옥 등 귀속재산처리법에 대해서는 일부 특권층의 사복을 채운다는 이유로 반대했습니다. 그리하여 김상돈, 김명동, 노일환, 김웅진, 이원홍 의원 등 국회 내 소장파 의원들은 적극적으로 '반민법' 제정을 서두릅니다. 그 결과 특별법으로 '반민법'은 1948년 9월 7일 103대 6으로 가결, 통과됩니다. 이승만 정권은 차일피일 법률 공포를 미루다가 국회가 다른 법안을 통과시킬 것 같지 않자 마지못해 9월 22일 대한민국 법령 제3호로 공포합니다.

이승만과 한민당은 이제 친일파 처벌에 대한 반대 논리로 '사회 혼란의 논리' 대신 '경제 논리'를 거론하며 여론을 왜곡합니다. 새로운 정부가 탄생한 만큼 경제 안정과 먹고사는 문제! 바로 경제 발전이 중요하지 과거를 묻는 것은 국민화합과 대동단결을 해친다면서 반대의 목소리를 높입니다. 그러다가 1949년 2월 2일 대국민 담화에서 대통령 이승만은 "반민특위가 입법부, 행정부, 사법부 일을 죄다 혼잡하게 행한다면 삼권분립을 주장하는 대한민국 헌법에 위배된다"[25]는 '헌법 위반의 논리'를 들먹이며 방해합니다.

일관되게 반민특위 활동을 방해하고 탄압하던 대통령 이승만은 김상덕 반민특위 위원장을 경무대(현 청와대)로 불러 대충 조사해서 내보내자며 '살살하자'고 회유합니다. 제33차 국회본회의 속기록(1949년 2월 17일 『서울신문』 보도)에 따르면 반민특위 부위원장 김상돈 의원은 국회본회의에서 이렇게 발언합니다.

"우리 위원회에서 비상한 노력을 계속하던 차에 대통령이 부르시기에 반민특위 활동을 무슨 원조나 하여 주시려는가 보다 하고 기쁜 마음으로 찾아갔다. 그랬더니 기대와는 천양지차로 노덕술을 석방하라는 말이 있었다. 그래서 노덕술을 석방할 수 없다고 말했더니 그래도 노덕술은 경찰기술자이며 공훈이 있는 자이다. 이 사람이 없이는 신생국가의 치안유지가 안 된다고 말하며 다시금 석방을 요청하기에 나는 민주주의 국가에서는 그러한 기술이 필요치 않다고 거절했다. 그랬더니 대통령은 못마땅하게 생각하면서 당신들이 그대로 나가면 나는 나대로 생각이 있다고 말했다. … 대통령은 특위 활동 때문에 치안이 혼란 상태에 빠졌다고 말했는데 그렇다면 제주도 사건을 비롯하여 전남반란사건, 38선의 혼란상태 이 모두가 반민특위의 고문 난타 때문에 그렇다는 말인가? 대통령의 담화는 부당한 것이며 다시는 대통령이 신생국가의 건전한 발전을 위하여 꿈에라도 그러한 말을 하지 말아야 한다."[26]

1949년 6월 공세(국회 프락치 사건-반민특위 해체 사건-백범 김구 암살 사건)를 앞둔 5월 말엔 다급했던지 이승만이 한밤중에 직접 반민특위 관사가 있던 중구 필동 3가로 김상덕 위원장을 찾아갑니다.[27] 그는 장관 자리 감투를 제안하며 최후 담판을 시도합니다. 하지만 2·8 도쿄 독립선언의 주역이자 강직하고 온화한 성품의 김상덕 반민특위 위원장은 독립운동가 출신답게 격노한 상태로 대통령 이승만의 감투 흥정을 거부합니다.

5. 신탁통치 파동과 친일 세력의 정치적 부활

해방 직후 신탁통치 파동은 정국을 급반전시킵니다. 해방 공간 대결 구도는 일제 치하 독립운동을 한 민족주의(사회주의) 세력 대 친일 경력의 반민족 세력의 대결 구도였습니다. 아무리 미군정 통치라고 하지만 당연히 정국 주도권은 독립운동을 한 민족주의(사회주의) 세력이 쥐고 있었습니다. 그러나 1945년 12월 30일 모스크바 3상 회담이 동아일보의 오보로 인해 공산주의(찬탁) 대 자유주의(반탁) 이념 대결 구도로 급반전됩니다.

신탁통치는 애초에 미국의 루스벨트 대통령이 주장했는데 그는 윌슨을 신봉했던 윌슨주의자로서 전후 평화를 보장할 국제질서를 모색했습니다. 루스벨트는 종전 테헤란 회담(1943)에서 "한국인들은 아직 독립 정부를 수립하거나 유지할 준비가 되어 있지 않으므로 40년 동안 훈련 기간을 거칠 필요가 있다"며 신탁통치를 제안하고 스탈린도 이에 동의합니다.[28] 그런데 마치 동아일보는 미국은 즉시 독립, 소련은 신탁통치를 주장한 것처럼 신탁통치가 독립의 지연 내지 또 다른 예속 생활인 것처럼 모스크바 결정문의 내용을 왜곡, 보도함으로써 국민감정을 자극한 것입니다.

신탁통치 찬성 세력은 사회주의 세력 이외에 중도파 정치세력 그리고 민족주의 좌우세력을 망라합니다. 민족주의 우파 세력을 대표하는 송진우조차 백범 김구가 소집한 경교장회의에서 '모스크바 3상 회의 전문을 읽어 보았느냐'며 신탁통치 찬성 발언을 합니다. 그러고 나서 다음 날 암살됩니다. 미군정 정보당국은 송진우 암살을 백범 김구와 관련된 행위로 진단했습니다.

백범 김구는 반탁운동에 적극 나서면서 미군정청 한국인 관리들의 파업을 선동합니다. 신탁통치 파동은 우리 민족의 소원인 통일된 자주독립국가 건설과는 다른 정치국면을 조성합니다. 해방 직후 '항일 민족주의 세력 대 친일반민족 세력' 대결 구도가 해방된 지 6개월도 채 되지 않아 '찬탁 대 반탁 세력'으로 전환되고 '찬탁 세력=공산주의, 반탁 세력=자유주의 세력'이라는 왜곡된 이념이 고착됩니다. 이는 향후 신탁통치 파동을 계기로 1946~1947년 한반도를 분단 상태로 고착시키는 이념 대결 지형으로 치닫게 만듭니다.

그 기회를 틈타서 친일반민족행위자들은 반탁 세력에 붙어 이념 대결의 우산 속으로 피신합니다. 그리고 곧바로 공산주의 타도! 바로 '타공打共, 반공反共'을 외치면서 미군정 당국의 정치적 이해에 조응합니다. 나아가 해방 공간 자신의 정치 세력이 취약했던 이승만 정권의 든든한 정치세력으로 급부상합니다. 신탁통치 파동은 결과적으로 친일파의 정치적 부활을 가져오는 비극으로 끝나며 그 후유증은 이 땅을 냉전적 이념 대결의 구렁텅이로 몰아넣습니다.

6. 노덕술의 초고속 출세와 친일 경력

일제 강점기 한국인 가운데 경시(경찰서장에 해당하는 총경급)라는 최고위 경찰직을 유지했던 인물은 8명인데 그중 하나가 노덕술입니다. 그는 초등학교 2년 중퇴 학력임에도 21살에 일본 경찰 순사가 됩니다. 23살에 울산경찰서 사법계 순사부장이 되어 고향인 울산에서 근무합니다. 1924년 25살에 경부보(경감에 해당)로 승진하여 경상남도 의령경찰서 사법주임을 지냅니다. 경찰에 입문한 지 4년 만에 경찰 중견 간부인 경부보에 오른 것은 당시로선 매우 파격적입니다. 더구나 1920년대 사법계는 경찰조직 내 경무계, 병사계, 위생계 등 여타 부서와 달리 경제계 형사들처럼 시종여일 호경기를 맞는 요직이었습니다.

당시 사법주임 3년만 하면 평생 먹고살 수 있는 큰돈을 긁어모은다고 했는데 특히 전라남도와 경상남도가 옥토였습니다.[29] 일제 강점기 조선인 경찰들은 능력을 인정받고 승진과 출세를 위해 물불을 가리지 않고 악행을 저지릅니다. 일본인 경찰보다 독립운동가 색출, 검거에 적극성을 보이는데 그것은 상전인 일제로부터 인정을 받기 위해서였습니다. 그들은 조선말을 모르는 일본인 경찰의 수족 노릇을 하며 독립운동가 체포에 혈안이 되었습니다. 특히 노덕술은 일본어가 유창했고 일본 노래를 유달리 잘 불러서 일본 경찰들에게 인기가 많았습니다.[30] 이처럼 일제 강점기의 경찰은 친일파 중에서도 가장 핵심이자 친일파의 골간을 이룹니다.[31]

경부보로 승진한 이후 노덕술은 김해경찰서와 거창경찰서, 동래경찰서 경부보로 재직할 당시 신간회 활동을 했던 박일형을 체포, 고문했습니다. 또 부산 제2상업학교 동맹휴교 사건(1928)의 배후에 혁조회(일명 흑조회)라는 항일 조직을 색출하는 가운데 독립운동가 김규직을 고문하여 사망케 했습니다(사망 당시 20살). 1929년에는 광주학생운동 관련자 석방을 주장한 동래고보 동맹휴학 사건 관련 학생들을 검거하여 '고문귀' 하판락처럼 혀를 잡아 빼는 고문을 자행했습니다. 1932년 통영경찰서 사법주임 재직 시엔 메이데이 시위에 참여한 김재학을 체포, 고문하는 등 노덕술의 민족반역 행위는 갈수록 악랄했습니다. 잔악하기 이를 데 없는 고문으로 일제의 절대적 신임을 얻은 노덕술은 급기야 33살인 1932년에 경부(경정에 해당, 경찰서 과장급)로 승진하여 고향인 울산경찰서 경부로 발령을 받고 곧바로 경기도 경성부 본정경찰서 사법주임이 됩니다.[32]

이후 노덕술은 인천경찰서, 양주경찰서, 개성경찰서 사법주임을 지내며 일제의 침략전쟁 수행에 적극 협력합니다. 1937년 일제의 중국 침략으로 중일전쟁이 발발하자 여론 환기, 국방사상 보급 선전, 군사 수송, 경계, 전쟁 협력을 독려하기 위한 시국좌담회 참석 등 전시 업무를 적극적으로 수행합니다. 그 결과 1941년 3월 훈8등 서보장을 받고 경성 종로경찰서 사법주임으로 전근합니다. 1943년에는 경시로 승진하여 평안남도 경찰부 보안과장이 되어 치안유지, 징병, 방공, 화물자동차 징발, 군수품 운송 등 일제의 침략전쟁 수행에 적극 협력합니다. 노덕술은 1945년 8월 평안남도 평양경찰서 서장으로 근무하다 소련군의 진주로 월남합니다. 월남 후 남쪽에서 수도경찰청 수사과장으로 재직하던 중 수도경찰청장 장택상 저격 사건으로 검거된 민주 청년 박성근을 1948년 1월 고문 끝에 사망케 합니다.

이때 노덕술은 마치 박성근이 도주하려고 창문을 열고 뛰어내리다 사망한 것처럼 조작했습니다. 유신 시절 중앙정보부가 자행한 만행이 떠오릅니다.[33] 1973년 10월 박정희 정권은 최종길 교수(서울대 법대)가 중앙정보부에서 고문 끝에 사망하자 투신자살했다고 발표했습니다.

'간첩행위를 한 것이 부끄럽고 수치스러워 7층 화장실 창문을 통해 뛰어내렸다'고 말이죠. 2000년 의문사진상위원회에서 최종길 교수의 죽음의 진상이 고문으로 밝혀지면서 박정희 정권 중앙정보부의 패악과 사건 조작의 전모가 드러났습니다. 노덕술은 사건 조작이 어렵게 되자 고문치사한 박성근의 시신을 몰래 한강에 내다 버리고 사건을 은폐한 혐의로 수도경찰청 경무국에 체포돼 조사를 받습니다.

7. 친일 경찰에 맞선 최능진
좌절된 민족민주 경찰의 꿈

당시 경무국장은 민족주의 항일 운동 경력을 지닌 최능진이었습니다. 최능진은 1937년 안창호 선생과 함께 수양동우회 사건으로 투옥되는 등 항일 독립지사 출신입니다. 그는 해방 후 북한에서 건국준비위원회 평남지부 치안부장으로 활동했으나 소련 군정의 탄압으로 월남합니다. 최능진은 미군정청 경무부 수사국장으로 등용되지만 친일 경찰 채용과 경찰의 부정부패에 항의하다가 미군정청 경무부장인 조병옥과 사사건건 대립합니다. 정치경찰 조병옥은 친일 경찰을 적극 두둔합니다. 미군정청 보고에 따르면 조병옥 스스로 경무부장 취임 당시 재산이 아주 적었는데 취임 2년 후 자기의 은행 구좌에 20만 불을 보유할 정도로 재산을 불렸습니다.[34]

최능진은 1946년 대구 10월 항쟁의 원인으로 미군정의 무원칙한 식량정책과 식량 강제 매입, 만연하는 실업난과 모리배의 발호, 해외 귀환동포의 급증, 토지개혁의 지연과 인민위원회의 좌절, 친일 경찰의 재등장을 지적합니다. 특히 해방 후 당연히 처벌받을 것으로 생각했던 민족반역자, 즉 친일파들이 재등장한 현실에 대한 민중의 분노[35]라고 생각했습니다. 실제로 경상북도와 대구에서 국과장급 대다수가 일제 관료 출신으로 다시 채워집니다. 경찰의 경우, 경상북도 경찰관 2,100명 가운데 873명이 한국인이었는데 미군정에 의해 다시 임용되었습니다.[36]

그들은 인권 탄압과 고문 등 비민주적인 수사 관행으로 주민들의 원성이 자자했습니다. 그리하여 악질 친일 경찰을 지목하며 그들을 처벌할 것을 주장하지만 미군정청 경찰 총수인 조병옥과 수도경찰청장 장택상은 미군정을 등에 업고 친일 경찰 처벌을 반대하며 최능진을 압박합니다. 결국 민족민주 경찰을 대표했던 최능진은 친일 경찰을 비호하는 세력에 밀려 사표를 냅니다.

그 후 1948년 5·10총선에 이승만과 맞붙기 위해 동대문 갑구에 출마하려 하지만 이승만과 장택상, 서북청년단의 방해 책동으로 후보 등록 직후 곧바로 등록이 취소됩니다. 고등계 형사 출신이자 반민특위를 습격하는 데 앞장선 윤기병(당시 동대문경찰서장)에 의해 추천인 200명 가운데 27명의 날인이 날조되었다는 이유로 선거 2일 전인 5월 8일 후보 등록을 전격 박탈당합니다. 이후 제헌국회에서 대통령을 선출할 때 최능진은 한민당의 지원을 받은 이승만에 맞서서 서재필을 대통령으로 옹립하고자 노력합니다.

그러나 이승만 정권이 들어서고 불과 한 달 만에 최능진은 '국군 안에 혁명의용군을 조직하여 쿠데타를 일으키려 했다'는 죄목으로 징역 5년을 선고받습니다. 한국전쟁이 발발하자 인민군 치하에서 정전, 평화운동을 벌였다는 이유로 한국전쟁 기간인 1951년 이승만에 체포돼 반역 혐의로 대구 근교 야산에서 총살당하는 비운에 처합니다. 최능진을 반역 혐의로 체포해 군법회의에 넘긴 자는 바로 이승만의 오른

팔 '인간백정' 김창룡 특무부대장이었습니다.

2009년 진실·화해를 위한 과거사 정리위원회는 '최씨가 사실관계가 잘못된 판결로 총살당했다'며 진실 규명 결정과 함께 재심을 청구했습니다. 재심 재판부는 "최씨가 주도한 정전·평화 통일운동은 김일성 등에게 전쟁을 즉시 중지할 것을 요구하고 민족문제를 평화적으로 해결하려는 목적으로 이루어진 것"이라며 2015년 8월 27일 64년 만에 무죄를 선고했습니다.[37]

8. 역사 청산과 역사의 반동
노덕술에게 역청산을 당한 김원봉

'인간백정' 고문 기술자 노덕술은 해방 직후 의열단 단장 출신이자 해방 공간 진보세력인 '민주주의민족전선'(약칭 '민전') 공동의장이던 김원봉을 체포합니다. 1947년 3월 22일 체포 당시 이유는 노동조합 전국평의회(약칭 전평) 시위가 발생했을 때 배후 조종했다는 포고령 위반 혐의였습니다. 군사법정에서 무죄로 석방되지만 노덕술은 걸출한 독립운동가 약산 김원봉 선생을 연행하여 뺨을 때리고 모욕감을 줍니다. 그리고 심각한 고문을 자행합니다.

해방 공간에서 일제 치하 애국 독립지사들을 잡아다가 고문하면서 노덕술은 이런 말을 내뱉곤 했습니다. "이래 뵈도 일제 때 독립지사들을 때려잡은 실력이야." 그 표현처럼 수도경찰청 사찰과 형사들은 독립지사들을 때려잡았던 그 수법 그대로 해방 후 애국지사들을 고문했습니다. 인적 청산이 이루어지지 않은 상태에서 사찰과 경찰 대부분이 고등계 형사 출신들로 채워졌기 때문입니다.[38]

약산 김원봉 선생은 일제 치하 전 시기를 통해 일제 경찰로부터 100만 원(오늘날의 200억~300억 원)이라는 가장 큰 현상금이 붙었던 걸출한 독립운동가입니다. 백범 김구 선생보다 현상금 액수가 훨씬 더 컸을 만큼 일제가 증오하며 체포하고 싶어 했던 독립지사였습니다. 그런데 '친일 경찰의 대부' 노덕술로부터 육체적 고문과 정신적 모욕감을 받은 사실은 해방된 조국에서 상상할 수 없는 크나큰 충격을 던져주었습니다. 약산 선생은 무죄로 풀려난 후 예전 의열단 동지 유석현의 집에 기거하면서 3일 밤낮을 울면서 통곡했습니다.

> "내가 조국 해방을 위해 중국에서 왜놈들과 싸울 때도 이런 수
> 모를 당하지 않았는데 해방된 조국에서 악질 친일파 경찰 손에 수갑
> 을 차다니 이럴 수가 있소."[39]

김원봉의 분노는 상상을 초월했습니다. 실로 기가 막히고 허망한 노릇이었습니다. 해방된 조국에서 조선 최고의 독립운동가가 악질 친일파에게 거꾸로 청산을 당하는 꼴이었으니까요. 결국 약산 김원봉 선생은 백색테러가 횡행하는 이승만 정권에서 목숨의 위협을 느낀 나머지 월북을 결심합니다. 월북하기 직전 아내이자 이역만리 중국에서 일본군과 교전 끝에 부상을 입고 사망한 동지 박차정 여사의 피 묻은 적삼을 친가 동생인 박문하(부산시 동래 민중병원)에게 건네줍니다.

노덕술은 여기서 그치지 않고 정치인들을 암살하고자 음모를 꾸밉니다. 특히 반민특위 활동에 앞장선 신익희(국회의장), 김병로(대법원장), 김상덕(반민특위 위원장) 및 소장파 국회의원들 암살을 음모합니다. 친일 경찰 출신 최난수(서울시경 수사과장), 김태선(서울시경 국장), 최연 등과 함께 살인청부업자 백민태를 시켜 요인 암살을 시도했지만

백민태의 심경 변화로 노덕술이 꾸민 암살 계획은 수포로 돌아갑니다.

노덕술 등 친일 세력들은 반격의 기회를 엿보다 1949년 4~6월 '국회 프락치 사건'을 터뜨리면서 반민특위에 앞장선 국회의원들을 남로당과 내통한 공산주의자로 몰아가는 데 성공합니다.

결국 반민특위는 결정타를 맞고 크게 흔들리게 됩니다. 그러던 차 1949년 6월 6일 아침에 친일 경찰 윤기병(중부경찰서장)은 반민특위 사무실을 전격 습격합니다. 이승만의 지시와 장경근 내무차관의 비호 아래 중부경찰서 사찰과 형사들 수십 명을 무장시킨 채 반민특위 특별경찰대(일명 특경대)의 무장을 전격적으로 해제시킵니다.

결국 반민법으로 체포된 노덕술 등 친일파들은 처벌받지 않고 속속 풀려났습니다. '반민특위 습격사건'(일명 6·6사건)으로 반민특위가 친일 세력에 의해 무력으로 해체되고 1949년 6월 23일 노덕술은 마포형무소에서 출감합니다. 그리고 3일 후 백범 김구 선생이 피살됩니다. 암살범 안두희는 미군 범죄수사대CIC 요원이자 해방 직후 극우 암살단체인 '백의사白衣社' 단원이었습니다. 안두희는 말년에 백범 김구 선생 묘소에서 회한의 눈물을 흘리며 암살에 관여한 자들의 이름을 하나씩 거명합니다. 장택상, 최운하, 노덕술, 김창룡. 마포형무소에서 나온 지 3일 뒤 노덕술은 항일민족운동의 거목 백범 김구 암살에 가담한 것입니다.

한국 현대사 연구의 권위자 한홍구 교수는 '국회 프락치 사건', '반민특위 습격사건', 1949년 6월 26일 '백범 김구 암살'로 이어지는 세 가지 사건은 친일 세력이 일으킨 친위 쿠데타였다고 그 역사적 성격을 규정했습니다.[40] 왜냐하면 친일 청산의 마지막 정신적 지주였던 김구의 존재가 친일 세력을 바탕으로 정권을 창출한 이승만 정권에겐 눈엣가시였기 때문입니다.

노덕술은 출감한 후 경찰을 떠나 헌병으로 변신합니다. 1950년 헌병 중령으로 주특기인 고문 경력을 살려 헌병대 범죄수사대CIC에서 근무합니다. 그러나 김창룡과 대립각을 세우던 국무총리 정일권의 휘하에서 고문수사와 공작정치를 하다 역시 부패 독직 사건으로 군문을 떠나게 됩니다. 노덕술은 이후 많은 재산을 축적하고 1960년 제5대 국회의원 선거인 7·29선거에 고향인 울산에서 무소속으로 출마하지만 친일 경력 탓에 낮은 득표로 낙선합니다.

　　이후 울산을 떠나 69세에 사망할 때까지 마지막 거주지인 서울 궁정동에서 삽니다. 1979년 박정희가 총에 맞아 죽은 바로 그 궁정동 안가입니다. 하판락처럼 90세가 넘도록 살진 못했지만 고희에 가까운 나이까지 천수를 누립니다. 역사를 청산하지 못하고 좌절된 탓에 대한민국은 사회정의가 실종된 사회로 치달았고 친일반민족 세력들은 한국 사회 주류가 되어 일제 강점기 기득권을 지속적으로 향유할 수 있었기 때문입니다.

무궁화동산(옛 궁정동 안가로 현재 청와대 옆에 위치). 친일 경찰 노덕술이 살았던 집터이자 1979년 10·26 당시 박정희가 중앙정보부장 김재규에 의해 피살된 장소이다. 1993년 문민정부 때 안가를 철거하고 시민 휴식 공간이 되었다.

1. 노덕술, 초등학교 2년 중퇴의 학력으로 자신의 출세를 위해 잔악하기 이를 데 없는 고문을 자행하며 25살에 경부보로 초고속 승진을 질주하다.

2. '인간백정' 노덕술, 일제의 침략전쟁 수행에 적극 협력하고 해방 후 민주 청년 박성근을 또 고문치사하다. 민주 청년 박성근을 고문치사하고 사건을 조작, 은폐한 노덕술, 마치 유신 시절 최종길 교수(서울대 법대) 고문치사를 조작한 중앙정보부의 만행을 연상시키다.

3. 노덕술 등 고등계 친일 경찰의 고문 수법! 해방 후 수십 년이 지난 1980년대 후반 군사정 권 시절에도 계속 이어지다.

4. '친일 경찰'의 대명사 노덕술, '고문의 귀신' 하판락의 고문 기술, 한국 사찰(대공) 경찰의 고문 기술로 이어져 관절 뽑기 등 희대의 고문 기술자 '이근안'을 낳다.

5. 친일 경찰 노덕술의 김원봉 체포와 고문은 민족 독립운동 세력이 친일반족 세력에게 역 청산을 당하는 한국 현대사 굴절의 시초이자 상징적 사건.

6. 친일 경찰의 고문 수법, 청산되지 않은 역사는 경찰, 특무대 등 정보기관을 통해 반복되다.

7. 친일 경찰의 대부 노덕술, 일제가 최고의 현상금을 걸고 검거하고자 했던 걸출한 독립운동 가 김원봉을 체포, 고문하며 모욕을 주다.

8. 노덕술 등 친일 경찰, 테러리스트 백민태를 시켜 반민특위 활동에 앞장선 신익희(국회의 장), 김병로(대법원장), 김상덕(반민특위 위원장) 및 소장파 국회의원들 암살을 음모하다.

9. 노덕술, '6·6사건'(반민특위 습격사건)으로 마포형무소에서 나온 지 3일 뒤 백범 김구 선 생 암살에 관여하다.

10. 백색테러가 횡행하는 이승만 정권의 친일 경찰 노덕술로부터 거꾸로 모욕을 당한 진보적 민족주의자 김원봉! 목숨의 위협을 느껴 월북을 결심하다.

11. 친일 경찰 노덕술, 경찰을 떠나 헌병 중령으로 복무하던 중 김창룡과 각을 세우다 부패 독 직 사건으로 군문을 떠나다.

12. 한국 국립경찰! '수사=고문'이라는 일본화된 경찰로서 과거 40년 넘게 독재정권의 보루, 인권 탄압의 상징으로 기능하다.

13. 미군이 한반도에 진주한 지 3~4개월 동안 취한 조치와 정책들은 이후 남한 사회 지배세 력의 기본 구조를 공고히 하기에 충분한 기간이었다. 친일 경찰, 미군정 통치 기간 한국 경 찰의 주류로 자리 잡고 역사의 무대에 재등장하다

14. 모스크바 3상 회의 내용을 왜곡 보도한 동아일보 기사! '미국은 신탁통치 반대, 소련은 신탁통치 찬성'→ 좌우 이념 대결을 고착시키는 비극을 낳다.

15. 모스크바 3상 회의 결정문의 가장 중요한 내용은 '최우선적으로 조선에 통일된 임시정부 를 세운다'는 내용이다.

16. 신탁통치 파동을 계기로 친일반족 세력들 이승만, 김구의 '비상국민회의'(1946. 2) 우 산 밑으로 들어가 '반탁=애국', '찬탁=매국'을 외치며 애국자로 둔갑하다.

1. 서중석(2005),『사진과 그림으로 보는 한국 현대사』, 서울: 웅진씽크빅, 22쪽.
2. 브루스 커밍스, 김자동 옮김(1986),『한국전쟁의 기원』서울: 일월서각, 216~217쪽, 강준만(2004),『한국 현대사 산책 1(1940년대 편)』, 서울: 인물과사상사, 94쪽에서 재인용.
3. 박용규(2013),『우리말 우리역사 보급의 거목 이윤재』, 한국독립운동사연구소, 64쪽.
4. 김민철(1993),「제 민족 탄압에 앞장선 친일 경찰」,『殉國』통권 35호, 73쪽.
5. 정경모(1986),『찢겨진 산하』, 서울: 거름, 168쪽.
6. 안진(1996),『미군정기 억압기구 연구』서울: 새길, 136쪽.
7. 김삼웅 외(1994),「일제잔재, 고문, 구타, 사상전향제」,『일제잔재 19가지』, 서울: 가람기획, 316쪽.
8. 이경남(1992),「일제하 친일 경찰관 인맥」,『신동아』1992년 9월호, 295쪽.
9. 정재권(1995),「해방 50년 친일파의 나라」,『한겨레21』통권 49호, 61쪽.
10. 심재택,「4월 혁명의 전개과정」,『4·19혁명론 1』참고. 이정식(1993),『새로운 학생운동사』, 서울: 힘, 204쪽.
11. 유시민(1989),『거꾸로 읽는 세계사』, 서울: 푸른나무, 168쪽.
12. 안용식(2008),「일제하 한국인 경찰 연구」,『현대사회와 행정』제18권 제3호, 225~226쪽.
13. http://www.mpva.go.kr http://cafe.naver.com/bohunstar.cafe 1999년 11월 「이달의 독립운동가 강우규」.
14. 이경남(1992), 위의 글, 290~291쪽.
15. 김삼웅 외(1994), 위의 책, 318쪽.
16. 고명섭(2015),「사법살인 그날, 인혁당 희생자 주검 탈취 현장을 지켜봤다」,『한겨레』, 2015. 110. 18.
17. 송충기(2004),「어두운 기억은 결코 흐려지지 않는다. 그러나…」,『월간중앙』통권 347호, 215쪽.
18. 주섭일(1999),「르노자동차 회장의 비참한 최후」,『프랑스의 대숙청- 드골의 나치 협력반역자 처단 진상』, 서울: 중심, 201~209쪽.
19. 박용현(2002),「프랑스 과거청산 어떻게 했나」,『한겨레』2002. 3. 6. 5면.
20. 류재훈(1997),「프, 친나치 부역자 재판회부 '잘못된 과거' 심판 시효 없다」,『한겨레』1997. 1. 25.
21. 안진(1987),「미군정기 국가기구의 형성과 성격」,『해방전후사의 인식 3』, 서울: 한길사, 198쪽.
22. 전상숙(2005),「사상 통제정책의 역사성: 반공과 전향」,『한국 정치외교사 논총』제27집 제1호, 90쪽.
23. 진덕규(1979),「미군정의 정치사적 인식」,『해방전후사의 인식 1』, 서울: 한길사, 49쪽.
24. 민주화운동기념사업회(2016),『사료로 보는 반민특위』.
25. 장슬기(2016),『미디어 오늘』2016. 8. 7.

26. 박명림(1994), 『한국전쟁의 발발과 기원』, 고려대 박사학위논문, 393~394쪽.
27. 장슬기(2016), 『미디어 오늘』 2016. 8. 15.
28. 이동현(1990), 『한국 신탁통치 연구』 서울: 평민사, 27~42쪽.
29. 김민철(1993), 위의 글, 72쪽.
30. 〈MBC 이제는 말할 수 있다〉, 친일 고등계 경찰 출신 하판락의 생존 당시 증언 내용.
31. 하성봉(2001), 「일제 경찰 사진첩」, 『한겨레』 2001. 9. 11.
32. 민족문제연구소(2009), 『친일인명사전』, 751~752쪽.
33. 김삼웅 외(1994), 위의 책, 316~317쪽.
34. 김민철(1993), 위의 글, 73쪽.
35. 김일수(2004), 「대구와 10월 항쟁」, 『기억과 전망』 제8호, 152쪽.
36. 김상숙(2011), 「농민항쟁의 측면에서 본 1946년 10월 사건」, 『기억과 전망』 통권 25호, 149쪽.
37. 서영지(2015), 「이승만 정권이 총살한 독립운동가 최능진, 64년 만에 무죄」, 『한겨레』 2015. 8. 27.
38. 김삼웅 외(1994), 위의 책, 316쪽.
39. 한상도(1989), 「김원봉의 조선혁명군사정치간부학교 운영과 그 입교생」, 『한국학보』 제57집, 223쪽.
40. 장슬기(2016), 『미디어 오늘』 2016. 8. 14.

14장
영혼 없는 '인간백정' 김창룡

1. 한국전쟁 전후 민간인 학살
이승만의 특명과 방첩대의 학살 지시

김창룡! 일제 강점기 관동군 헌병이 되어 만주와 소만 국경지대에서 2년간 50여 건의 항일세력을 색출, 일망타진하여 헌병보조원에서 헌병 이등병, 그리고 일약 관동군 헌병 오장(하사관)까지 승진했던[1] 친일 인물의 대명사! 우리는 김창룡을 그렇게 기억합니다. 흔히들 김창룡에 대한 세간의 인식은 이승만의 오른팔이 되어 젊은 나이에 무소불위의 권력을 휘두르다 부하에게 암살된 특무부대장(오늘날 기무사령관) 정도입니다. 그러나 김창룡의 삶에서 우리가 놓쳐서는 안 되는 점은 바로 반민족적·반민중적인 삶의 연속이라는 사실입니다. 일제 치하 김창룡의 반민족적·반민중적인 삶은 한국전쟁 기간 전후 숱한 민간인 학살을 자행한 행위로 이어졌습니다.

2000년 1월 한국전쟁 당시 대전형무소 정치범 집단학살을 사회 여론화시킨 재미동포 고 이도영 박사와 김종필 전 국무총리의 면담 내용에서도 확인된 사실입니다. 김종필은 육사 8기로 한국전쟁 전후 시기 육군본부 정보국 2과[2]에서 근무했습니다. 그는 "(전쟁 당시 민간인 학살은) 전부 김창룡이 한 것"이라고 증언한 적이 있습니다.[3] 보도연맹원 처형에 현장 지휘 책임자로 직접 관여한 김만식(2007년 증언 당시 84세) 씨는 민간인 학살이 이승만 대통령의 특명에 의한 것이라고 공개 증언했습니다. 한국전쟁 발발 당시 헌병대 6사단 상사로 근무 중 6월 27일 헌병사령부를 통해 무전으로 처형 지시를 직접 받았습니다. 대통령 특명의 내용은 '분대장급 이상 지휘관은 명령에 불복하는 부대원을 사형시키고 남로당 계열이나 보도연맹 관계자들을 처형하라'는 특명이었습니다.[4] 2016년 6월 21일 충북NGO센터에서 한국전쟁 충북

민간인 학살을 다룬 영화 〈레드 툼(Red Tomb)〉 포스터. 1950년 이승만 정권에서 자행한 만행인 보도연맹 등 민간인 학살을 다룬 다큐멘터리 영화. 구자환 감독이 10년 동안 촬영하고 편집한 작품으로 2013년 서울독립영화제에서 우수작품상을 수상했고 2015년 7월 개봉되었다.

유족회와 충북 역사문화연대가 주최한 '2016 한국전쟁 민간인 희생자 충북 합동추모제'가 열렸습니다. 그 자리에서 선우종원(2018~2014)은 영상을 통해 '민간인 학살은 군의 지시에 따라 경찰이 학살을 주도했다'고 증언했습니다.[5]

1948년 12월 국가보안법 시행에 따라 선우종원은 오제도와 함께 좌익 혐의를 받은 사람들을 보호하고 인도한다는 명분으로 보도연맹을 창설했던 반공검사였습니다. 그들은 일제 강점기 사상 탄압을 위해 만들었던 '시국대응 전선사상 보국연맹' 체제를 그대로 모방하여 1949년 4월 '국민보도연맹'을 만들었습니다. 과거 남로당원, 민주주의민족전선(약칭 민전), 노동조합 전국평의회(약칭 전평), 민주애국청년동맹(약

칭 민애청), 조선문학가동맹, 인민위원회 활동을 했던 전향자를 중심으로 조직했습니다. 보도연맹은 법적 근거 없이 만든 관변단체로서 보도연맹원들에겐 공민증 대신 보도연맹원증을 발급하여 일제 요시찰 인물처럼 관리했습니다. 그들은 거주 이전의 자유가 제한돼 있었고 이동 시엔 반드시 관할경찰서 사찰계에 승인을 받아야 했습니다. 1949년 4월 보도연맹을 창설한 지 7개월이 지난 1949년 말 당시 30만 명이 가입했는데 이는 이승만 정권의 강제 할당, 지역 할당 및 식량 배급 등 무리한 정책의 결과였습니다. 세간에 알려진 양주동(문학박사), 「소나기」의 작가 황순원, 「향수」의 시인 정지용 등 서울지역만 2만 명에 이르렀습니다. 단기간에 30만 명이나 가입시켰으니 사상과 무관한 사람이나 낫 놓고 기역자도 모르는 순박한 농민도 많았습니다.

실제로 학살을 집행한 헌병 출신 김만식 씨는 예비 검속에 걸려 학살당한 보도연맹원 중에는 순박한 농민이나 어진 시민들도 있었다고 증언했습니다. 따라서 군의 직접 지시를 받고 예비 검속을 단행한 경찰 가운데는 자의로 석방시킨 사례도 있어 헌병대 장교가 그 책임을 물어 충북 증평군 경찰지서장을 즉결 처형한 사례도 있었다고 전했습니다. 학살의 시작은 1950년 7월 1일 경기도 이천이라는 기존의 학설과 달리 6월 28일 강원도 횡성에서 시작되었습니다. 서울이 3일 만에 함락된 탓도 있어서 기존 연구는 경기도 이천 이남에서 학살이 시작되었다고 했습니다. 그러나 집단 학살의 현장 책임자였던 김만식은 횡성(6월 28일)을 시작으로 원주, 충북 충주, 음성, 청원, 경북 영주, 문경, 성주 등으로 학살이 이어졌다고 증언했습니다.

한국전쟁이 발발하고 후퇴하면서 이적행위가 우려되는 국민보도연맹원(약칭 보도연맹원) 학살과 대전·대구·부산·진주·전주형무소 등 정치범 집단 학살은 거의 모두 직접적으로 방첩대가 개입해 자행한 민간인 학살이었습니다. 한국전쟁이 발발하자 방첩대는 헌병이나 경찰을 배제시킨 채 간첩, 이적, 반란 등 사상범 척결을 자신의 고유한 영역으로 간주했습니다. 군 방첩대는 전쟁 발발 직후 관계기관을 완전히 장악한 후 계엄이 공포된 상황에서 경찰을 지휘하는 우월적 지위를 획득합니다.[6] 다시 말해 1950년 7월~9월 사이 최소 수만 명에서 30만 명에 이르는 보도연맹원 집단학살 사건은 방첩대가 학살 명령의 핵심 주체였습니다. 방첩대는 미군방첩대CIC의 기능과 운용을 모방하여 1948년 5월 조선경비대 정보처 특별조사과(대장 김안일 대위)로 출발했습니다. 1948년 8월 15일 정부 수립 후 육군본부 정보국 소속으로 개편되었고, 1948년 11월 1일 정보국 제3과 특별조사과는 특별정보대(대장 김안일 소령)로 확대 개편되었습니다.

부산지역 보도연맹원 등 정치범 집단학살 장소(부산시 영도구 동삼동 소재, 미니공원). 1950년 한국전쟁 발발 직후 수천 명에 이르는 사상범들을 적법한 절차 없이 집단학살, 절벽으로 내던져 수장시킨 학살 장소이다. 현재 학살 장소인 미니공원에는 김소운 문학비가 세워져 있다.

2. 군부숙청과 민간인 학살의 주범

방첩부대장 김창룡의 숙군과 학살

방첩대의 역할이 확대되고 막강한 권한을 획득하는 계기는 여순 사건 직후부터 시작된 숙군(군대 좌익 혐의자 숙청)작업이었습니다. 숙군 작업은 육본 정보국 제3과장 김안일의 지휘 아래 김창룡(대위), 이세호 등이 합세한 특별조사과(특별정보대) 주도로 진행되었습니다. 김창룡은 1연대 정보소대장 시절 이병주 소령 등 좌익계 장병 8명을 색출한 방첩 능력이 인정돼 육본 정보국으로 발령을 받습니다. 초대 정보국장은 자발적 친일파 집단인 간도특설대 출신의 백선엽 대령이었고 특별정보대장 김안일은 육사 2기로 박정희 동기생이었습니다. 1949년 10월 육본 정보국 특별정보대는 방첩대로 명칭이 바뀝니다. 이 당시 김창룡은 소령(1949년 1월)으로 승진하여 방첩부대장(1949년 6월)으로 부임해 있었습니다. 여순 사건에서 군내 좌익 혐의자들 수천 명을 대량 검거하여 군내 좌익세력을 말끔히 소탕한 공로였습니다. 김종석 중령(6연대장, 2연대장), 최남근 중령(15연대장), 오일균 소령(제3연대 정보과장, 제2연대 대대장), 그리고 남로당 군사부장인 박정희 소령(육사 생도 중대장) 등 군 고급 장교들을 체포하는 데 혁혁한 공을 세운 공로였습니다. 특히 군 내부뿐만 아니라 남로당 거물 이재복(남로당 특별공작책)과 이중업(남로당 조직부 총책) 등 남로당 고위간부 60여 명을 차례로 검거하는 데도 큰 역할을 수행한 결과물이었습니다.

김창룡은 1949년 6월 방첩부대장으로 부임한 지 한 달 만에 중령으로 승진했습니다. 소령 계급장을 단 지 6개월 만의 초고속 승진이었습니다. 이승만의 신임을 얻는 데 결정적인 역할은 계속되었습니다. 1946년 9월 미군정 수배령이 떨어지고 남로당이 불법화하자 월북한 박헌영을 대신해 남로당을 실질적으로 지도했던 김삼룡, 이주하를 1950년 3월 체포합니다. 한국전쟁이 발발하자 김창룡은 임시 수도인 부산을 포함하여 경남지구 방첩대장에 임명되고 서울 수복 후인 1950년 10월 1일엔 군·검·경 합동수사본부장으로 임명돼 부역자 처벌을 주도하면서 대령(1950년 10월)으로 승진합니다. 아마 대한민국 군 역사상 김창룡만큼 초고속 승진을 한 경우도 거의 없을 것입니다. 1947년 4월 소위에 임관한 지 3년 6개월 만에 대령으로 진급했으니까요. 별을 다는 게 1953년이고 30대 중반에 소장으로 승진했으니 일선 전투지휘관이 아닌 수사관으로서는 매우 이례적인 승진 특례였습니다.[7] 대통령 이승만의 두터운 신임이 아니고서는 설명할 길이 없습니다.

정부 수립 직후까지 군 정보기관 첩보의 상당 부분을 경찰에 의존하는 수준이었는데 여순 사건은 군 방첩대를 경찰보다 훨씬 우월한 지위로 격상시켰습니다. 군 내부에 침투한 좌익세력을 척결한 숙군작업은 군인을 포함하여 민간인까지 수사 대상으로 삼았으며 명확한 물증을 확보한 상태에서 진행된 것이 아니었습니다. 좌익 혐의자 내지 동조자 심지어 김창룡 개인의 사적인 감정에 기초하여 무차별적인 체포와 극심한 고문, 그리고 그 결과물인 자백에 의존하는 방식이었습니다. 실제로 국방부가 발간한 『한국전쟁사Ⅰ』에는 김창룡의 숙군 과정이 무리가 있었음을 다음과 같이 확인해 줍니다.

"조사 방법이 증거주의가 아니고 심문하여 자백하지 않으면 고문으로 자백을 강요하는 것이었다. 이러한 고문의 결과 동기생이나 술친구들의 자백에 말려 끌려 들어간 무고한 장병들이 고생을 해야 하는 실례가 있었다. 사형을 당한 사람들이 희생을 당하는 마당에서도 애국가를 부르는가 하면 대한민국 만세, 이승만 대통령 만세를 부르고 총살을 당했다."[8]

　김창룡은 여순 사건이 일어나자 여수, 순천으로 내려가 반란군, 토벌군 등 3,000여 명을 조사한 뒤 150여 명을 남로당계로 분류해 처벌했습니다. 1949년 봄 수백 명의 장병들이 좌익 혐의로 분류돼 영등포 특별중대 구치소에 수감돼 있었습니다. 1949년 7월 막을 내리는 대숙군작업의 결과 4,749명의 장병이 처벌되었는데 이는 당시 한국군 병력의 5%에 해당하는 상당한 수였습니다.[9] 김창룡 주도하의 숙군작업은 질보다 양에 치중하여 진행되는 바람에 한국전쟁 전까지 5,000명에 이르는 군 장병들이 총살형 및 징역형 등 처벌을 받고 한국 군부에서 제거됩니다.

　김창룡은 1956년 1월 30일 오전 7시 30분 출근 도중 집 근처 120m 정도 떨어진 자혜병원 앞(오늘날 용산경찰서 부근)에서 피살됩니다. 예전에 특무부대 부하였던 이의 권총에 턱과 가슴 등 3발을 맞고 현장에서 사망했을 때 나이가 36세(호적상 출생연도 1920년)였습니다. 실제 나이는 1916년생이기에 40세에 피살된 것인데 당시 계급이 육군 소장이었습니다. 1947년 4월 조선경비사관학교 3기(육사 3기) 단기과정을 마치고 육군소위로 임관한 후 1955년 1월 소장으로 진급했으니 한국군 가운데 가장 짧은 기간에 초고속 승진을 했던 인물입니다.

3. 일제 헌병 오장 출신 김창룡의 간첩조작 기술
항일세력 검거와 공안 조작의 달인

　1947년 4월 소위 임관 후 1연대 정보소대장이 되었을 때 김창룡은 일제 강점기 헌병이나 경찰 출신을 특채하여 연대 내 좌익 혐의자들을 색출합니다. 이들 1연대 정보소대 요원들은 김창룡이 가장 신임하는 부류로서 숙군 당시 생사를 같이했으며 1950년 10월 창설되는 육군 특무대의 주축이 됩니다. 김창룡은 허태영, 노엽, 염희춘 등 조선인 헌병 출신들을 중용하지 않고 요직에서 배제시켰습니다. 오히려 김창룡은 1951년 특무부대장으로 부임하자 헌병, 경찰 출신인 최열, 조서길, 김정환 등을 중심으로 이른바 '김창룡 친위사단'을 형성합니다. 이들 1연대 정보요원 출신들은 김창룡이 죽은 뒤에도 신변의 위험을 무릅쓰고 범인 색출에 최선을 다합니다.[10] 김창룡은 관동군 헌병으로서 첩보활동을 하면서 누구도 믿지 않는 성격이 몸에 배었습니다. 오직 자신이 직접 발로 뛰면서 첩보를 수집했습니다. 영하 40도를 오르내리는 북만주의 혹한 속에서도 잠복근무를 하면서 소만 국경지대에서 활약하던 9개 간첩망(필자 주: 항일세력을 지칭)을 일망타진하고 50명을 검거했습니다.[11]

그러한 근면함이 일제로부터 두터운 신임과 인정을 받아 단기간에 헌병 오장으로 출세할 수 있었습니다. 일찍이 김창룡은 일본인이 운영하던 함경남도 영흥 제사공장에서 일본인 사장으로부터 근면함을 인정받았습니다. 그런 그가 일본인 사장의 추천으로 만주 철도 역무원이 되고 그곳에서도 근면함을 인정받아 일본 헌병대 보조원으로 추천을 받습니다. 오로지 권력과 출세를 향한 김창룡의 맹목적인 근면함은 결국 헌병 오장(하사관)이 됩니다. 1945년 1월 해방되기 몇 개월 전 김창룡은 한껏 권위를 부리며 관동군 헌병 오장 정복을 입고 긴 칼을 옆에 차고 고향인 함남 영흥을 찾아갑니다. 김창룡의 근면함은 거기까지였습니다.

김창룡은 이승만의 신임을 얻기 시작하는 정부 수립 직후 대위로

「한국에서의 학살(Massacre in Korea)」(파블로 피카소). 한국전쟁 중 민간인 학살 소식을 소재로 1951년 피카소가 그린 작품. 피카소는 20세기 최고의 입체파 화가로 작품을 그린 당시 프랑스 공산당 당원이었다.

진급함과 동시에 첩보 수집 면에서 놀라울 정도의 동물적 감각을 발휘합니다. 그는 군 생활 도중 자신이 관찰한 것이나 정보원을 통해 수집한 내용을 끊임없이 수첩에 기록하고 동태를 살폈으며 첩보 수집에 온 신경을 곤두세웠습니다. 여순 사건 직후인 1948년 11월, 남로당 군사책임자인 박정희 소령(육사 생도 중대장)을 잠복근무 끝에 서울 신당동 자택에서 검거한 것도 그런 끈질긴 근면함의 결과였습니다. 결국 박정희는 정보장교 김창룡에게 한국군 내에 남아 있던 핵심 조직원 73명 및 군내 남로당 계보를 자백하고 전향합니다.[12]

그러나 이승만 절대권력하에서 '이승만의 양자'로 불린[13] 김창룡의 권력욕과 출세 지향은 주변에 너무 많은 적을 만들었고 그 스스로 부패의 원흉이 돼 갔습니다. 해방 후 그의 근면함은 이승만 정권 아래 숱한 정치공작과 무고한 조작사건을 만들어 내면서 계속되었습니다. 무수한 정치공작과 조작사건! 그것은 이승만 정권 아래 특무대의 고유 업무이기도 했습니다. 당시 방첩대(특무대)는 이름만 들어도 공포의 대명사였습니다. 끌려가기만 하면 멀쩡한 사람도 빨갱이로 조작되던 시절이었기 때문입니다. 거기에는 군인이든 민간인이든 가리지 않았습니다.

과거 직속상관이었던 김종평 장군 '동해안 반란사건'(1955)은 대표적인 정치공작으로 빙산의 일각일 뿐입니다. 내용인즉 대통령 이승만이 1군단이 있는 속초에 오면 김종평 장군이 저격하여 쿠데타를 일으키고 조봉암을 대통령으로 추대한다는 내용입니다. 그 외 '국가원수암살 모의사건', 관棺사건, 조선방직사건, 논산훈련소장 김도영 대령사건, 삼각산 사건, 조병창 화재사건 등 허무맹랑하게 조작된 사건은 20여 건에 이릅니다.[14] 그중 '부산 무장공비 침투사건'은 대구교도소 사형수들을 속여 무장공비로 둔갑시킨 뒤 부산에서 사살한 사건인데 국회부의장을 역임한 서민호의 증언과도 일치합니다.

"나는 대구형무소에 있을 때 중형수들과 같이 있었습니다. 하루는 그들 중 몇몇이 밖으로 불리어 나갔다가 오더니 몹시 기뻐했습니다. 그들은 내게 말하기를 자기들은 곧 부산에 가서 큰일을 하게 되는데 그 일만 끝나면 석방이 될 것이라면서 의기양양한 태도였습니다. 그러나 아무리 전시라 하더라도 사형수와 무기수들을 그렇게 석방해 줄 수 있는가 하고 많은 의문을 가졌습니다. 얼마 후 그들은 과연 군용차에 태워져서 어디론가 가 버렸습니다. 그리고 내가 대구형무소에서 나올 때까지 그들은 돌아오지 않았습니다."[15]

부산정치파동을 앞두고 부산 범일동, 범어산 무장공비 침투 사건이 일어나기 전 비슷한 정치공작이 있었습니다. 문제는 그 사건을 대하는 대통령 이승만의 태도였습니다. 이승만은 국무회의 석상에서 장관들에게 김창룡의 업적을 다음과 같이 치하했다고 선우종원은 증언했습니다.

> "여러분, 김창룡 대령을 알잖소. 여러분들 김창룡 대령을 자식처럼 사랑해 주세요. 그는 정말 애국자요. 그는 어제 지리산 공비들이 부산에 들어와 무기를 사 가지고 관에다 넣고는 상복까지 입고 상여처럼 메고 위장한 채 지리산으로 가는 걸 붙잡았소. 이 얼마나 애국자요."[16]

서민호는 국민방위군 사건과 거창양민학살사건 국회진상조사단장으로 활동한 인물이자 일제 강점기 조선어학회 사건으로 투옥돼 7개월간 옥고를 치른 조선어학회 33인 중 한 분으로 항일애국지사입니다. 또한 재차 대통령을 욕망하는 이승만의 발췌개헌(1952)에 반대하여 이승만과 대척점에 섰던 비타협적인 정치인이기도 합니다. 이승만 정권은 장관 자리로 회유하기도 하고 살해 공포 등 위협을 가하기도 했지만 서민호 의원은 흔들림이 없었습니다. 여의치 않자 이승만 정권은 거창양민학살사건 국회진상조사를 방해합니다. 군인들을 인민군 복장으로 변복시켜서 진상조사차 나온 국회의원 탑승 차량에 총격을 가하는 만행을 저지릅니다.

결국 이승만 정권은 육군대위 서창선을 시켜 진상조사단장이자 국회 내무분과위원장 서민호 의원의 암살을 시도합니다. 서민호 의원은 사격술이 뛰어났기에 정당방위 차원에서 쏜 총에 오히려 암살범 서창선 대위가 피살됩니다. 이 사건 역시 부산정치파동 등 이승만 정권에겐 눈엣가시였던 서민호 의원을 제거하려는 정치 보복 차원에서 자행된 사건이었습니다. 서민호 의원은 현역 군인 살해 혐의로 전격 구속됩니다. 정당방위에 따른 행위였고 판사의 석방판결에도 불구하고 이승만 정권 아래에서 옥살이를 계속합니다. 부산형무소, 대구형무소에서 8년째 징역을 살다 1960년 4월 혁명이 일어나 이승만 정권이 붕괴되자 출옥합니다.[17] 참으로 황당한 일이 아닐 수 없습니다.

김창룡은 1950년 10월 서울 수복 후 부역자 처벌을 위한 군·검·경 합동수사본부장에 부임합니다. 전쟁 당시 서울에 남아 서울을 사수하겠다는 대통령 이승만의 라디오 방송을 그대로 믿은 데다가 한강 다리가 끊겨 도피하지 못하고 서울에 잔류했던 시민들을 인민군 부역 혐의로 처벌한 것입니다. 부역자 처벌을 주도하면서 김창룡은 대령으로 진급합니다. 1951년 특무부대장이 된 이후 김창룡은 오로지 이승만 독재권력의 유지와 자신의 출세를 위해서 정치공작을 서슴지 않습니다. 백범 살해 배후세력인 친일파 장은산(1949년 당시 포병사령관)이 백범 살해 배후에 대해 떠들고 다니자 군무이탈죄로 육군형무소 특별감방에 구속시켜 의문사시킨 당사자도 김창룡입니다.[18] 마치 서북청년단 출신 김성주가 이승만 대통령에게 반기를 들자 남몰래 처형한 원용덕(헌병사령관)처럼 말이지요.

4. 정치군인, 부패군인, 특무대장 김창룡
육군 발전의 암적 존재

김창룡은 이승만 충성 경쟁에서 자신의 경쟁자 원용덕(헌병사령관)을 음해했을 뿐 아니라 정일권(육군참모총장)을 제거하려 했습니다. 정일권 제거가 여의치 않자 그 하수인 노덕술을 군수품 횡령 등 부패 혐의로 구속시킵니다. 1950년대 중반 절대권력 2인자로서 김창룡을 견

제할 세력이 없는 상태에서 김창룡은 손원일(국방장관), 정일권(육군 참모총장) 등 직속상관의 명령을 무시하는 행태를 노정합니다. 허태영 등 조선인 헌병 출신들을 특무대 요직에서 배제시킴으로써 군 내부에 수많은 적을 만들기도 합니다. 김창룡 특무대장이 피살된 것은 1956년 1월 30일이었습니다. 하지만 이미 1955년 10월 하순부터 1956년 1월 26일까지 허태영(육군 대령), 강문봉(육군 중장, 2군 사령관), 신초식(전 특무대원), 송용호(전 특무대원) 등 군 장교들은 세 차례나 김창룡 암살을 시도했으나 실패했습니다.[19]

결정적으로 김창룡 피살 사건은 방자하게 월권을 행사한 김창룡(특무대)의 방약무인한 행태가 원인으로 지목될 수 있습니다. 군대 내 부패 척결 차원에서 특무대가 시행한 군대 내 후생차량 단속 및 군대 원면사건 등 고위 장교들에 대한 신원조사는 당시 군 고위 장교들의 원성을 샀습니다. 특히 군대 원면사건은 수사 결과 군대 내 부패와 거리가 먼 사건이었습니다. 그럼에도 마치 군대 고위 장교들이 장병들에게 돌아갈 월동용 솜옷 원면을 빼돌려 자유당 고위 정치인들에게 10억 환에 이르는 정치자금을 제공한 사건인 양 몰고 뒷조사를 행한 것이 사달이 났습니다. 국방부 원면 사건은 1956년 1월 26일 김창룡 피살 4일 전에 발생한 사건으로 차기 권력자인 이기붕과 김창룡 사이에 금이 가기 시작한 사건으로 분석하기도 합니다.[20] 그래서 김창룡 피살 사건의 배후로 차기 권력자 이기붕을 의심하기도 합니다. 수사본부는 처음부터 헌병사령부(사령관 원용덕)를 지목했고 김진호 중령(참모), 이홍근 소령(헌병 총사령부 부관)을 차례로 의심하며 용의선상에 올렸기 때문입니다.

당초의 기획수사대로 범죄에 동원된 차량이라고 지목한 이홍근 소령의 차량에 닭털이 아니라 오리털을 제대로 부착했더라면 심판대엔 원용덕(헌병사령관)과 이홍근(부관)이 서게 되었을 것입니다. 그리고 실제 범인인 허태영은 홍콩 총영사로 발령이 났을 것이라는 해석이 그렇습니다.[21] 그렇게 기획수사가 빗나가면서 김창룡 특무대장 피살 사건(1956년 1월 30일)은 사건 발생 이후 근 한 달이 되도록 범인이 오리무중이었습니다. 군·검·경 합동 수사본부가 특무대에 설치되었지만 수사의 단서를 포착할 수 없었습니다. 피살된 지 1시간 만에 장례식장을 찾은 대통령 이승만은 빨리 범인을 잡으라고 독촉했습니다. 전 장병 외출금지령에다 150만 환이라는 거액의 현상금도 내걸었지만 2월 하순에 접어들도록 수사본부는 단서를 찾지 못한 채 방황했습니다. 오죽했으면 수사요원 2명이 동대문구 유명 점집에 가서 점쟁이에게 범인 체포의 전망을 문의할 정도였으니까요.[22] 범인 검거에 유력한 단서를 제공한 사람은 군인 신분이 아닌 문관 신분의 민간인이었습니다. 이종삼 문관은 특무대 김충근 대위에게 허태영에 대한 첩보를 제공하면서 실마리가 풀리기 시작했습니다.

김창룡 암살을 교사한 허태영 대령 부인이 남편의 사형선고가 내려지자 김창룡 피살 사건에 군 고위 장성들, 즉 정일권 대장(육군참모총장), 강문봉 중장(2군 사령관), 공국진 준장(전 헌병사령관)이 배후세력임을 호소합니다. 뒤늦게 법정에 선 강문봉 중장은 김창룡에 대해 "육군의 발전을 저해하는 암적 존재였으므로 제거할 의사를 가지고 있었다"고 발언합니다. 김창룡 특무대장 살해범인 허태영, 이유회, 신초식, 송용호는 사형판결을 받고 처형되고 관련자들은 징역형을 받고 급여를 몰수당합니다. 강문봉 중장은 사형선고를 받지만, 이승만이 무기징역으로 감형시켜 복역하다 1960년 4월 혁명 후 출옥하여 복권됩니다.

일제 강점기 간도특설대 출신으로 항일세력을 잔인하게 토벌했던 백선엽(한국군 초대 정보국장)은 회고록 『실록 지리산』에서 김창룡의 정치공작 행태를 이렇게 기술했습니다.

"한번은 김창룡이 잡아들인 수백 명의 영등포 특별부대 장병들이 재판에 회부됐다. 사건을 담당한 이운기 법무관은 이들의 진술서가 판에 박은 듯이 똑같아 이상하다고 내게 문의해 왔다. 알아보니 김창룡이 부평을 순찰하는데 술집에서 인민군 노래가 울려 퍼져 즉각 술집을 포위해 잡아들이고 보니 특별부대 장병들이었다. 중대장인 자가 무조건 한 곡씩 노래를 하라고 시켰는데 한 병사가 노래를 못한다고 사양하면서 '아는 노래는 월남하기 전 이북에서 배운 노래밖에 없다'고 했더니 그거라도 하라고 해서 생긴 소란이었다. 김창룡은 이들을 잡아들여 친한 놈 이름을 대라고 족쳤는데 그래서 수백 명이 검거되었다는 것이다. 나는 '내가 책임질 테니 무조건 무죄로 상신하라'고 했는데 이 일로 이운기 법무관은 김창룡으로부터 '너도 빨갱이다. 꼭 잡아넣겠다'는 위협을 받았고 나와도 몇 달간 신경전을 폈다."[23]

김창룡은 자신의 출세를 위해서 그리고 북한 사회에서 두 번씩이나 전범으로 사형선고를 받고 탈출한 사실로 인해 빨갱이(공산주의자)에 대해 극도로 적개심을 지녔던 인물입니다. 실제로 김창룡은 친구와의 대담에서 "공산당을 잡는 일이라면 무엇이든지 하겠다"고 피력한 적이 있을 정도입니다. 어느 글에서는 김창룡의 이런 집착에 대해 "공산당과 연관이 있다고만 하면 부모 형제, 백년지기 할 것 없이 즉각 체포, 구속하는 사람이었다. 오랜 세월 동안 그의 이와 같은 생활은 붉은 고추만 보아도 즉각 처넣고 싶고 여성들의 붉은 치마만 보아도 온 신경을 곤두세워 공산당과 연관시켜 볼 정도로 되었다. 붉은빛에 대한 노이로제 기미라고나 할까"[24]라고 썼을 정도로 공산주의에 대한 히스테리 내지 집착이 대단했습니다.

그는 이승만 반공 히스테리를 몸소 실천했던 관동군 헌병 출신의 친일파이자 정보군인, 부패군인, 정치군인, 공작정치, 용공조작의 문제 등 한국 현대 정치사의 악성 DNA를 모두 이식한 상징적 존재였습니다.[25] 무엇보다 김창룡 자신 스스로 원효로 '청기와집'에 살면서 특무대장의 직위를 이용해 군수품 부정처분, 밀수, 약탈 등으로 20억 원에 이르는 부정 축재를 자행했음에도 군 고위 장교들의 작은 부정엔 유독 가혹했던 건 분명한 사실입니다. 김창룡의 옆집이 장도영 장군(5·16 쿠데타 당시 육군참모총장이자 군사혁명위원회 의장)의 집이고 김창룡의 앞집이 김계원 장군(1979년 박정희 피살 당시 청와대 대통령 비서실장)의 집으로 부유한 지역에 살고 있었습니다.

5. 김창룡을 미화한 친일 식민사학자 이병도
백범 김구 암살의 실질적 배후

김창룡이 죽었을 때 묘비 앞에 세운 비문이 있습니다. 당대 최고의 역사학자 두계 이병도는 김창룡의 비문에 화려한 수식어를 총동원하여 김창룡을 찬양했는데 낯부끄러울 정도입니다. 이병도 박사는 서울대학교 사학과 창설자이자 한국 역사학계 제1세대입니다. 그는 조선총독부 편수회에 촉탁으로 고용돼 우리나라 역사를 식민사관에 입각하여 난도질한 장본인입니다. 혹자는 매국노 이완용의 조카 손자라는 주장을 하기도 합니다. 아래 비문에 새겨진 글을 읽다 보면 그런 주장에 의심이 가지 않을 정도로 내용이 너무 황당합니다. 초록이 동색이라는 옛말이 무색할 지경입니다.

　"조국 치안의 중책을 맡고 반역분자 적발에 귀재의 영명을 날
리던 육군 특무부대장 김창룡 중장은 불행히도 순직했다. (중략) 나
라의 큰 손실이구나 함이 이구동성의 외침이었다. (중략) 그는 누차
숙군을 단행하여 군의 육성 발전에 이바지했고 특히 동란 중에는
군·검·경 합동수사본부장으로 맹활동을 개시하여 간첩, 오열, 부역
자 기타를 검거 처단함이 근 2만 5,000명, 전시 방첩의 특수 임무를
달성했다. 1951년 특무부대장에 부임하여서는 더욱 헌신적 노력과
탁월한 지휘로써 국가 및 군사 안전보장에 기여했다. (중략) 그 사람
됨이 총명하고 부지런하며 또 불타는 조국애와 책임감은 공사를 엄
별하여 직무에 진수하더니 급기야 그 직무에 죽고 말았다. 아~ 그는
죽었으나 그 흘린 피는 전투에 흘린 그 이상의 고귀한 피였고 그 혼
은 길이 호국의 신이 될 것이다."(하략)[26]

　김창룡의 죽음을 두고 '나라의 큰 손실'이니 '불행한 순직', '호국의
신'이라고 했습니다. 김창룡의 삶을 두고는 '숙군 단행으로 군 육성 발
전에 이바지', '헌신적 노력', '탁월한 지휘력', '불타는 조국애와 책임
감', '국가 및 군사 안전 보장에 기여'라고 격찬했습니다. 6·25 때 잔류
한 서울 시민들을 '2만 5,000명 간첩, 오열, 부역자 검거 처단으로 특
수 임무 달성'이라고 칭송한 부분은 아연실색할 정도입니다.
　당시 부역자 재판을 맡았던 양심적인 유병진 판사의 증언에 따르면
보통 사형, 무기징역, 징역 10년 등 중형을 구형할 정도였습니다. 검사
는 첫 재판 논고에서 "민족정기를 외쳤으며 3개월간 역도들의 포악성
과 잔인성을 해부한 후 그에 협력한 피고인들의 죄악을 단정하고 칼날

같은 어조로 '피고인 전부에 대하여 사형을 구형합니다'라고 결론을 맺었다"고 회상했습니다.[27] 목숨을 보존하기 위해 부득이 부역할 수밖에 없는 무고한 시민들을 가혹하게 처벌한 정황을 읽을 수 있습니다.

김창룡 장례식은 3부 요인이 도열한 가운데 한국군 최초로 '국군장'으로 치러졌고 김창룡은 중장으로 추서되었습니다. 1956년 2월 3일 장례식 후 김창룡의 무덤은 처음 안양시 관악산 기슭 안양사安養寺 입구에 묻혔다가 1998년 대전 국립묘지로 이장되었습니다. 그런데 그곳은 백범 김구 선생의 어머니 곽낙원 여사(독립운동가)의 묘소가 있는 곳입니다. 또한 백범 김구 선생을 도와 독립운동을 벌이다 해방되기 1년 전 충칭重慶에서 병사한 큰아들 김인(독립운동가)의 무덤과도 가까운 곳입니다. 역사에 이런 아이러니가 있을 수 있을까요?

김창룡의 무덤이 어떻게 순국선열들이 묻힌 현충원으로 이장될 수 있는지요? 올해도 민족반역자 김창룡의 묘소 이전을 촉구하는 대전 시민단체의 목소리는 높았습니다. 수천 명을 살해한 대전형무소 민간인 학살 사건의 주범인 김창룡은 '잊을 수 없는 천추의 원수'라고 울부짖습니다. 나아가 법 개정에 나서지 않는 국회를 비판하며 김창룡 관련 유족에게 부끄러움을 맹렬히 촉구하고 있습니다.

'김창룡 등 반민족·반민주 행위자들의 유족들은 뻔뻔하게 묘를 이장하지 않고 있다. 친일 군인 김창룡의 묘를 즉각 이장하라!'[28]

이것이 대한민국 민족 정체성의 음울한 현주소이자 엄연한 실상입니다.

김창룡은 백범 김구 선생을 암살한 직접적 배후세력입니다. 1949년 6월 26일 김구 암살 당시 일개 포병 소위 안두희의 단독 범행으로 수

민간인 학살(1950년 4월 14일 서울 태능 근처). 미국 비밀문서가 해제되면서 고 이도영 박사가 공개한 학살 장면 사진. 한국전쟁이 발발하기 전인데도 39명의 민간인을 처형하는 데 200명의 헌병을 동원했다. 미국 비밀문서에는 '이러한 처형이 남한에서는 매우 자주 실시된 처형 방식'이라고 적혀 있다.

사를 종결했지만 1992년 4월 안두희는 백범 김구 암살의 배후에 김창룡이 있었다고 고백한 적이 있습니다. 실제로 안두희는 일개 포병 소위 내지 김구 암살의 단순한 하수인 정도가 아니었습니다. 안두희는 이승만 정권의 핵심 정보공작원으로서 이승만 반대파를 제거하는 데 청부폭력단을 조직해 앞장선 인물이었습니다. 미국 '308방첩대 보고서'에서도 '이승만에게 가장 충성하는 지지자'로 안두희를 지목했음이 10여 년 전 현대사 연구자 정병준 박사에 의해 밝혀졌습니다. 백범 김구 암살 이후 김창룡은 안두희를 찾아가 '안의사義士! 수고했소'라고 격려했는데 안두희는 비밀우익결사 백의사 대원이자 미군 방첩대CIC 요원이었습니다.

공안조작! 민간인 집단 학살의 주범! 김창룡의 범죄 행적

1. 일제 관동군 헌병, 김창룡, 영하 40도를 오르내리는 혹한 속에서도 잠복근무 끝에 항일세력을 일망타진하다.

2. 이승만 절대 권력의 2인자 김창룡, 절대 권력과 출세를 위해 숱한 간첩사건을 조작하다.

3. 대구형무소 사형수들을 무장공비로 둔갑시켜 부산 금정산에서 사살한 뒤 '부산 무장공비 침투 사건'으로 조작하다

4. 9·28 서울 수복 후 잔류한 서울 시민들을 인민군 부역 혐의자로 몰아 보복 차원에서 잔인하고 가혹하게 처형하다.

5. 항일세력 토벌에 앞장선 간도특설대 출신 백선엽도 김창룡의 악랄한 정치공작을 인정하다.

6. 붉은색만 보면 빨갱이와 연관 지을 정도로 공산주의에 대한 병적인 집착이 심하다.

7. 정치군인, 부패군인, 용공조작 등 현대 정치사의 악성 DNA를 모두 이식한 상징적 존재.

8. 친일 식민사학자 이병도, 낯 뜨거울 정도로 김창룡을 찬양하는 비문을 쓰다.

9. 김창룡의 무덤을 국립현충원으로 이장. 이것이 오늘날 대한민국 정체성의 음울한 현주소.

10. 김구 암살의 직접적 배후세력으로 암살 이후 안두희를 찾아가 '안의사(義士)! 수고했소'라고 격려하다.

11. 보도연맹원 등 민간인 집단 학살은 이승만 대통령 특명에 따른 것이고 군방첩대(김창룡)의 지시에 의해 헌병과 (사찰계)경찰이 학살을 주도하다.

12. 일제 치하 민족을 배반한 김창룡의 반민족적·반민중적인 삶은 한국전쟁 전후 기간 숱한 민간인 학살로 이어지다.

1. 김혜진(1994), 「김창룡, 일제 관동군 헌병에서 대한민국 특무부대장까지」, 『청산하지 못한 역사 1』, 서울: 청년사, 182쪽.
2. 육군 본부 정보국 특별정보대는 1949년 10월 정보국 제2과 방첩대로 개칭되었다.
3. 정지환(2004), 『대한민국 다큐멘터리』, 서울: 인물과사상사, 32~33쪽.
4. 심규상(2007), 「보도연맹 학살은 이승만 특명에 의한 것」, 『오마이뉴스』 2007. 7. 4.
5. 오윤주(2016), 「경찰, 보도연맹원 학살 주도 군에서 시켰으니까 했겠지」, 『한겨레』 2016. 6. 21.
6. 김득중(2010), 「한국전쟁 전후 육군 방첩대(CIC)의 조직과 활동」, 『史林』 제36호, 47~48쪽.
7. 이혜복(1997), 「김창룡 특무대장 암살사건」, 『신문연구』 제64호, 241쪽.
8. 김혜진(1994), 위의 글, 191쪽.
9. 김혜진(1994), 위의 글, 189~190쪽.
10. 김교식(1984), 「이승만 정권의 특무대장, 김창룡 암살사건의 배후(하)」, 『마당』 통권 39호, 134~136쪽.
11. 김교식(1984), 「이승만 정권의 특무대장, 김창룡 사건의 배후는 이렇다」, 『마당』 통권 38호, 200쪽.
12. 양원석(2011), 「남로당 박정희 전향시킨 김창룡⋯ 김일성 두손」, 『뉴데일리』 2011. 7. 14.
13. 장슬기(2016), 『미디어 오늘』 2016. 8. 14.
14. 강준만(2004), 『한국 현대사 산책 3(1950년대 편)』 서울: 인물과사상사, 19쪽.
15. 정지환(2004), 위의 책, 35쪽.
16. 강준만(2004), 위의 책, 34쪽.
17. 박용규(2014), 『조선어학회 33인』, 서울: 역사공간, 216~225쪽.
18. 김삼웅(1995), 『한국 현대사 뒷얘기』, 서울: 가람기획, 175쪽.
19. 이혜복(1997), 위의 글, 247~248쪽.
20. 김교식(1984), 『죽음을 부르는 권력』, 서울: 마당문고, 51쪽.
21. 김교식(1984), 「이승만 정권의 특무대장, 김창룡 암살사건의 배후(하)」, 125~136쪽.
22. 민규호(1957), 「풀리지 않는 3대 사건: 김창룡 중장 사건」, 『새벽』 제4호, 38쪽.
23. 김혜진(1994), 위의 글, 192쪽.
24. 김혜진(1994), 위의 글, 187쪽.
25. 원희복(2015), 「이승만 독재 하수인을 응징하다」, 『주간경향』 1120호, 36쪽.
26. 정지환(2004), 위의 책, 31쪽.
27. 유병진(1957), 「재판관의 고민」, 『新太陽』 제6권 제7호, 89~90쪽.
28. 장재완(2016), 「국립묘지가 범법자들의 안식처인가」, 『오마이뉴스』 2016. 6. 6.

15장
민족반역자를 옹호한 권력욕의 화신!
이승만

1. 6·25전쟁 발발과 이승만의 서울 탈출

1950년 6·25전쟁 발발 당시 이승만은 아침부터 창경궁 비원, 반도 연못에 한가롭게 낚시를 했습니다. 비서 황규면의 증언에 따르면 일요일마다 조용히 국정을 구상하고자 했던 이승만의 생활습관이었다고 합니다.[1] 일설에는 1983년 공개된 프란체스카 여사의 비망록에 근거하여 창경궁이 아니라 경복궁 내 경회루였다고도 합니다. 아무튼 대통령 이승만에게 남침 소식이 전해진 것은 오전 10시쯤이었습니다. 인민군 남침이 시작된 지 6시간이 지난 시점에야 대통령에게 보고된 것이지요. 최초의 국무회의는 발발 당일인 6월 25일 오후 2시부터 3시 30분 사이에 열렸습니다. 1시간 반 동안 진행된 국무회의에서 도쿄의 맥아더 사령부에 연락하여 미 공군의 지원을 요청하는 등 공산군의 남침에 대한 단호한 조치를 논의한 것으로 1950년 6월 26일 자 조선일보는 전합니다.[2]

이날 최초의 국무회의는 간담회 성격을 크게 벗어나질 못했습니다. 전황에 대한 정확한 정보도 공유하질 못했고 전쟁 발발 상황에서 정부 차원의 구체적인 대책도 제시하지 못한 채 흐지부지 끝나버렸습니다. 분명한 것은 6월 25일 저녁, 이승만은 주한 미대사 무초를 경무대로 불러들여 위기 상황에서 대통령인 자신이 먼저 피신해야 한다며 미국의 도움을 요청했습니다. 그러자 무초 미국 대사는 대통령이 서울을 빠져나가면 군인들은 싸울 의지도 사기도 없어진다며 이승만의 서울 탈출을 거부합니다.[3] 이승만은 불안 속에서 25일 밤을 보내고 26일을 보냅니다.

전쟁이 발발하고 이틀이 지난 6월 27일 새벽 1시 이승만은 비상 국무회의를 소집합니다. 수원 천도를 결정하고 서울 시민 피난 문제는 논의조차 하지 않았습니다. 이승만은 국회의장, 국무총리, 각부 장관 누구에게도 알리지 않은 채 프란체스카 여사와 수행비서 2명과 함께 새벽 4시 몰래 서울역에 나타나 특별열차를 탑니다. 특별열차라 해봐야 기관차 1량에다 더러는 유리창이 깨진 3등 객차 2량뿐인 초라한 풍경이었습니다. 대통령으로서 시민들의 피난 계획은 세우지도 않고 서울 시민을 내버린 채 가장 먼저 탈출한 것입니다. 마치 2014년 4월 16일 세월호 참사 당시 수백 명의 단원고 학생과 승객들을 내팽개친 채 팬티 차림으로 탈출한 선장 이준석처럼….

이런 비밀스러운 서울 탈출을 두고 원로 혁명가 조소앙과 원세훈은 탄식을 합니다. "새벽에 국회를 소집해서 수도 서울 사수를 결의해 놓고 혼자 도망가다니…", "중국의 장개석 정부도 이럴 때에 먼저 국민에게 정부를 어디로 옮기니 어떻게 대피하라고 공표를 미리 했는데, 서울 함락이 눈앞에 다다랐는데도 큰소리만 치고 있으니…"[4] 사상검사 오제도 못지않게 반공검사로 이름을 날린 선우종원 역시 대통령 이승만의 서울 탈출을 "국민의 지도자다운 모습은커녕 혁명가다운 기품도 간직하지 못한 인물"이라고 격하게 비난했습니다.

장차관들 각료와 국장급은 6월 27일 아침 예정된 7시 기차를 타

2015년 박근혜 정권의 노동개악에 저항하며 벌인 민주노총 총파업 당시 세월호 부모님의 노동자 지지 피켓 시위 장면. 피켓 마지막 '세월호의 슬픔도 함께해 주십시오!'라는 문구가 가슴 아프다.

고 서울을 탈출했습니다. 재무부 장관은 한국은행 금고에 있는 은행권을 그대로 둔 채 탈출할 만큼 무책임했습니다. 결국 혼비백산한 혼란 속에서 한국은행 총재와 국방부 대령이 은행권을 후송했습니다. 하급 공무원들을 탈출시키기로 예정된 8시 기차는 오지 않았고 피난길에 오른 시민들이 서울역에 몰려들자 역장은 하는 수 없이 특별열차를 편성하여 6월 27일 정오에 출발시켰습니다. 서울을 떠난 마지막 기차였습니다.[5]

6월 27일 새벽 이승만을 태운 특별열차는 수원에 멈추지 않고 대전을 거쳐 오전 10시에 대구에 도착합니다. 대구에 이르렀을 때 대통령을 수행하던 비서 황규면이 "각하, 너무 많이 오신 것 같습니다"라고 간언하자 대구에서 점심을 먹고 다시 열차를 돌려 대전으로 돌아옵니다.[6]

2. 이승만의 북진 무력통일과 잔혹한 공안통치

무력통일, 부역자 처단, 조봉암 처형의 야만성

이승만과 정권 핵심 각료들은 1949년 말 이후 평소 허풍스러울 정도로 북진 통일을 외치면서 "우리 국군이 한 번 북진하면 점심은 평양에서, 저녁은 신의주에서 먹는다"고 큰소리쳤습니다.[7] 이승만은 1949년 9월 30일에 북한 지역의 실지 회복에 자신감을 드러내면서 '평양의 잔당을 소탕할 수 있는 절호의 시기'라고 언급합니다. 한 걸음 더 나아가 1949년 10월 8일엔 '3일 이내로 평양을 점령할 수 있다'고 호언장담합니다.[8] 또한 1949년 11월 3일엔 주한 미대사 무초에게 "대한민국은 북한 괴뢰와 전쟁할 준비가 되어 있으며 만일 필요하다면 무력으로 나라를 통일할 용의가 있다"고 재차 북진론을 강조합니다. 1950년 새해를 맞아 대통령 이승만은 신년사로 또다시 북진통일을 통한 실지失地 회복을 강조합니다. "새해에는 거족적으로 실지 회복에 노력해야 한다. 국제정세의 변화에 비춰 보아 새해에는 우리들 자신의 실력으로 남북한을 통일한다는 것을 염두에 두지 않으면 안 된다"고 북진 무력통일을 역설합니다.

육군참모총장 채병덕 역시 육군본부 정보국 작전상황실에서 작성한 1950년 3월 또는 6월 남침 가능성에 대한 「연말 종합 적정敵情 판단서」를 무시한 채 부하들에게 다음과 같이 큰소리로 면박을 주었습니다. "자네들이 알면 얼마나 안다고 소란을 피우는가? 38선은 미국과 소련이 그어 놓은 선인데 어떻게 감히 김일성이 넘어올 수 있단 말인가"라고 허풍스러운 주장들을 계속해 왔습니다.[9]

6·25전쟁 발발 전 이승만 정권은 사전에 북한 인민군의 남침 움직임을 알고 있었습니다. 북파공작원들에 의해 수집된 북쪽 군사 동향

과 월남자나 토벌 과정에서 체포한 빨치산 대원들을 통해 북한의 전쟁 준비 상황을 파악하고 있었던 것입니다. 심지어 1950년 1월 김일성 신년사에서 드러낸 전쟁 의지와 미 군사고문단 정보책임자인 하우스만 대위로부터 38선 바로 위 전략적인 지점까지 북한군 병력 이동 상황과 남침 개시일까지 알고 있었던 것입니다.[10] 6·25전쟁 발발 요인으로 남침유도설이 나오는 이유이자 배경이기도 합니다. 아무튼 이승만과 한국군 최고 수뇌부는 북한에 의한 남침이 임박했음을 알았다는 걸 부인할 수 없습니다.

그런 점에서 6·25전쟁은 벼랑 끝 정치 위기에 몰린 이승만으로 하여금 기사회생할 수 있는 계기로 작용했습니다. 나아가 전쟁을 통해 부역자 학살과 정적을 확실하게 제거할 수 있는 공포스러운 정치 환경이 조성되었습니다. 한마디로 6·25전쟁은 이승만에게 확실히 '반공국가'의 기틀을 다지게 만들어 주었습니다. 이승만 정권 12년은 인간에게 가장 원초적인 자유가 심각하게 억압당하고 국가폭력에 의해 무수히 많은 영혼들이 처참히 짓밟힌 시대였습니다.

다시 대통령 이승만에게 돌아갑시다. 열차를 되돌려 대전으로 돌아온 이승만은 장거리 전화를 이용해 KBS 서울방송국에 녹음된 내용을 방송하도록 지시했습니다.

"정부는 대통령 이하 전원이 평상시와 같이 중앙청에서 집무하고 국회도 수도 서울을 사수하기로 결정했으며, 일선에서 충용무쌍한 우리 국군이 한결같이 싸워서 오늘 아침 의정부를 탈환하고 물러가는 적을 추격 중이니 국민은 군과 정부를 신뢰하고 조금도 동요함이 없이 직장을 사수하라."[11]

'객실이 안전하니 이동하지 말고 안전한 객실에 머무르라'는 세월호의 방송 대목과 너무나 흡사해 전율을 느낍니다. 이날 방송은 밤 10~11시 사이 3, 4차례 나갔는데 시민들은 마치 대통령 이승만이 서울에 있는 것처럼 받아들였습니다. 그것은 이승만의 지시로 녹음되었고 방송으로 내보내라는 명령을 받았기 때문입니다. 그러다 보니 피난길에 오르려고 쌌던 봇짐을 다시 풀고 서울에 잔류했던 시민들이 많았습니다.

하지만 방송에 나온 대통령 이승만의 목소리가 원거리 전화에서 들려온 목소리였음을 알아챈 상당수 시민들은 이승만이 서울을 탈출했다는 사실을 눈치채기도 했습니다.[12] 실제로 6월 27일 어둠이 내릴 무렵 서울 북쪽 미아리 방면에선 귀를 찢는 천둥소리 같은 포성과 함께 시뻘건 불빛이 계속해서 하늘로 솟구쳤습니다.[13] 서울로 진격하는 인민군과 퇴각하는 국군 사이에 포격전이 벌어진 것으로 치열한 전투 상황이었습니다. 6월 27일 밤! 결국 두려움과 알 수 없는 공포 속에 서울 시민들 일부는 서울에 남고 일부는 피난민 대열에 들어선 채 남하합니다.

6월 28일 새벽 2시 반, 이승만은 결국 하나밖에 없는 한강다리를 폭파합니다. 육군 공병감 최창식 대령(29세)은 채병덕 참모총장의 명령을 받고 한강다리를 건너던 피난민 대열과 후퇴하던 군인들, 그리고 군용차량 대열을 무시한 채 폭파합니다. 한강다리 폭파로 50대 이상의 차량이 물속에 잠겼고 다리를 건너던 500~800명에 이르는 피난민과 군인들이 수장돼 버렸습니다. 당시 최창식 대령의 지시를 받고 폭파를 지휘한 엄홍섭 중령은 "한강 이북에서 다리를 넘지 못한 채 대기했던 부대와 피난길에 오르지 못한 시민들을 생각하며 울었다"[14]고 했습니다. 엄홍섭 중령은 법정에서 최창식 대령의 폭파 지시는 조기 폭파였다며 최 대령에게 불리한 진술을 했습니다.

실제로 한강 이북에 있던 국군 9만 8,000명 가운데 폭파 전 도강한 장병은 2만 4,000명뿐이었습니다. 현장 목격자들은 "아비규환이니 하는 말은 그때의 정경을 두고 하는 말이다", "눈뜨고 볼 수 없는 아비규환의 참상이었다"고 전했습니다.[15] 원래 한강 폭파 시점은 6월 28일 아침 시간이었습니다. 6~8시간 여유가 있었음에도 한강 이북 기마경찰대 소리를 북한군 탱크 소리로 오판하여 조기 폭파를 단행한 것입니다.[16] 이 사건으로 한강 이북에서 대기하던 군병력과 물자 수송에 막대한 타격을 입었고 민간인 희생 또한 컸습니다. 비판이 거세게 일자 이승만 정권은 9월 21일 최창식 대령을 희생양으로 삼아 적전비행

죄로 전격 처형시킵니다.[17] 한강다리 폭파 명령은 채병덕 총참모장의 지시였고 그 지시는 결국 국군 총참모장 미군 측 고문 제임스 하우스만 대위의 지시에 따른 것이었습니다. 최창식 대령의 부인 옥정애 여사가 1964년 재심을 청구하여 남편 최창식 대령은 무죄 선고를 받고 누명을 벗습니다. 한강다리 폭파 책임이 채병덕 총참모장에게 있다고 선고했기 때문입니다.

제임스 하우스만 대위. 조선국방경비대 창설 요원이자 한국군의 군사고문으로서 '국군의 아버지'로 불린다. 그는 해방 직후 조선경비대(국군의 전신) 창설 당시 이형근, 채병덕, 정일권, 백선엽, 김백일, 박정희 등 일본군과 만주군 출신을 적극 기용했고 광복군 출신을 홀대했다. 무엇보다 제주 4·3항쟁과 여순사건 직후 민간인 학살의 실질적 배후이자 한국 군부와 정치에 영향력을 행사함으로써 이승만 반공국가 탄생(?)에 기초를 놓은 인물이다. 하우스만 대위(가운데), 존 무초 미대사(왼쪽), 윌리엄 로버츠(미군사고문단장).

이승만은 9·28 서울 수복 후 서울 시민에게 머리 조아리고 사죄하기보다 부역자 처단에 눈에 불을 켭니다. 신익희(국회의장), 조봉암(국회

부의장) 등 국회의원들은 대통령에게 사과문을 발표하라고 의결한 국회 결의문을 이승만에게 전달하면서 사과를 종용했습니다. 사태 수습을 위해서 가장 초보적인 조치였기 때문입니다. 그러나 이승만은 "내가 왜 국민 앞에 사과해야 해? 사과할 테면 당신들이나 하라"고 거부합니다.

오히려 서울을 가장 먼저 탈출했던 대통령 이승만과 피난 갔던 도강파는 개선장군처럼 당당했고 대통령의 거짓 방송으로 서울에 남았던 잔류파는 '빨갱이, 불순분자, 부역자'로 몰린 것입니다.[18] 6월 27일 밤 방송된 대통령 말만 믿고 서울에 남았던 시민들을 죄인으로 몰아 부역자 색출 작업에 나서는 적반하장이 연출된 것이지요. 서울 수복 후 이승만이 가장 먼저 한 일은 놀랍게도 인공 치하에서 목숨을 부지했던 사람들을 향해 '부역자' 딱지를 붙여 가며 색출하고 처벌한 악행이었습니다.

한국전쟁에서 부역자란 1950년 12월 1일 공포된 「부역행위 특별처리법」에 근거합니다. '역도逆徒가 침범한 지역에서 그 침범 기간 중 역도에게 협력한 자'를 지칭합니다.[19] 따라서 이 법이 공포되기도 전에 자행된 즉결처분이나 부역자 처벌은 모두 불법인 셈입니다. 물론 6·25 발발과 함께 이승만 정권이 공포한 첫 법률적 조치는 1950년 6월 28일 대통령 긴급명령 제1호인 「비상사태하 범죄처벌에 관한 특별조치령」(이하 '특조령'으로 약칭)이었습니다. 그러나 특조령은 인권을 심각하게 유린하는 등 처벌이 가혹했고 신속하다 못해 졸속, 약식 처벌이 횡행했으며 무고한 사람들을 처벌하여 원성이 높았습니다.[20] 더구나 독립운동가를 때려잡았던 헌병 출신 악질 친일분자 김창룡을 앞세워 부역자 처벌에 망나니처럼 공안의 칼날을 휘둘렀습니다. 김창룡은 부역자 처벌을 위한 군·검·경 합동수사본부 본부장이 되어 무소불위의 막강한 권력을 행사했지요.

앞줄 사형, 뒷줄 무기징역! 양심적인 유병진 판사는 회고록에서 당시 재판이 폭력적으로 진행되었음을 고백합니다. 먼저 재판정에 들어섰던 부역 혐의자들을 판사 유병진은 「재판관의 고민」(1957)에서 다음과 같이 묘사하고 있습니다.

> "아! 저 모습, 핼쑥한 얼굴, 쑥 들어간 눈, 앙상한 뼈, 흐트러진 머리, 꺼멓게 길어진 수염, 아! 벌벌 떨지 않는가! 전신을 쪼그리고 벌벌 떨지 않는가! 아! 산송장이 아닌가!"(중략) 부역자들은 심문에 대해 한결같이 솔직하고 순수했다. 그것은 과거 우리가 경험했던 빨갱이들 태도와는 판이한 것이었다. 그들은 무리한 변명도 하지 않았다. 대개는 이전 비행을 후회하는 기분으로 충만한 것 같았다. 그러나 어느 한 사람도 용서를 애원하지는 않았다. (중략) 검사의 논고는 피고인 전부에 대하여 사형을 구형했다. (중략) 부역자들은 최후 진술의 기회를 주었을 때에도 '아무 말씀드릴 것이 없습니다' 한마디뿐이었다. (중략) 판결 내용은 극형과 무거운 중형이었다. 그러나 그들의 태도는 여전했다. 재판장인 나의 폐정 선언에 이은 그들의 최후의 예의도 공손했다. (중략) 형무관에 인도되어 퇴정하는 그들은 여전히 말 한마디 없고 곁눈질 하나도 없었다."[21]

부역자로 끌려온 서울 시민들이 얼마나 심하게 취조를 받았으면 그토록 주눅이 들었는지 충분히 가늠해 보게 하는 장면입니다. 또한 부역자로 처벌받은 시민들이 공산주의, 즉 세칭 '빨갱이'와는 거리가 먼 평범한 소시민들이었음을 짐작하게 하는 대목입니다. 인민군에 적극적으로 부역한 사람들은 9·15 인천상륙작전 직후 인민군을 따라 이미 북으로 떠났기 때문입니다.[22] 서울에 남아 있던 시민들은 그저 총부리들이대고 강제로 시키니까 도로 정비하고 전쟁 수행에 필요한 탄약과 포탄 운반, 방공호와 진지 구축 및 식사 제공한 정도로 극히 미미했습니다. 한국전쟁 당시 피난 가지 못한 상태에서 숨어 지냈던 김성칠(서울대학교 사학과 조교수)은 부역자 처벌이 자행되던 당시 상황을 격하게 성토하며 이렇게 묘사하고 있습니다.

"어리석고도 멍청한 많은 시민(서울 시민의 99% 이상)은 정부의 말만 믿고 직장을 혹은 가정을 사수하다 갑자기 적군을 맞이하여 90일 동안 굶주리고 천대받고 밤낮없이 생명의 위협에 떨다가 천행으로 목숨을 부지하여 눈물과 감격으로 국군과 UN군의 서울 입성을 맞이하니 뜻밖에 많은 '남하'한 애국자들의 호령이 추상같아서 '정부를 따라 남하한 우리들만이 애국자이고 함몰지구에 그대로 남아 있는 너희들은 모두가 불순분자이다' 하여 곤박困迫이 자심하니 고금천하에 이런 억울한 노릇이 또 있을 것인가? (중략) 함몰 90일 동안 적색분자와 악질 부역자들이 기관마다 마을마다 뚜렷이 나타나 있으니 이들을 뽑아서 시원히 처단하고 그 외의 백성들일랑 '얼마나 수고들 했소, 우리들만 피란하게 되어서 미안히 비길 데 없소' 하여야 할 것이거늘 부역자 심사니 무엇이니 하고 인공국의 입내를 내어 인격을 모독하는 일이 허다하고, 심지어는 자기의 벅찬 경쟁자를 평소에 자기와 사이가 좋지 않던 동료들을 몰아내려고 하는 일조차 있다는 낭설이 생기게끔 되었으니 거룩할진저, 그 이름은 '남하'한 애국자로다."[23]

부역자 재판을 맡았던 유병진 판사는 심리 과정에서 인공 치하 내

무서(경찰서에 해당) 청소와 잔심부름을 했던 14세 홍안의 소년에게 무죄를 선고합니다. 그리고 절도죄를 저지른 17~18세 두 명의 중학생에게도 징역 10년이 아니라 무죄를 선고합니다.[24] 부역자 재판이 전쟁 전과 비교할 수 없을 만큼 예민한 성격을 띠었음에도 비상계엄하의 법과 현실 속에서 고뇌하면서 재판관의 양심을 지켰기 때문입니다.

유병진 판사는 잘 알다시피 2대, 3대 대통령 선거에서 이승만과 맞붙었던 조봉암 선생에게 1심에서 간첩죄 무죄를 선고했던 용기 있는 판사였습니다. 이 재판 이후 극우 관변단체인 반공청년단 회원들 200여 명이 법원 청사와 재판정에 난입해 '친공판사 유병진 타도'와 '조봉암 간첩죄 처벌'을 주장하며 유병진 판사를 위협하는 작태를 연출합니다.

당시 반공청년단은 이승만의 자유당 직속 조직이자 극우행동대였습니다. 이승만 정권이 붕괴되는 4·19혁명 당시 3·15부정선거의 주범 이기붕의 집이 성난 군중들에 의해 불타오릅니다. 마찬가지로 독재정권의 나팔수 역할에 충실했던 정부기관지 서울신문이 박살 나고 반공청년단 건물이 불타는 것은 그런 역사적 연유가 있었기 때문입니다.

조봉암은 두 번의 대통령 선거를 거치면서 이승만이 가장 두려워한 정적이자 강력한 경쟁자로 급부상합니다. 특히 1956년 3대 대통령 선거 당시 조봉암의 득표수는 이승만의 그것을 능가했다는 부산, 경남 등 일부 지역의 사례가 있을 정도로 인기가 대단했습니다. 당시엔 개표할 때 100장씩 묶어서 정리했는데 100장씩 묶을 때 윗면과 아랫면 겉표지를 이승만 표로 하고 가운데 98장은 조봉암 표를 집어넣어서 묶는 방식이었습니다. 그런 부정 개표가 다반사로 벌어졌음에도 겉표지로 쓸 만한 이승만 표가 모자랄 정도였다고 하니 조봉암은 투표에 이기고도 개표에 진 선거였던 셈입니다.

　결국 이승만은 1958년 진보당 사건을 조작하여 조봉암을 비롯하여 진보당 간부들을 간첩과 접선하고 북한과 내통한 혐의로 모두 구속시킵니다. 진보당이 해체되고 재판 결과 진보당 간부들은 대부분 무죄로 풀려났습니다. 그렇지만 조봉암은 대법원에서 사형이 확정돼 4·19혁명 발발 9개월 전 1959년 7월 31일에 서대문형무소에서 전격 처형당합니다. 당시 사형집행에 서명한 인물이 법무부 장관 홍진기입니다. 홍진기는 『친일인명사전』에 등재된 친일 판사로 4월 혁명 당시 내무부 장관이었습니다. 사월혁명재판소에서 시위 군중에 대한 발포와 관련하여 사형을 선고받지만 무기징역으로 감형되고 박정희의 5·16 군사 쿠데타 직후 풀려납니다. 삼성그룹 이건희의 장인이자 중앙일보 회장 홍석현의 부친으로 이후 동양방송TBC을 설립해 사장에 오릅니다.

　6·25전쟁 개전 초기 마치 국군이 북진하는 것처럼 전황을 왜곡 보도함으로써 국민을 기만한 이승만 정권은 새벽에 특별열차를 타고 서울을 몰래 빠져나갑니다. 당시 서울 시민 144만 6,000명 가운데 40만 명이 피난을 가는데 그중 80%가 월남한 사람들이고 나머지 20%인 8만 명은 정부 고관, 우익 정객, 자유주의자, 군인과 경찰 가족이었다고 합니다.[25] 그러나 대통령이 마치 서울에 있는 것처럼 틀어 놓은 이승만의 거짓 라디오 방송은 피난길에 오르려던 서울 시민들을 혼란에 빠트렸습니다. 더구나 국방부 정훈국에서 KBS 라디오 방송을 통해 내보낸 "맥아더 사령부가 6월 28일 서울에 설치되니 시민은 동요 말고 안심하라"는 방송과 모윤숙의 '국군은 잘 싸우라'는 6월 27일 저녁 애국시 낭송은 서울 시민들로 하여금 전황 판단을 그르쳐 피난도 가지 못하고 인공 치하에서 험난한 생활을 하게 만든 요인이었습니다.[26]

부역자 처벌은 9·28 서울 수복 후 10월 말부터 시작되었는데 11월 5일까지 161명이 사형집행을 당했습니다. 11월 13일까지만 5만 5,909명의 부역자를 검거했습니다. 부역자 처벌을 위한 군·검·경 합동수사본부는 10월 4일부터 활동을 시작하여 1951년 5월 24일 해체될 때까지 색출한 부역자 총수가 최종적으로 55만 915명이었는데 자수자는 39만 7,090명, 체포된 자는 15만 3,825명이었습니다.[27]

부역자 재판의 처리 결과는 1950년에는 사형 및 무기징역이 압도적입니다. 반면에 1951년 이후에는 전년도에 비해 점차 감소하는 추세였습니다.[28] 문제는 부역자 처벌이 보복 차원의 감정이 수반된 채 너무 잔인하고 가혹했다는 점입니다. 사사로운 감정이 개입돼 부역자로 몰린 사람들도 많았습니다. 명백한 증거 없이 심증만으로 부역자로 내몰거나 대한청년단과 청년방위대, 의용경찰대 등 극우단체들에 의해 비공식적으로 부역자 처벌이 자행되기도 했습니다.

1950년 10월 경기도 고양시 '금정굴 집단 학살' 사건의 사례는 부역자 처벌의 잔혹함을 생생하게 전해 줍니다. 서울 수복 후 10월 초순 고양경찰서는 인민군에게 부역한 마을 주민들을 연행해 유치장과 양곡창고에 260여 명을 구금시켰습니다. 당시 구금 상황과 집단 학살의 참상을 목격자들은 다음과 같이 증언했습니다.

"여자 남자를 구별하지 않고 7~8명 들어갈 곳에 한 20여 명을 때려 넣은 거야. 여자들은 오줌도 서서 싸는 거야. 오줌을 마시는 것도 봤어. 오죽 목이 타면 그랬을까? 유치장이 꽉 차니까 창고에 넣었어. 그냥 와글와글했어. 매일 아침 점검을 해야지. '아무개, 아무개' 하면 다 죽어가는 대답으로 '네~' 하는 사람도 있고… 경찰서에서는 주민들에게 밥을 안 줬어요. 그 많은 사람들을 어떻게 해 줘? 잡혀

간 가족들이 밥을 해 와."

_경찰서 유치장 담당 경찰관 정준섭의 증언

"저는 아버지의 시신이라도 수습해야겠다는 생각으로 (중략) 금정굴로 달려갔습니다. 이때가 점심때 즈음이었습니다. 밧줄을 이용해 작은아버지와 동네 반장 어른 두 분이 내려갔습니다. 내려가시자 '사람 살려'라는 소리가 들렸습니다. 그분이 유일한 생존자 이경선 씨입니다. 우리가 꺼내 주자마자 바로 고봉산 쪽으로 도망갔습니다. 작은아버지가 올라오시더니 '그냥 피비린내가 나고 숨이 덜 끊어져 살려 달라고 악을 쓰는 사람, 팔이 떨어진 사람들로 가득해 있어 도저히 견딜 수가 없어 올라왔다'고 하셨습니다."

_희생된 이봉린의 아들 이봉순의 증언

인민군이 총부리를 들이대어 쌀을 내주거나 두세 시간 보초를 서주거나 아니면 집이 넓어서 인민재판소로 쓰겠다는 인민군의 강요에 마지못해 응했던 평범한 마을 주민들은 그렇게 부역자로 몰려 집단학살되었던 것입니다.[29]

심지어 일제 치하 상해임시정부 및 중경임시정부 독립운동의 산증인이자 '독립운동가의 어머니'로 불리는 정정화 여사도 부역자로 몰려 구속, 기소돼 곤욕을 치렀을 정도였으니까요. 정정화 여사는 군자금 모집을 위해 국내에 잠입, 지하활동을 했던 여성 독립운동가로서 망명정부를 뒷바라지한 훌륭한 분입니다.

남편 김의한 역시 독립운동가였으나 6·25 때 납북되고 시아버지 김가진은 구한말 공조판서, 농상공부대신을 역임하지만 대한협회를 세워 친일단체 일진회를 성토하는 등 애국계몽운동을 펼쳤던 인물입니다. 대한제국 멸망 직후 일본 왕 메이지가 주는 귀족의 작위를 치욕으로 여겨 즉각 반납하고 비밀결사단체인 대동단 총재가 되어 상하이로 망명, 임시정부 활동을 한 독립운동가입니다. 정정화 여사의 아들은 현재 대한민국 임시정부 기념사업회 회장 김자동 선생입니다. 독립운동으로 치열하게 사셨던 정정화 여사가 이승만-김창룡의 부역자 처벌에 대해 이렇게 회고합니다.

"서울을 내버리고 도주했던 자들이 9·28 수복 이후 개선장군인 양 귀경하여 잔류했던 서울 시민들을 죄인 취급하듯이 대하던 꼴은 지금도 잊히지 않는다. 6월 25일부터 그 후 3개월간은 한마디로 암흑과 적막의 세상이었다. (중략) 죄명은 부역죄附逆罪! 당시의 부역이란 죄명은 국가의 안위와 관련된 국사범과 똑같이 처리될 만큼 죄를 지은 사람이나 그 죄를 응징하겠다고 나서는 사람이나 다 같이 중대하고 신중하게 받아들이는 죄목의 하나였다. (중략) 나는 종로서에서 조사를 받게 되었다. (중략) 조사는 계속되었고 조사과정에서 내게 손찌검을 하는 자도 있었다. 일정 때부터 같은 일에 종사하는 자임에 틀림없었다. 해방된 지 6년이 지난 당시에도 일본 경찰 출신들이 판을 치고 있었으며 심지어 경찰 고위 간부직까지도 부일협력자가 자리에 턱 버티고 앉아 있는 형편이었다. (중략) 서러웠다. 슬펐다. 이유가 너무 분명한 쓸쓸함이었고 서글픔이었다. (중략) 아침저녁으로 퍼붓는 간수들의 욕지거리(중략), 간수가 머리 위로 치켜드는 손에는 여지없이 채찍이 들려 있었다."[30]

모윤숙은 인공 치하 3개월을 천신만고 끝에 간신히 목숨을 부지했습니다. 반민특위 위원장 김상덕과 건준 부위원장이자 미군정청 민정

장관 안재홍, 그리고 좌우합작을 주도한 김규식 박사 등 수많은 애국 지사들이 내무서원에게 끌려가 납북됐습니다. 반민특위 부위원장 김상돈은 천장에 숨어 목숨을 부지했고 모윤숙의 고난은 더 말할 나위도 없었습니다. 서울 수복 직후 9월 30일 모윤숙은 경무대(현 청와대)로 이승만을 찾아갑니다. 모윤숙은 이승만을 보는 순간 어찌나 분하던지 가슴에 북받치는 감정을 주체하지 못하고 이승만에게 곧장 달려들어 넥타이를 붙잡고 대롱대롱 매달리며 마구 악을 쓰고 복도를 데굴데굴 뒹굴며 소리를 질러 댑니다. 영부인 프란체스카 여사의 '좀 점잖게 고정하라'는 질책에도 아랑곳하지 않고 분한 감정을 있는 그대로 드러냈습니다.

"할아버지, 도대체 나를 부려 먹고 막판에는 방송을 시키고 혼자만 살려고 피난 가기예요? 할아버지, 나는 분해서 못 살겠어요." 이승만은 숙연한 표정으로 눈을 껌벅껌벅하면서 "나도 피난을 가려고 갔어야지. 그날(6월 27일) 헌병 넷이 와서 내 사지를 번쩍 들어 차에 태워서 갔어"라고 변명합니다.[31]

반공검사로서 서울에 숨어 지내다 겨우 목숨을 부지한 정희택의 분노는 더 말할 수 없었습니다. 마지막 순간까지 서울 시민들에게 거짓말을 하고 배신과 기만으로 도망친 자들이 무슨 염치로 잔류파를 재판한다는 것이냐고 책상을 치며 울분을 토했습니다.

부역자에 대한 즉결처형 등 잔혹한 살상은 6·25 참전 외국 군대의 반발을 불러왔고 해외 언론에까지 그 잔혹성이 보도되었습니다. 결국 UN과 국제적십자사가 이승만 정권의 부역자 학살에 대해 직접 조사하는 지경에까지 이르렀습니다. 영국군 29여단이 주둔하던 홍제리 근처에선 12월 16일 두 명의 여성과 두 명의 아이(8세, 13세)를 포함해 34명을 트럭에서 내리게 했습니다. 그리고 참호 앞에 무릎을 꿇린 뒤 총살했는데 34명이 묻힌 장소에서 수백 명의 시체가 발견되기도 했습니다. 영국 군인들은 야만적 학살에 크게 흥분하고 놀란 상태였습니다. 이튿날 한국 경찰들이 또다시 트럭에 신고 와 학살을 자행하려 하자 영국 군인들은 한국 경찰의 무장을 해제시켰고 참호를 묻으라고 명령하기도 했습니다. 『연합통신』 12월 18일 자에 따르면 이승만 대통령이 군사적 상황과 수형 시설의 부족을 감안하여 '빨갱이'들에 대한 재판과 처형을 신속하게 집행[32] 할 것을 지시한 결과였습니다.

3. 뉴라이트 세력의 이승만 찬양

2012년 11월에 다큐멘터리 〈백년전쟁〉 제1편 「두 얼굴의 이승만」이 소개된 적이 있습니다. 유튜브에서 조회수 200만 건을 넘어서면서 정치사회 문제로 비화되었고 급기야 〈백년전쟁〉은 2013년 3월 13일 청와대 오찬의 화제로까지 올랐습니다. 그 오찬에서 '건국 60주년 기념사업추진위원회' 위원장 이인호(현 KBS 이사장)는 박근혜 대통령 앞에서 "〈백년전쟁〉은 역사 왜곡이다. 국가안보 차원에서 주의 깊게 봐야 한다"고 건의했습니다.[33] '건국 60년 기념사업추진위원회'는 광복절을 기념할 게 아니라 건국절을 기념해야 한다고 주장하는 뉴라이트 성향 인사들이 만든 단체입니다. 이명박 대통령 만들기에 일등 공신인 뉴라이트 세력은 이미 2008년 국무총리실 산하에 '건국 60년 기념사업단'을 만들어 활동해 왔습니다.

이인호는 2006년 한국기독교 목회자협의회 강연에서도 수만 명이 군경에 의해 학살된 '제주 4·3 학살 사건'을 대한민국을 지키는 데 필요했다고 강변했던 인물입니다. 나아가 2013년 한반도선진화재단 포럼에서는 5·18 광주민중항쟁을 '5·18 유혈사태'라고 표현했습니다. 그리고 이승만을 '공산주의 이상과 실체를 명확히 구분할 줄 아는 세상에서 가장 보기 드문 사상가 중 한 분'이라고 극찬했습니다.[34] '예수와 석가모니와 같은 위대한 성자', '세계 민주주의의 영도자', '민족을 위하여 형극을 걸어오신 민족의 빛', '건국의 아버지' 등 이승만 측근이나 추종자들에 의해 미화된 황당한 찬사들은 끝이 없습니다. 「성북동 비둘기」의 시인 김광섭은 이승만을 '세기의 태양'으로 치켜세웠으며 「나그네」의 시인 박목월은 이승만을 '평생을 한결같이 몸 바쳐 오신 고마우신 대통령'으로 노래하기도 했습니다.[35]

4. 탄핵당한 대통령 이승만의 추악한 권력욕
79세의 이승만과 사사오입 개헌

다큐멘터리 〈백년전쟁〉을 만든 민족문제연구소에서 발굴한 기록에 따르면 이승만의 두 얼굴이 여실히 드러납니다. 1919년 9월 이승만이 이사장으로 있던 하와이 한인기독학원에서 이승만에 의해 초빙된 미국인 여교사가 친일 발언을 일삼고 한국인 학생들을 비하한 사건이 있었습니다. 미국인 여교사는 "한인들은 돼지와 다를 바 없고 일본의 지배를 받아야 한다"고 친일 발언을 일삼자 한국인 학생들이 즉각 반발한 것이지요. 한인기독학원 교감 민찬호가 이승만에게 전보를 보내 학생들을 짐승이라고 부른 친일 성향의 미국인 여교사를 내보내려 한다고 하자, 오히려 이승만은 그런 일은 허용될 수 없고 학생들을 아주

가혹하게 처벌해야 한다고 답장을 보낸 것입니다.[36]

실제로 이승만은 하와이에서 자치론과 준비론의 관점에서 1913년 월간 『태평양잡지』를 발행할 초기에 일제에 자치를 요구하고 '일본 천황께서'라는 표현을 써서 논란을 일으킨 적이 있습니다.[37]

상해임정 당시 이승만은 임시정부 위신 손상, 임정 의정원 결정사항 부정, 독립운동자금 착복의 혐의로 1925년 대통령 자리에서 탄핵당한 인물입니다.[38] 또한 이승만은 탄핵 이후에도 상해임시정부를 비난하고 사실이 아닌 모함으로 상해임정의 위신을 계속 악화시키는 행위를 스스럼없이 자행한 인물입니다.[39]

한편에선 '항일독립지사'로 추앙받기도 하지만 역사의 진실에 다가 가면 '민족 분단과 전쟁의 참극을 가져온 장본인' 중 하나로 지목되기도 합니다. 실제로 이승만은 남한만의 단독정부 수립을 강조한 1946년 6월의 정읍발언뿐만 아니라 단독정부 수립 이후 1949년 6월 민족주의 세력(=통일 세력)인 중도파 정치세력을 완전히 숙청하기 위한 음모를 드러냅니다. 1949년 6월에 집중된 국민보도연맹 창립, 반민특위 해체, 국회 프락치 사건 조작, 백범 김구 암살 사건 등 '6월 공세'로 회자되는 한국 현대사에 한 획을 긋는 굵직한 사건들이 바로 이 시기에 발생합니다. 이는 2001년 이도영 박사가 비밀 해제된 미 CIA 문건을 통해서 확인한 사실입니다.[40]

특히 백범 김구는 친일 반공정권 수립에 마지막으로 제거해야 할 걸림돌이었습니다. 그리하여 백범 암살 일주일 전인 1949년 6월 20일 쯤 암살범 포병 소위 안두희를 경무대로 불러 사격대회 수상을 치하하며 '높은 사람 시키는 대로 일 잘하고 말 잘 들으라'고 백범 암살을 암시합니다.[41]

민족 분단은 필연적으로 전쟁의 참화를 초래한다는 여운형과 김구의 예언이 있었음에도 진정한 애국 지사이자 정치지도자들은 해방공간 극우친일 세력에 의해 피살됩니다. 그리고 미국과 이승만은 한민족 전체의 1/10에 해당하는 300만 명이라는 무고한 희생을 초래한 6·25전쟁을 미리 알았고 그 전쟁을 막을 수 있었습니다.[42] 그런 위치에 있었음에도 이승만은 민족의 참화와 비극을 통해 자신의 정치적 반전을 노렸습니다. 강대국 미국과 일본은 6·25전쟁을 통해 전후 경제 성장을 꾀하고 경제적 이익을 챙겼습니다. 외세인 미국과 일본은 차치하더라도 국민의 생명과 재산을 지켜야 할 일국의 대통령으로서 이승만의 죄악은 용서받을 수 없는 것입니다.

국회의사당 내 이승만 동상. 부산정치파동, 사사오입 개헌 등 의회정치를 탄압하고 헌정질서와 의회민주주의를 말살했던 이승만. 그러나 국회의사당 내 동상 표지석에는 '의회정치 발전의 초석을 놓으시고 의회민주주의 발전의 귀감이 된 우남 이승만 박사'라는 글귀로 찬양, 미화하고 있다.

　무엇보다 대통령 이승만이 저지른 가장 큰 해악은 해방 직후, 그리고 정부 수립 직후 민족 최대의 당면 과제였던 친일 부역자 처벌에 극력 반대하고 노덕술 등 악질 친일 경찰들을 비호하며 반민족적인 길을 걸었다는 사실입니다. 민족정기를 바로 세우기 위한 반민특위를 친일 경찰들을 동원해 무력으로 해체시킴으로써 민족의 정의로운 기운을 뿌리째 잘라 버린 역사적 주범입니다. 오늘날 대한민국 사회에 기회주의가 주류를 이루게 된 데에는 역사 청산을 하지 못한 잘못, 바로 이승만의 잘못이 존재하는 것입니다.

이승만은 일제 강점기 하와이와 미국 동포사회에 가는 곳마다 분열과 반목의 씨앗을 뿌린 '권력욕의 화신', '협잡꾼'[43]으로 비난받기도 합니다. 이승만은 항일운동의 근거지인 중국 땅에서 독립운동을 하려고 하지 않았습니다. 이승만은 1925년 대통령직에서 축출될 때까지 66개월 동안 임시정부 소재지인 상해에 체류한 기간이 재임 기간의 1/10에도 훨씬 미치질 못했습니다.[44]

상해임정 초기 정부 형태가 대통령제가 아니라 내각책임제였기에 이승만은 대통령President 칭호를 쓸 수 없었습니다. 그럼에도 이승만은 President를 남발하여 이동휘, 안창호 등 상해임정 요인들로부터 헌법을 존중하도록 경고를 받았으나 이를 무시했던 권력욕의 화신이었습니다. 부득이 안창호의 노력으로 상해임시정부 헌법을 대통령제로 바꾸었던 것입니다. 그런 이승만을 두고 당대의 인격자 안창호 선생은 '정신병자'라고 진저리를 쳤으며, 본래부터 이승만을 탐탁지 않게 생각한 이동휘는 이승만을 두고 '대가리가 썩었다'고 펄펄 뛰었습니다.[45] 상해임시정부 2대 대통령 박은식은 이승만의 '위임청원론'에 대해 "세워지지도 않은 나라마저 미리 팔아먹은 것이니 이완용보다 더한 놈"이라고 성토했습니다.[46]

그런가 하면 상해임시정부 의정원에 관여했던 신채호 선생은 이승만을 이렇게 평가했습니다. "이완용은 있는 나라를 팔아먹은 매국노이지만 이승만은 없는 나라를 팔아먹으려고 하는 제2의 매국노이다." 이승만을 하와이로 초대했지만 불화를 겪은 박용만은 "이승만 같은 사람이 해방된 후에 민족의 지도자가 된다고 할 것 같으면 민족의 장래에 큰 불행이 올 것이다"라고 예언했습니다. 통일된 독립국가 건설을 지향하며 좌우합작운동을 폈던 김규식 박사는 "지금 이승만 당신이 나를 나무 위에 올려놓고 뒤에서는 또 밀어 떨어뜨릴 것이며 그 뒤 짓밟을 것을 알지만 나의 모든 것을 남북 분단을 극복하기 위해 좌우합작운동에 희생하겠다"라고 민족 분단과 권력욕의 화신 이승만을 비판했습니다.

이승만은 77세가 되던 1952년 간선제로는 2대 대통령이 될 수 없다는 사실을 알고 부산정치파동을 일으킵니다. 제헌국회에서 김성수의 한국민주당(약칭 한민당)의 지지로 이승만은 쉽게 초대 대통령에 취임합니다. 그렇지만 취임 이후 이승만과 지주계급의 이익을 대변했던 한민당은 농지개혁 등 여러 방면에서 대립했습니다.

그런 와중에 1950년 제2대 국회의원 선거인 5·30선거를 치렀는데, 무소속이 압도적으로 당선되는 이변을 맞게 됩니다. 전체 국회의석 210석 가운데 무소속이 126석 당선되는 이변을 연출하며 무소속 돌풍을 일으킵니다. 무소속은 대체로 민족주의 중도세력이 다수였는데 이들을 중심으로 내각책임제 개헌을 시도합니다. 대체로 이들 무소속 국회의원들은 원내 자유당에 속했는데 이승만과 대립했던 한민당과 함께 내각제 개헌을 주장합니다. 그런데 이승만은 내각제 개헌이나 지금과 같은 국회 간선제로는 다시 대통령에 당선될 가능성이 거의 전무했습니다. 이승만 지지 세력인 원외 자유당 소속 국회의원은 1~2명 정도였으니까요.

따라서 이승만은 전쟁 중임에도 대통령 직선제 개헌을 시도하지만 국회에서 19명(찬성) 대 143명(반대)으로 처참하게 부결됩니다. 하지만 여기에서 물러설 이승만이 아니었습니다. 이승만은 대통령 직선제 개헌을 관철시키기 위한 공작에 착수합니다. 국무총리에 장택상을 임명하고 내무부 장관에 리틀 이승만인 족청계 이범석을 앉힙니다. 그리고 바로 그다음 날 1952년 5월 25일 계엄령을 선포하고 김창룡의 특무대와 원용덕의 헌병총사령부를 동원하여 부산정치파동을 일으킵니다. 출근하던 국회의원 통근버스를 헌병대가 강제로 견인하여 헌병대로 끌고 가 국제공산당 연루 혐의를 뒤집어씌웁니다. 반공투사인 국회의원들조차 이승만 정권의 탄압에 이리저리 숨어 다니고 도망 다니는 신세가 됩니다. 결국 국회의원들이 시도한 내각책임제 개헌안과 대통령 이승만의 직선제 개헌안에서 몇 가지 발췌하여 발췌개헌안을 통과시키게 됩니다. 발췌개헌안은 제2대 전쟁국회에서 주한 미대사 무초와 유엔 한국위원단 사무총장 프랑스인 메뉴가 만든 것입니다.[47] 결국 이승만은 대통령 직선제로 헌법을 개정하면서 2대 대통령 선거인 1952년 8·5대선에서 부정선거로 재차 대통령에 당선되는 것이지요.

이승만은 1954년 79세의 고령임에도 초대 대통령에 한해 중임제한 규정을 폐지하여 종신 대통령을 욕망합니다. 국회의원들을 공갈, 협박, 회유, 매수함으로써 이른바 사사오입 사건을 일으킵니다. 참으로 국제적 망신이자 치졸한 행위이지만 여기에서도 경찰국가 이승만 정권에 아부했던 지식인이 존재했습니다. 바로 서울대학교 수학과 교수 최윤식, 이원철 박사입니다.[48] 개헌을 위해서는 전체 의석의 2/3인 136명의 자유당 국회의원이 필요했습니다. 지난 5·20 총선에서 자유당은 22석이 모자란 114석을 차지합니다. 물론 그것도 정치깡패와 경찰을 동원하여 후보등록 서류 탈취, 선거유세 방해 및 선거사무소 난동 등을 통해서 야당 후보등록을 못 하게 공작한 결과였습니다.

조봉암도 이승만 정권의 노골적인 방해 책동으로 제3대 국회의원 선거에 나가질 못할 정도였으니까요. 이승만 정권 차원에서 조직적으로 자행한 국가공권력에 의한 선거 방해였습니다. 결국 집권여당인 자유당은 막대한 정치자금을 동원해 무소속 의원들을 회유, 협박, 매수하여 23명을 자유당 국회의원으로 만드는 데 성공합니다. 그런데 제90차 국회 본회의 투표 결과 135표가 나와 1표가 모자라는 상황에서 이승만이 추진한 개헌은 부결로 선포됩니다. 그런 와중에 서울대학교 수학과 교수들이 경무대를 찾아가 전체 의석의 2/3는 135.333…인데 사사오입하면 135석이 된다며 해괴한 궤변으로 제91차 본회의에서 전격 가결을 선포한 것입니다. 그리하여 이승만은 81세 고령의 나이에 제3대 대통령 선거에 출마하게 됩니다.

이승만은 85세가 되었을 때 3·15부정선거를 일으켜 186명의 꽃 같은 어린 학생들의 목숨을 무참히 짓밟습니다. 2,000명이 넘는 총상 환자들은 평생 불구로 살게 됩니다. 그런 이승만을 뉴라이트 인사들은 오늘날 '건국의 아버지'로 부활시키려 합니다. 그러나 국가가 존망의 위기에 처했을 때 가장 먼저 탈출한 대통령 이승만보다 죽산 조봉암 선생의 삶을 이해하면 누가 진정으로 건국의 아버지인지 누가 진정으로 나라를 사랑한 애국자인지 알 수 있습니다. 그런 점에서 역사를 왜곡하는 것은 범죄이며 자라나는 세대로 하여금 역사의 진실에서 멀어지게 만드는 한국사 교과서 국정제 강행은 국가적 해악이었습니다.

사회 통념으로 본 이승만	역사의 진실에서 본 이승만
1. 자유민주주의를 수호한 건국 대통령.	1. 부산정치파동(발췌개헌), 사사오입 개헌 등 의회정치를 말살한 반(反)의회민주주의자. 인간의 기본적 자유와 민권을 탄압하고 자유민주의 헌정질서를 파괴한 극우 반공주의자.
2. 항일독립투사.	2. 감투와 권력욕의 화신, 상해임시정부 수반이면서도 상해에 머문 기간이 6개월 정도이고 그나마 강대국(미국)에 독립을 청원하는 외교 독립노선으로 일관, 상해임시정부 의정원에서 독립운동자금 착복, 임시정부 위신 손상 등 혐의로 1925년 탄핵당한 대통령. → 도산 안창호 왈: 정신병자 → 단재 신채호 왈: 제2의 매국노 → 백암 박은식 왈: 이완용보다 더한 놈 → 이동휘(임시정부 국무총리): 대가리가 썩은 놈
3. 공산주의를 물리치고 공산세력의 위협으로부터 자유와 민주주의를 지킨 대통령.	3. 6·25전쟁 발발 직후 미국대사 존 무초에게 당일 서울 탈출을 간청했다가 거부당하자, 새벽에 특별 임시열차를 타고 가장 먼저 서울을 탈출한 인물. 국회부의장 죽산 조봉암은 정부 중요 문서를 지프차에 싣고 가장 늦게 서울을 탈출한 것과 극명하게 대비됨.
4. 공산주의 이상과 실체를 명확히 구분할 줄 아는 세상에서 가장 보기 드문 사상가 중 한 분.	4. 뉴라이트 학자 이인호(KBS 이사장)가 이승만을 미화하고 찬양한 표현.
5. 민족을 위하여 형극을 걸어오신 민족의 빛.	5. 반공국가 건설을 명분으로 1950년 전후 수십만 민간인 집단학살의 명령자/백범 김구 선생 암살 배후/친일 반민족행위자들을 재등용함으로써 한국 사회에 기회주의를 확산시키고 민족정기와 사회정의를 뿌리째 흔든 장본인.
6. '세기의 태양', '평생을 한결같이 몸 바쳐 오신 고마우신 대통령'.	6. 시인 김광섭/박목월이 이승만을 찬양한 표현. 77세에 대통령을 또 하고 싶은 욕망에 부산정치파동을 자행했고, 79세에 세 번 대통령을 하고 싶은 욕망에 기상천외한 사사오입 개헌을, 그리고 85세에 부통령 후보 이기붕을 당선시키기 위해서 3·15부정선거를 저질러 4·19혁명을 자초한 인물. 4월 혁명으로 꽃다운 젊은 학생 186명이 독재 권력의 흉탄에 희생됐으며 2,000명이 넘는 총상 환자가 발생하여 평생 불구로 살아갔다.
7. 4·19혁명은 학생과 시민들이 부정선거를 통해 이승만을 대통령에 당선시키려는 데 분노하여 발생한 사건이다.	7. 부통령 후보 이기붕을 당선시키기 위해서 3·15부정선거가 자행되었고 이에 대한 분노로 4·19혁명이 발생한 것이다. 4·19혁명은 야당(민주당) 대통령 후보 조병옥의 사망으로 이승만은 단독 출마한 상태에서 대통령 당선이 기정사실화되었다. 다만 85세 고령의 대통령 이승만이 유고 시에 부통령이 권력을 승계하게 되어 있는데 야당 부통령 후보 장면 박사(민주당)를 낙선시키고 여당(자유당) 부통령 후보 이기붕을 당선시키기 위해서 3·15부정선거를 획책한 것이다.
8. 이승만은 자유대한, 자유민주주의를 지킨 위대한 건국 대통령이다.	8. 경찰과 특무대, 그리고 극우 정치깡패들을 수족처럼 부리며 공포를 조성하고 국가폭력을 일상화한 이승만 정권은 그런 점에서 자유민주주의의 적이자 극우 파시즘의 한국적 변형이라고 부르는 게 적합한 평가이고 역사의 진실에 가깝다.

1. 중앙일보사(1972), 『민족의 증언: 한국전쟁실록 1』, 서울: 을유문화사, 3쪽.
2. 김재명(1987), 「이승만 서울탈출기」, 『월간 경향』 제268호, 201~203쪽.
3. 중앙일보사(1972), 위의 책, 105쪽.
4. 이원규(2013), 『조봉암 평전』, 서울: 한길사, 452~453쪽.
5. 김동춘(2000), 『전쟁과 사회』, 서울: 돌베개, 87~93쪽.
6. 한홍구(2014), 「세월호의 악마들, 대한민국의 악마들」, 『한겨레』 2014. 5. 26.
7. 김동춘(2000), 위의 책, 74~75쪽.
8. 조영건(2009), 「6·15통일 시대와 죽산 조봉암」, 『21세기 진보정치와 죽산 조봉암의 재조명』, 죽산 조봉암 선생 서거 50주년 추모토론회, 새세상연구소, 32쪽.
9. 김재명(1987), 위의 글, 197쪽.
10. 김동춘(2000), 위의 책, 72쪽.
11. 한수영(2000), 「한국전쟁기 도강파와 잔류파」, 『역사비평』 통권 50호, 193쪽. 강준만(2004), 『한국 현대사 산책 1(1950년대 편)』, 인물과사상사, 53쪽에서 재인용.
12. 김동춘(2000), 위의 책, 88쪽.
13. 류춘도(2005), 『벙어리 새: 어느 의용군 군의관의 늦은 이야기』, 서울: 당대, 76~77쪽.
14. 중앙일보사(1972), 위의 책, 149쪽.
15. 김동춘(2000), 위의 책, 91쪽.
16. 김동춘(2000), 위의 책, 90쪽.
17. 강준만(2004), 『한국 현대사 산책 1(1950년대 편)』, 서울: 인물과사상사, 60쪽.
18. 강준만(2004), 위의 책, 116쪽.
19. 이윤갑(2012), 「한국전쟁기 경북 성주군의 부역자 처벌과 피학살자 유족회 활동」, 『한국학논집』 제47집, 255쪽.
20. 한인섭(2000), 「한국전쟁과 형사법」, 『法學』 115호, 141쪽.
21. 유병진(1957), 「재판관의 고민」, 『신태양』 통권 58호, 87~90쪽.
22. 강준만(2004), 위의 책, 120쪽.
23. 김성칠(1993), 『역사 앞에서』, 서울: 창작과비평사, 251~252쪽.
24. 유병진(1957), 위의 글, 90~93쪽.
25. 중앙일보사(1972), 위의 책, 75쪽, 김동춘(2000), 위의 책, 98쪽.
26. 중앙일보사(1972), 위의 책, 67쪽.
27. 박원순(1990), 「전쟁부역자 5만여 명 어떻게 처리되었나」, 『역사비평』 1990년 여름호, 185쪽. 한인섭(2000), 「한국전쟁과 형사법」, 『法學』 115호, 141쪽에서 재인용.
28. 한인섭(2000), 위의 글, 142쪽.
29. 임기상(2015), 「빨갱이 비슷하거나 조금이라도 부역했다면 다 죽여!」, 『노컷뉴스』 2015. 7. 29.
30. 정정화(1998), 『長江日記』, 서울: 학민사, 299~314쪽.
31. 중앙일보사(1972), 위의 책, 79쪽.
32. 이임하(2010), 「한국전쟁기 부역자 처벌」, 『史林』 제36호, 103~104쪽.
33. 박세열(2013), 「이승만·박정희 다룬 '백년전쟁'이 국가 안보 문제?」, 『프레시안』

2013. 5. 15.

34. 이정국(2014), 「이인호 KBS 이사장 "이승만은 세상에 보기 드문 사상가"」, 『한겨레』 2014. 9. 16.

35. 강준만(2004), 『한국 현대사 산책 2(1950년대 편)』, 서울: 인물과사상사, 243쪽.

36. 『경향신문』, 2014. 8. 12.

37. 오영섭(2012), 「1910~1920년대 '태평양잡지'에 나타난 이승만의 정치사상」, 『한국민족운동사 연구』 제70집, 한국민족운동사학회, 52쪽.

38. 김삼웅(1997), 「대한민국 임시정부 대통령 이승만 탄핵서」, 『사료로 보는 20세기 한국사』, 서울: 가람기획, 108쪽.

39. 한승인(1984), 『독재자 이승만』, 서울: 일월서각, 71쪽.

40. 이도영(2003), 「이승만, 한국전쟁 1년 전 중도파 숙청 위해 계엄령모의」, 『말』 2003년 6월호, 91쪽.

41. 박도(2003), 「안두희 입에서 쏟아진 이승만 연루설」, 『오마이뉴스』 2003. 11. 24.

42. 김동춘(2000), 위의 책, 72~74쪽.

43. 이기형(1994), 「민족국가 건설의 두 가지 길」, 『한국 현대사의 라이벌』, 서울: 역사비평사, 98쪽.

44. 한홍구(2005), 『대한민국사 3』, 서울: 한겨레신문사, 135쪽.

45. 한홍구(2005), 위의 책, 137쪽.

46. 이병한(2015), 「2대 임시대통령 "이승만은 이완용보다 더한 놈"」, 『프레시안』 2015. 11. 17.

47. 서중석(2015), 「서중석의 현대사 이야기: 국회에 감금된 의원들, 화장실 가려다 뺨 맞은 총리」, 『프레시안』 2015. 5. 16.

48. 김삼웅(1995), 『곡필로 본 해방 50년』, 서울: 한울, 83쪽.

6 부

새 길을 찾아 떠나는
또 다른 100년의 역사

16장
노블레스 오블리주를 실천한
아나키스트 이회영

1. 이회영과 신흥무관학교

조선의 독립지사 가운데 우당 이회영 선생은 몸소 노블레스 오블리주를 실천했던 조선독립운동의 전설적 인물입니다. 나라가 망하자 귀족의 작위와 은사금을 주겠다는 일제의 제의를 거부하고 독립운동에 투신했습니다. 6형제 60명이 넘는 대가족을 이끌고 1910년 12월 그믐밤 집단 망명을 단행합니다. 이회영 일가는 삼삼오오 흩어져 엄동설한 썰매를 타거나 마차 또는 배를 타고 압록강을 건넜습니다.[1] 그리고 허허벌판 만주에 독립군 기지를 건설하기 위해 자신의 일가 전 재산을 모두 바쳤습니다.

6형제와 자손들은 독립운동을 하면서 혹독한 빈곤 속에 굶어 죽거나 병들어 죽고 일가족이 집단 몰살을 당했습니다. 이회영 선생도 예순여섯의 나이에 일경에 체포돼 잔혹한 고문을 받습니다. 그리고 고문 끝에 목숨마저 민족의 제단에 바쳤던 분입니다. 6형제 60명이 넘는 집안 전체가 나라를 되찾기 위해 집단 망명을 했지만 해방 후 살아 돌아온 이는 이시영(초대 부통령) 한 분과 20여 명의 가족이었습니다. 망국의 순간 조선의 내로라하는 명문대가 집안이 모든 기득권을 버리고 민족의 고난과 자신의 운명을 일치시켰기 때문입니다.

우당 선생 가문이 집단 망명을 결심하고 일경의 눈을 피해 급히 처분해서 마련한 돈이 400만 원이었습니다. 그 당시 1원이 오늘날 시가로 1만 3,000원이므로[2] 환산하면 600억 원에 달하는 거액입니다. 1910년 나라가 망하자 대가족이 만주로 집단 망명을 합니다. 그리고 600억 전 재산을 쏟아부어 남만주에 독립군 양성기관을 세웠습니다. 그곳이 역사책에 나오는 신흥무관학교입니다. 영화 〈암살〉에 친일파 강인국을 처단하는 장면이 나옵니다. 국내에 잠입한 '속사포' 조진웅의 "나 이래 봬도 신흥무관학교 출신이야"라는 명대사가 등장합니다. 신흥무관학교는 1920년 가을 폐교될 때까지 무려 3,500명에 이르는 독립군을 양성했던 자랑스러운 역사적 공간입니다.

우리가 익히 알고 있는 1920년대 의혈투쟁을 전개한 의열단의 창립멤버도 약산 김원봉을 비롯해 대부분 신흥무관학교 출신들입니다. 또한 비교적 강대한 7개 항일무장부대의 첫 협동작전이자 독립군 연합부대[3]인 홍범도의 봉오동 전투의 주역들 역시 신흥무관학교 출신들입니다. 일본군은 봉오동 전투에서 대패하자 간도 일대에서 대대적인 토벌작전을 수행합니다. 일본군의 토벌작전에 대항해 대승을 거둔 김좌진의 청산리 전투 역시 모두 신흥무관학교 출신들의 맹활약이 있었기에 가능했습니다.[4] 실제로 홍범도의 대한독립군단의 요직을 맡은 인물들이 신흥무관학교 출신들입니다. 김좌진의 북로군정서 참모장을 비롯해 학도단장, 연성대장, 중대장, 구대장, 소대장의 직책 또한 신흥무관학교 출신들이 맡습니다. 나아가 신흥무관학교 졸업생들은 1920년대 서로군정서, 북로군정서 이외에도 통의부, 정의부, 참의부, 신민부에서 맹렬히 활동합니다. 그리고 3부 통합이 결렬된 이후에는 한국독립군, 조선혁명군으로 전투에 참전했고 1930년대 중반 이후에는 동북항

일연군과 한국광복군의 주역으로 활동합니다.[5]

독립군을 양성한 신흥무관학교와 이회영의 삶이 2000년대 7차 교육과정 이후 교과서에 기록되기 시작했습니다. 1920년대 의혈투쟁을 전개했던 의열단을 후원하고 다물단을 지도했던 분도 이회영입니다. 1931년 일제가 만주사변을 일으켜 만주를 침략해 들어가자 남북만주 일대 독립운동 진영엔 엄혹한 정세가 조성됩니다. 우당 이회영 선생은 일제의 만주침략으로 파괴된 독립운동 기지를 재구축하고 지하연락 망을 조직하고자 했습니다. 그리고 관동군 사령관을 암살하려던 계획을 이행하기 위해 상하이에서 다롄으로 이동 중 체포됩니다.

잔혹한 고문은 66세 노인에겐 상상할 수 없는 것으로 온몸에 피가 낭자한 끝에 다롄의 일본 영사관 감옥에서 순국합니다. 조선독립운동 사에서 우뚝 선 최고의 봉우리를 꼽을 때 빼놓을 수 없는 분이 바로 우당 이회영 선생입니다. 노블레스 오블리주를 몸소 실천하며 자신의 목숨마저 조국 독립에 바친 우당 선생은 독립운동가들 속에서도 존경 의 대상이었습니다. 우당 이회영 선생이 걸어간 삶의 족적을 알면 알 수록 우리는 깊은 경외심을 간직하지 않을 수 없기 때문입니다.

2. 노블레스 오블리주의 전통이 강한 선진국

국가가 위기에 처할 때 사회 지도층은 공동체를 위해 앞장서서 모범을 보입니다. 오늘날 선진국은 하나같이 노블레스 오블리주Noblesse Oblige의 강한 전통을 간직하고 있습니다. 귀족이 사라진 오늘날 부와 권력을 지닌 사회 지도층에게 그들이 누리는 특권과 지위에 합당한 사회적 책무를 요구합니다. 역사적으로 로마의 귀족들은 전쟁이 나면 자신의 전 재산을 국가에 바치고 전쟁터에서 선봉에 서서 싸웠습니다.

로마는 기원전 3세기 중엽에서 기원전 2세기 중엽까지 3차에 걸쳐 북아프리카 맹주 카르타고와 전쟁을 벌입니다. 이른바 포에니 전쟁입니다. 중계무역 등 지중해상의 패권을 장악하기 위해 로마와 카르타고가 벌인 전쟁입니다. 2차 포에니 전쟁은 16년간에 걸쳐 지속되는데 카르타고의 명장 한니발이 등장합니다. 북아프리카와 스페인 이베리아 반도를 통치한 한니발 장군은 알프스 산맥을 넘어 로마로 진군해 들어가 여러 지역에서 로마군을 격파합니다. 그때 로마의 최고 지도자 콘술(consul 집정관)은 전투에서 13명이 전사할 정도로 희생이 컸습니다. 콘술은 오늘날로 치면 최고위직으로 대통령에 해당됩니다.

귀족으로 고귀하게 태어난 만큼 누구보다 고귀하게 도덕적으로 행동할 것을 요구받았습니다. 그 점은 귀족사회에서 불문율처럼 지켜졌습니다. 그런 시대 분위기 속에서 로마의 귀족들은 공공봉사나 사회 기부를 실천했습니다. 나아가 일상생활에서 자신의 재산을 사회에 헌납함으로써 노블레스 오블리주를 몸소 실천했습니다. 사회 헌납을 통해 도로와 건축물 등 공공시설물을 신축하거나 빈곤퇴치와 차세대 육성을 위한 기부에도 앞장섰습니다. 그 결과 건물과 도로에 귀족의 이름을 새겼고 이를 최고의 영광으로 명예스럽게 생각했습니다. 병역의무와 납세의무를 이행하지 않고서는 귀족 중 누구도 콘술이나 호민관이 될 수 없었습니다.

실제로 로마는 전쟁이 계속되는 와중에 많은 귀족들이 전사합니다. 로마 건국 이후 500년 동안 원로원에서 귀족의 비중이 1/15로 급감한 것은 전쟁터에서 귀족들의 희생이 그만큼 컸기 때문입니다. 『플루타르크 영웅전』의 저자 플루타르크는 로마가 세계를 지배하고 그 주인이

된 이유를 로마 지도층의 '훌륭한 미덕과 이성' 앞에 로마 시민이 전체적으로 순응하고 협력한 사실을 지적했습니다.[6] 『로마인 이야기』의 저자 시오노 나나미 역시 이천 년 로마제국을 지탱해 준 힘이 '노블레스 오블리주'의 철학이라고 했습니다.

1440년 영국 국왕 헨리 6세에 의해 설립된 명문 사립학교 이튼Eton 스쿨 출신들은 1차 세계대전이 발발하자 자진 참전하여 1,000명이 넘게 전사합니다. 학교 교정에는 1,157명의 전사자들 이름과 함께 2차 세계대전 사망자 명단도 새겨져 있습니다. 1, 2차 세계대전을 치르면서 이천 명이 넘게 전사했으니 가히 교정 전체가 하나의 거대한 무덤[7]이라고 생각될 정도입니다. 2차 대전 당시 이튼스쿨 출신 한 학급 전체가 전사[8]하기도 했습니다.

1982년 영국과 아르헨티나 간에 벌어진 포클랜드 분쟁 당시 실제 있었던 일입니다. 엘리자베스 여왕의 차남 앤드류 왕자가 전투 헬기 조종사로 참전했습니다. 당시 아르헨티나는 엑조세 미사일을 보유하고 있었습니다. 이 미사일은 레이더에 잡히지 않고 수면 위에 바짝 붙어서 적지를 향해 낮게 비행했습니다. 그런 탓에 영국 군함에게는 매우 위협적인 무기였습니다. 앤드류 왕자는 직접 전투 헬기를 타고 엑조세 미사일의 진행 방향을 교란시키기 위해 지상에서 작전을 수행했습니다.

미사일 진행 방향에 쇳가루를 뿌려 미사일이 영국 군함을 향하지 않고 하늘로 솟구치도록 유도했던 것입니다. 왕위 계승 순위 4위인 영국 왕자가 위험천만한 전장에서 전투 헬기 조종사로서 솔선해 임무를 수행하는 모습[9]은 큰 부상을 입은 것은 둘째치고 그 자체로 노블레스 오블리주 전통의 살아 있는 모습이 아닐 수 없습니다.

프랑스의 경우도 마찬가지입니다. 잔다르크가 등장하는 영국과의 백년 전쟁에서 프랑스의 도시 '칼레' 시는 영국군에 포위돼 저항해 보지만 결국 항복합니다. 영국 국왕 에드워드 3세는 '칼레' 시민의 생명을 보장하되 끈질기게 영국에 대항한 것에 대해 누군가 책임질 것을 요구합니다. 그리하여 '칼레' 시를 대표하는 6명을 처형하겠다고 최후 통첩을 보냅니다. 그러자 누가 단두대에서 처형될 것인가를 두고 칼레 시는 동요합니다. 제일 먼저 처형을 자청한 사람은 칼레 시에서 가장 큰 부자로 소문난 생 피에르였습니다. 그 뒤를 이어 시장, 법률가, 의사, 의원, 교수 등 귀족들이 차례로 동참합니다.[10] 그런데 7명이 나서자 생 피에르는 제안을 합니다. 내일 만날 때 제일 나중에 오는 사람이 남기로 하고 먼저 온 6명이 처형대로 가기로 했습니다. 이튿날 6명이 나타났지만 생 피에르는 나타나지 않았습니다. 사람들이 의아하게 생각하여 그의 집을 방문했더니 그는 이미 스스로 목숨을 끊은 뒤였습니다. 죽음 앞에서 동요하는 마음이 생길 것을 우려한 생 피에르가 결연히 목숨을 끊은 것입니다. 생 피에르의 높은 희생정신 앞에 6명은 머리에 동아줄을 걸고 허리에 끈을 맨 뒤 '칼레' 시 열쇠를 들고 영국 국왕 앞으로 나아갑니다. 로댕의 조각상 「칼레의 시민」은 그런 장엄한 시대 배경을 담아 만들어진 작품입니다.

미국 사회는 귀족이라는 사회계층이 없이 바로 민주주의 국가로 출발한 나라입니다. 그렇지만 노블레스 오블리주의 미덕은 시민의 덕목, 기업가들의 사회적 책임과 의무로 자리를 잡았습니다. 철강왕 앤드류 카네기는 엄청난 수익을 내고 있던 철강회사를 5억 달러에 팔았습니다. 그리고 처분한 막대한 자금으로 기부활동을 시작하면서 말년을 자선활동으로 일관합니다. 그가 65세가 되던 1900년 카네기는 '부자인 채로 죽는 것은 정말 부끄러운 일'이라며 여생을 위대한 기부자로서 살아갑니다.[11] 세계 최고 부자인 빌 게이츠는 '부자들이 사회에 특별한 빚을 지고 있기에 상속세 납부는 당연한 의무'라고 언급했습니다. 또한 '부자들의 부富는 자본주의에 대한 사회의 강력한 지지 없이는 불가능'하기 때문[12]이라고 부자의 사회적 책무를 강조했습니다.

2006년 조지 부시 미행정부는 상속세는 이중과세이기에 폐지해야 하며, 세 부담 경감 차원과 경기회복을 위해 상속세 폐지를 주장했습니다.[13] 그러자 '책임 있는 부자들Responsible Wealth' 모임이라는 단체는 '상속세 폐지는 혐오스러운 일'이라며 상속세 폐지 반대 활동을 적극적으로 펼쳤습니다.

'책임 있는 부자들' 모임은 빌 게이츠의 아버지 게이츠 시니어와 워렌 버핏, CNN의 창업자 테드 터너, 배우 폴 뉴먼, 조지 소로스, 데이비드 록펠러 등이 결성한 단체입니다. 최고 부자인 그들 상류층이 오히려 상속세 폐지 반대, 주식배당소득세 폐지 반대, 공평과세, 최저임금 인상, 최고경영자 봉급 축소 등 마치 이념적 '좌파'가 외칠 만한 강령을 내걸기도 했습니다.[14] 350억 달러(35조 원 정도)를 사회에 기부한 워렌 버핏은 "기회균등을 보장하고 부유층에게 특혜를 주지 않기 위해서라도 상속세는 꼭 필요한 세금"이라고 강조했습니다. 그리고 부시 행정부의 상속세 폐지 정책은 "마치 올림픽 금메달리스트의 자식들로 새로운 올림픽 팀을 뽑겠다는 어처구니없는 방식의 발상"[15]이라고 일갈했습니다.

철강 왕 앤드류 카네기의 5억 달러 자선 기부(1900년) 이후 노동운동을 탄압한 악명 높은 석유 왕 록펠러도 노년(1913년)에 3억 5,000만 달러를 사회에 헌납했습니다. 록펠러 1세는 노동운동을 잔인하게 탄압하면서 오직 돈을 버는 데만 혈안이 된 피도 눈물도 없는 '악덕 기업가의 대명사'였습니다. 실제로 록펠러는 20세기 초 그 당시 미국 사회에서 '이 시대 최고의 범죄자'라는 비판을 들었던 인물입니다.

그러나 인생의 말년에 자신의 재산을 사회에 기부합니다. 시카고대학을 설립하고 록펠러대학과 록펠러재단을 설립하여 오늘날 병원, 교회, 학교를 통한 자선사업을 활발히 전개하고 있습니다. 특히 록펠러재단은 카네기재단·포드재단과 더불어 미국 최대 규모로 꼽히는데 '전 세계 인류의 행복'을 목표로 설립된 이후 무려 20억 달러를 국제사회에 기부합니다. 그리고 52개 국가에서 사회사업체를 운영하며 기아 및 인구 문제, 대학의 발전, 미국 사회 기회균등과 아시아·아프리카에 대한 원조를 지속하고 있습니다.

그의 재산은 오늘날 자산 가치로 따져 보면 빌 게이츠보다 3배나 많은 가치를 지녔다고 평가받습니다. 자동차 왕 헨리 포드 역시 5억 달러(1936년)를 사회에 환원하면서 자선 재단을 설립했습니다. 이러한 노블레스 오블리주의 아름다운 전통은 빌 게이츠, 워렌 버핏, CNN 창업자 테드 터너 등으로 면면히 이어지고 있습니다.[16]

미국 사회 노블레스 오블리주의 정신은 리세스 오블리주Richesse Oblige의 정신에서 출발한다고 볼 수 있습니다. 미국의 부자들은 재산의 절반 이상을 기부하자는 기부서약The Giving Pledge에 워렌 버핏, 마크 주커버그 등 70명이 참여하고 있습니다. 윗물이 맑으니 아랫물도 맑다고 미국의 일반 시민들 가운데 98%가 어떤 형태로든 사회에 기부하는 삶을 실천합니다.[17] 미국 전국공동모금회에 기부하는 기부금 총액 가운데 80%가 개인들의 기부금입니다.

우리나라 사회공동모금회의 개인 기부금이 20~30% 수준이고 기업 기부금이 70~80%인 것과 대조적입니다. 미국 사회 부자 집단으로서 자신들이 상속세를 적게 내거나 내지 않게 되면 그만큼 중산층이나 서민들이 세금을 더 많이 낼 수밖에 없다는 연대의식의 발로가 낳은 공동체의 미덕이 아닐 수 없습니다. 부자로서의 사회적 책임과 도덕의

식이 확연히 드러난 이런 모습은 미국 사회가 어떻게 통합되고 그 힘이 어떻게 사회 저변에 깊숙이 뿌리내리고 있는지를 알게 해 주는 대목입니다.

한국전쟁 당시 미군 장성의 아들 142명이 참전했고 35명이 전사하거나 부상당했습니다. 그들은 평범하게 최전선에 배치돼 전투를 수행했으며 특별대우를 받지도 않았습니다. 일례로 한국군 전투력 증진에 업적을 남긴 미 8군 사령관 밴 플리트 장군 역시 외아들이 야간 폭격기 조종사로 참전했습니다. 작전 수행 도중 행방불명되는데 정해진 수색시간이 끝나 가자 장군은 더 이상 특별 수색이나 구조 활동을 하지 말라고 지시합니다. 외아들의 시신조차 찾지 못했지만 전시상황에서 다른 병사와 달리 내 아들이라고 특별대우를 받을 이유가 없다는 것이었습니다.[18]

마오쩌둥의 아들 마오안잉 역시 한국전쟁에 참전했다가 참전 한 달 만에 미군 폭격으로 전사합니다. 사망 당시 마오안잉은 갓 결혼한 상태였고 28세였습니다. 마오쩌둥은 행방불명된 아들의 시신 수습을 포기하라고 지시합니다. 다른 인민들도 전쟁에서 아들을 잃었을 텐데 지도자로서 모범을 보여야 한다는 생각이었습니다.

백범 김구 역시 중경임시정부 시절 독립운동을 하던 큰아들 김인(당시 28세)이 폐렴에 걸려 사경을 헤맸습니다. 그러자 며느리 안미생(안중근의 조카)이 임정 주석인 시아버지를 찾아가 페니실린 한 대만 놓아 달라고 간청합니다. 김구는 페니실린 주사약이 필요한 사람은 많은데 물량이 너무 적은 현실에 이를 단호하게 거절합니다. 결국 해방 5개월을 앞두고 김인은 중국에서 유명을 달리합니다. 절체절명의 궁핍한 시절! 공과 사를 구분해야 한다는 것이 민족지도자 김구의 생각이었습니다.

3. 노블레스 오블리주의 역사와 전통을 간직한
   대한민국, 그리고 이회영

노블레스 오블리주라는 용어를 처음 사용한 사람은 1808년 프랑스의 작가 가스통 피에르 마르크Gastong Pierre Marc입니다.[19] 귀족이라는 고귀한 신분에 합당한 사회적 책임과 의무를 강조하기 위해 이 용어를 사용했습니다. 한국 사회에도 역사적으로 노블레스 오블리주의 정신을 보여 준 사례는 많았습니다.

신라가 삼국을 통일한 원동력이 화랑도 정신에 있었음은 익히 알려진 사실입니다. 황산벌 전투에서 계백장군의 오천 결사대에 4차례나 패해 신라군은 수세에 몰렸습니다. 신라군이 도리어 용기백배하여 백제군을 물리칠 수 있었던 계기는 김유신의 조카 반굴과 15세 관창의 솔선수범이 있었기 때문입니다. 화랑 반굴과 관창이 앞장서서 적진에 뛰어들어 용맹스럽게 싸우다 시신으로 돌아오자 신라군은 이에 분개하여 황산벌 전투를 승리로 이끌 수 있었습니다.

이러한 화랑의 낭가사상은 고려와 조선의 선비정신으로 계승되었습니다. 국난의 위기 속에 선비의 역할은 솔선하여 정의를 실천하는 것입니다. 임진왜란 당시 남명학파 북인 계열의 선비들이 보여 준 의병장으로서의 면면은 시대의 위기를 앞장서서 극복하려는 사회적 책무감의 발로가 아닐 수 없습니다. 국가가 위기에 처하자 남명학파 선비들은 책 대신 칼을 들고 의병장으로 나섭니다. 남명의 외손사위 곽재우, 남명의 수제자 정인홍, 조종도, 이대기, 김면 등 혁혁한 의병장[20]을 비롯해 60명 이상이 스승의 가르침대로 의병장이 되어 의義를 실천합니다.

남명 조식의 막내 제자 홍의장군 곽재우는 임진왜란이 일어나자 전국에서 가장 먼저 경남 의령에서 의병을 일으킵니다. 자신의 전 재산을 털어 2천 명에 이르는 의병들을 모집해 유격전술로 육지 전투에서 일본군을 제압합니다. 이순신의 눈부신 활약으로 해전에서 대패한 일본군이 육로를 통해 호남지방으로 진출하려 시도했습니다. 그러자 곽재우는 영남에서 호남으로 진입하는 길목인 정암진 전투에서 신출귀몰한 게릴라 전술을 펴며 일본군을 무찌릅니다. 이는 육지에서 왜군과 싸워 이긴 최초의 전투였습니다. 이후 곽재우는 경북 달성, 경남 창녕, 진주성 1차 전투에서 승리함으로써 경상우도를 장악합니다.

남명학파 조식(호 남명)의 수제자인 정인홍 역시 임진왜란이 발발하자 58세라는 고령의 나이에도 불구하고 고향인 경남 합천에서 의병을 일으킵니다. 흰 수염 풀풀 날리며 의병들에게 총궐기할 것을 촉구한 연설은 비타협적이고 직선적인 남명학파의 학문 정신이 그대로 묻어납니다.

"왜구가 야욕을 채우기 위하여 우리 금수강산을 짓밟으니 동족들이 하루에도 수백 명씩 어육이 되어 가고 있다. 임금은 왜구에게 쫓겨 파천길에 올랐는데 우리 젊은이들은 어디에서 무엇을 하고 있단 말인가? 원수들이 미친 듯이 살육을 즐기는 것은 그들이 강해서가 아니다. 바로 우리가 무능하고 두려워하기 때문이다. 어느 시대건 변란을 당하면 그에 대체할 인재가 있기 마련이라고 했다. 내가 보건대 그 인재란 바로 여기에 모인 여러분이다. 지금 이 나라의 운명은 바로 여러분에게 달려 있다. 젊은이들이여! 앉아서 죽음을 기다리지 말고 칼을 잡고 일어나 이 땅을 지키자!"[21]

조선의 선비정신은 불의에 맞서 비타협적 정신으로 시대의 불꽃이 되었습니다. 그리하여 조선 오백 년 역사가 망하는 때 마지막 선비 황현의 자결로 또는 이회영, 이상룡, 김동삼 일가 등 애국지사들의 집단 망명으로, 그리고 해외 독립군 기지 건설로 시대의 불꽃은 계승되었습니다.

나라가 망하는 때 일본의 노예가 되어 호화롭게 살기보다 나라를 되찾는 일에 목숨을 바친 지식인들의 집단 망명은 노블레스 오블리주의 전형입니다. 더구나 전 재산을 독립군 기지 건설에 바치고 독립운동에 목숨까지 바친 것은 사회 지도층으로서 보여 준 숭고한 귀감이 아닐 수 없습니다. 그런 의미에서 조선독립운동사에서 우당 이회영은 최고로 우뚝 솟은 높은 봉우리임에 틀림없습니다. 고대 로마의 귀족이나 영국의 이튼 칼리지 출신들, 그리고 미국의 거부들이 보여 준 어떤 고귀한 행동보다 더 고귀한 삶의 전형을 보여 주었기 때문입니다. 같은 민족의 후손으로서 자긍심과 함께 자랑스럽기 그지없는 역사적 사실을 이제 이회영의 삶과 죽음을 통해 살펴보고자 합니다.

이회영은 조상 대대로 높은 학식과 정승을 배출한 삼한갑족 명문대가의 자손입니다. 10대조 영의정 백사 이항복 등 6명의 정승과 2명의 대제학을 배출한 명문 가문입니다. 조상 대대로 높은 벼슬을 한 것을 치자면 타의 추종을 불허하는 조선 최고의 출중한 가문이었습니다. 실제로 가문에서 재상이 한두 명만 배출되어도 큰 영광인데 경주 이씨 백사공파 이회영의 가문은 대대로 10명이나 배출한 집안이었으니까요. 우리나라에서 유일하다고 볼 수 있습니다. 아버지 이유승 역시 이조판서를 지낸 정승으로 이회영 일가는 어마어마한 재산을 소유했습니다.

서울 종로 6,000평이 넘는 땅과 만여 석에 이르는 광대한 토지와 재산, 명동성당 앞 일대, YWCA 건물부터 외환은행 본점까지 모두 이회영 일가의 자산이었습니다. 경기도 양주에서 서울까지 남의 땅을 밟지 않고 오갈 수 있을 정도였습니다.[22] 오늘날 시가로 2조 원에 이르는 대재력가 집안이었지만 그 모든 재산을 독립운동에 바쳤던 것입니다.

독립군 기지 건설을 위해 만주를 사전 답사하고 온 1910년 초가을 어느 날, 이회영은 6형제를 불러 모은 자리에서 격정적으로 울분을 토로합니다. 그리고 독립운동을 위해 다음과 같이 집단 망명을 제안합니다.

"슬픈 일이외다… (중략) …나라가 망하는 괴변을 당하여 온 산하가 왜적에 속했습니다. 우리 형제가 당당한 명문대가의 일족으로 왜적 치하에서 노예가 되어 생명을 구한다면 어찌 금수와 다르겠습니까? 이때를 당해 우리 형제는 당연히 생사를 막론하고 처자 노유妻子老幼를 이끌고 중국으로 망명하여… (중략)… 독립운동을 실천하고자 합니다. 왜적을 파멸시키고 조국을 광복하면 이것이 대한 민족된 신분이요, 또 왜적과 혈투血鬪하시던 백사 이항복 공의 후손된 도리라고 생각합니다. 원컨대 형제분들은 이 뜻을 좇으시지요?"[23]

6형제 가운데 가장 활달하고 호방한 성품을 지녔던 이회영 선생의 제언에 6형제 모두 동의했습니다. 그러나 일제의 조사와 일경의 감시가 심한 때라 토지와 가옥 등 2조 원대에 이르는 그 막대한 재산을 일시에 방매 처분하는 게 여간 어려운 일이 아니었습니다. 또한 수많은 남종 여비와 거느렸던 아랫사람들의 입을 막기가 쉽지 않았습니다. 일제의 눈을 피해 급하게 망명을 준비하느라 현재 시가로 2조 원대에 이르는 막대한 재산을 급히 처분하여 600억 원의 독립운동 자금을 마련

우당기념관(서울시 종로구 신교동 소재). 나라가 망하자 6형제 집단 망명을 주도하고 현재 화폐
가치로 600억 원가량의 전 재산을 신흥무관학교 설립에 헌납했다. 3,500여 명의 독립군을 길러
낸 아나키스트 항일혁명가 이회영! 우당 선생의 치열한 삶을 기리기 위해 1990년 동숭동에 우당
기념관을 건립했고 2001년 서울농학교 앞 현재 위치로 신축 이전했다.

합니다. "나라가 망했는데 조상 제사가 무슨 의미가 있겠소"라며 우당
선생은 대대로 조상께 제사 지내는 위토位土마저 처분했습니다.[24] 1910
년 12월 13일 우당의 둘째 형 이석영 일가를 필두로 이회영은 다른 형
제들을 차례로 떠나보낸 뒤 12월 27일 압록강을 건넜습니다.[25]

이러한 모습은 우당 이회영을 따라 집단 망명한 석주 이상룡의 경
우도 마찬가지였습니다. 이상룡은 1911년 1월 5일 새벽 사당에 나아가
조상들께 망명의 사유를 고한 뒤 하직 인사를 올렸습니다. 그리고 친
척들의 비난에도 불구하고 신주를 땅속에 파묻어 버립니다. 그런 연
후에 노비문서를 불태우고 거느린 노비들을 다 자유의 몸으로 풀어
준 뒤 저녁에 망명길에 올랐습니다.[26]

이회영은 서간도 유하현 삼원보로 망명하기 전에 일찍이 노비문서
를 불태웠습니다. 그리고 망명 당시 집안 노비들을 해방시켰습니다. 그

들 중 일부는 이회영 일가와 함께 만주로 망명길에 올랐습니다. 이회영은 그들을 집안의 노비로 하대하지 않았습니다. 악수를 청한 뒤 독립군이라고 칭하며 동지로 존중했습니다.[27] 일찌감치 낡은 신분질서에서 벗어나 다른 집 노비들에게 존댓말을 썼던 이회영다운 기품이 아닐 수 없습니다. 실제로 이회영은 여동생이 젊은 나이에 과부가 되자 가짜로 부고를 내고 장례를 치른 뒤 여동생을 재가시켰던 호방한 성품의 인물이었습니다. 성품이 소탈하고 지극히 평민적이며 인정이 넘쳤던 이회영은 독립운동 과정에서도 폭넓은 인간관계와 관용적인 태도를 보였습니다.

「그날이 오면」의 시인 심훈이 1919년 베이징 이회영 집을 방문하여 두 달 동안 머문 적이 있었습니다. 그때 이회영은 극도로 생활고에 시달리던 시절이었음에도 심훈을 막내아들만큼이나 귀여워했습니다. 어느 날은 심훈이 돼지기름에 볶아 주던 똑같은 음식에 비위가 상해 아침상을 먹지 않고 물린 적이 있었습니다. 그러자 반백이 된 이회영이 손수 통김치가 담긴 작은 항아리와 아침상을 들고 들어오기도 했습니다.[28]

인정 많고 포용적인 성품을 지닌 이회영은 일찍이 지행합일의 양명학을 공부했고[29] 자유주의적 신사상을 접했던 근대 지식인이었습니다. 이회영은 반상의 차별과 여성의 개가를 금기시했던 당대 봉건적 질곡을 거부한 인물입니다. 이회영은 첫째 부인과 사별한 뒤 1908년 상동교회에서 한국인으로는 최초로 서양식으로 신식 결혼을 올렸습니다.

실제로 주위 사람들은 이회영을 '개화꾼'으로 불렀다[30]고 했습니다. 이회영의 진취적인 시대감각과 진보적인 자세는 자녀들과 친척들에게도 영향을 미쳤습니다. 규룡, 규학 자녀들과 그 종형제들의 머리를 자르고 상동청년학원에 보냈습니다. 일본제국주의 침략으로부터 민족을 지켜 내기 위해선 서양의 앞선 과학 문물을 적극적으로 수용할 것을 주장했기 때문입니다.

나아가 서양 근대 문명의 영향을 받아 교육구국운동의 차원에서 신교육을 실천했던 상동청년학원의 학감(오늘날 교감에 해당)으로 봉직했습니다. 1900년대 후반 상동감리교회 내 상동청년학원은 신채호, 이동녕, 남궁억, 이상재, 김구, 이승만, 이동휘, 양기탁 등 수많은 애국지사들이 교류했던 공간이자 항일 민족주의 교육의 중심지였습니다. 1907년 신민회 결성도 상동교회 지하, 바로 상동청년학원에서 이루어졌습니다. 매주 목요일 교회 예배 후 지하실에서 신민회 결성을 위한 독립지사들의 회합이 있었습니다. 전덕기, 이동녕, 이회영, 양기탁, 이승훈 등이었고 이준, 이상설도 자주 그 모임에 함께했습니다. 신민회 결성 장소가 바로 상동교회 지하실이었던 셈이지요.[31]

상동교회는 남대문에 있었는데 '상놈의 교회'라 할 수 있었습니다. 그곳에서 이회영은 전덕기 목사를 만납니다. 그는 9살 어린 나이에 양친 부모를 여읩니다. 혈혈단신 고아가 되어 남대문 시장에서 숯장수를 하던 삼촌의 양자로 입적됩니다. 그는 가난 속에서 제대로 교육을 받을 수 없었습니다. 동네 아이들과 주먹싸움을 하고 선교사들에게 돌멩이를 던지는 등 불량스러울 정도로 어린 시절을 보냅니다.[32]

그러나 상동교회를 설립한 스크랜턴 박사를 만난 뒤 심성이 변합니다. 박사 부부의 주방에서 요리사로 여러 해 일을 하면서 열렬한 기독교 신앙인이 됩니다. 이후 그는 상동교회에서 전도사 생활을 거쳐 첫 안수를 받은 목사가 됩니다. 남대문 시장의 가난한 상놈 출신 숯장수 아들이 남대문 시장 근처 상동교회 담임목사가 된 것이지요.[33] 신민회 창설의 주역이자 상동청년회-상동청년학원을 중심으로 한 1910년대 민족운동의 거목이 바로 전덕기 목사였습니다.[34] 우당 이회영 선생은 전덕기 목사와 친분이 돈독했고, 그 이상으로 독립운동의 든든한 동지였습니다.

1900년대 들어 일제의 조선 침략은 한층 가중되었습니다. 1905년 을사늑약을 강제해 대한제국의 외교권을 박탈해 버렸습니다. 고종 황제와 참정대신(오늘날 국무총리) 한규설은 끝내 서명을 하지 않았습니다. 그럼에도 일제와 내통한 이완용(학부대신), 박제순(군부대신) 등 을사오적이 앞장서서 외교권을 일제에 팔아넘겼습니다. 참담한 위기 상황에서 이회영은 절친한 친구였던 이상설, 이동녕과 함께 상소를 올려 격렬하게 저항합니다.

전덕기 목사와 함께 을사오적을 처단할 암살단을 조직하기도 합니다. 을사오적을 암살하기 위한 노력이 실패로 돌아가자 이회영은 기울어져 가는 조국의 현실 앞에서 국외 독립운동 기지 건설을 준비합니다. 그리하여 이동녕, 이상설과 함께 만주지역을 물색했습니다. 지리적 접근성과 동포 이주 상황을 고려하여 1906년 북간도 용정에 항일 민족교육의 요람인 서전서숙을 세웁니다.

또한 이회영은 1907년 네덜란드 헤이그에서 열린 제2차 만국평화회의에 주목합니다. 고종 황제가 서명하지도 않은 을사늑약의 불법성과 일제의 조선 침략을 전 세계에 알릴 수 있는 절호의 기회였기 때문입니다. 한편 고종 황제는 일제 통감 이토 히로부미가 내세운 친일 내각을 붕괴시키려 노력합니다. 이토가 서울에 없을 때 박제순 등 친일내각을 해체시키려 시도했던 것입니다. 나아가 1906년엔 『대한매일신보』에 을사조약이 무효임을 알리는 고종의 친서를 게재했습니다. 그러나 일본에서 돌아온 이토 히로부미는 주권 회복을 시도한 고종은 1906년 여름에는 궁궐에 거의 감금돼 외부와 차단됩니다. 사실상 유폐 상태에 처하게 된 것이지요. 그런 상황에서 우당 선생은 고종의 조카인 조남승, 조남익 형제와 함께 궁궐 내시 안호형을 통해 고종에게 접근한 뒤 고종의 밀지를 받아 냅니다.[35]

우당 선생은 고종 황제의 밀서를 상동교회 지하실에서 상동청년회 출신 이준 열사에게 건네줍니다. 그리고 의정부 참찬을 지낸 친구 이상설을 정사로, 이준을 부사로 하여 러시아를 거쳐 네덜란드 헤이그에 잠입시키는 데 성공합니다. 그러나 제국주의 열강들은 이미 일본의 을사늑약을 인정한 상태였기에 헤이그 특사들은 회의장에 참석할 수 없었습니다. 을사늑약이 무효이고 일제의 조선 침략이 부당함을 세계만방에 호소할 수 있는 발언 기회를 거부당한 것입니다. 이준 열사는 통분 끝에 여러 날 병환 중에 있다가 헤이그의 숙소에서 순국합니다.

서전서숙마저 일본 영사관의 방해와 재정난으로 1년 만에 문을 닫게 되자 이회영은 해외 독립운동 기지 건설을 위해 지물장수로 변복을 하고 답사에 나섭니다. 우당 선생은 1907년 4월 초에 신민회에 가담하는데 이후 신민회의 최고 간부가 되었습니다.[36] 우당 이회영과 석오 이동녕이 핵심 간부로 있던 신민회는 1909년 봄[37] 양기탁의 집에서 신민회 간부들의 비밀회의를 개최합니다. 그 회의에서 서간도로 많은 조선인들을 이주시켜 유능한 청년들을 교육하기로 의결합니다. 게다가 청년들을 독립군으로 양성하기 위해 무관학교 설립을 결정합니다. 그리하여 무관학교를 통해 장차 독립전쟁에 나설 인재를 양성하기로 결의합니다.[38] 김구의 『백범일지』에는 망국 당시 조선의 상황과 신민회 결정 내용을 다음과 같이 전하고 있습니다.

"나라가 합병되는 치욕을 당하자 원로대신들과 내외의 관리들 중에 자결하는 자가 많았고 교육계에도 배일사상이 극도에 달했다.

오직 듣고 배운 적 없는 농민들 사이에서 합병이 무엇인지 망국이 무엇인지 모르고 있는 이들이 많았다. (중략) 그리하여 후세들의 애국심을 키워 국권을 회복하는 길밖에 다른 길이 없다고 생각되어 계속해서 학교를 확장하고 학생을 증원, 모집했다. (중략) 서울에서 양기탁의 집에 모여 신민회 비밀회의가 열렸다. 만주 이민 계획을 실행에 옮기고 무관학교를 설립하여 장교를 양성함으로써 광복전쟁을 일으키기로 했다. 그 준비를 위해 이동녕을 먼저 만주로 파송하여 토지 매수와 가옥 건축, 기타 일반을 위임했다. 나머지 참석한 인원들은 각 지방 대표를 선정하여 15일 내에 황해도에서 김구가 15만 원, 평남 안태국 15만 원, 평북 이승훈 15만 원, 강원 주진수 10만 원, 서울 양기탁 20만 원을 모금해서 이동녕의 후발대를 파송하기로 의결하고 즉각 출발했다."[39]

1910년 7월 보름께 이회영은 이동녕, 장유순, 이관직과 함께 종이장수로 위장하여 등짐을 지고 남만주(서간도) 시찰을 떠납니다.[40] 요령성 유하현 삼원보 추가가 지역을 정하고 8월 초 귀국했습니다. 곧바로 6형제 회합 끝에 만주로 집단 망명을 결행합니다. 나라가 망하자 조선 사회 지도층의 집단 망명은 이회영 일가를 필두로 조선 팔도에서 전국적으로 발생합니다. 집단 망명 자체가 일제에 대한 항거이자 집단 망명지가 항일세력의 근거지가 되었기 때문입니다. 집단 망명 세력은 대부분 소론계열 지식인들이었으며 학문적으로 양명학을 사상적 배경으로 삼았습니다.[41]

서울의 이회영 일가를 시작으로 경북 안동의 고성 이씨 이상룡 일가, 의성 김씨 김동삼, 김대락 일가 등 150명이 논과 밭, 집을 팔아 독립운동 자금을 마련한 뒤 집단 망명했습니다. 이외에도 경북 영덕, 영양, 울진, 봉화 그리고 충북 진천의 홍승헌 일가, 함경도 이남기, 최경희, 김정규 일가, 강화의 이건창 등 집단 망명은 전국적인 현상이었습니다. 후일을 기약하며 식민지 백성으로서의 편안한 삶을 버리고 국권을 되찾겠다는 조선 사회 지식인들의 사회적 책임의식이자 역사의식의 발로가 아닐 수 없습니다.

특히 이상룡, 김대락 일가는 망명 당시 나이가 50~60대였음에도 전 재산을 국외 독립운동 기지 건설에 쏟아붓습니다. 조선 사회 명문 사대부 집안으로서 식민지 조선 땅에서 안락하게 기득권을 누리고 살 수 있었음에도 그들의 선택과 결단은 노블레스 오블리주의 전형을 아낌없이 보여 주었습니다.

우선 이회영은 집단 망명을 돕기 위해 이동녕의 친척 이병삼을 서간도 횡도촌에 미리 보내 식량과 김장까지 수십 독을 준비하게 했습니다. 그러고 나서 이회영은 조선 팔도의 동지들에게 연락하여 집단 망명을 주선했습니다. 그리하여 앞으로 오는 동지들이 횡도촌에 무사히 안착하도록 생활의 편리함을 도모했습니다. 또 신의주에 술과 음식을 파는 주막으로 위장한 연락 기관을 두고 압록강을 건널 수 있도록 도움을 주었습니다. 망국 당시 조선 사회의 공기가 흉흉하고 친일파의 기세가 등등하여 국경 경비가 철통같았기 때문이었습니다.[42] 망명자들은 일제 경찰의 경비가 느슨해지던 새벽 3시경에 강을 건넜습니다. 강이 얼었을 땐 걷거나 썰매로 국경을 넘었고 얼음의 두께가 얇아지면 배로 건너기도 했습니다.

우당 선생은 압록강을 건널 때 뱃사공에게 많은 금액을 건네주었습니다. 뱃사공이 너무 황송해하자 이렇게 부탁을 했습니다. "돈이 없어 국경을 넘지 못하는 독립지사들이나 일경에 쫓기는 독립지사들이 있거든 강을 건널 수 있게 도와주시오." 이후 뱃사공은 우당 선생의 말에 감동을 받고 이를 충실히 실천했습니다.

우당 선생이 압록강을 건너 처음 도착한 곳은 횡도촌이었습니다. 국경을 넘은 중국 땅 안동현에서 마차 10여 대에 6형제 60명 권속을 거느리고 일시에 출발했습니다. 새벽 4시에 혹한의 얼음판을 출발한 이회영 일가가 500리 떨어진 횡도촌에 도착한 것은 7~8일이 지나서였습니다. 횡도촌은 해외 망명길에 오른 독립지사들이 피곤에 지친 심신을 달랬던 제2의 고향 같은 마을이었습니다.[43] 일찌감치 망명길에 오른 강화학파 정원하와 뒤를 이은 이건창, 홍승헌도 횡도촌에 머물고 있었습니다.

우당 선생은 무관학교를 세워 군사를 양성하는 것이 시급하다며 1911년 1월 28일 둘째 형 이석영 일가와 추가가 마을에 당도했습니다.[44] 그리하여 그곳 삼원보 추씨 마을 집성촌인 추가가로 조선인 망명객들을 이끌고 집단 정착촌을 만들었습니다. 1911년 5~6월경 추가가 마을 뒷산 대고산에서 수백 명이 모여 노천 군중대회를 열고 경학사 耕學社를 조직했습니다. 중국인들의 의심을 사지 않기 위해 학문을 갈고닦는다는 간판인 경학사耕學社를 내걸었습니다.

경학사(사장 이상룡)는 민단 성격의 실질적인 자치행정조직으로서 내무, 농무, 재무, 교무 4개 부서를 두었습니다. 따라서 경학사는 최초의 시원적인 망명정부의 성격[45]을 띤 셈입니다. 3·1운동이 일어나기 직전 이회영은 비록 일제의 간교한 계책으로 실패하지만 고종황제의 해외 망명을 추진한 적이 있었습니다. 경학사는 그런 의미에서 1910년 국외 망명 이후 해외 독립지사들에 의해 시도된 최초의 자치행정기구로서 그 성격을 규정지을 수 있습니다.

경학사에서 이회영은 내무부장이 되어 조선인 마을의 치안과 자치행정에 주력했습니다.[46] 조선인 마을을 다스리는 자치기관인 경학사는 바로 이곳 유하현 삼원보 추가가에 있는 허름한 옥수수 창고를 빌려 1911년 6월(음력 5월 14일)[47]에 신흥무관학교를 세웠습니다. 신흥무관학교의 처음 이름은 신흥강습소였습니다. 신민회新民會의 '신新' 자를 따오고 독립투쟁을 통해 다시 나라를 부흥시킨다는 의미에서 '흥興' 자를 붙여 학교 이름을 지었습니다.

신흥무관학교가 아니라 신흥강습소라고 명칭을 붙인 것은 지역 토착민들이 신흥무관학교를 일제의 앞잡이로 오해했기 때문입니다.[48] 따라서 개교식도 주민의 옥수수 창고를 빌려서 거행하는 등 오해를 풀기 위한 노력을 지속했습니다. 지역 주민들의 오해가 풀리자 이회영은 통화현 합니하 북쪽 언덕에 학교 건물을 신축했고 1913년부터 신흥중학교로 명칭을 바꿨습니다. 교육과정도 4년제 본과와 6개월 또는 3개월 속성과를 함께 설치하여 젊은이들을 독립군 장교로 양성했습니다.

실제로 신흥강습소는 독립군 장교를 양성하기 위한 독립운동기관이었습니다. 그것이 학교 건립의 중요한 목적이었고 따라서 군사학교의 성격을 띠었습니다. 그것은 신흥무관학교 교관들인 이세영, 이관직, 이장녕, 김창환 등 대한제국 육군무관학교 출신들과 인연을 맺은 것을 보아도 알 수 있습니다.[49]

1919년 3·1운동 이후부터 신흥무관학교(고산자 소재)로 교명이 변경되었으니, 1911년 신흥강습소 시절부터 신흥중학교를 거쳐 신흥무관학교가 폐교되는 1920년 8월까지 무려 3,500명이 넘는 독립군을 길러냈습니다.[50]

제1회 졸업식은 1912년 가을 11명의 독립군 무관을 배출한 것이 최초였습니다. 신흥무관학교 속성과 군사학과정을 이수한 김연, 변영태(본명 변수진, 3대 외무부 장관), 성주식, 이규봉(이시영 부통령의 장남) 등이 바로 그들입니다. 따라서 신흥무관학교는 명실상부하게 항일 독립운동의 전위가 되어 민족해방운동의 저수지[51] 역할을 수행했습니다.

4. 아나키스트 이회영의 삶과 죽음

3·1운동 직후 상해에 수립된 임시정부에 대해 이회영은 권력이 중앙에 집중된 데서 오는 임정 내부의 파벌과 기호파, 서북파 등 권력투쟁에 크게 실망했습니다. 운동의 구심점은 존재해야 하지만 그것이 꼭 정부형태가 된다면 서로 권력의 중심에 서려고 암투가 벌어질 것이고 그러면 필연코 독립운동 선상의 분열은 불을 보듯 뻔한 일이었기 때문입니다.[52] 또한 임정 내부의 제국주의 열강에 청원하는 외교독립노선에 크게 분노하고 실망했습니다. 그리하여 이회영을 비롯하여 상해임시정부 독립운동 노선에 불만을 표출한 독립운동가들이 베이징으로 모입니다. 김창숙, 원세훈, 신숙, 이광, 류자명, 김원봉, 박용만, 신채호 등이 대표적인 인물들입니다.

1919년 5월 베이징으로 다시 돌아온 이회영은 자신의 집에 모인 독립지사들과 독립운동 방략을 논의합니다. 1920년대 초 베이징 시절 이회영의 집은 독립지사들이 반드시 거쳐 갔던 필수 코스였습니다.[53] 독립운동가들이 국내와 만주에서 상하이와 광저우로 이동할 때 반드시 거쳐야 할 중간 기착지로서 베이징은 교통의 중심지였습니다. 또한 당시 베이징에는 일본 경찰권이 미치지 않았으며 그 시절 베이징 당국의 중국 관원들이 조선의 독립운동에 동정적이었습니다.[54] 이회영은 그러한 장점을 알았기에 베이징에 정착했습니다. 그리하여 신채호, 김창숙, 조소앙, 이시영, 백정기, 정화암, 이을규, 이정규, 성주식, 홍남표 등 민족주의자, 아나키스트, 공산주의자 구별 없이 수많은 독립운동가들이 이회영의 집을 거점 삼아 조선의 정치정세와 국제정치, 그리고 독립운동 방략을 의논했습니다.

베이징 시절, 이회영의 집은 곤궁하기 이를 데 없었습니다. 이회영의 아내 이은숙 여사가 쓴 『서간도 시종기: 어느 독립운동가 아내의 수기』에는 궁핍한 시절 가슴 아픈 이야기가 소개됩니다. "북경 시절에 잘해야 하루 점심 한 끼니로 때운 적이 있고 먹을 게 없어서 그냥 굶는 날이 한 달에 절반은 되었다"[55]라고 회상하는 장면이 나옵니다. 생활비와 독립운동 자금을 마련하기 위해 이은숙 여사는 1925년 부득이 서울로 몰래 잠입합니다. 대갓집 마님으로서 고무공장 노동자 생활, 매춘 여성들의 옷을 지어 주거나 세탁하는 등 온갖 허드렛일도 기꺼이 받아들입니다. 그리고 돈이 생기는 즉시 독립운동 자금으로 우당 선생에게 송금했습니다.[56]

이후 베이징 시절을 끝내고 톈진으로 이사한 이회영 선생 가족의 참상은 말로 다 표현할 수 없을 정도였습니다. 궁핍한 시절! 매일 굶는 것이 일상이 되었고 가족 모두 굶은 상태로 누워 지낼 수밖에 없었습니다.[57] 가끔 학교를 다니던 첫째 딸 이규숙의 옷가지를 내다 팔아 끼니를 때우기도 했지만 집 바깥을 다닐 수 없을 정도로 생활은 참담했습니다. 우당 이회영은 극도로 궁핍한 생활 속에서도 오로지 독립운동에 골몰했습니다. 어린 두 딸을 톈진 빈민구제원에 보내고 아들 이규창과 함께 여비도 없이 무작정 상하이로 떠납니다. 상하이로 무전여행을 떠난 지 3분의 1쯤 되었을 때 강도를 만나 행장을 빼앗기고 간신히 목숨을 부지한 이회영은 다시 톈진으로 돌아옵니다. 이러한 소식을 서울에서 편지로 전해 읽은 이은숙 여사는 혼절하여 정신을 차리지 못합니다.

이회영의 아나키즘 수용은 베이징 시절에 이루어집니다. 1920년대 초 새로운 사회사상인 아나키즘은 에르셍코, 이석증, 오치휘 등 베이징대학을 중심으로 지식인들 사이에서 확산됩니다. 신채호, 류자명의 경우 크로포트킨, 바쿠닌의 사상을 접하고 베이징대학 지식인들과의 교류 속에서 의식적으로 아나키즘을 수용합니다.

이회영의 경우 아나키즘을 수용하는 과정이 신채호, 류자명과 결을 달리합니다. 이회영은 평소 독립운동 노선상에서 여타 독립운동 단체의 자율성과 독립성을 강조했습니다. 이회영은 독자적인 자주성을 간직한 독립운동 조직이 수평적인 자유연합적 기구로서 독립운동의 구심을 형성해야 한다고 역설해 왔기 때문입니다. 각 운동 조직의 자율성을 존중하되 독립운동의 구심점을 형성하기 위해 수평적인 자유연합기구를 제안한 것입니다. 이회영은 그러한 독립운동 노선만이 독립운동 진영의 암투와 분열을 막고 제국주의 일본에 지속적으로 저항할 핵심 동력을 견지할 수 있다고 확신했습니다.

1924년 4월 베이징에서 결성된 '재중국 조선 무정부주의자 연맹'과 그 기관지였던 『정의공보』의 발행은 그러한 노력의 산물이었습니다. 제국주의와 자본주의를 배척하고 동시에 볼셰비키 공산혁명 이론과 흥사단의 무실역행론을 비판했습니다. 민중에 의한 직접 폭력혁명과 현실 제도의 부정 등 아나키즘 운동을 선전한 것이지요.

이회영은 조선의 명문대가 자제답게 너그러운 마음씨와 호방한 성격, 굳건한 절의와 강인한 의협심을 간직했음에도 평생 독립운동 과정에서 감투 쓰는 것을 한결같이 꺼렸습니다. 1930년 4월 아나키스트 독립운동 단체인 '남화한인청년연맹'이 상하이에서 결성되었을 때 이회영은 의장으로 추대됩니다. 그러나 이회영은 류자명에게 의장을 양보하고 자신은 파괴된 독립운동 기지 재건을 위해 만주행을 자청합니다. 일제에 의해 독립운동 기지가 파괴된 만주지역은 일제의 물샐틈 없는 감시와 탄압으로 살얼음판 같은 정세가 조성됩니다. 따라서 만주지역에서 독립운동 기지를 재구축하는 일은 젊은 독립운동가들조차도 위험이 따랐습니다. 자신을 아버지처럼 따르고 존경했던[58] 젊은 아나키스트 독립운동가 이을규, 백정기, 류자명, 이정규, 정화암은 극구 만류합니다. 젊은 자신들이 먼저 만주로 가서 파괴된 독립운동 기지를 재건한 뒤에 이회영 선생이 들어올 것을 강력히 요청했던 것이지요.

그런데 60대 중반의 노혁명가 이회영은 일제가 만주사변을 일으켜 만주를 침략하고 중국을 넘보는 국제정세에 주목합니다. 항일독립운동 근거지를 다시 조직하는 만주행이 목숨을 거는 위험한 일임을 직감했음에도 이회영은 자신이 가야 한다고 자청합니다. 그의 만주행은 철저히 비밀에 부쳐졌음에도 마지막 길임을 의식한 이회영이 둘째 형 이석영을 상하이에서 만나 작별인사를 고한 것이 결정적 화근이 됩니다. 이석영의 둘째 아들 이규서(이회영의 조카)와 연충렬(상해임정 요인 엄항섭의 처남이자 연미당의 동생)이 일본 경찰의 첩보 공작의 마수에 넘어가면서 이회영의 만주행 정보가 누설된 탓입니다.

이미 다롄항에선 일본 수상경찰이 상하이 일본 경찰로부터 전신 연락을 받고 이회영이 배에서 내리기만을 기다리고 있었습니다. 중국인 복장으로 위장하고 영국선적 남창호를 탔음에도 4등 선실에서 내리자마자 일본 수상경찰은 이회영을 바로 체포합니다. 그리고 일본 영사관 감옥에서 5일 동안 잔악한 고문 끝에 얼굴에 피가 낭자한 채 순국합니다.[59] 일본 경찰은 자신들의 만행을 감추기 위해 이회영이 철창 감옥 쇠창살에 스스로 목을 매 자살했다고 발표했습니다.

조선시대 영의정과 재상을 10명 이상 배출한 최고의 명문대가 집안의 자제로 태어난 이회영! 그의 삶과 죽음은 오늘의 시대를 살아가는 많은 이들에게 깊은 울림과 가르침을 줍니다. 일제에 저항하지 않고 식민지 현실을 어쩔 수 없는 것으로 받아들여 현실에 안주했다면 이회영 일가는 평생을 호의호식하며 평안하고 부유하게 살아갈 수 있었습니다.

그러나 망국의 순간, 이회영 일가 6형제는 빼앗긴 나라를 되찾기 위해 분연히 떨쳐 일어섭니다. 해방 후 살아서 귀국한 분은 이시영(초대 부통령) 한 분뿐이었습니다. 다른 형제들은 독립운동 와중에 굶어 죽고(이석영), 병사했으며(이철영), 온 집안이 몰살당하고(이호영) 급기야 고문사했습니다(이회영).

나라가 망하는 때 나라 팔아먹은 대가로 일본 왕 메이지로부터 수억 원의 돈과 귀족의 작위를 받은 사회 지도층들이 있었습니다. 반면에 이회영 일가는 국가와 민족이 존망의 위기에 처했을 때 사회 지도층이 어떻게 처신하고 어떻게 살아가야 하는지 그 고결하고 기품 있는 삶을 아낌없이 보여 주었습니다. 그런 점에서 이회영의 삶과 죽음은 한국 사회, 나아가 전 세계 노블레스 오블리주의 귀감이자 살아 있는 역사 교과서가 아닐 수 없습니다.

5. 노블레스 오블리주가 뿌리내리지 못한 이유

불행하게도 한국 사회에서 이회영의 정신은 뿌리를 내리지 못한 채 단절된 느낌입니다. 해방 이후 친일파 청산이 좌절되면서 노블레스 오블리주의 정신은 사회에 뿌리를 내리질 못했습니다. 그것은 일제 식민지 시절 민족을 배반한 반역자 집단이 사회 지도층으로 살아가면서 나타난 현상이었습니다. 역대 정권 국무총리나 장관 인사청문회에서 매번 단골 메뉴로 불거진 문제가 위장전입, 세금탈루, 부동산 투기, 병역기피, 논문 표절이었습니다. 국민들은 실망할 수밖에 없었고 보수논객조차 인사청문회를 보다 '토하고 싶어졌다'는 격한 반응[60]을 보이기도 했습니다.

노블레스 오블리주를 이야기할 때 가장 우선적으로 떠오르는 병역 이행의 문제를 봅시다. 사회 지도층은 솔선하여 병역의 의무를 이행하기보다 솔선하여 병역을 면제받는 태도를 보여 왔습니다. 일반 서민의 병역면제 비율이 2% 정도인 것에 반해 장·차관 등 고위 공직자들은 20%를 웃도는 실정입니다. 노무현 정부의 초대 내각의 병역면제 비율은 26.6%이고 이명박 정부는 대통령, 국무총리를 포함한 면제자 비율이 28.5%였으며 박근혜 정부는 병역면제 비율이 20%입니다.[61] 재벌가의 병역면제 비율은 10대 재벌의 경우 56%, 20대 재벌의 경우 42.1%, 30대 재벌의 경우 33.3%로[62] 일반 시민보다 비교할 수 없을 정도로 높습니다. 재계 1위인 삼성가의 경우 병역면제 비율이 73%로 단연 으뜸입니다.[63] 노블레스 오블리주를 온몸으로 실천한 우당 이회영을 생각할 때 한국 사회는 참으로 부끄러운 모습이 아닐 수 없습니다.

1. 노블레스 오블리주를 실천한 우당 '이회영' 선생 일가에 한국 사회는 빚을 지고 있다.

2. 이회영! 이동녕, 전덕기 목사와 함께 신흥무관학교로 구체화되는 해외 독립군 기지 건설을 도모하다.

3. 이회영, 전덕기 목사와 함께 네덜란드 만국평화회의 헤이그 밀사로 이상설, 이준 열사 파견을 주도하다.

4. 이회영 일가의 집단 망명: 현재 시가로 2조 원대 재산을 일경의 눈을 피해 급매로 600억 원대에 처분하여 전 재산을 신흥무관학교를 세우는 데 쏟아붓다.

5. 이회영이 압록강을 건널 때 뱃사공에게 비용을 넉넉히 치르면서 부탁한 말: "독립운동가들 가운데 일경에 쫓겨 강을 건너지 못하거나 돈이 없어서 난감해할 때 나를 생각해서 압록강을 건널 수 있도록 도움을 주시오."

6. 이회영이 주도한 고종 황제의 중국 망명을 눈치챈 일본제국주의는 고종을 독살하다.

7. 베이징 시절 이회영의 집은 수많은 독립운동가들의 집합소이자 독립지사들이 거쳐 간 필수 코스.

8. 한 달에 절반은 굶던 베이징 시절, 이회영의 아내 이은숙 여사는 생활비와 독립운동 자금을 마련하기 위해 서울로 몰래 잠입하여 대갓집 마님으로서 고무공장 노동자 생활, 매춘 여성의 뒷수발을 들었다.

9. 우당 이회영: 어린 두 딸을 텐진(天津) 빈민구제원으로 보내고 독립운동을 위해 상하이로 떠나다.

10. 위토마저 일경 몰래 처분하고 망명한 이회영: "나라가 망했는데 조상 제사가 무슨 의미가 있겠소."

11. 우당 이회영은 단재 신채호, 우근 류자명과 함께 걸출한 아나키스트 항일 독립운동가이다.

12. 우당 이회영은 독립운동 여타 조직의 자율성을 인정하되 수평적인 자유연합적 기구에 의해 독립운동 지도부 구성을 주장하다.

13. 우당 이회영, 남화한인청년연맹 등 평생 독립운동 조직의 감투 자리를 사양하다.

14. 우당 이회영은 젊은 아나키스트 조선 독립운동가들에게 '아버지'와 같은 존재였다.

15. 노혁명가 이회영: 얼굴에 피가 낭자한 고문 끝에 순국, 일제는 고문의 만행을 감추려 자살로 발표.

16. 이회영의 삶과 죽음은 살아 있는 역사 교과서이자 전 세계 노블레스 오블리주의 귀감.

17. 한국 사회에 노블레스 오블리주가 뿌리내리지 못한 이유는 역사 청산이 이루어지지 못한 때문이다. 즉, 해방 후 독립된 나라에서 일제 식민지 시절 민족을 배반한 반역자 집단이 사회 지도층으로 살아가면서 나타난 현상이다.

1. 김병기(2010. 12. 31), 「100년 전 압록강 건넌 '한국판 체 게바라'를 아는가」, 『오마이뉴스』.
2. 민족문제연구소(2009), 『친일인명사전』, 25쪽.
3. 최문식(1996), 「반일 무장 독립투쟁의 최고봉-1920년」, 『인문논총』 제8호, 201쪽.
4. 박도(2000), 『민족 반역이 죄가 되지 않는 나라』, 서울: 우리문학사, 192쪽.
5. 김병기, 「신흥무관학교와 만주독립군」, 『史學志』 제43집, 2011년, 139~140쪽.
6. 김소영(2005), 『연예인의 사회적 책임활동이 이미지에 미치는 영향에 관한 연구』, 성균관대 석사학위논문, 29쪽.
7. 예종석(2006), 『노블레스 오블리주』, 서울: 살림, 13쪽.
8. 조용현, 「한국은 우당 이회영 일가에 큰 빚을 졌다」, 『월간중앙』 29권 3호(2003. 8), 425쪽.
9. 예종석, 위의 책, 14쪽
10. 김성규(2011), 「'노블레스 오블리주' 정신이란 무엇인가」, 『교육 전남』 제118호. 77쪽.
11. 예종석, 위의 책, 18쪽.
12. 김소영, 앞의 논문, 34쪽.
13. 박상근(2006), 「상속세 폐지의 전제 조건」, 『조세일보』 2006. 5. 23.
14. 강이현(2007), 「이정우 "미국·일본 비해 80년 뒤처진 한국 재벌"」, 『프레시안』 2007. 12. 3.
15. 신창호(2006), 「웨렌 버핏과의 50만 달러짜리 점심 한 끼… 경매 입찰가 치솟아」, 『국민일보』 2006. 6. 27.
16. 예종석, 앞의 책, 18쪽.
17. 빈부격차 차별시정위원회(2006), 『주간 사회 동향』 제117호, 24쪽.
18. 김성규, 앞의 글, 77쪽.
19. 예종석, 앞의 책, 4쪽.
20. 김충열(2006), 『남명 조식의 학문과 선비정신』, 서울: 예문서원, 67쪽.
21. 조여항(2001), 『정인홍과 광해군』, 서울: 동녘, 132~133쪽.
22. 김병기, 앞의 글.
23. 이은숙(1981), 『가슴에 품은 뜻 하늘에 사무쳐: 서간도 시종기』, 인물연구소, 22쪽.
24. 김병기, 앞의 글.
25. 최영주(1985), 「우당 이회영의 천로역정」, 『정경문화』 240호, 379쪽.
26. 변창구, 「석주 이상룡의 선비정신과 구국운동」, 『민족사상』 제8권 1호, 2014, 93쪽.
27. 이은숙, 앞의 책, 47쪽.
28. 한상복(1989), 「독립운동가 가문의 사회적 배경: 우당 이회영 일가의 사례 연구」, 『한국독립운동사 연구』 제3집, 622쪽.
29. 김명섭(2008), 『자유를 위해 투쟁한 아나키스트, 이회영』, 서울: 역사공간, 14~16쪽.
30. 한상복, 위의 논문, 622쪽.
31. 윤경로(2014), 「전덕기 목사의 구국운동과 애국정신」, 『전덕기, 왜 전덕기인가』, 전덕기 목사 서거 100주기 추모식 및 학술대회 자료집, 83쪽.
32. 이덕주, 「전덕기의 목회와 신학사상」, 『전덕기, 왜 전덕기인가』, 26쪽.

33. 김병기, 앞의 글.

34. 한규무, 「전덕기의 구국계몽운동과 상동청년학원」, 『전덕기, 왜 전덕기인가』, 93쪽.

35. 조용헌(2003), 「한국은 우당 이회영 일가에 큰 빛을 졌다」, 『월간중앙』 제29권 3호(2003. 8), 431쪽.

36. 박환(1989), 「이회영과 그의 민족운동」, 『국사관 논총』 제7집, 234쪽.

37. 박환, 앞의 글, 235쪽. 역사학자 서중석은 신민회 비밀회의가 열린 시기를 1910년 12월로 본다.

38. 서중석(2000. 12), 「청산리 전쟁 독립군의 배경: 신흥무관학교와 백서농장에서의 독립군 양성」, 『한국사 연구』 111, 8쪽.

39. 김구(2012), 『백범일지』, 서울: 나남, 207~208쪽.

40. 이은숙, 앞의 책, 46쪽.

41. 이덕일, 「우당 이회영의 아나키즘 수용 배경과 그 활동의 특징」, 『우당 이회영 일가의 망명과 독립운동』, 우당 이회영 일가 망명 100주년 기념 학술회의, 2010, 40쪽.

42. 이은숙, 앞의 책, 46~47쪽.

43. 이종걸(2010), 『다시 경계에 서다』, 서울: 옥당, 25쪽.

44. 이은숙, 앞의 책, 51쪽.

45. 안천(1996), 『신흥무관학교』, 서울: 교육과학사, 139쪽.

46. 박환, 앞의 글, 236쪽.

47. 서중석, 앞의 논문, 18쪽.

48. 김삼웅(2011), 『이회영 평전』, 서울: 책으로 보는 세상, 77쪽.

49. 김주용(2011), 「'신흥교우보'를 통해 본 신흥무관학교」, 『한국독립운동사연구』 제40집, 81쪽.

50. 이현희(1989), 「신흥무관학교 연구」, 『동양학』 제19집, 275쪽. 김재승(2002), 『만주벌의 이름 없는 전사들』, 서울: 혜안, 68쪽에서 재인용.

51. 이종걸, 앞의 책, 50쪽.

52. 무정부주의운동사 편찬위원회(1978), 『한국 아나키즘운동사』, 서울: 형설출판사, 128쪽.

53. 이규창(1992), 『운명의 여진』, 보련각, 38~54쪽.

54. 최기영(2012), 「북경에서의 이회영의 독립운동과 생활」, 『북경에서의 한국독립운동과 이회영』, 한중 수교 20주년 및 우당 이회영 선생 순국 80주년 기념 국제학술회의 자료집, 42쪽.

55. 이은숙, 앞의 책, 78쪽.

56. 이은숙, 앞의 책, 106~111쪽.

57. 정화암(1982), 『이 조국 어디로 갈 것인가: 나의 회고록』, 서울: 자유문고, 73쪽.

58. 이은숙, 앞의 책, 85쪽.

59. 이은숙, 앞의 책, 123~124쪽.

60. 이숙이(2010), 「청문회 보다가 토하고 싶어졌다」, 『시사IN』 제155호, 24~25쪽.

61. 이충재(2015), 「국방 의무는 서민 몫인가」, 『한국일보』 2015. 8. 31.

62. 이석, 「30대 그룹 후계자 10명 중 3명 군대 안 갔다」, 『시사저널』, 2015. 7. 16.

63. 황현주(2015), 「병역의무도 '갑질'하는 재벌가는 어디?」, 『르몽드 디플로마티크』 2015. 2. 27.

17장
민족과 민중을 사랑했던 애국자 조봉암

1. 6·25전쟁 발발과 운명의 순간
이승만과 정반대의 선택

한국전쟁이 발발하고 이틀이 지난 시점인 6월 27일 새벽 4시! 대통령 이승만은 서울 시민 몰래 특별열차를 타고 제일 먼저 서울을 빠져나갑니다. 일국의 대통령으로서 기품을 내동댕이친 채 일개 노인네가 되어 정신없이 서울을 탈출합니다. 정말 정신없이 대구까지 내려갔던 이승만은 수행비서 황규면이 너무 많이 온 것 같다고 이야기하자 다시 대전으로 돌아옵니다. 대전에서 이승만은 마치 대통령이 서울에 있는 것처럼 위장 녹음한 내용을 특별방송으로 6월 27일 밤 서울 시민들을 향해 틀어 댑니다.

그러던 이승만은 7월 1일 또다시 대전을 맨 먼저 탈출합니다. 7월 20일이 되어서야 대전이 점령당했음에도 서울 탈출 때처럼 일찌감치 아무도 모르게 대전을 제일 먼저 탈출합니다. 1950년 7월 1일 새벽 3시! 3명의 수행원만 대동한 채 억수같이 쏟아지는 장대비를 뚫고 대전을 빠져나갔습니다. 그것도 대구 방향이 아니라 게릴라가 출몰할 수 있다고 겁을 먹은 탓인지 호남 쪽 익산으로 가서 목포에서 배를 타고 부산으로 탈출합니다.

반면에 6·25전쟁이 발발했을 때 운명의 순간! 국회부의장 조봉암은 대통령 이승만과 정반대의 행동을 취합니다. 6월 25일 일요일 오전에 38선 근처로 유람을 갔던 조봉암은 심상치 않은 총성에 급히 서울 집으로 돌아옵니다. 그리고 아내(김조이 여사)와 딸(조호정)에게 뭔가 이상하다며 국회로 가 봐야겠다고 집을 나섭니다. 죽산 조봉암은 전황이 불리해짐을 알고 국회 대표로서 이승만 대통령 면담을

죽산 조봉암 선생. 독립운동으로 신의주형무소에 투옥되었을 때 손가락 마디가 동상에 걸려 잘려 나갔다. 한국 사회 최초로 피해대중의 인간다운 삶의 실현을 꿈꾼 사민주의 대중 정치인이다.

요청했지만 이승만은 이미 서울을 탈출한 뒤였습니다. 그리하여 조봉암은 6월 27일 피난 대책을 협의하기 위해 중앙청으로 갑니다. 중앙청은 총무처장 김규홍 혼자만 남아 있고 모두 탈출한 상태였습니다. 조봉암은 총무처장에게 다급한 소리로 외쳤습니다.

> "정부의 중요 서류를 적에게 넘겨주면 안 돼요! 국회도 마찬가지예요. 국회 문서를 담아 피난할 차를 준비해 주시오."[1]

조봉암은 국회부의장인 자신에게 배당된 지프차를 타고 곧장 국회로 달려갔습니다. 그리하여 점심도 건너뛰고 국회사무처 직원들을 독려하며 종일 국회 피난 준비에 몰두했습니다. 가족이 걱정되었지만 집에 갈 시간이 없었고 여성 독립운동가로서 아내 김조이의 현명한 판단을 믿었습니다. 그렇게 조봉암은 자신에게 배당된 차에 가족을 태우

기보다 국회부의장으로서 정부 중요 문서를 가득 싣고 가까스로 서울을 탈출합니다. 조봉암 자신도 천신만고 끝에 화급히 탈출한 탓에 아내와 딸, 그리고 돌이 안 된 어린 아들(조규호)을 챙기지 못했습니다. 그 결과 김조이 여사는 인민군에 체포돼 납북됩니다.

전쟁의 위기 속에서 가족보다 국가를 먼저 생각했던 죽산 조봉암 선생의 훌륭한 인품을 느낄 수 있는 장면입니다. 어떤 장군은 전쟁이 발발하자 군인들을 태워야 할 군용 트럭에다 제일 먼저 집안 식솔을 태웠습니다. 심지어 가재도구와 기르던 개까지 태운 채 허둥지둥 피난을 떠났습니다. 전쟁의 위기 상황에서 조봉암의 처신은 공직자로서 매우 존경스러운 모습이 아닐 수 없습니다. 반공주의자이자 당시 국회부의장이던 장택상은 그런 조봉암의 애국적인 인품에 크게 감동을 받습니다. 그리하여 전쟁 기간 중 장택상은 자신의 신변에 변고가 생겼을 때 자신의 가족의 안위와 재산 일체를 조봉암 선생에게 일임할 정도였습니다. 더욱이 죽산 조봉암이 1958년 진보당 사건으로 사형선고를 받자 장택상은 국회에서 연설을 하는 등 적극적으로 구명운동을 펼치기도 합니다. 조봉암이 처형된 이후에도 장택상은 죽산 조봉암의 무고함을 이렇게 주장했습니다.

"내가 똑똑히 말해 두거니와 죽산은 비겁한 자가 아니라는 것이다. 죽산은 성격상 자기의 실낱같은 생명을 붙들기 위해 자기가 평소 품은 뜻을 속여 가며 내가 집필한 그 성명서를 수락할 리가 없다."[2]

장택상은 조봉암 선생에게 사형선고를 내리고 처형한 법관들의 경우, 그들의 오판이나 식언食言들이 반드시 사후에 엄중히 심판을 받을 것이라고 강조하기도 했습니다.

2. 평화통일론과 국가보안법
진보당 사건과 조봉암의 처형

1956년 제3대 대통령 선거인 5·15대선은 3파전으로 치러졌습니다. 제1야당인 신익희(민주당)는 '못살겠다 갈아보자'란 구호를 내걸었고 집권 여당인 이승만(자유당)은 '갈아봤자 더 못산다'란 프레임으로 대응했습니다. 그 틈새를 조봉암(진보당)은 '이것저것 다 보았다. 혁신밖에 살 길 없다'는 슬로건으로 선거에 뛰어들었습니다. 그런데 대선 10일을 앞두고 유세차 호남선 열차를 타고 가던 신익희(민주당) 후보가 돌연 심장마비로 사망합니다. 그때까지 야권연합운동을 펴던 민주당은 조봉암(진보당)으로 후보를 단일화하는 것을 거부한 채 '신익희 추모표'를 호소하고 유도했습니다.

선거운동원에 대한 이승만 정권의 심각한 테러와 유인물 강탈, 연행 및 경고, 고문, 개표조작 등 국가 공권력에 의한 노골적인 선거 방해 책동이 자행되었습니다. 그럼에도 신익희 추모표 1,856,818표, 조봉암의 2,163,808표 득표는 이승만 정권에 크나큰 정치적 위협으로 다가왔습니다. 특히 조봉암은 4년 전 2대 대선 때보다 무려 두 배를 훌쩍 뛰어넘는 전체 유효표의 23.8%인 200만 표 이상을 획득했습니다. 확실히 이승만에겐 가장 강력한 경쟁자이자 최대의 정적으로 급부상한 것입니다. 그리하여 이승만은 극우집단을 동원해 진보당 서울시당 결성대회와 경기도당 결성대회, 전남도당, 전북도당 결성대회 등 진보당 창당 작업을 테러 등 폭력으로 방해합니다. 급기야 1958년 5·2 국회의원

(민의원) 총선을 4개월 앞 둔 시점인 1958년 1월 13일 조봉암과 진보당 간부들을 전격 체포, 구속시킵니다. 검거 이유는 조봉암이 평화통일론을 주장했는데 이것이 국가보안법 위반이라고 억지로 엮어 진보당 사건(1958)을 터뜨린 것입니다. 결국 진보당은 강제 해산당한 채 5·2 총선(1958)에 진보당 후보는 한 명도 출마하지 못하게 됩니다.[3]

1956년 5·15대선에 대해 조봉암은 "투표에는 이기고 개표에는 졌다"고 심정을 토로합니다.[4] 죽산 조봉암이 득표한 표의 3/4이 경상도와 전라도에서 나온 표였습니다. 내무부 장관을 역임한 최인규는 4월 혁명 직후 사형선고를 받고 쓴 옥중 회고록에서 당시 강원도에서 나온 90%의 이승만 지지표는 엄청난 조작이었고 그 밖에 수많은 조작과 부정이 있었다고 증언합니다. 선거가 끝난 1956년 6월 5일 제26차 국회 본회의에서 조병옥(민주당)은 "제3대 대통령 선거에서 만일 자유로운 분위기에서 선거가 행해졌다면 이승만 대통령이 받은 표는 200만 표 내외에 지나지 않는다"고 발언했습니다. 부산지역의 개표 상황에선 위아래로 이승만 표를 한 장씩 붙이고 가운데 98표의 조봉암표를 숨기는 방식으로 개표를 조작했습니다. 그럼에도 100표 한 묶음의 샌드위치를 만들기도 모자랄 정도로 이승만 표는 거의 나오질 않았습니다.[5]

경찰과 특무대, 극우정치깡패들을 수족처럼 부리며 공포를 조성하고 국가폭력을 일상화한 이승만은 그런 점에서 자유민주주의의 적이자 극우 파시즘의 한국적 변형이라고 부르는 게 적합한 평가일 것입니다.

1958년 이승만은 진보당 사건을 조작하여 조봉암 선생에게 간첩죄를 적용했지만, 1심 재판에서 양심적인 판사 유병진은 무죄를 선고합니다. 그런데 이승만은 조봉암과 진보당 간부를 체포한 다음 날 열린 제4차 국무회의(1958. 1. 14)에서 '조봉암은 벌써 조치되었어야 할 인물'이라며 '조사가 완료될 때까지 외부에 알리지 말라'고 지시합니다. '기껏해야 빈약한 증거들이고 그 혐의에 대해 한국인들 여론 역시 믿을 수 없다'는 분위기라고 분석한 주한 미대사관은 진보당 간첩조작 사건이 오히려 유엔총회에서 한국 문제에 대한 미국의 국제적 지지를 위태롭게 만들 것이라고 경고합니다.[6]

고등법원 2심 재판에서 조봉암에게 유리한 증거가 채택되었음에도 항소심은 사형을 선고했습니다. 2심 판결 직후 열린 국무회의에서 이승만은 "조봉암 1심 판결은 말도 안 된다. 그때 판사를 처단하려 했으나 여러 가지 점을 생각하여서 중지했다"[7]라고 무서운 발언을 합니다. 1959년 2월 대법원에서 사형이 확정되자 조봉암은 대법원 판결에 재심을 청구합니다. 조봉암이 재심을 청구하기 전날, 간첩으로 사형이 확정된 양이섭은 전격 처형됩니다. 특무대 수사관들에 의해 1개월 넘도록 여관방에 불법 구금돼 극심한 고문과 회유를 받고 간첩으로 몰렸던 인물입니다. 양이섭이 처형된 이튿날인 1959년 7월 30일 조봉암의 재심 청구는 기각되고 바로 다음 날 조봉암 역시 서대문형무소에서 처형당합니다.

조봉암은 서대문형무소 교수대 입구에 서 있는 미루나무를 붙들고 "다시는 이 나라에 나와 같이 억울하게 희생되는 정치인이 나오지 않아야 한다"며 통곡했습니다. 권력욕의 화신 이승만에게 정치 보복을 당한 조봉암은 사형장 입회 목사에게 누가복음 23장 22절을 부탁했습니다. "이 사람이 무슨 악한 일을 했느냐. 나는 그 죽일 죄를 찾지 못했나니 때려서 놓으리라. 한데 저희가 큰 소리로 재촉하여 십자가에 못 박기를 구하니 저희의 소리가 이긴지라." 죽산 선생은 예수의 골고다 언덕 십자가 처형의 고난을 자신의 운명으로 받아들였습니다.[8]

서대문형무소 처형장(옛 서울구치소, 서울시 서대문구 소재). 사적지 제324호로 지정된 서대문형무소는 의병장 허위, 독립운동가 이재명, 강우규 등 수많은 항일 애국지사와 인혁당 사건 등 민주화 인사들이 처형된 역사적 공간이다.

3. 피해대중의 인간다운 삶의 실현을 꿈꾼
사민주의 대중 정치의 선구자
소수 자본 독재와 프롤레타리아 공산 독재를 비판한 정치인

죽산 조봉암 선생이 사형장에서 남긴 마지막 말은 그가 대중 정치인으로서 얼마나 위대했는지, 지나온 역정과 함께 심금을 울리지 않을 수 없게 합니다.

> "이 박사는 소수가 잘 살기 위한 정치를 했고 나와 나의 동지들은 국민 대다수를 고루 잘 살게 하기 위한 민주주의 투쟁을 했다. 나에게 죄가 있다면 사람이 고루 잘 살 수 있는 정치운동을 한 것밖에 없다. 나는 이 박사와 싸우다 졌으니 승자로부터 패자가 이렇게 죽음을 당하는 것은 흔히 있을 수 있는 일이다. 다만 내 죽음이 헛되지 않고 이 나라의 민주 발전에 도움이 되길 바랄 뿐이다."[9]

조봉암 선생이 1950년대 표방한 정치는 오늘날 북유럽 사회민주주의 이념과 매우 유사합니다. 진보당 당 강령이 '책임지는 혁신정치, 수탈 없는 계획경제, 민주적인 평화통일'이었고 '피해대중을 위한 정치'를 지향했기 때문입니다.

또한 제3대 대선 때 내걸었던 공약인 국민의료제도, 국가보장 교육제도, 노동자들의 경영 참여, 농촌 고리채 지불 유예 등이 그렇습니다. 그런 점에서 아마도 한국에서 가장 성공적인 사민주의 정치인[10]은 조봉암 선생이라는 데 이견이 없을 것입니다. 조봉암 선생은 극단적 독재를 모두 배격하면서 제3의 길을 뚜벅뚜벅 걸어갔던 사민주의 대중정치인의 면모를 여실히 보여 준 인물입니다. 소수 자본 독재를 배격했을 뿐 아니라 프롤레타리아 공산 독재도 배격했습니다. 1925년 조선 공산당 창당 당시 핵심 멤버이고 민족해방운동의 한 방편으로 공산주의 활동을 하지만 조봉암의 정치사상과 꿈은 항상 '피해대중의 인간다운 삶의 실현'에 있었습니다. 이승만 정권 초대 농림부 장관 시절 농지개혁을 시행할 때도 조봉암은 지주계급의 이익을 대변한 김성수, 김준연의 한민당과 내내 대척점에 섰습니다.

그런가 하면 해방 후 조선공산당이 소련의 이익과 정책을 추종하는 비주체적인 태도를 취하자 이를 비판하면서 노선 수정을 촉구합니다. 그러나 조선공산당 간부들이 조봉암 자신의 충고를 무시할 뿐 아니라 오히려 자신을 모함하고 박해합니다. 그렇게 되자 조봉암은 1946년 박헌영의 지도노선을 비판하면서 조선공산당과 결별을 선언하고 모든 좌파 단체로부터 탈퇴합니다.[11] 그리고 곧바로 조선어학회의 이극로 등 민족주의 계열을 끌어들여 좌우연합체인 '민주주의독립전선'을 결성합니다. '민주주의독립전선'은 좌우 이념의 편향을 배제한 중간파로서 분단을 막고 통일민족국가 수립을 위해 미소공위의 성공적 개최를 기원했으며 또한 미소공위에 적극 참여합니다.

이승만에 의해 저질러진 진보당 사건은 이후 한국 사회에 진보정치의 맥을 끊어 버린 악영향을 낳습니다. 1960년 4·19혁명 기간 진보정치를 표방한 사회대중당, 한국사회당 등이 일시 존재했지만 혁명 직후 치러진 7·29총선에서 의회 진출에 참담할 정도로 패배합니다. 제5대 총선(7·29총선)에서 사회대중당이 민의원 4명, 참의원 1명을 배출하고, 한국사회당은 민의원 1명, 참의원 1명을 배출할 정도로 초라한 성적이었습니다. 그나마 소수 의석으로 버티던 진보정치는 1961년 5·16 군사 쿠데타로 압살되고 이후 40년 가까이 진보정치가 뿌리내리기 부박한 정치 환경이 지속되었습니다.

1998년 노동자의 정치세력화에 힙입어 민주노동당이 창당되면서 노무현 정부 때 진보정치세력의 제도권 진입이 성공합니다. 2004년 17대 4·15총선에서 민주노동당은 국회의원 10석을 획득하면서 44년 만에 당당히 진보정치의 새로운 장을 열게 됩니다. 이후 2007년 대선과정에서 민주노동당과 진보신당으로 갈라지고 다시 통합진보당으로 통합하지만 곧 통합진보당과 정의당으로 또다시 분열합니다. 박근혜 정권에서 통합진보당이 국가보안법 위반으로 탄압을 받아 2014년 정당이 강제 해산당하고 정의당은 2016년 11월 현재 의석수 6석의 원내 소수 정당으로 그 명맥을 유지하고 있습니다.

4. 3·1운동과 조봉암의 민족의식

　　죽산 조봉암(1898~1959)은 강화도에서 빈농의 자녀로 출생합니다. 강화에서 4년제 공립보통학교를 졸업하고 관립 실업학교인 2년제 보습학교를 마칩니다. 가난한 형편에 정식으로 중학교에 진학할 수 없자 조봉암은 일급 10전의 급사 노릇을 합니다. 18살 되던 해엔 군청에서 월급 7원을 받고 임시직인 고원雇員으로 일했습니다. 군청 고원 노릇은 군청 서무주임인 일본인과 다툼 끝에 1년도 안 되어 그만둡니다.[12]

　　3·1운동 당시 조봉암은 강화도 만세시위와 관련하여 서대문형무소에 1년 정도 투옥됩니다.

　　1919년 3월 18일이 강화도 장날인데 이날 유봉진 등 강화도 독립지사들은 만세시위를 거행했습니다. 21살의 청년 조봉암도 자신이 다니던 잠두교회 신자들과 함께 이날 6,000명이 넘는 시위대를 따라 만세를 불렀습니다. 그런데 시위 도중 아버지가 위독하다는 전갈을 받고 조봉암은 시위를 중단한 채 집으로 달려갔습니다. 이미 아버지는 운명한 뒤였습니다.

혼란 속에 조봉암은 5일장을 치르고 다시 4월 초순 전개된 강화도 교동도, 석모도 등 섬 구석구석으로 퍼진 만세시위에 쓸 독립선언서와 격문을 베꼈습니다. 일제 경찰들이 1차 시위 때 교회 등사판을 모두 압수해 간 탓에 일일이 베낄 수밖에 없었습니다. 결국 4월 중순 조봉암은 체포되고 경찰서 취조실에서 죽도로 무차별 구타를 당합니다. 바늘 대못으로 손톱 밑을 고문당하고 물고문을 당하기도 합니다. 그러나 끝내 함께 일했던 연인 김이옥(경성여고보생)의 이름을 불지 않았습니다. 김이옥은 사흘 만에 유치장에서 석방되었지만 조봉암은 서대문 감옥으로 압송되었습니다. 조봉암은 서대문 감옥에서도 쉬지 않고 조선독립만세를 부르다가 일본인 간수에게 발길로 차이고 가죽 띠로 심한 매질을 당했습니다. 일본인 간수가 마구 때리고 갈기면 갈길수록 조봉암은 더욱더 악을 써 가며 '조선독립만세'를 외쳤습니다. 간수는 '어디 이놈의 자식! 만세 한 번에 혁대 한 대씩! 해 보자. 어느 편이 이기나 해 보자'고 했습니다. 그러자 조봉암은 아주 빨리 '만세! 만세! 만세! 30~40번을 연이어 외쳤던 것'입니다. 결국 어느 순간 때리는 경쟁은 그만두고 온몸에 피투성이가 된 조봉암은 콘크리트 바닥에 기절한 채 하룻밤을 보냅니다.[13]

3·1운동은 21살 청년 조봉암으로 하여금 민족을 알게 했고 민족의식에 눈뜨게 만들었습니다. 3·1운동 이전과 이후 아주 딴사람이 되어 출옥한 것입니다. 실제로 서대문 감옥에서 1년의 수형생활은 청년 조봉암으로 하여금 민족과 역사에 대해 새로운 인식을 갖게 만들었습니다. 조봉암 스스로 '민족혼이 눈뜨게 되었다'[14]고 회고했습니다. 일제 강점기 선각자들 가운데는 조봉암처럼 3·1만세운동을 거치면서 강인

한 독립투사로 세계관이 바뀐 경우가 허다했습니다.

『상록수』의 심훈, 『뜻으로 본 한국역사』, 『씨알의 소리』의 함석헌, '금강산에서 온 붉은 승려'로서 의열단 선전부장이자 해방 후 좌우합작운동을 펼쳤던 운암 김성숙, 님 웨일스의 『아리랑』의 주인공 김산, 의열단장 김원봉 등 수많은 항일애국지사들이 대표적인 사례입니다. 실제로 3·1운동 이전까지 1910년대 한국 사회는 글자 그대로 일제의 무단통치 아래서 무기력하게 한국인으로서의 의식조차 썩어 가고 있었습니다. 이러한 세태를 잘 묘사한 소설이 염상섭의 『만세전』인데 원래 제목은 『묘지』였습니다. '3·1운동 이전 한국 사회란 그야말로 묘지와 같은 나라'라는 뜻입니다.[15] 『만세전』에서 그런 사회심리를 반영하는 한 구절을 소개하면 다음과 같습니다.

"망국 민족의 일분자로서 무관심으로 지냈고(중략) 귀찮기도 하고 분하기도 하지만 그때뿐이요(중략) 그리 적개심이나 반항심을 일으킬 기회가 적었었다. (중략) 적개심이나 반항심이란 것은 압박과 학대에 정비례하는 것이요. 또한 활로를 얻는 유일한 수단이다. 그러나 7년이나 가까이 동경에 있는 동안 경찰관 이외에는 나에게 그다지 민족 관념을 굳게 의식하게 하지 않았을 뿐 아니라 원래 정치 문제에 대해 무취미한 나는 이때껏 별로 그런 문제로 머리를 썩여 본 일이 전연히 없었다 해도 가할 만했다. (중략) 적개심이라든지 반항심이라는 것은 보통 경우에(중략) 피동적, 감정적으로 유발되는 것이다. (중략) 그것은 결국 조선 사람으로 하여금 민족적 타락에서 스스로 구해야겠다는 자각을 주는 가장 긴요한 동인이 될 뿐이다. (중략) 될 수 있으면 많은 조선 사람이 듣고 오랜 몽유병에서 깨어날 기회를 주었으면 하는 생각이 없지 않았다."[16]

1910년대 신흥무관학교 교가에도 '한국인은 썩어 버렸다'는 표현이 나옵니다. 신흥무관학교 교가 가운데 '썩어지는 우리 민족 이끌어 내어'[17]라는 노랫말 가사가 나오는 것은 그런 연유 때문입니다. 따라서 3·1운동은 그런 점에서 한국인이 죽지 않았음을 세계만방에 알린 사건이자 식민지 통치에 결코 순치되지 않았음을 선언한 일대 사건이었습니다.

조봉암은 서대문형무소를 나온 뒤 YMCA 중학부에 입학합니다. 그러나 며칠 지나지 않아 평양경찰서로 연행돼 엄청난 고문을 당합니다. YMCA 강락원, 최교관, 김재영 등 체육지도자와 함께 폭탄 수십 개를 제조해 은밀한 곳에 숨겨 두고 기회를 노린 혐의였습니다.[18] 그러나 이 사건은 존재하지도 않은 사건으로 곧 판명 납니다. 독립운동을 하다 붙잡힌 어떤 사람이 일경의 잔악한 고문을 견디다 못해 허위로 지어낸 진술이었습니다. 아무튼 청년 조봉암은 이유도 모른 채 서울에서 평양경찰서로 압송되어 검도용 죽도로 마구 구타를 당했습니다. 비행기태우기 고문, 발가벗긴 뒤 궁둥이를 담뱃불로 지지고 기절하면 냉수를 뒤집어씌우는 등 연행된 지 15일 동안 말로 다할 수 없는 갖가지 고문을 당합니다. 죽산 스스로 수십 차례에 걸친 유치장과 감옥살이 가운데 이때가 가장 힘들었다고 회고했습니다.[19]

5. 조선공산당 창당과 조봉암의 항일운동

15일 동안 고문 끝에 무죄 방면된 후 조봉암은 곧바로 일본 유학을 떠납니다. 일본 중앙대학 정경과에 입학하여 일본 내 사회운동에 관심을 가지면서 학교 공부보다 사회과학 서적을 탐독합니다. 처음엔 아나키스트 박열 등과 함께 '흑도회'를 조직하지만 1917년 러시아 혁명의 영향으로 사회주의자가 됩니다. 당시 레닌에 의해 지도된 러시아 혁명 정부는 피압박 민족의 해방운동을 지원했습니다. 그런 시대 배경 속에 해외 독립지사들은 러시아 이르쿠츠크와 중국 상하이에서 각각 공산당을 조직합니다.

조봉암은 1925년 조선공산당 창당 초기부터 핵심 지도부였는데 창당 이전에도 사회주의 단체 국내 대표로 모스크바를 방문한 적이 있습니다. 모스크바 방문 시 동아시아 혁명가들을 교육하기 위해 마련된 '동방노력자공산대학'을 1년 남짓 다녔습니다. 이 대학은 마오쩌둥, 호치민, 박헌영 같은 아시아의 저명한 혁명가들이 공부한 곳으로 레닌에 의해 설립된 학교입니다. 조봉암은 동방노력자공산대학에서 1년 정도 공부하다가 폐가 나빠지면서 전지요양차 학업을 중단합니다. 부득불 국내로 돌아왔지만 조봉암은 전지요양을 거부하고 국내 사회운동, 청년운동에 뛰어듭니다. 1920년대 초반 국내에서도 러시아 혁명의 영향으로 노동자, 농민, 청년을 조직하려는 다양한 사회운동의 흐름이 존재했습니다. 그리하여 조봉암은 일본 유학 시절 만난 사회주의자 김찬과 함께 전국을 돌면서 사회주의 이념을 보급하기 위한 순회강연을 다녔습니다.

그 결과 합법 공개조직인 조선노농총동, 조선청년총동맹과 비합법 지하조직인 조선공산당, 조선공산당 자매 기구인 고려공산청년동맹을 조직할 때 중앙집행위원으로 선출되기도 하면서 조봉암은 핵심적으로 활약합니다. 조선공산당이 1925년 4월 17일 서울 종로 중국집 아서원에서 결성식을 갖고 바로 이튿날 종로구 박헌영의 집에서 고려공산청년동맹(고려공청)을 조직할 때 조봉암은 중앙집행위원 겸 국제공산청년동맹(국제공청)과의 연락 담당 업무를 맡습니다.

조봉암은 1925년 8월 일본제국경찰의 민중운동 탄압에 항의하면서 '일본제국주의 반대' 구호를 외치며 종로에서 동대문까지 대중시위를 감행한 적이 있습니다. 조봉암은 그 사건 이후 군중시위의 주동자로 몰려 지하로 잠적하는데 동시에 조선공산당 대표로 모스크바를 방문해 조선공산당이 코민테른(국제공산당)의 정식 지부로 인정을 받는 데 중요한 역할을 수행합니다. 조선공산당 초기 활동은 죽산 조봉암을 빼놓고 설명할 길이 없을 정도로 조봉암은 매우 열정적이고 핵심적인 역할을 수행합니다.

그러나 공산주의자로서 높은 지명도와 공개된 얼굴 탓에 국내로 들어와 활동할 수 있는 상황이 아니었습니다. 그리하여 죽산 선생은 조선공산당 해외지부 책임자로 상해에서 활동하는데 한국유일독립당촉성회, 한인공산당지부, 한인독립운동자동맹, 상해한인청년동맹, 상해한인반제동맹 등을 조직했고 만주의 투쟁을 지원했습니다. 죽산 조봉암은 일제 강점기 항일독립투쟁이 민족통일전선의 단일한 조직체에 의해 지도되어야 한다고 확신했고 자신의 항일독립운동 역시 그렇게 펼쳐 나갔습니다. 조선공산당을 조직한 108인 가운데 90% 이상이 민족부르주아, 지주 출신의 지식인이었고 절대다수의 농민은 무의식 대중에 불과한 상황이었습니다.[20] 죽산 자신은 민족통일전선체 형성을 위해 노력하지만 이를 끝내 이루지 못하고 1932년 투옥됩니다.

1932년 9월 28일 상하이에서 한인반제동맹사건으로 죽산 조봉암은 프랑스 경찰에 피검됩니다. 10월 10일 일경에 신병이 인도되고 국내 신의주로 압송돼 12월 3일 신의주경찰서에 갇힙니다. 신의주지방법원에서 7년 징역을 언도받고 1939년 7월 만기 출옥합니다. 죽산 선생은 신의주경찰서와 신의주 감옥에서 모진 고문과 동상으로 손가락 마디들이 썩어 떨어지는 시련을 겪습니다.[21] 1939년 출옥 후 죽산 선생은 고향 강화도로 가지 않고 인천에 둥지를 틉니다. 해방될 때까지 인천에서 왕겨연료조합 조합장을 지내면서 해방을 맞습니다. 따라서 1932년 상하이에서 체포돼 해방될 때까지 조봉암은 13년간 독립운동 선상에서 이탈하여 유휴분자로 보낸 셈입니다.

일제 말기로 갈수록 국내 상황은 숨 막힐 듯한 상황이 지속됩니다. 암흑기로 치닫는 속에서 숱한 민족주의자, 사회주의자들이 독립운동 전선에서 이탈하고 변절합니다. 일제의 집요한 회유와 강요에 극히 일부는 침묵하지만 대부분 훼절하는 상황이었습니다. 그럼에도 조봉암 선생은 해방될 때까지 적극적인 친일행적을 전혀 찾아볼 수 없습니다. 이는 일제의 집요한 회유와 감시, 탄압에도 굴하지 않고 죽산 선생의 지조와 세계관이 꺾이지 않았음을 반증하는 것입니다.

6. 좌우 이념의 편향을 배제한 통일민족국가 건설
민족통일과 복지사회를 꿈꾼 현실 정치인

해방이 되자 죽산 선생은 즉시 활동을 개시합니다. 일제가 물러간 빈자리에서 인천지역 치안유지활동을 전담하며 여운형의 건국준비위원회 인천지부 책임을 맡습니다. 1946년 초에는 진보 진영의 통일전선체인 민주주의민족전선(약칭 민전) 인천 의장을 맡습니다. 해방 후에도 좌우 연합을 추구하는 등 죽산 조봉암은 민족통일전선체 형성 노력을 지속합니다. 그러나 일제 강점기 죽산 조봉암이 추구한 민족통일전선체 형성 운동이 좌절되었듯이 해방 후 통일전선체 노력의 일환인 좌우합작운동 또한 좌절됩니다.

이후 분단이 기정사실화되고 고착된 현실에서 조봉암은 남한만의 단독정부 수립을 의미하는 1948년 5·10총선에 참여합니다. 좌파는 물론 뜻있는 민족주의자들 절대다수가 반대, 불참하는 속에서 죽산 조봉암은 현실 정치에 깊이 주목하면서 뛰어듭니다. 이후 친이승만 단체에 이름을 올리거나 극우 반공단체인 족청과 제휴하는 등 이중적인 행보 내지 '정치적 곡예'[22]를 보입니다. 이러한 모든 자취들은 조봉암이 민족독립운동의 방편으로 공산주의 운동을 펼친 것처럼 해방 후 좌우 이념의 편향을 배제한 채 좌우합작을 위한 '민주주의민족전선'에 참여하고 스스로 '민주주의독립전선'을 결성한 것과 맥을 같이합니다.

통일된 독립국가 건설을 꿈꾸며 이를 위해 미소공위에 적극 참여했으며, 그 꿈이 좌절되면서 대중 정치인으로서 지극히 현실적인 안목으로 5·10총선에 참여합니다. 분단이라는 현실을 막을 수도 없고 피할 수도 없는 거대한 납덩어리에 짓눌린 답답한 현실이라면 현실 정치에 뛰어들어 좀 더 나은 헌법을 만들고 좀 더 발전적인 국가 정책을 수립하여야 한다는 것이 '현실 정치인, 대중 정치인 조봉암'의 생각이었습니다. 자신이 욕을 먹더라도 밑거름이 되어 이다음의 통일을 위한 환경을 조성하고 그를 대비하려는 깊고 높은 정치 구상의 결과였습니다. 전 생애를 통해 좌우 통일전선체 활동을 펼쳤던 조봉암의 삶과 현실 정치가 끝내 좌절되면서 결국 우리 민족은 분단과 전쟁의 참극으로 치닫습니다. 더욱이 조봉암의 죽음은 이 땅에 복지국가를 실현할 진보정치의 부박한 토대마저 수십 년 동안 지체되는 악영향을 초래했습니다.

1. 6·25전쟁 발발 직후 정신없이 서울을 탈출한 대통령 이승만과 달리 운명의 순간! 국회부의장 조봉암은 정부 중요 문서를 자신의 지프차에 가득 싣고 마지막으로 탈출하다.

2. 이승만이 조작한 진보당 사건, 향후 40년 동안 한국 사회에 진보정치의 맥을 끊어 버리다.

3. 국회의원 총선을 4개월 앞둔 시점! 평화통일론을 주장한 진보당 조봉암과 당 간부들을 국가보안법으로 체포, 구금하다

4. 이승만이 조작한 진보당 사건으로 정치재판을 당한 조봉암 선생, 4·19혁명 발발 9개월 전 1959년 7월 31일 서대문형무소에서 전격 처형당하다.

5. 1919년 3·1운동 → 21살 청년 조봉암으로 하여금 민족을 알게 했고 민족의식에 눈뜨게 만들다.

6. 3·1운동 당시 청년 조봉암! 강화도 장날 만세시위에 참여하고 독립선언서와 격문을 만들다 일경에 체포돼 바늘 대못으로 손톱 밑을 찌르는 고문과 물고문을 당하다.

7. 청년 조봉암이 평양경찰서에서 15일 동안 당한 고문 → 조봉암을 항일독립투사로 단련시키다.

8. 청년 조봉암, 일본 유학 시절 아나키즘에 이어 사회주의 이념에 경도돼 사회주의자가 되다.

9. 조선공산당 창당 등 초기 사회주의 활동에서 매우 열정적이고 핵심적인 역할을 수행하다.

10. 해방 공간 좌우 이념의 편향을 배제하고 중간파로서 통일민족국가 수립을 위해 좌우연합 전선체인 '민주주의민족전선'과 '민주주의독립전선'을 결성, 미소공위에 적극 참여하다.

11. 죽산 조봉암! 1946년 민족 분단을 막고자 좌우 이념의 편향을 배제한 채 통일민족국가 건설의 이상을 추구했지만 분단이 기정사실화되자 지극히 '현실 정치의 안목을 간직한 대중 정치인'으로서 민족과 민중을 생각하며 5·10총선에 뛰어들다.

12. 조봉암에게 간첩죄 무죄를 선고한 1심 재판장 유병진 판사를 두고 이승만은 국무회의 석상에서 '그때 처단하려 했다'고 극언을 하다.

13. 극우 반공주의자 장택상조차 죽산 조봉암의 인품에 매료돼 신뢰와 존경을 보내다.

1. 이원규(2013), 『조봉암 평전』, 서울: 한길사, 453쪽.
2. 장병혜(1992), 『상록의 자유혼』, 창랑 장택상 기념사업회, 99쪽.
3. 진실·화해를 위한 과거사 정리위원회(2007), 『'진보당 조봉암 사건' 진실 규명 결정』, 7~8쪽.
4. 조봉암(1957), 「투표에 이기고, 개표에 지고」, 『내가 걸어온 길, 내가 걸어갈 길: 나의 정치백서』, 서울: 신태양사, 176쪽.
5. 조영건(2009), 「6·15통일시대와 죽산 조봉암」, 『21세기 진보정치와 죽산 조봉암의 재조명』, 죽산 조봉암 선생 서거 50주년 추모토론회, 새세상연구소, 27쪽.
6. 진실·화해를 위한 과거사 정리위원회, 위의 결정서, 10쪽.
7. 진실·화해를 위한 과거사 정리위원회, 위의 결정서, 15쪽.
8. 김삼웅(2009), 「죽산 조봉암과 서대문형무소」, 『말』 통권 272호, 209쪽.
9. 조영건(2009), 의의 글, 27쪽.
10. 박노자(2007), 「한국에 사민주의가 필요한 이유」, 『한겨레21』 제673호, 93쪽.
11. 조봉암(1954), 『우리의 당면과업: 대공산당 투쟁의 승리를 위하여』, 서울: 혁신문예사, 74쪽.
12. 조봉암(1957), 위의 글, 166쪽.
13. 이원규(2013), 앞의 책, 86~97쪽.
14. 김삼웅(2010), 『죽산 조봉암 평전』, 서울: 시대의 창, 68쪽.
15. 서중석(2015), 「담뱃불 고문에 매 타작… 일본이 날 투사로 만들었다」, 『프레시안』 2015. 4. 26.
16. 염상섭(2013), 『만세전』, 서울: 애플북스, 46~47쪽.
17. 서중석(2015), 위의 글, 『프레시안』 2015. 4. 26.
18. 조봉암(1957), 『나의 정치백서』, 167쪽.
19. 서중석(2015), 『프레시안』 2015. 4. 26.
20. 정태영(1991), 『조봉암과 진보당』, 서울: 한길사, 70쪽.
21. 김삼웅(2009), 위의 글, 207쪽.
22. 손호철(2000), 「잊혀진 50년대를 찾아서: 『조봉암과 1950년대(상·하)』(서중석 著) 서평」, 『역사학보』 제165집, 328쪽.

18장
마피아 국가를 무너뜨린 천만 촛불의 힘

1. 촛불시민혁명과 공정사회
청산과 개혁을 열망하는 촛불

① 박근혜 하야 10·29 1차 촛불집회 풍경 스케치

최순실-박근혜 국정농단을 규탄하는 첫 번째 촛불집회는 2016년 10월 29일에 청계광장에서 열렸습니다. 이후 2차 촛불집회(2016. 11. 5)부터 16차 촛불집회(2017. 2. 18)는 모두 광화문광장에서 개최되었지요. 2014 세월호 집회, 2015 공무원 연금 개악 저지 집회, 그리고 하반기 한국사 교과서 국정제 반대 집회! 2016 노동개악 반대 집회, 하반기 백남기 농민 사망 관련 시신 탈취 및 부검 저지 집회 등 지난 3년간은 주말마다 셀 수 없이 많은 집회들의 연속이었습니다. 예전 집회는 분노와 함께 의무감에서 사람들이 참석한 것이었지만 시위 규모가 제한적이었습니다. 그런데 '최순실-박근혜 국정농단'을 규탄하는 10·29 1차 촛불집회는 그런 차원이 아니었습니다. 지하철 광화문역엔 시민들 사이에서 느껴지는 분노의 열기로 가득했고 강렬함이 충만했습니다.

지하철 광화문역을 빠져나오는 데도 인파에 밀려 상당한 시간이 걸렸습니다. 광화문역 5번 출구 지상으로 나오자 극우 관변단체에서 내건 플래카드가 눈에 거슬립니다. 그냥 무시하고 청계광장으로 가는데 사람을 뚫고 갈 수가 없었습니다. 이미 촛불을 든 대회장 안에는 들어갈 자리가 없었고 주변 인도도 인산인해 그 자체였습니다. 인파에 밀려 그만 미아가 된 느낌! 전쟁 통에 가족 찾기 같은 느낌이었지요.

유모차 끌고 오신 분, 어린아이들 손잡고 가족 단위로 온 30대 가장, 초등학생을 데리고 온 부부, 데이트하듯 의미 있는 집회에 온 아름다운 젊은 남녀들⋯. 이날은 그런 풍경이었습니다. 민주주의를 체험하고 살아 있는 역사의 현장을 아이들에게 보여 주려는 부모의 마음일 것입니다. 두리번거리다 사람 찾기를 포기했습니다. 그냥 움직일 수 없어서 이동을 포기하고 인파에 파묻혀 있었습니다. '최순실-박근혜 국정농단'을 규탄하는 이재명(성남시장)의 투쟁사를 듣는데 시민들 반응이 예사롭지 않습니다. 특히 젊은 여성들이 미동도 없이 한참 동안 이재명 시장의 격정적인 투쟁사를 듣다가 마지막엔 열렬한 박수로 열광하는 모습이 무척 인상적이었습니다. 경이롭다고 할까요? 신기하다고 할까요? 이재명 시장의 숨겨진 저력을! 뭇 여성들이 말없이 보내는 뜨거운 지지에 충격을 받았습니다. 묘한 희망도 느꼈고요.

한참 뒤 행진이 시작되고 행진대열이 광화문 세종대왕상 앞에 멈추고 경찰과 대치했습니다. 그러자 연단에서는 다양한 사람들이 자신의 의견과 분노를 쏟아 냅니다. 초등학생-고등학생-대학생 등 무명의 시민들이 차례로 무대 위에 올라와 즉석에서 분노를 절규하는 광경은 그 자체로 이채로웠습니다. 118년 전인 1898년 10월 29일! 구한말 제국주의 열강들이 조선의 이권을 야금야금 강탈해 갈 때 종로에서 열린 만민공동회가 떠올랐습니다. 처음 연사로 연단에 오른 이가 천민 출신 백정 박성춘이었는데 국정농단 항의 규탄 집회도 평범한 시민들이었으니까요.

고3 학생들의 플래카드 시위(2016년 10월 29일 1차 촛불집회). 최순실–박근혜 국정농단을 규탄하며 학생들이 연도에 플래카드를 펼치자 거리의 시민들이 박수를 치며 환호하는 장면.

　고3 아이들 몇 명이 보도 위에서 기다란 플래카드를 펼쳤습니다. '수능 20일 남았지만 당신의 무능과 기만에 경악을 금치 못해 뛰쳐나왔다'는 플래카드를 드리우자 연도의 시민들이 뜨겁게 박수를 보냈지요. 옆에선 JTBC 방송차량이 10·29 촛불집회 상황을 생중계하자 시민들이 JTBC를 연호하며 강력한 지지와 응원을 보내기도 했습니다.

　한홍구 교수의 표현대로 '역사는 책임지는 사람들이 만들어 가는 것' 같습니다. 사정상 집에서 마음으로 응원하거나 작은 정성으로 시민단체NGO를 후원하는 것도 의미 있는 행동이자 민주시민 된 삶의 자세일 것입니다. 또 거리 집회에 직접 참여하여 분노해야 할 상황에서 분노하는 모습을 보이며 사회정의와 사회 변화를 크게 외치는 것은 민주시민으로서 더욱 돋보이는 행동일 것입니다. 대한민국이 민주공화국임을 광장 거리거리에서 두 눈으로 확인하는 감격을 맛보는 것은 색다른 체험이자 대중의 집단적 경험일 것입니다. 게다가 나이와

JTBC 생중계 장면(2016년 10월 29일 1차 촛불집회). 중계차량이 시위대 쪽을 향하자 연도의 시민들이 'JTBC'를 연호하며 뜨거운 지지를 보내는 장면.

성별을 떠나서 남녀노소 서로가 서로를 존중하고 평등한 시선으로 대하는 광장 민주주의는 그 자체로 감격과 흥분이었습니다. 따뜻한 시선으로 서로를 높이고 동등하게 마주 보는 광장 민주주의는 살아 있는 사회 교과서이자 공동체의식을 학습하는 강렬한 인상을 심어 주기에 충분했습니다.

② 촛불의 힘으로 무너지는 마피아 권력

'최순실-박근혜 국정농단' 사건의 본질은 국가 공권력을 이용해 특정 개인들과 특정 집단들이 조직적, 전방위적으로 수십 년 동안 사적 이익을 취해 왔다는 데 있습니다. 여기서 특정 개인들은 최순실-최태민-박근혜 일당과 그 부역자들이고, 특정 집단은 정유라 1인을 위해 수백억 원을 제공한 삼성 등 10대 재벌들입니다. 한국 사회 지배언론들은 '정경유착'의 폐해라고 비판합니다. 나아가 주류 정치인들과 한 목소리로 제왕적 대통령제가 근본 원인이라며 개헌에 방점을 찍고자 했습니다. 그러나 '최순실-박근혜 국정농단' 사건의 본질은 단순히 정경유착만이 아닙니다. 마피아 국가에서 볼 수 있는 조직적인 집단 범죄입니다.

'원칙과 신뢰'라는 트레이드마크를 내세우며 온화하고 인자한 미소로 위장한 보스는 국정원-검찰-경찰-국세청-공정위-언론-사법부 등 국가 권력을 총동원해 국민을 향해 마구잡이로 권력을 휘두르며 탄압했습니다. 2015년 11월 14일 민중총궐기 집회 당시 경찰 물대포에 쓰러진 백남기 농민의 경우가 그렇습니다. 15만 원으로는 도저히 살 수 없다며 쌀값 21만 원 보전 약속을 요구하기 위해 서울로 올라왔던 것입니다. 쌀값 21만 원은 박근혜 대통령 후보의 공약 사항이었지요. 지금은 더 떨어져 한 가마니에 13만 원 한다고 합니다. 살인적인 물대포로 백남기 농민을 정조준하여 쏘는 장면, 그리고 백남기 농민이 쓰러진 뒤에도 계속 조준 사격하는 장면은 박근혜 정권의 본질을 적나라하게 보여 준 천인공노할 만행이었습니다.

최순실-박근혜 일당은 대통령에 당선되기 위해 그들 범죄 집단 스스로 내건 슬로건이 있습니다. 바로 '국민행복시대'입니다. 그러나 이명박 정권의 대선 개입으로 박근혜 취임 첫해인 2013년은 국정원 댓글 사건 등 '국민행복시대'가 아니라 '국민불행시대'를 예고했습니다. 문제는 그것이 섬뜩한 예고편이었다는 사실입니다. 이듬해 단원고 학생 250명을 포함해 무고한 국민 304명을 수장시킨 세월호 참사를 겪으면서 바야흐로 '국민고통시대'임을 절감했기 때문입니다.

최순실-박근혜 일당의 실체가 어제오늘의 일이 아니라 1970년대 박정희 정권 시절 최태민-박근혜-최순실로까지 거슬러 올라가는 것에 주목해야 합니다. 경주 최씨 부자 소유의 영남대학교 강탈 사건이나 부산지역의 대표적 기업인인 김지태 소유의 부일장학회와 부산일보, 부산 MBC의 운영권을 강탈해 만든 것이 정수장학회인데, 박정희-육영수의 이름자를 따서 만든 그 정수장학회 1회 장학생이 바로 기춘대원군 김기춘입니다. 그리고 박근혜 친척들 살인을 불러온 육영재단 사건들은 그들 범죄 집단이 최소 30년 이상 조직적으로 암약하며 범죄를 저질러 왔음을 반증하는 사건들입니다. 국가 공권력을 등에 업고 재벌들에게 삥을 뜯고 그들의 경제적 요구사항을 온갖 악법과 제도로 뒷받침해 줬는데, 그 결정판이 '최순실-박근혜 국정농단'이었습니다. 따라서 '최순실-박근혜 국정농단' 사건은 한국 사회가 '마피아 국가'로 전락했음을 보여 줍니다.

한국 사회 지식인 사회에선 '최순실-박근혜 국정농단'이 수면 위 실체를 드러내기 전에 '민주주의 후퇴'나 '왕조국가', '전체주의'의 도래를 언급하곤 했습니다. 그러나 '최순실-박근혜 국정농단'의 실체가 낱낱이 드러난 이상 단순히 '민주주의 후퇴'나 '왕조국가' 정도가 아니라 한국 사회가 '조직범죄집단들이 운영해 온 마피아 국가'임을 부정하기 어렵게 되었습니다. 범죄 집단 두목의 지시를 거부하거나 말을 듣지 않는 자는 장관이든 대통령 수석이든 국정원장이든 단칼에 목이 날아가는 상황이 연출되었기 때문이지요. 조직폭력집단과 다를 게 없었습니다. 차이점이라면 검찰-국정원-경찰-국세청-공정위 등 사정기관을 손아귀에 넣고 국가권력을 등에 업은 채 관료들을 수족처럼 부린 조직범죄집단이란 점이 다를 뿐입니다. 더구나 최고 재벌 총수들이 최고 권력자인 대통령과 독대해 서로 주거니 받거니 은밀하게 청탁을 하며 심각할 정도의 '부당거래'를 일삼았기 때문입니다. 대표적인 사건이 삼성 이재용 후계 구도 안착을 위해 국민들의 노후 자금인 국민연금 수천억 원을 날린 제일모직-삼성물산 합병 사건입니다. 그것은 그들 범죄 집단에게 국민이 안중에도 없었음을 드러낸 사건이자 최순실-박근혜-이재용 범죄자 집단에게 국민은 그들의 관심 밖이었음을 여실히 보여 준 사건이었습니다.

지금은 광화문광장에서 대통령을 조롱하는 상징물로 거리공연을 해도 아무도 잡혀가지 않지만 불과 1년 전만 하더라도 서슬 푸른 상황이었습니다. 1만 명이 넘는 문화예술인들을 분류·감별했던 문화예술계 블랙리스트 사건을 언급하는 게 아닙니다. 박근혜 대통령을 허수아비로 비판한 홍성담 화백의 작품 「세월오월」을 언급하는 게 아닙니다. 지극히 평범한 소시민들의 권력에 대한 풍자와 비판조차 먼지털이식 수사를 자행하며 입에 재갈을 물렸던 게 박근혜 정권 4년의 민낯이었습니다. 대표적인 사례가 2015년 페이스북에 박근혜 대통령을 비판하고 전단을 뿌린 박성수 씨를 8개월 동안 구속해 징역 1년에 집행유예 2년을 언도한 적이 있습니다. 게다가 대구시 새누리당사 앞에서 풍자적인 행위극을 했던 변홍철 씨에게도 벌금형을 선고하는 등 형사 처벌할 정도로 살벌한 풍경이었습니다.[1] 그런 점에서 천만 촛불이 '촛불시민혁명'으로 불리고 그 성격이 규정되는 데에는 그만한 이유가 존재합니다.

2016년 10월 24일 JTBC에서 입수한 태블릿 PC를 통해 최순실 국정개입 정황이 보도된 이후 김현웅 법무부 장관은 대통령이 수사 대상이 아니라고 처음엔 못을 박았습니다. 그러다 광화문광장에 20만 명이 모인 2차 '박근혜 하야' 촛불집회(11. 5) 직후엔 검찰의 수사 태도가 달라졌습니다. 2차 촛불집회 양상은 시청에서부터 광화문광장까지 교통이 전면 통제될 정도로 집회 참가 시민들이 가족 단위로 참가하였습니다. 도로 위에서 '박근혜 하야', '세월호 7시간 규명' 피켓을 드는 등 마치 87년 6월 항쟁의 분위기를 후끈 느낄 정도

시청 앞 가족 단위 피켓 시위 장면(2016년 11월 5일 2차 촛불집회). 교통이 통제된 시청 앞 도로 위에 가족 단위 시위대가 세월호 진실 규명과 박근혜 퇴진을 요구하는 피켓 시위 장면.

였으니까요. 100만 명이 모인 3차 촛불집회(11. 12) 이후 대통령 스스로 검찰수사든 특검이든 성실히 조사받겠다고 대국민담화문에서 발표할 정도로 상황은 급변했습니다. 실제로 3차 '박근혜 즉각 퇴진' 촛불집회에선 검찰 스스로 대통령을 '피의자 신분'으로 전환했지요. 3차 100만 촛불의 힘이 그동안 정치권력의 시녀 역할에 충실했던 검찰을 감시하고 견인해 낸 것입니다. 100만 촛불의 힘은 국회를 움직여 2016년 11월 17일 '최순실 특검법'과 '국정조사법안'을 통과시키는 쾌거를 이뤄 내기도 했습니다. 전국적으로 190만 명이 모인 5차 촛불집회(11. 26) 직후 대통령 3차 대국민담화에선 박근혜 대통령 스스로 '조건부 퇴진'이란 말을 처음 하게 만들었습니다.

단일 촛불집회 사상 최대 규모인 232만 명이 참가한 '박근혜 구속' 6차 촛불의 힘(12. 3)은 박근혜 게이트 청문회(12. 6)를 시작하게 했습니다. 그리고 국회 탄핵안 가결을 앞두고 동요하던 새누리

촛불집회에 참가한 일가족(청와대 방면 10차 촛불행진). 아기를 등에 업고 어린아이 손을 잡고 청와대로 행진하는 젊은 부부의 참으로 눈물겨운 모습은 상징적인 장면이다.

당 비박계 의원들을 압박하여 12월 9일 대통령 탄핵소추안을 압도적인 표차로 통과시키는 역사적인 순간을 만들어 내었지요. 한 명도 경찰에 연행된 시민 없이 평화롭게 마친 촛불 시위! 100만 명 안팎이 모여 촛불행진을 펼친 광장 거리에서 묵묵히 쓰레기를 줍는 촛불 시민들의 성숙한 모습! 전 세계 언론들이 극찬한 2016~2017년 촛불시민혁명의 위대한 순간들이었습니다.[2] 위대한 역사는 현재진행형이고 여전히 매 순간 역동적입니다. 우리 이름 없는 촛불 시민들이 만들어 낸 오늘의 우리 역사입니다. 그래서 모든 역사는 현대사이자 민중사입니다.

③ 공정사회를 향한 열망

영혼 없는 정치인, 고위 관료들이 부패한 권력에 끝까지 충성하는 것은 그들 스스로 범죄에 연루된 탓입니다. 거리의 시민들이 '새누리

당도 공범이다'라는 피켓을 드는 이유입니다. '민중은 개돼지'라고 망언했던 교육부 고위 관료처럼 부패한 최상위 1%에 들기 위해 안달하거나 부패한 기득권을 잃지 않기 위해 안간힘을 쓰는 그들의 처신은 어쩌면 단말마의 비명일 것입니다. 권력과 금력이 지배하는 현대판 신분제 사회! 재벌과 관료들이 결탁한 음습한 마피아(해피아, 관피아…) 국가. 이것이 오늘날 대한민국 지배계층의 일그러진 자화상입니다. 일제 강점기 식민지 시절, 친일분자들이 일제에 협력하지 않았더라면 그렇게 독립이 늦어지거나 그토록 혹독한 식민지 시절을 거치진 않았을 것입니다. 마찬가지로 최순실(박근혜) 정권에 부역하는 자들이 없었다면 시민들이 촛불을 계속 들어야 할 이유는 없습니다. 왜 23차 촛불까지 갔을까요? 그들 부역자들 때문입니다. 대통령이 뻔뻔한 희대의 범죄자인데 어떻게 그 썩은 권력에 기생할 수 있는지요?

5차 촛불집회(11. 26) 양희은의 노래에서, 시함뮤의 레미제라블 '민중의 노래'에서, 안치환의 '하야가 꽃보다 아름다워' 노래에서 우리는 확인했습니다. 그 수많은 시민들이 토요일마다 혹독한 추위를 무릅쓰고 광화문광장으로 나오는 이유는 단순히 '바지사장' 박근혜 대통령을 퇴진시키는 것만은 아닐 것입니다. 친일파 청산과 군부독재 세력 청산 등 단 한 번도 역사 청산이 없었던 대한민국 사회의 기형적인 국가 시스템을 올곧게 고쳐 세우고자 촛불을 높이 치켜드는 것입니다. 나아가 한국 사회를 새롭게 디자인하여 다음 세대에게 건강하고 공정한 사회를 물려주려는 소망들이 모든 시민들로 하여금 촛불을 들게 하는 진정한 이유일 것입니다.

'이게 나라냐'라고 탄식하는 촛불 시민들의 절규 앞에 박영수 특검은 촛불에 힘입어 희망 섞인 메시지를 선포한 적이 있습니다. 2017년 1월 16일 재벌 총수인 삼성 이재용에 대해 구속영장을 청구하면서

"국가경제에 미칠 영향보다 정의 실현이 더욱 중요하다"라고 일갈했기 때문입니다. 삼성공화국 대한민국에서 많은 국민들은 권력에 세뇌되어 '삼성이 망하면 대한민국이 망한다'고 생각해 왔습니다. 실제로 삼성의 힘은 상상하기 힘들 정도로 막강합니다. 하청업체를 제외하더라도 삼성계열 임직원 숫자만 25만 명이고 연 매출 300조 원이 넘는 글로벌 기업입니다. 조금 범위를 넓혀 30대 재벌 총보유자산은 국가 총자산의 37%에 이르고 그들 30대 재벌들이 보유한 사내유보금은 정부 1년 예산보다 많은 478조 원을 상회합니다.[3]

그러나 '최순실-박근혜 국정농단' 사건을 통해 어느 정도 밝혀졌듯이 삼성, 현대, SK, 롯데 등 9개 재벌들은 재벌 후계구도 안착과 특별사면, 노동개악과 규제완화, 의료민영화와 면세점 특혜 등을 약속받았고 그 대가로 최순실-박근혜 일당에게 뇌물을 제공해 왔습니다. 특히 삼성 그룹은 삼성물산과 제일모직 합병 과정에서 국민연금 6,000억 원 손실을 입힘으로써 챙긴 이득이 3조 원에 이릅니다. 그에 대한 대가로 삼성 재벌은 최순실-정유라-박근혜 일당에게 430억 원에 이르는 뇌물을 제공했습니다. 검찰은 이미 대통령 박근혜를 '최순실의 공범자'로 형사입건한 상태였고 특검 역시 '뇌물죄'로 이재용을 구속했으며 그 칼날은 대통령 박근혜를 겨냥했습니다.

정의는 사회를 지속시키는 힘이자 사회 구성원들의 합의를 이끌어내는 원천으로 작용합니다. 일찍이 교부철학자 아우구스티누스는 『신국론』에서 '정의를 상실한 국가권력은 강도떼와 같다'고 역설하며 '정의로움이 아니라 소수 기득권층의 이익만을 추구하는 국가란 강도떼에 지나지 않다'고 비판한 적이 있습니다.[4] 한국 사회 기득권층, 좁게는 이명박근혜 정권의 기득권층의 뿌리는 가까이 군부독재 세력에 맞닿아 있고 멀리 친일반민족 세력에 착근해 있습니다. 한국 현대사의 권

박근혜–이재용 풍자 조형물(2016년 12월 31일 10차 촛불집회). 정경유착을 비판하며 권력과 재벌 총수들 간 부당거래를 조롱한 조형물 사진.

위자인 한홍구 교수는 친일반민족 세력이 해방 후 반공 독재 세력으로 다시 반통일 냉전(분단) 세력으로 이어진다고 일갈한 적이 있습니다. 반면에 일제 강점기 독립운동 세력이 해방 후 반독재 민주화운동 세력으로, 통일운동 세력으로 그 뿌리가 맞닿아 있다고 선언했습니다.

따라서 한국 사회를 공정사회로 품격을 높이기 위해선 지배계층에 대한 역사 청산이 선행되어야 합니다. 해방된 지 72년이 되었기에 친일반민족 인사들이 대부분 사망한 시점입니다. 그럼에도 그 정신적 후손들이 물질적 토대와 인맥을 강고히 구축한 현실에서 친일반민족행위에 대해 적어도 민족과 국가 앞에 참회하고 반성하는 계기를 가져야 합니다. 그리하여 한국 사회 공동체 스스로 참회와 반성에 대한 집단적인 경험을 공유하고 목격한다면 최소한 역사 청산의 단초를 마련하는 첫출발이 될 것입니다. 왜냐하면 '최순실-박근혜 국정농단'을 비롯하여 한국 사회 기득권층의 부패구조와 비리의 먹이사슬은 친일반민족행위자들에 대한 단죄! 즉, 역사 청산이 없었기 때문입니다. 공정사회로 가는 첫출발은 과거사에 대한 청산으로부터 시작해야 합니다. 무엇보다 한국 현대사에 지대한 영향력을 행사하며 전방위적으로 부패 시스템을 구축한 거대 공룡 재벌 삼성 총수 일가 이건희-이재용에 대한 단죄와 처벌에서 시작해야 할 것입니다.

솔직히 삼성의 역사는 범죄의 냄새를 짙게 드리우고 있습니다. 4·19 혁명의 시발점인 3·15부정선거에서 삼성 이병철(이재용의 조부)은 기업들 가운데 가장 많은 불법정치자금을 자유당 정권(이승만-이기붕)에게 건넸습니다. 이승만과 이병철의 부친은 친밀한 관계로 이병철의 삼성은 1950년대 대표적인 친자유당 재벌이었습니다. 이승만 정권이 삼성에 특혜를 제공한 결과 1950년대 말에 이르면 제일모직, 삼성물산, 안국화재 등 10여 개 기업을 거느린 한국 최대의 재벌로 급부상합니다.[5] 이병철은 기업체 부정축재자 최종 통고액 1위로 103억 환이 넘었습니다.[6] '부정축재자 1호'로 지목된 이병철은 1966년 건설자재로 위장하여 사카린을 밀수하려다 적발된 사카린 밀수 사건을 일으킵니다.

삼성 재벌이 일본 미쓰이 재벌 등 외국 차관의 특혜를 받았던 만큼 박정희 정권에게 불법적인 리베이트 명목의 정치자금을 대주려고 돈 세탁하는 과정에서 발생한 사건이었습니다. 당시 박정희 군사정권과 삼성 재벌 간 정경유착의 실상을 드러낸 사건으로 국회의원 김두한(김좌진 장군 아들로 추정)이 국회 본회의장에서 삼성 재벌을 두둔하던 장관들에게 똥물을 투척한 사건이기도 하지요. 결국 이병철은 한국비료주식회사(사장 이병철)를 국가에 헌납하겠다고 발표했습니다. 그리고 1년 전에 자신이 창간한 중앙일보와 학교 법인에서 손을 떼고 모든 경영 일선에서 물러나겠다고 기자회견을 하면서 정작 어떠한 형사처벌도 받지 않았습니다.[7] 이건희(이재용의 부친) 역시 삼성 임직원 486명의 차명계좌를 동원해 4조 5,000억 원의 비자금을 조성했지만 불구속 상태에서 징역 3년에 집행유예 5년을 받았을 뿐 법 앞에서 처벌은 없었습니다.[8] 그마저도 이명박 대통령은 2009년 12월 말 삼성 이건희 단 한 사람을 위한 특별사면을 단행해 삼성의 죄행을 말끔히 씻어 주었습니다.

2004년 노조 설립을 시도한 노동자들을 불법 복제한 휴대폰으로 위치를 추적하며 노조 설립을 방해했던 재벌이 삼성입니다. 노조 설립을 시도한 삼성 직원에 대한 탄압과 인권유린은 세상에 제대로 알려지지 않아서 그렇지 심각합니다. 반도체 노동자의 인권 지킴이 NGO '반올림'에 제보된 직업병으로 사망하거나 고통받는 노동자의 경우는 그래도 언론의 주목을 받은 적도 있고 세간에 어느 정도 알려졌습니다. 지금도 서초동 삼성 본사 앞에는 산재 노동자들과 유가족들이 삼성의 사죄와 피해보상, 재발 방지를 촉구하며 400일 넘게 노숙 농성 중입니다. 삼성 노동자들이 노조 설립을 시도하는 근본 이유는 노동자로서의 기본권, 바로 작업장 환경과 근로조건의 개선과 관련이 깊습니다. 삼성전자의 경우 유해 화학물질과 가까이할 수밖에 없는 작업환경에 노출돼 있습니다. 거기다 장시간 노동은 노동자의 건강을 심각하게 위협하는 게 현실입니다. 2011년 삼성전자 LCD 공장 입사 1년 만에 갖가지 질병과 우울증으로 고통받다 스스로 목숨을 끊은 김주현 씨(26살)의 경우는 대표적인 사례 중 하나입니다. 아들이 못다 이룬 꿈을 아버지가 대신 이루겠다며 셔틀버스 노동조합 설립운동을 하고 계시는 김명복 씨(고 김주현 군의 아버지)의 인터뷰 내용을 소개합니다.

"185cm의 키에 90kg 나가는 애가 기숙사에서 몸을 던졌어요. 사건 당일 CCTV 영상을 봤는데 13층 난간에 걸터앉아서 11분 동안 가만히 앞을 보고 있었어요. 당시 주현이는 하루 14시간을 일하고 독한 화학약품으로 온 팔다리에 진물이 났죠. 그런데 삼성은 노동자들이 두어 명만 모여 있어도 감시를 했어요. 바깥에 말이 못 나가도록 말이죠. 삼성은 주현이 죽음도 은폐하려 했죠. 술을 못 마시는 주현이 시신 위에 소주를 뿌렸어요. 음주상태에서 죽은 걸로 하려던 거죠. 그리고 저희에게 연락도 안 했어요. 가까스로 알고 겨우 찾아가니까 공장에 있는 변호사가 저를 모텔로 끌고 들어가서는 '100일치 돈을 드릴 테니 3일장 치르고 끝내죠'라고 하더라고요. 저는 '끝까지 싸우겠다, 장례 무기한 연기하겠다'고 했어요. 그러니까 그 사람 하는 말이 '제가 검사 출신입니다. 삼성전자 법무팀에 변호사만 80명입니다. 법정에서 삼성을 이길 것 같아요? 끝까지 가 볼까요?' 또 하루는 수석변호사라는 사람이 찾아왔어요. '저 서울법대 나왔습니다. 저도 자식이 있는데 아버님 마음이 어떨지… 어려운 일 있으면 연락 주십시오.' 그러곤 돌아갔어요. 점잖게 이야기하니까 더 압박이 되는 거죠. 그동안 수많은 유가족들이 왜 차마 말을 못했는지 알겠더라고요. 그래도 끝까지 싸웠죠."[9]

무노조 경영을 앞세워 이병철-이건희-이재용으로 3대를 세습하며 전근대적인 족벌 경영을 일삼는 곳이 삼성입니다. 1%의 지분으로 삼성 전체를 호령하며 황제 경영을 하는 초일류기업이 삼성입니다. 더욱 황당한 것은 이건희 회장 자신은 회사에 거의 출근하지 않는다는 사실입니다. 이건희 스스로 '내가 출근할 필요가 뭐가 있어'라고 말하며 집에서 결재 서류를 전달받을 뿐입니다.[10] 마치 탄핵을 당하기 전에 대통령 박근혜가 대통령 집무실로 출근해서 국사를 논하지 않고 사적인 공간인 관저에서 생활한 적이 적지 않다는 세간의 비판과 맥을 같이합니다. 하청업체 수탈과 산재 노동자 착취, 그리고 세금 포탈 등으로 비자금 조성은 기본이고 족벌세습 경영, 정·관계, 검찰 등 전방위 로비의 선두주자가 삼성입니다. 또한 삼성은 재벌 계열사 가운데 순환출자가 가장 심각한 재벌이기도 합니다. 문제는 거대 공룡 재벌 삼성이 하는 걸 보고 나머지 재벌들도 다 따라 한다는 사실입니다.

따라서 한국 자본주의 전개과정에서 삼성의 성장은 추악한 한국 현대사의 단면을 그대로 보여 줍니다. 삼성은 전두환 5공 정권 때 총 8회에 걸쳐 220억 원을 불법 정치자금으로 제공했고 노태우 정권 시절엔 총 9회 250억 원을 건넸습니다. MBC 해직기자 이상호가 폭로한 2005년 '삼성 X파일'에 나왔듯이 1997년 대통령 선거 당시엔 한나라당(새누리당-자유한국당 전신)에 거액의 정치자금을 제공했을 뿐만 아니라 여·야 정치인, 검찰, 언론계에 삼성 장학생이 존재했음이 확인되었습니다. 그리고 2002년 대선에선 여·야 후보 모두에게 385억 원에 이르는 불법 정치자금을 제공한 전력이 있습니다.[11] 이러한 불법 정치자금은 모두 비자금 조성에서 시작됩니다. 삼성은 그런 점에서 제1공화국 이승만 정권부터 제6공화국 이명박근혜 정권에 이르기까지 비자금 없이 지낸 적이 없습니다. 삼성 고문변호사로 일하다 양심선언을 한 김용철 변호사가 쓴 『삼성을 생각한다』에는 이런 대목이 나옵니다.

"비자금-회계조작-탈세는 한 묶음이며 삼성의 역사에서 떼어 낼 수 없는 부분이다. 모든 일에는 뿌리가 있기 마련이다. 비자금이 없었다면 삼성이 권력을 매수하는 일은 불가능했다. 그런데 비자금은 결국 삼성 임직원들이 흘린 땀의 대가를 빼돌린 것이다. 여기에 더해 삼성은 생산 현장에서 흘린 땀의 대가를 빼돌려 정치인과 관료, 법관, 언론인, 학자를 매수했다. 자신의 노동으로 벽돌 한 장 생산한 것이 없고 백 원짜리 하나 벌어 본 적이 없는 자들이 자자손손 왕처럼 군림할 수 있도록 하기 위해 저지른 비리였다."[12]

흔히들 삼성을 비판하면 국민기업, 글로벌 기업으로 유명세를 타는 삼성을 뒤흔드는 행위로 오해할 수 있습니다. 그러나 삼성을 진정한 국민기업, 세계적인 글로벌 기업으로 우뚝 세우기 위해서도 이건희-이재용 총수 일가의 비리와 정경유착의 부패구조를 단호하게 처벌해야 합니다. 그러할 때 봉건적인 족벌세습 경영이 아니라 근대적인 소유지배구조를 확립할 수 있습니다. 나아가 국가경제에 끼치는 막대한 영향과 비중을 생각해서라도 그리고 국민들에게 일자리를 창출하고 전세계인의 꾸준한 사랑을 받기 위해서도 이재용에 대한 처벌은 불가피

합니다. 기흥, 화성 등 삼성반도체 공장에서 일하다 백혈병 등 불치병으로 고통받다 숨져 간 79명의 노동자를 생각할 때 이건희-이재용 총수 일가의 부패 비리는 준엄한 심판을 받아야 할 것입니다. 그리하여 삼성이 반反노동자적 기업이 아니라 친親노동자적 기업으로 거듭날 때 삼성은 진정한 일류기업! '인간을 중심에 놓는 휴먼 테크'의 국민기업으로 당당히 인정받을 것입니다.

2. 극우 반공 파시즘과 국가폭력의 종식
색깔론의 퇴조와 자유민주주의 뿌리박기

이승만 정권은 수많은 민간인을 '빨갱이'로 몰아 학살하면서 성립된 극우 반공 정권입니다. 이승만 반공국가의 탄생(?)과 사회적 파장을 사회학자 김동춘 교수는 이렇게 설명하고 있습니다.

"이승만을 구해 주고 남한의 지배집단을 위기로부터 구해 준 이 전쟁(필자 주: 한국전쟁)을 통해 형성된 국가는 반공주의의 신성함을 과시하기 위해 너무나 많은 희생을 필요로 했다. 그것은 이민족 혹은 적의 핏자국 위에 세워진 국가가 아니라 사실상 '적으로 의심되는' 수많은 동족의 핏자국 위에 세워진 국가였다. 그 국가는 안보를 위해 아름다운 나라美國와 완전히 한 몸이 되어… (중략) 빨갱이는 죽여도 좋다. (중략) 전쟁이 일어난 지 50년이 지나도록 국민으로부터 어떠한 감시와 통제도 받지 않는 초법적인 공안기구와 극우 냉전주의의 입장에 선 언론의 마녀사냥 식 '좌익 색출작업'이 지속되는 나라, 그리고 전쟁이 사회 운영 원리로 내재화되고 냉전적 정치

경제질서가 가장 철저하게 착근한 사회에서는 초보적인 인권도 민주주의도 달성하기 어렵다."[13]

이승만 정권이 강제한 극우 반공 파시즘의 위협 속에서 일반 시민들은 생존을 위해 일상생활 속에 반공 파시즘을 깊이 뿌리내립니다. 그리고 과잉 이념인 반공 이데올로기에 내면화된 상태로 무의식 깊숙이 침잠했습니다. 반공反共 이념은 박정희 통치 시기인 1960~1970년대에는 승공勝共-멸공滅共으로 이어지면서 남북한 체제 경쟁이 극점을 향해 치닫습니다. 문제는 극우 반공 파시즘이 단순히 노동운동을 불온시하여 노동조합을 탄압·말살하는 데 그치지 않고 일상생활에서 인간의 원초적 자유를 억압하는 데 있었습니다. 표현의 자유와 사상의 자유, 학문과 양심의 자유, 그리고 언론·출판·집회·결사의 자유를 원천 봉쇄하고 불온시했다는 데 있습니다. 따라서 겉으로는 '자유대한', '자유민주주의'를 큰 소리로 외치면서도 실제는 시민의 자유를 억압하고 자유민주주의 가치를 심각하게 뿌리째 유린했습니다. 지독한 역설이지만 제1공화국 이승만 정권부터 제3·4공화국 박정희 정권, 그리고 제5·6공화국인 전두환·노태우 군사정권에 이르기까지 극우 반공 파시즘의 국정기조는 근본적으로 흔들림이 없었습니다.

이명박근혜 정권에선 '종북세력'으로 몰아가면서 한국 사회 민주화운동 세력을 심각하게 탄압했습니다. 그 결정판이 2014년 헌법재판소 위헌 판결로 강제 해산당한 통합진보당 사건이었습니다. 박근혜-황교안이 주도한 검찰의 논고와 다르게 사법부는 대한민국을 전복시키려는 혁명조직RO의 실체와 달리 내란음모에 대해 무죄를 인정했습니다. 그렇지만 북한과 같이 사회주의 혁명노선을 추구한다며 내란 선동 및 국가보안법 위반을 유죄로 인정해 헌재는 헌정 사상 최초로 정당 해산 결정을 내렸던 것이지요. 문제는 여기에 있습니다. 내란 선동과 국가보안법 위반! 그것은 권력자의 시각에서 자의적으로 해석하여 타자를 차별하고 배제하기에 적합한 고무줄 법조항이기 때문입니다. 요컨대 2014년 12월 19일 헌법재판소의 정당 해산 결정은 자유민주주의 사회에서 헌재 스스로 민주주의의 조종을 울린 사건이라고 생각합니다.

헌재의 판단대로 북한식 사회주의 혁명노선을 추구한 사실이 명백하다면 이석기 등 관련자들만 형법으로 처벌하면 될 일이었습니다. 그러나 헌재는 박근혜-황교안 정권의 요구대로 통합진보당 정당 자체에 대해 해산 명령을 내립니다. 자유민주주의 기본 질서를 위협하거나 그에 위배되지 않았음에도 정당의 해산을 결정한 것은 한국 사회가 여전히 극우 반공 파시즘의 분위기에서 자유롭지 못함을 반증합니다. 물론 이석기를 비롯한 일부 통합진보당 주사파들의 일그러진 운동방식을 두둔하거나 그들의 잘못을 덮어 버리자는 게 아닙니다. 북한 미사일 발사에서 볼 수 있듯이 한반도 정세가 불안정한데도 북한을 비판하지 않으려는 주사파의 태도에 문제를 제기하는 게 당연합니다. 게다가 1990년대 중반 고난의 행군 시기, 300만 명의 인민들이 끔찍한 기아의 고통 속에서 굶어 죽어 간 사실 앞에 일차적으로 북한 정권을 비판하는 것은 당연한 일일 것입니다. 오히려 그에 대해 비판 자체를 꺼려 하는 일부 주사파 운동권 출신들의 경직되고 왜곡된 인식과 태도, 그리고 패권주의적 운동방식은 마땅히 지적받아야 할 것입니다.

그런 점에서 최근 박사모, 어버이연합 등 '탄핵기각 태극기 집회'는 매우 우려할 만한 상황입니다. '최순실-박근혜 국정농단' 사건은 선과 악이 명확한 범죄 사실인데도 좌우 이념 대결로 몰아가며 극우 반공 파시즘의 표독스러운 광기를 계속 뿜어 대고 있기 때문입니다. 그러한 현상은 한국 사회를 좌우 이념 구도로 고착시킴으로써 '최순실-박근혜 국정농단' 사건의 본질을 흐리게 할 가능성이 짙습니다. 여전히 한국 사회는 반공 파시즘의 광기가 사회 저변에 저류로서 강렬하게 흐르고 있음에 섬뜩합니다. 실제로 집회 현장이나 대회장에서 '촛불＝빨갱이, 구더기[14], 세월호＝빨갱이[15]'라는 구호가 난무하고 '빨갱이는 죽여도 된다'[16]라는 잔인한 이데올로기적 표현이 등장할 정도였습니다.

뇌물죄 및 국정농단의 공동정범 대통령 박근혜를 두둔하는 태극기 집회는 광복군 출신 할아버지의 말씀대로 태극기의 정체성을 훼손시킬 가능성이 매우 크다고 볼 수 있습니다. 태극기를 들고 빨갱이 타령을 할 게 아니라 태극기 대신 박근혜 사진을 흔들면서 자신의 주장을 해야 옳을 것입니다. 왜냐하면 태극기는 대한민국을 상징하는 국가 상징물이자 태극기를 바라볼 때 자연스럽게 애국심과 자부심이 마음속에 스며들고 우러나오기 때문입니다. 무엇보다 태극기는 영혼마저 고통스러운 일제 강점기, 조국의 독립과 민족의 해방을 위해 목숨 바친 항일독립지사들을 대표하는 상징물이기도 합니다. 피눈물 어린 투쟁으로 목숨을 바치며 일생을 독립운동에 바친 선열들을 생각하며 우리는 태극기를 가슴에 품기 때문이지요. 따라서 촛불집회를 반대하는 의미의 맞불집회로서 박사모, 어버이연합 등이 시도하는 태극기 집회는 한국 사회가 여전히 극우 반공 파시즘으로부터 자유롭지 못한 사회라는 것을 반증해 줍니다.

극우 반공 파시즘의 광기가 불러온 가장 큰 비극은 민간인 학살과 간첩조작 등 수십 년 동안 국가폭력을 정당화하는 시대 분위기를 연출한 것에 있습니다. 인권운동가 서준식 형제를 고문하여 간첩으로 뒤집어씌운 '재일동포 유학생 간첩단 사건' 등 대통령 선거를 앞두고 터지는 간첩사건이 그렇습니다. 그런가 하면 독재정권이 수세에 몰린 정국에서 공안사건을 조작하여 터트린 적도 많습니다. 대표적인 사례가

1974년 인혁당 재건위 사건(일명 2차 인혁당 사건)입니다. 박정희 유신 정권이 학생운동의 거센 저항에 부딪히자 조작한 대표적인 공안사건 이지요. 인혁당 관련자 8명은 민주화운동가들임에도 대법원 사형선고 가 나고 곧장 처형되었습니다.

1987년 1월 박종철 군 물고문 사건이 발생하고 전두환 5공 정권이 수세에 몰리자 안기부(국정원 전신)는 '미모의 여간첩 수지킴' 사건을 조작합니다. 지극히 평범한 부부싸움 중에 발생한 단순 살인사건을 여간첩 수지킴(본명 김옥분)에 의한 '남편 윤태식 납북기도사건'으로 둔갑시켜 정국 전환을 기도했던 사건입니다. 남편 윤태식은 아내(수지 킴)를 죽인 살인자였습니다. 그럼에도 안기부장 장세동은 수세적인 국 면 전환을 위해 간첩조작 지시를 내립니다. 그에 따라 윤태식은 여간 첩 아내와 북한 공작원들에 의해 강제로 납치, 납북과정에서 탈출한 반공투사, 반공영웅으로 연기를 합니다. 이후 윤태식은 벤처기업 CEO 로 변신하며 1990년대 청와대를 출입하기도 했습니다. 그러나 수지킴 의 가족들은 졸지에 간첩 가족으로 낙인이 찍혀 지역사회에서 냉대와 고통을 겪었습니다. 어머니는 화병으로 죽고 언니들은 간첩 처제를 두 었다며 줄줄이 이혼을 당하거나 시집에서 쫓겨나 정신질환을 앓다가 비명횡사하는 등 집안이 풍비박산됩니다.

한국전쟁 전후 수십만 명에 이르는 민간인 학살을 통해 반공국가 를 탄생(?)시킨 이승만 정권은 극우 반공 파시즘을 국정기조로 국가 폭력을 일상화했습니다. 그런 시대 상황을 형상화시킨 작품이 87년과 88년 발표돼 주목을 받았던 『겨울 골짜기』와 『마당 깊은 집』입니다. 『겨울 골짜기』는 거창양민학살 사건 당시 민간인 학살이라는 무거운 주제로 국가폭력을 조명한 작품입니다. 『마당 깊은 집』은 전후 지극히 가난했던 시절을 어린 길남이의 눈으로 세밀하게 묘사한 작품이지요.

특히 1954년 대구를 무대로 펼쳐지는 김원일의 장편소설 『마당 깊은 집』에는 방첩대(특무대-보안사-기무사) 요원들이 새벽에 군홧발로 집 안을 들쑤시는 장면이 나옵니다. 아들이 월북을 기도하다 미수에 그쳐 온 가족이 곤욕을 치르며 방첩대에 연행되는 대목이지요.

"'누, 누군교?' 어머니가 황기끼어 물었다. '문 여시오, 빨리, 빨리 열어 봐!' 바깥에서 수센 목소리가 들렸다. '아이구, 오메, 지금이 몇신데, 이기 무신 날벼락이고.' 어머니가 웅절거리며 속치마 위에 치마를 걸쳤다. (중략) 손전지 불빛이 번쩍거렸다. '아래채 끝에서 두 번째 방이래, 덮쳐서 모두 끌어내!' '아이구, 우리 방은 아이구나.' 어머니가 나직이 안도의 숨을 쉬었다. (중략) 방문은 안에서 잠겨 있었다. 군복 입은 사내가 구둣발로 차며 문을 열라고 냅다 질렀다. 방 안에서 순화 누나의 자지러진 비명이 터졌다. (중략) 강 형사가 문짝을 그대로 밀어 쓰러뜨리며 구둣발로 쳐들어갔다. (중략) '쌍놈의 연놈들, 두 손 머리에 얹고 나오라구! 쏴버리기 전에 빨랑 나와!' 강 형사가 감사납게 외쳤다. 평양댁네 세 식구는 옷을 제대로 챙겨 입지도 못하고 맨발인 채 마당으로 나섰다. 신을 신느라고 어정거리던 민이형은 순경 총대에 어깻죽지를 얻어맞았다. 그들은 두 손을 머리꼭지에 얹고 땅바닥에 꿇어앉았다. (중략) '왜들 이러는 겝네까? 무슨 일이라요? 무슨 일인지 말이나 해 보시라요.' 꿇어앉은 평양댁의 겁먹은 목소리였다. '알면서 물어? 이 빨갱이 종자들아. 아가리 닥치고 있지 않음 모두 골통 깨질 줄 알라구!'"[17]

월북한 아버지를 둔 길남이와 어머니의 주눅 든 시선이 한편으론 안도하면서도 다른 가족인 평양댁 식구들이 연행되는 장면을 어린 길남이의 눈을 통해 매우 폭력적이지만 사실적으로 묘사한 대목입니다. 1950년대 반공 파시즘은 민간인 학살과 민간인 사찰, 그리고 불법적인 연행과 고문이라는 국가폭력을 통해 일상생활에 스며들었습니다. 1960~1970년대 이래 1990년대 초까지 반공 파시즘은 무소불위의 날개를 달고 불법적인 연행과 고문조작, 그리고 간첩 낙인이라는 국가폭력이 난무했습니다.

2000년대 김대중-노무현 민주정부 10년 동안 어느 정도 절차적 민주주의가 정착되면서 극우 반공 파시즘은 수면 아래로 잠긴 듯했습니다. 대공수사기관의 불법적인 연행과 고문 조작 또한 상당 부분 사라졌습니다. 그러다가 이명박근혜 정권이 들어서자 극우 반공 파시즘은 다시 수면 위로 급부상하여 국가권력 스스로 반공 파시즘에 기초한 국정기조로 일관합니다. 금강산 관광 중단과 서울시 공무원 간첩조작 사건, 개성공단 전격 폐쇄 등 이명박근혜 정권 9년 동안 남북관계는 완전히 단절되었고 적대적 관계가 지속되었습니다. 나아가 권력의 외곽에선 뉴라이트 세력(이명박 정권)에 이어 서북청년단 재건(박근혜 정권)을 외치는 등 조직적인 세를 과시하며 국가 공권력을 대신해 '국가폭력의 대리인'을 자처하는 움직임마저 보여 주었습니다.

특히 납북어민 간첩조작 사건은 그동안 현대사 연구자나 세간의 관심에서조차 밀려나 있어 피해 당사자들과 그 가족이 겪은 고통은 상상을 초월합니다. 첫 번째 어민피랍 사건인 1955년 대성호 납북사건 이후 2000년까지 북한 함정에 의해 강제 납북된 어민은 3,835명에 이릅니다. 그 가운데 범죄 혐의로 기소된 어민이 1,200명이 넘었습니다.[18] 박정희-전두환 군부 파시즘 정권은 순박한 어민들을 짐승처럼 잔인하게 고문하여 간첩으로 둔갑시켰습니다. 자신들의 정권 안보를 위해 조작된 간첩사건은 자녀들에게 대물림돼 간첩의 아들이라는 이유만으로 어느 날 보안대에 끌려가 끔찍하기 이를 데 없는 고문을 당하기도 했습니다. 1967년 승룡호 납북사건 이후 남쪽으로 귀환한 선원 서창덕 씨는 1969년 1차 간첩고문수사 당시를 이렇게 증언했습니다.

> "군산경찰서 정보3계 형사들은 불법 구금상태에서 처음에는 경찰서 인근 여인숙으로 끌고 가 조사하더니 이후 경찰서 지하실로 끌고 가 보름 정도 조사했다. 곤봉으로 때리고 바케쓰(물통)에다 물을 가득 채워 머리를 집어넣는 물고문을 하고 전깃줄을 몸에 대어 지지기도 했다."[19]

서창덕 씨는 1984년 510보안대로 끌려가 간첩을 강요당하는 2차 고문수사를 받고 7년간 감옥생활을 합니다. 1991년 가석방되지만 보안관찰처분을 받았고 2005년에 가서야 처분 면제를 받았습니다. 참으로 기막힌 현실입니다. 수십 년 동안 가난한 어민들에게 얼마나 가혹하게 국가폭력을 자행했는지를 가늠해 보게 합니다. 1969년 신성호 납북사건 당사자인 김성덕 씨는 충남 장항보안대 지하실로 끌려가 고문당한 기억을 이렇게 술회했습니다.

> "지하실에 다른 건 아무것도 없어. 새카만 책상 하나랑 의자 2개, 곡괭이 자루, 쇠쩡줄(체인줄) 몇 개가 걸려 있어. 들어가자마자 옷 벗기고 다리에 '꽈배기줄'이란 끈을 달아서 거꾸로 매달아. 그 끈을 확 잡아채서 돌리면 사람이 한 번에 수십 바퀴씩 돌아가. 그때가 한겨울이었는데 기절하면 무조건 찬물을 틀어 버리는(퍼붓는) 거야. 그래도 안 되면 책상 모서리에 얼굴만 얹게 하고 큰 주전자 2개에 고춧가루 물을 담아서 얼굴에 막 부어. 코피가 터지고 나중에는 고춧

가루 독으로 부어서 몇 날 며칠을 숨 쉴 수도 없게 돼. 기절하면 또 찬물을 퍼붓고 정신 차리면 참나무 곡괭이로 몽둥이찜질하고…".[20]

가난하고 순박한 어민들이 간첩으로 몰리면서 가족들 또한 영문도 모른 채 수사기관에 끌려가 고초를 겪었습니다. 만신창이가 된 몸으로 풀려나지만 고문 후유증으로 시름시름 앓다가 젊은 나이에 죽는 이들도 있었습니다. 아들이 간첩으로 몰려 40대인 아버지가 너무 맞아서 몸이 새까맣게 변해 죽은 사람도 있었습니다. 이 땅 위에 도사린 반공 파시즘은 셀 수 없이 많은 사람들을 간첩으로 조작하는 국가폭력을 가능하게 했습니다. 민간인 학살과 간첩조작, 숱한 생명들의 억울한 죽음과 피눈물 위에 세워진 반공국가의 음습한 모습은 오늘도 망령이 되어 이 땅 위 어딘가를 배회합니다.

그러나 2017년 2월 반공 파시즘과 국가폭력은 1,000만 촛불의 힘 앞에서 발붙일 곳을 찾지 못하고 유령처럼 떠도는 신세로 전락했습니다. 유럽간첩단 사건, 인혁당 사건, 울릉도 간첩단 사건, 서울대 의대 유학생 간첩단 사건, 부산대학교 재일교포 간첩단 사건, 삼척 간첩단 사건, 남민전 사건, 부림 사건, 송씨 일가 간첩단 사건(1982) 등 숱한 공안 조작 사건들이 최근 몇 년 사이에 사법부 재심을 통해 속속 무죄 평결을 받고 있기 때문입니다. 이것은 21세기 '냉전의 마지막 외로운 섬'으로 남아 있던 한반도 역시 반공 파시즘의 광기와 강도떼 같은 국가폭력으로부터 차츰차츰 벗어나고 있다는 반가운 소식입니다. 하루속히 이 땅에 민주정부가 들어서서 야만과 광기의 시대를 종식시키고 인간의 얼굴을 한 복지사회를 뿌리내려야 할 것입니다.

그런데 잊지 말아야 할 것이 있습니다. 야만과 광기의 시대, 불의한 권력에 기생하여 자신의 밥줄이나 승진을 위해서 또는 출세를 욕망하며 공안사건을 조작하고 기소·판결했던 법률 전문가들을 역사는 마땅히 단죄하고 심판해야 합니다. 심지어 무고한 시민을 불법 연행하고, 감금·고문했던 경찰, 검찰, 정보기관 수사관들에 대해서도 역사 앞에 반성하고 참회하는 계기가 최소한 주어져야 합니다. 야만과 광기의 어두운 과거사를 어떻게 청산하고 어떻게 해결할 것인지에 대해 국가 차원에서 사회적 합의가 마련된다면 한국 사회는 한 단계 성숙한 모습으로 성큼 우리에게 다가올 것입니다.

국가권력으로부터 체포 영장 없이 함부로 연행되거나 고문당하지 않는 사회, 자신이 간직한 가치관과 신념대로 살아갈 수 있는 자유로운 사회, 진실을 말하고 자유롭게 표현할 수 있는 사회, 자신의 양심대로 생각하고 행동할 수 있는 자유로운 사회, 특정 사상을 누구에게도 강요하거나 강요받지 않는 관용적인 사회, 개성을 인정하고 다양성을 존중하는 자유로운 공동체 사회, 모든 사람의 인권을 자신의 인권처럼 존중하는 품격 있는 사회! 그러한 사회가 바로 자유대한! 자유민주주의 가치가 훼손되지 않고 지켜지는 자유로운 국가이기 때문입니다.

적어도 불의한 사회제도와 부패한 권력구조 속에서 부귀영화를 누리는 삶 자체가 부끄러운 짓이라는 사실을 후손들에게 가르침으로 주기 위해서 그리고 다음 세대 우리 아이들을 위해서 반공 파시즘과 국가폭력이라는 야만과 광기의 어두운 역사는 반드시 뿌리 뽑아 청산해야 하겠습니다. 그런 의미에서 2017년 대선은 한국 현대사의 중요한 변곡점이 되었습니다. 진정으로 자유민주주의 가치를 존중하는 자유대한의 국가공동체인지, 음습한 반공 파시즘으로 색깔을 덧씌운 사이비 자유민주사회인지, 우리 세대는 위대한 선택의 갈림길에 마주 섰던 경험을 했습니다.

3. '정유라의 제국'에서 '황유미·나미경의 민주사회'로!

복지국가와 사회민주주의

정유라 이대 부정입학 및 학사농단 비리는 '최순실-박근혜 국정농단' 사건의 출발점이 되었습니다. 정유라 부정입학과 학사비리가 세상에 알려지면서 과거 정유라가 했던 말이 시민들로 하여금 경악과 분노를 떨칠 수 없게 만들었습니다.

'능력 없으면 니네 부모를 원망해! 있는 우리 부모 가지고 감 놔라 배 놔라 하지 말고. 돈도 실력이야!'

2017년 올해 22살인 정유라는 이대 입시 및 학사과정에서 특혜를 받았는데, 특히 학교에 출석하지 않고도 학점을 받았고 심지어 시험을 치지도 않고 학점을 받았습니다. 정유라에게 제적을 경고했던 교수를 지도교수 자리에서 쫓아냈고 학점 특혜를 준 교수에겐 정부의 대형 연구 프로젝트를 받도록 조치했습니다. 이런 기막힌 현실 앞에서 이대 학생들은 분노했던 것입니다. 학생들은 대자보를 통해 비위 사실을 알고도 침묵한 교수들이나 직접 비위에 관련된 대학교수들에게 '당신들이 교육자인가!'라고 탄식을 쏟아 내며 절규했습니다. 2017년 22살의 정유라는 분명코 한국 사회 '금수저'의 전형이라 할 수 있습니다. 어린 나이에 수억 원대 명마를 타고 아시안 게임 금메달을 목에 걸었으니까요. 그리고 독일에서의 생활은 감히 상상하기 힘들 정도로 초호화판이었습니다. 20여 개 방이 딸린 호텔을 전용하며 통역과 말 관리 담당, 운전기사, 보모 등 10여 명의 수족들이 정유라의 시중을 들었습니다.

반면에 2015년 5월 의정부 아파트 화재 참사 당시 나미경 씨는 22살의 미혼모였습니다. 그녀는 검은 연기와 함께 화마가 엄습하는 위기

상황에서 4살짜리 아들을 온몸으로 감싸 안았습니다. 다행히 엄마의 모성애 덕분에 아들은 별 상처 없이 화재로부터 안전하게 구출됩니다. 그러나 미경 씨는 전신 67%에 3도 화상을 입고 서울 화상 전문병원에서 2주 동안 화마와 싸웁니다. 화마와 사투를 벌이지만 결국 미경 씨는 22살 짧은 생을 마칩니다. 어렸을 때 부모로부터 버림받아 고아가 되었고 보육원에서 양부모에게 입양되었다가 다시 파양돼 버림받았던 상처를 간직한 여성이었습니다. 그런 그녀가 임신한 사실을 알고 남자친구로부터 또다시 버림을 받습니다.

세상으로부터 3번씩이나 버림받은 미경 씨는 고민 끝에 주위의 낙태수술 권유를 거부합니다. 그리고 미혼모가 돼 혼자 힘으로 아들을 키우겠다며 생에 대한 강한 의지를 보여 주었습니다. 관리비를 제때 내지 못해 1년에 3번씩이나 전기가 끊겨 겨울철 난방도 되지 않은 방에서 억척스럽게 아들을 키우며 살았습니다. 그러나 어린 아들과 함께 행복한 삶을 꿈꾸던 나미경 씨는 화재로 모든 꿈이 산산조각이 되어 버렸습니다. 아들은 엄마의 어린 시절처럼 다시 천애의 고아가 되었습니다. 가난과 고통과 슬픔이 대물림된 세상은 참으로 야속하고 안타깝기만 합니다.

우리는 22살에 생을 마감한 또 다른 젊은이를 기억합니다. '엄마, 돈 많이 벌어 가지고 올게'라고 인사를 한 뒤 수원행 버스를 타고 떠났던 황유미 양입니다. 공부 잘하고 속 깊은 딸이 백혈병에 걸려 22살의 젊은 나이에 이승에서의 짧은 생을 마감하리라곤 상상도 못 했습니다. 박철민 주연의 2013년도 개봉작 〈또 하나의 약속〉 영화 속 인물인 황유미 양의 슬픈 이야기는 실화입니다. 삼성 홍보담당 부장은 삼성 공식 블로그에서 '진실을 왜곡하고 영화가 아닌 투쟁의 수단으로 변질됐다'고[21] 떠들었지만 영화 속 장면과 이야기는 슬픔과 분노로 잔잔한 감동을 주기에 충분했습니다.

속초상고를 졸업하고 2003년 10월 세계 일류의 기업 삼성전자 기흥공장에 취직했을 때만 해도 아버지 황상기 씨는 너무나 뿌듯했습니다. 그러나 입사한 지 1년 8개월 만에 백혈병에 걸립니다. 유미 양이 일했던 삼성반도체 기흥공장 3라인에선 도대체 어떤 일이 있었던 것일까요? 유미 양이 했던 일은 반도체 원판을 화학물질 혼합물에 담갔다가 빼는 작업공정이었습니다. 삼성반도체 기흥공장은 500여 종 이상의 화학물질을 사용하는 작업공정으로 2014년 3월 현재 31명이 사망할 정도로 사망자가 가장 많이 발생했습니다. 병명도 모른 채 시름시름 앓던 딸은 2005년 10월 급성골수성 백혈병 판정을 받습니다. 그리고 1년 뒤 유미 양은 골수이식 수술을 받지만 재발해 기약 없이 병마와 싸우게 됩니다. 2007년 3월 6일 아주대 병원 외래진료를 마친 뒤 귀갓길에 오른 유미 양은 아버지가 운전하는 택시 안에서 숨을 거둡니다.

아이 상태가 급격히 나빠져 다시 병원으로 데리고 가면서 아버지는 운전하던 틈틈이 뒤쪽 좌석을 쳐다봅니다. 죽음을 눈앞에 두고 가물가물 눈이 감기는 딸 유미의 눈과 마주합니다. 죽음의 문턱에서 가물거리는 눈빛으로 아버지와 마주하는 딸 유미의 눈빛은 가슴 저미도록 슬픈 장면이었습니다. 숨을 거둔 그때, 눈에 넣어도 아프지 않을 딸 유미의 나이는 겨우 22살이었습니다. 이때 삼성은 사람을 보내 고작 오백만 원으로 사태를 무마하려 합니다. 그 후 아버지는 10억을 운운하며 입막음하려는 삼성의 교활한 회유와 협박을 이겨 냅니다. 그리고 삼성반도체 작업장의 비인간적인 노동환경을 고발하기 위해 당당히 사회 전면에 나섭니다. 오늘날 직업병 피해 노동자의 노동인권 NGO '반올림'(반도체 노동자의 건강과 인권지킴이, 반올림)을 2007년 11월 탄생시킨 것도 바로 아버지 황상기 씨의 투쟁과 노력 덕분입니다.

슬픈 이야기는 계속됩니다. 삼성전자 충남 탕정공장(현 삼성 디스플레이 탕정공장)에서 LCD TV 불량 검사를 하던 조은주 양도 입사한 지 3년도 안 돼 불치병 진단을 받습니다. 그리고 골수이식을 기다리며 1년 5개월 동안 병마와 싸우다 2015년 2월 10일 생을 마감합니다. 1992년생이니까 조은주 양은 23살의 나이로 짧은 생을 마쳤습니다. 산재 신청을 거부한 삼성의 태도는 황당했습니다. '수천 명의 회사원들이 다 그런 병이 생겨야 직업병으로 인정해 줄 수 있다'는 뻔뻔한 태도입니다.[22] LCD TV 역시 반도체 공장과 마찬가지로 사용하는 화학물질이나 제조공정이 비슷합니다.

그런 점에서 LCD 공장 노동자들에게도 산업재해로 인정할 수 있는 직업병 유해도 조사가 절실한 상황입니다. '반올림'에는 아직도 직업병 제보가 계속 이어지고 있습니다. 이미 반도체 공장에서 일하다 불치병에 걸려 죽은 황유미 양을 비롯해 노동자 이숙영, 김경미 씨는 2011년과 2013년 서울행정법원으로부터 산재인정 판결을 받은 적이 있습니다. 물론 삼성은 판결에 불복해 항소했지만 실낱같은 희망을 이어 가며 노동자들의 눈물겨운 투쟁은 지금도 계속되고 있습니다.

문제는 한국 사회의 의식과 제도, 그리고 정책의 변화입니다. 누군가의 고통과 희생 위에 성립된 부귀영화는 잘못된 것이고 바로잡아야 할 대상이지 결코 흠모의 대상은 아닙니다. 좀 더 정직하게 표현하자면 불의한 환경과 제도 속에서 높은 지위와 부귀를 누리는 것은 매우 부끄러운 짓이기 때문입니다. 따라서 삼성전자의 올해 순이익이 몇조 원에 달한다는 선정적인 보도뉴스에 마냥 부러운 눈초리를 보내는 것은 온당치 않습니다. 더욱이 은연중에 선망하는 사회 분위기를 조성하는 건 불온하기까지 합니다. 경제적 부를 축적하는 과정이 정당했는지 그리고 경제활동의 결과로 주어진 부의 분배가 정당하게 실행되었는지 공정분배에 대한 공동체 내부 성찰과 사회적 감시를 제도화시킬 필요가 있습니다. 납품단가를 후려치고 하청업체를 수탈하면서 자행된 성과라면 우리는 다시 생각해 보아야 합니다.

더구나 반도체 노동자들이 79명이나 불치병으로 사망하고 아직도 백수십 명이 불치병으로 고통을 받고 있는 현실에서 삼성전자 경영 성과에 찬사나 선망의 눈길을 보내는 것은 이치에 맞지도 않고 도덕적이지도 않습니다. 무엇보다 산재인정에 유독 인색한 재벌의 행태에 대해 한국 사회는 최소한의 경영윤리와 도덕성을 요구하고 있습니다. 또한 유해성 입증 책임을 사회경제적 약자인 노동자에게 전가하는 현행 사법체계를 개혁하여 문명화된 선진국처럼 기업 입증 책임으로 전환시키는 노력을 병행해야 하겠습니다.

북서유럽 선진국처럼 노동자의 산재사고가 1면 머리기사로 실릴 만큼 놀랍고 대단한 뉴스로 다뤄지는 사회를 만들어야 합니다. 한국 사회는 OECD 국가 가운데 산재 사망률 1위인 위험사회입니다. 산재사고로 연간 9만 명이 다치고 2,000명의 노동자가 생을 마감하는 비정상적인 사회가 한국 사회입니다. 노동의 가치를 존중하는 사회! 그리하여 노동의 힘이 자본의 비상식과 몰염치를 압도하는 사회를 만들어야 합니다. 그러할 때 진정으로 인간의 얼굴을 한 '사람 사는 세상'이 도래할 것입니다. 몸이 아파도 돈이 없어서 치료받지 못하는 사회가 아니라 몸이 아프면 누구나 병원 진료를 받고 치료받는 사회를 만들어야 합니다. 배우고 싶어도 등록금 마련을 위해 알바를 해야 하는 사회가 아니라 누구나 배우고 싶으면 언제든지 교육 기회를 제공받는 복지사회를 가꾸어야 하겠습니다.

건강한 작업환경과 적절한 휴식이 주어지는 노동사회를 꿈꾸고 쾌

적한 환경에서 생활할 권리가 보장되는 사회! 노동권, 환경권, 보건권, 교육권 등 그런 모든 사회권적 기본권은 20세기 절대다수 민주주의 국가에서 헌법적 가치로 보장하고 있기 때문입니다. 자유민주주의를 바탕으로 복지사회를 지향하는 사회민주주의 요소를 결합시킬 때 한국 사회는 이상적인 사회로 더 높게 성숙할 것이기 때문입니다. 22살의 젊은 나이에 한쪽에선 금수저로 태어나 분에 넘치는 화려함을 구가하고, 다른 한쪽에선 흙수저로 태어나 쓸쓸히 짧은 생을 마감해야 하는 비극적 상황을 더 이상 방치하거나 되풀이하는 사회가 되어선 안 되기 때문입니다.

대한민국 헌법	
〈전문: 자유민주적 기본 질서를 더욱 확고히 하여… 국민 생활의 균등한 향상을 기하고〉	
1. 자유권적 기본권 보장	1. 사회권적 기본권 보장
2. 신체의 자유, 표현의 자유, 양심의 자유, 사상의 자유, 신앙의 자유, 집회의 자유 등 인간의 생존을 위해 반드시 필요한 기본권(헌법 12조~22조)	2. 노동권, 교육권, 보건권, 환경권 등 인간다운 삶을 위해 반드시 필요한 기본적 인권 (헌법 31조~36조)

1. 김일우(2015), 「'대통령 비판' 칼럼 쓴 산케이 기자는 무죄인데… 전단 뿌린 박 씨는 유죄」, 『한겨레』 2015. 12. 24.
2. 장규석(2017), 「우리도 한국 촛불 봤다… 美 워싱턴에도 광화문이 있다」, 『노컷뉴스』 2017. 2. 21.
   연유진(2016), 「평화롭고 질서 있는 분노 표출… 외신, 성숙한 시민의식 극찬」, 『서울경제』 2016. 11. 13.
3. 나눔문화, 『나누는 사람들』 2017년 1-2월호, 6면.
4. 박찬승(2016), 「정의가 없는 국가는 강도떼와 같다」, 『한겨레』 2016. 6. 9.
5. 공제욱(1990), 「8·15 이후 독점자본가의 형성」, 『역사비평』 1990년 여름호, 역사비평사, 78~79쪽.
6. 편집부(1983), 『4·19혁명론 II』, 서울: 일월서각, 231쪽.
7. 신석진(2005), 「삼성공화국을 해부한다 I」, 『진보정치』 236호, 6~7쪽.
8. 나눔문화, 『나누는 사람들』 2017년 1-2월호, 6면.
9. 나눔문화, 「제 남은 인생, 주현이를 대신해 더 힘든 사람들을 위하며 살려고요」, 『나누는 사람들』 2017년 1-2월호, 7면.
10. 김용철(2010), 『삼성을 생각한다』, 서울: (주)사회평론, 232쪽.
11. 황세영(2005), 「삼성공화국을 해부한다 III」, 『진보정치』 240호, 6쪽.
12. 김용철(2010), 위의 책, 345~346쪽.
13. 김동춘(2000), 『전쟁과 사회』, 서울: 돌베개, 299~301쪽.
14. 정반석(2016), 「촛불은 구더기, 빨갱이… 욕설 쏟아 내는 보수단체 맞불집회」, 『한국일보』 2016. 12. 24.
15. 박영서(2017), 「탄핵반대세력 촛불집회 참가 시민 폭행… 철저한 조사 촉구」, 『연합뉴스』 2017. 2. 21.
16. 윤지나·박요진·김민성(2017), 「잡아 죽이자… 폭력과 혐오발언, 그리고 눈물」, 『노컷뉴스』 2017. 2. 13.
17. 김원일(1998), 『마당 깊은 집』, 서울: 문학과지성사, 228~230쪽.
18. 홍석재(2017), 「남북귀환 어민 문제는 남북한의 합작품」, 『한겨레21』 통권 1149호, 43쪽.
19. 아와쿠라 요시카츠(교도통신 서울지국장), 「'월북조작' 어민들 '빨갱이' 굴레 벗지 못했다」, 『한겨레21』 통권 1149호, 30쪽.
20. 홍석재(2017), 「지금도 나를 잡아다가 고문할까 무섭다」, 『한겨레21』 통권 1149호, 41쪽.
21. 박점규(2014), 「삼성맨 여러분, 안녕들 하십니까?」, 『주간경향』 통권 1067호, 51쪽.
22. 김민경(2015), 「삼성 입사 좋아하던 내 딸도 유미처럼 떠났습니다」, 『한겨레』 2015. 3. 4.

참고 문헌

〈저서 및 단행본〉

강준만(2004). 『한국 현대사 산책 1(1940년대 편)』. 서울: 인물과사상사.

강준만(2004). 『한국 현대사 산책 1(1950년대 편)』. 서울: 인물과사상사.

강준만(2004). 『한국 현대사 산책 2(1950년대 편)』. 서울: 인물과사상사.

강준만(2004). 『한국 현대사 산책 3(1950년대 편)』. 서울: 인물과사상사.

고광헌(1992). 「인술의 길에서 교육의 길로」. 『발굴 한국 현대사 인물』. 한겨레신문사.

高峻石(1990). 「義烈と 金元鳳」. 『朝鮮革命家 群像』. 東京: 大村書店.

권유리야(2007). 「확장된 개인, 종교적 실존」. 『민족시인 윤동주의 항일문학사상』.

권일송(1986). 『윤동주 시집』. 부산: 청목.

김교식(1984). 『죽음을 부르는 권력』. 서울: 마당문고.

김구(2012). 『백범일지』. 서울: 나남.

김동춘(2000). 『전쟁과 사회』. 서울: 돌베개.

김명섭(2008). 『자유를 위해 투쟁한 아나키스트, 이회영』. 서울: 역사공간.

김무용(1993). 「전봉덕, 화려한 경력으로 위장한 친일경찰의 본색」. 『친일파 99인 2』.
　　서울: 학민사

김병걸, 김규동(1986). 『친일문학 작품 선집 2』. 서울: 실천문학사.

김병익(2001). 『한국문단사』. 서울: 문학과지성사.

김산, 님 웨일스(1999). 조우화 옮김. 『아리랑』. 서울: 동녘.

김삼웅 외(1994). 「일제잔재, 고문, 구타, 사상전향제」. 『일제잔재 19가지』. 서울: 가람
　　기획.

김삼웅(1995). 『한국 현대사 뒷얘기』. 서울: 가람기획.

김삼웅(1995). 『곡필로 본 해방 50년』. 서울: 한울.

김삼웅(1997). 『사료로 보는 20세기 한국사』. 서울: 가람기획.

김삼웅(2008). 『약산 김원봉 평전』. 서울: 시대의 창.

김삼웅(2010). 『죽산 조봉암 평전』. 서울: 시대의 창.

김삼웅(2011). 『이회영 평전』. 서울: 책으로 보는 세상.

김수복 외(1999). 『나한테 주어진 길』. 서울: 웅동.

김원일(1998). 『마당 깊은 집』. 서울: 문학과지성사.

김용직, 손병희 편저(2004). 『이육사 전집』. 서울: 깊은샘.

김용철(2010). 『삼성을 생각한다』. 서울: (주)사회평론.

김재승(2002). 『만주벌의 이름 없는 전사들』. 서울: 혜안.

김정환(1974). 『교육의 철학과 과제』. 서울: 박영사.

김정환(1996). 『인간화 교육 어떻게 할 것인가』. 서울: 내일을여는책.

김정환(1997). 『전인교육 어떻게 할 것인가』. 서울: 내일을여는책.

김충열(2006). 『남명 조식의 학문과 선비정신』. 서울: 예문서원

김학동(2012). 『이육사 평전』. 서울: 새문사.

김혜진(1994). 「김창룡, 일제 관동군 헌병에서 대한민국 특무부대장까지」. 『청산하지

못한 역사1』. 서울: 청년사.

김환희(2001).『국화꽃의 비밀』. 서울: 새움.

김호일(2000).「식민지 시기 대학설립운동의 몸부림」.『전환의 시대, 대학은 무엇인
 가』. 서울: 한길사.

김희곤(2000).『새로 쓰는 이육사 평전』. 서울: 지양사.

柳久雄. 임상희 옮김(1985).『교육사상사』. 서울: 백산서당.

류춘도(2005).『벙어리 새: 어느 의용군 군의관의 늦은 이야기』. 서울: 당대.

마크 게인. 편집부 옮김(1986).『해방과 미군정』. 서울: 까치.

무정부주의운동사 편찬위원회(1978).『한국 아나키즘운동사』. 서울: 형설출판사.

문익환(1994).『목메는 강산 가슴에 곱게 수놓으며』. 서울: 사계절.

문학교육연구회(1987).『삶을 위한 문학교육』. 서울: 연구사.

박도(2000).『민족 반역이 죄가 되지 않는 나라』. 서울: 우리문학사

박득준(1989).『조선근대교육사』. 서울: 한마당.

박노자(2005).『우승 열패의 신화』. 서울: 한겨레신문사.

박용규(2013).『우리말 우리 역사 보급의 거목 이윤재』. 한국독립운동사연구소.

박용규(2014).『조선어학회 33인』. 서울: 역사공간.

박은경(1999).『일제하 조선인 관료 연구』. 서울: 학민사.

박정희(1997).『국가와 혁명과 나』. 서울: 지구촌.

박청방(1984).「새날의 서광, 서울대학교」.『4·19의 민중사』. 서울: 학민사.

박태원(2000).『약산과 의열단』. 서울: 깊은샘.

브루스 커밍스. 김자동 옮김(1986).『한국전쟁의 기원』. 서울: 일월서각.

서중석(2005).『사진과 그림으로 보는 한국 현대사』. 서울: 웅진씽크빅.

신웅순(2006).『20세기 살아 숨 쉬는 우리 문학과의 만남』. 서울: 푸른사상.

신용구(2000).『박정희 정신 분석, 신화는 없다』. 서울: 뜨인돌.

심재택.「4월 혁명의 전개과정」.『4·19혁명론 1』. 서울: 일월서각.

안진(1987).「미군정기 국가기구의 형성과 성격」.『해방전후사의 인식 3』. 서울: 한길사.

안진(1996).『미군정기 억압기구 연구』. 서울: 새길.

안천(1996).『신흥무관학교』. 서울: 교육과학사.

염상섭(2013).『만세전』. 서울: 애플북스.

염인호(2001).『조선의용군의 독립운동』. 서울: 나남.

예종석(2006).『노블레스 오블리주』. 서울: 살림터.

운암 김성숙 선생 기념사업회(2013).『운암 김성숙의 생애와 사상』. 서울: 선인.

유시민(1989).『거꾸로 읽는 세계사』. 서울: 푸른나무.

윤석성(2015).『한국 현대시인 연구』. 서울: 지식과 교양.

윤재설, 장석원, 문성준(2009).『세계의 사회주의자들』. 서울: 펜타그램.

이경철(2015).『미당 서정주 평전』. 서울: 은행나무.

이규창(1992).『운명의 여진』. 서울: 보련각.

이기형(1994).「민족국가 건설의 두 가지 길」.『한국 현대사의 라이벌』. 서울: 역사비
 평사.

이덕일(2000).『송시열과 그들의 나라』. 서울: 김영사.

이덕일(2009).『이회영과 젊은 그들』. 서울: 역사의 아침.

이덕호(2001). 『친미 사대주의 교육의 전개과정』. 서울: 다움.

이동현(1990). 『한국 신탁통치 연구』. 서울: 평민사.

이만규(1994). 『가정독본』. 서울: 창작과비평사.

이원규(2007). 『김산 평전』. 서울: 실천문학사.

이은숙(1981). 『가슴에 품은 뜻 하늘에 사무쳐: 서간도 시종기』. 서울: 인물연구소.

이이화 외(1993). 『인물로 보는 친일파 역사』. 서울: 역사비평사.

이인직(2012). 『혈의 누 외 이인직 소설선』. 서울: 푸른세상.

이정규 외(2002). 『의병운동사적』. 서울: 현대실학사.

이정식, 한홍구(1986). 『조선독립동맹 자료1: 항전별곡』. 서울: 거름.

이정식(1993). 『새로운 학생운동사』. 서울: 힘.

이종걸(2010). 『다시 경계에 서다』. 서울: 옥당.

이철우(1984). 「총알과 돌맹이」. 『4·19의 민중사』. 서울: 학민사.

이충우, 최종고(2013). 「이전에서 나온 수재들」. 『다시 보는 경성제국대학』. 서울: 푸른
    사상.

임종국 편(1987). 「일본군 참모에의 사신」. 『친일논설선집』. 서울: 실천문학사.

장병혜(1992). 『상록의 자유혼』. 창랑 장택상 기념사업회.

전재호(2000). 『반동적 근대주의자 박정희』. 서울: 책세상.

전택부(1978). 『한국기독교청년운동사』. 서울: 정음사.

정경모(1986). 『찢겨진 산하』. 서울: 거름.

정정화(1998). 『長江日記』. 서울: 학민사.

정지환(2004). 『대한민국 다큐멘터리』. 서울: 인물과사상사.

정진구(1992). 『윤동주』. 서울: 산하.

정태영(1991). 『조봉암과 진보당』. 서울: 한길사.

정화암(1982). 『이 조국 어디로 갈 것인가: 나의 회고록』. 서울: 자유문고.

조봉암(1954). 『우리의 당면과업: 대공산당 투쟁의 승리를 위하여』. 서울: 혁신문예사.

조봉암(1957). 「투표에 이기고, 개표에 지고」. 『내가 걸어온 길, 내가 걸어갈 길: 나의
    정치백서』. 서울: 신태양사.

조여항(2001). 『정인홍과 광해군』. 서울: 동녘.

주섭일(1999). 「르노자동차 회장의 비참한 최후」. 『프랑스의 대숙청-드골의 나치협력
    반역자 처단 진상』. 서울: 중심.

조창환(1998). 『이육사, 투사의 길과 초극의 인간상』. 서울: 건국대 출판부.

조화영(1960). 『4월 혁명 투쟁사』. 서울: 국제출판사.

중앙일보사(1972). 『민족의 증언: 한국전쟁실록 1』. 서울: 을유문화사.

진덕규(1979). 「미군정의 정치사적 인식」. 『해방전후사의 인식 1』. 서울: 한길사.

최상천(2001). 『알몸 박정희』. 서울: 사람나라.

최종고(2007). 『한국의 법률가』. 서울: 서울대 출판부.

학민사 편집실(1984). 「딸에게 보내는 편지」. 『4·19의 민중사』. 서울: 학민사.

편집부 엮음(1983). 『4·19 혁명론Ⅱ』. 서울: 일월서각.

한국근현대사학회(2007). 『한국 근대사 강의』. 서울: 한울.

한승인(1984). 『독재자 이승만』. 서울: 일월서각.

한홍구(2005). 『대한민국사 3』. 서울: 한겨레신문사.

허대영(2009). 『오천석과 미군정기 교육정책』. 파주: 한국학술정보(주).

〈학위 논문〉
구우한(2014). 『윤동주 동시 연구』. 가천대 석사논문.
김경숙(1989). 『미군정기 교육운동: 1945-1948』. 서울대 석사논문.
김경진(2010). 『일제 강점기 전봉덕의 삶과 시대인식』. 동국대 석사논문.
김소영(2005). 『연예인의 사회적 책임활동이 이미지에 미치는 영향에 관한 연구』. 성
    균관대 석사논문.
김용일(1995). 『미군정하의 교육정책 연구』. 고려대 박사논문.
류상영(1988). 『초창기 한국 경찰의 성장 과정과 그 성격에 관한 연구』. 연세대 석사
    논문.
박명림(1994). 『한국전쟁의 발발과 기원』. 고려대 박사논문.
박옥실(2009). 『일제 강점기 저항시의 주체 연구: 이육사, 이용악, 윤동주를 중심으
    로』. 아주대 박사논문.
박종무(2011). 『미군정기 조선교육자 협회의 교육이념과 활동』. 교원대 석사논문.
서영준(1988). 『반민특위의 활동에 관한 연구』. 서울대 석사논문.
손유진(2012). 『이육사 시의 저항정신 연구』. 동국대 석사논문.
오윤희(2009). 『이인직의 문학과 친일사상 연구』. 원광대 석사논문
윤석영(2005). 『1930-40년대 한국현대시의 의식지향성 연구』. 국민대 박사논문.
이세란(2014). 『정지용과 윤동주의 동시 및 그 연관성』. 성균관대 석사논문.
이승연(2012). 『윤동주의 동시 연구』. 인제대 석사논문,
이준호(2006). 『이육사 시 연구: 효용론적 성격을 중심으로』. 세종대 석사논문.
임월남(2014). 『이육사 · 윤동주 시의 공간 상상력과 실존의식 연구』. 배재대 박사논문.
한미란(2014). 『인성교육을 위한 윤동주 시 교수 · 학습방법 연구』. 교원대 석사논문.
허요한(2015). 『서정주 초기 시적 담론 연구』. 성균관대 석사논문.

〈학술 논문〉
강만길(1995). 「조선혁명간부학교와 육사 이활」. 『민족문학사 연구』 제8호.
강진호(1996). 「육사, 일제하 암흑기의 별」. 『문화예술』 제204호.
고재석(2004). 「이인직의 죽음, 그 보이지 않는 유산」. 『한국어문학연구』 제42집
공제욱(1990). 「8 · 15 이후 독점자본가의 형성」. 『역사비평』 1990년 여름호. 역사비
    평사.
이수경(2012). 「윤동주와 송몽규의 재판판결문과 〈문우〉지 고찰」. 『한국문학논총』.
김광식(2011). 「김성숙의 정치이념과 민족불교」. 『대학사상』 제16집.
김득중(2010). 「한국전쟁 전후 육군 방첩대(CIC)의 조직과 활동」. 『史林』 제36호.
김민철(1993). 「제 민족 탄압에 앞장선 친일경찰」. 『殉國』 통권 35호.
김병기(2011). 「신흥무관학교와 만주독립군」. 『史學志』 제43집.
김상숙(2011). 「농민항쟁의 측면에서 본 1946년 10월 사건」. 『기억과 전망』 통권 25호.
김소영(2010). 「순종황제의 남 · 서순행과 충군애국론」. 『한국사학보』 제39호.
김승환(1996). 「친일문학론」. 『畿甸語文學』 10, 11호.
김영범(2009). 「이육사의 독립운동 시-공간과 의열단 문제」. 『한국독립운동사 연구』

제34집.

김옥성(2013). 「일제 강점기 시인의 분노와 저항」. 『일본학 연구』 제39집.

김용달(2011). 「김익상의 생애와 의열 투쟁」. 『한국독립운동사 연구』 제38집.

김웅교(2012). 「만주, 디아스포라, 윤동주의 고향」. 『한민족 문화연구』 제39집.

김일수(2004). 「대구와 10월 항쟁」. 『기억과 전망』 제8호.

김임구(1998). 「나르시스-디오니소스적 祝祭와 비극적 현실수용」. 『동서문화』 제30집.

김주용(2011). 「'신흥교우보'를 통해 본 신흥무관학교」. 『한국독립운동사연구』 제40집.

김진희(2009). 「문학과 정치의 경계: 저항시 장르와 문학사」. 『국제어문』 제46집.

김흥규(2011). 「육사의 시와 세계인식」. 『창작과 비평』 제40호.

김희곤(2004). 「이육사의 민족문제 인식」. 『한국독립운동사 연구』 제23집.

박선영(2011). 「이인직의 사회철학과 친일의 함의」. 『사회와 역사』 통권 89호

박원순(1990). 「전쟁부역자 5만여 명 어떻게 처리되었나」. 『역사비평』 1990년 여름호.

박지영(2004). 「이육사의 시 세계-전통적 미의식과 혁명적 실천의 결합」. 『泮橋語文研究』 17집.

박환(1989). 「이회영과 그의 민족운동」. 『국사관 논총』 제7집.

백동현(1996). 「의혈투쟁에서 민족통일전선운동으로」. 『한국사학보』 창간호.

변창구(2013). 「이육사의 선비정신과 독립운동」. 『민족사상』 제7권 1호.

변창구(2014). 「석주 이상룡의 선비정신과 구국운동」. 『민족사상』 제8권 1호.

서중석(2000). 「청산리 전쟁 독립군의 배경: 신흥무관학교와 백서농장에서의 독립군 양성」. 『한국사 연구』 111.

손민달(2008). 「1940년대 시에 나타난 전통 생태의식 연구」. 『한민족어문학』 제53호.

손호철(2000). 「잊혀진 50년대를 찾아서: '조봉암과 1950년대(상, 하)' 서중석 著 서평」. 『역사학보』 제165집.

신규탁(2011). 「이념 사상가로서 김성숙이 지니는 현대적 의의」. 『대학사상』 제16집.

신길우(2012). 「시인 윤동주의 여동생, 윤혜원의 삶과 문학적 공로」. 『문학의 강』 창간호.

신석초(1964). 「이육사의 생애와 시」. 『사상계』 7월호.

안용식(2008). 「일제하 한국인경찰 연구」. 『현대사회와 행정』 제18권 제3호.

오영섭(2012). 「1910~1920년대 '태평양잡지'에 나타난 이승만의 정치사상」. 『한국민족운동사 연구』 제70집. 한국민족운동사학회.

우당 이회영 선생 기념사업회(2010). 『우당 이회영 일가의 망명과 독립운동』. 우당 이회영 일가 망명 100주년 기념 학술회의.

윤경로(2014). 「전덕기 목사의 구국운동과 애국정신」. 『전덕기, 왜 전덕기인가』. 전덕기 목사 서거 100주기 추모 학술대회.

이기훈(2008). 『일제 강점기 조선 귀족의 재산 보유 규모 및 경제활동에 대한 연구』. 대통령 소속 친일반민족행위자 재산조사위원회.

이덕일(2010). 「우당 이회영의 아나키즘 수용 배경과 그 활동의 특징」. 『우당 이회영 일가의 망명과 독립 운동』. 우당 이회영 일가 망명 100주년 기념 학술회의.

이덕주(2014). 「전덕기의 목회와 신학사상」. 『전덕기, 왜 전덕기인가』. 전덕기 목사 서거 100주기 추모 학술대회.

이동언(2011). 「김성숙의 생애와 독립운동」. 『대학사상』 제16집.

이동철(1983). 「이육사의 내재의식과 시 세계」. 『어문논집』 제26호.

이명화(1993). 「조선총독부 식민지 교육의 산실, 학무국」. 『殉國』 통권 34호.

이윤갑(2012). 「한국전쟁기 경북 성주군의 부역자 처벌과 피학살자 유족회 활동」. 『한국학논집』 제47집.

이임하(2010). 「한국전쟁기 부역자 처벌」. 『史林』 제36호.

이태훈(2010). 「일진회의 '보호통치' 인식과 합방의 논리」. 『역사와 현실』 통권 78호

이해영(2009). 「근대초기 한 조선인 독립운동가의 동아시아 인식」. 『한중 인문학 연구』 제27집

이현종(1964). 「한일합방 전후와 매국 주구들」. 『사상계』 통권 133호.

이현희(1989). 「신흥무관학교 연구」. 『동양학』 제19집.

이혜복(1997). 「김창룡 특무대장 암살사건」. 『신문연구』. 제64호

임혜봉(2014). 「송병준의 친일행적과 재산축적」. 『역사와 책임』 제7호.

장세윤(1993). 「일제 침략의 첨병 양성 기관, 경성제국대학」. 『殉國』 통권 34호.

장세윤(1993). 「일제의 고문시험 출신자와 해방 후 권력 엘리트」. 『역사비평』 통권 23권.

장신(2007). 「일제하 조선인 고등 관료의 형성과 정체성」. 『역사와 현실』 통권 63호.

장신(2010). 「1920년 대정친목회의 조선일보 창간과 운영」. 『역사비평』 통권 92호.

전봉관(2010). 「친일 정치가로서 이인직의 위치와 합방 정국에서 그의 역할」. 『한국현대문학연구』 제31집.

전상숙(2005). 「사상 통제정책의 역사성: 반공과 전향」. 『한국 정치외교사 논총』 제27집 제1호.

전성현(2011). 「일제 강점기 경남지역의 의열투쟁과 지역성」. 『한국독립운동사 연구』 제38집.

정선태(2015). 「'일청전쟁'이라는 재난과 문명세계의 상상-「혈의 누」를 다시 읽다」. 『한국학논총』 제43집. 국민대.

정재완(1986). 「李陸史論」. 『어문논총』 제9호.

조영건(2009). 「6·15통일 시대와 죽산 조봉암」. 『21세기 진보정치와 죽산 조봉암의 재조명』. 죽산 조봉암 선생 서거 50주년 추모토론회. 새세상연구소.

최기영(2012). 「북경에서의 이회영의 독립운동과 생활」. 『북경에서의 한국독립운동과 이회영』. 한중 수교 20주년 및 우당 이회영 선생 순국 80주년 기념 국제학술회의 자료집.

최문식(1996). 「반일 무장 독립투쟁의 최고봉-1920년」. 『인문논총』 제8호.

최봉춘(2005). 「조선의용대의 창설과 활동 補遺」. 『한국독립운동사 연구』 제25집.

콘다니 노부코. 「〈시인 윤동주 기억과 화해의 비석〉 건립 운동의 현상과 과정에서 공개된 윤동주와 송몽규의 판결문에 대하여」. 『다시 올 문학』 2013년 겨울호.

편집부(2007). 「대한민국 임정 국무위원 운암 김성숙 선생」. 『순국』 통권 제196호.

한경희(2004). 「지역문학의 범위와 문학적 성과」. 『泮橋語文研究』 제17집

한규무(2014). 「전덕기의 구국계몽운동과 상동청년학원」. 『전덕기, 왜 전덕기인가』. 전덕기 목사 서거 100주기 추모 학술대회.

한상도(1989). 「김원봉의 조선혁명군사정치간부학교 운영과 그 입교생」. 『한국학보』 제57집.

한상복(1989). 「독립운동가 가문의 사회적 배경: 우당 이회영 일가의 사례 연구」. 『한국독립운동사 연구』 제3집.

한수영(2000). 「한국전쟁기 도강파와 잔류파」. 『역사비평』 통권 50호.

한시준(2001). 「한국광복군 정통성의 국군 계승 문제」. 『軍史』 제43호 국방부 군사편찬연구소.

한인섭(2000). 「한국전쟁과 형사법」. 『法學』 115호.

허병식(2015). 「식민지 주체의 아이덴티티 수행과 친일의 회로」. 『한국문학연구』 제48집.

혜봉 스님(2001). 「독립운동가, 불교 진보사상가 운암 김성숙」. 『불교와 문화』 통권 제40호.

〈논평〉

김교식(1984). 「이승만 정권의 특무대장, 김창룡 암살사건의 배후(하)」. 『마당』 통권 39호.

김교식(1984). 「이승만 정권의 특무대장, 김창룡 사건의 배후는 이렇다」. 『마당』 통권 38호

김도연(1984). 「맑은 인간애, 순결한 양심」. 『마당』 통권 32호.

김삼웅(2009). 「죽산 조봉암과 서대문형무소」. 『말』 통권 272호.

김성국(2007). 「누구를 위한 독립운동이었는가: ‘김산 평전’ 서평」. 『서평문화』 제65집.

김성규(2011). 「‘노블레스 오블리주’ 정신이란 무엇인가」. 『교육 전남』 제118호.

김재명(1987). 「이승만 서울탈출기」. 『월간 경향』 제268호.

김정임(2015). 「한 송이 국화꽃을 피우기 위해」. 『월간문학』 560호. 한국문인협회.

김종욱, 이덕일(2004). 「〈혈의 루〉의 작가 이인직은 합병 밀사」. 『월간중앙』 통권 346호.

나눔문화. 『나누는 사람들』 2017년 1-2월호.

독립기념관 학예실(2012). 「일제의 강제 병탄에 죽음으로써 항거한 우국지사 오천 김석진」. 『독립기념관』 통권 288호.

류연산(2005). 「독립군 때려잡던 박정희, 왜 거짓말하나」. 『말』 2005년 6월호.

민규호(1957). 「풀리지 않는 3대 사건: 김창룡 중장 사건」. 『새벽』 제4호.

박노자(2007). 「한국에 사민주의가 필요한 이유」. 『한겨레21』 제673호.

박점규(2014). 「삼성맨 여러분, 안녕들 하십니까?」. 『주간경향』 통권 1067호.

박청산(2005). 「팔로군 토벌은 반공이 아니라 친일의 증거」. 『말』 2005년 8월호

박한용(2008). 「희대의 매국노 송병준, 조선을 바겐세일하다」. 『독립기념관』 통권 246호.

송충기(2004). 「어두운 기억은 결코 흐려지지 않는다. 그러나…」. 『월간중앙』 통권 347호.

서정태(2014). 「미당 동생 서정태 시인, 서정주를 말하다」. 『주간조선』 2341호.

신경림. 「광야에서 초인을 기다린 개결의 시인 이육사」. 『우리교육』 1996년 6월호.

신경림. 「청순하고 개결한 젊음의 시인 윤동주」. 『우리교육』 1996년 11월호.

신석진(2005). 「삼성공화국을 해부한다 I」. 『진보정치』 236호

오성호(2003). 「시인의 길과 ‘국민’의 길」. 『배달말』 통권 32호.

우종창(1995). 「백범 암살 보고 때 허정 씨 배석했다」. 『주간조선』 1341호.

유병진(1957). 「재판관의 고민」. 『新太陽』 제6권 제7호.

원희복(2015). 「이승만 독재 하수인을 응징하다」. 『주간경향』 1120호.

이경남(1992). 「일제하 친일경찰관 인맥」. 『신동아』 1992년 9월호.

이기동(1985). 「일제하의 한국인 관리들」. 『신동아』 306호.

이도영(2003). 「이승만, 한국전쟁 1년 전 중도파 숙청 위해 계엄령모의」. 『말』 2003년 6월호.

이만규(1933). 「女學生에게 보내노라」. 『新女性』 제7권 제7호. 개벽사.

이만규(1949). 「南朝鮮 敎員의 手記 몇 가지」. 『人民敎育』 1949년 8월 15일 기념호.

이옥비(2010). 「나의 아버지 이육사」. 『문예운동』 제105호.

아와쿠라 요시카츠(교도통신 서울지국장). 「'월북조작' 어민들 '빨갱이' 굴레 벗지 못했다」. 『한겨레21』 통권 1149호.

정재권(1995). 「해방 50년 친일파의 나라」. 『한겨레 1』 통권 49호.

정희상(2010). 「친일파 할아버지 고맙습니다」. 『독립정신』 통권 52호.

정희상(2005). 「더러운 땅에 몰리는 추잡한 손들」. 『시사저널』 통권 796호.

조연현(2015). 「서정주論」. 『월간문학』 560호. 한국문인협회.

조용현(2003). 「한국은 우당 이회영 일가에 큰 빚을 졌다」. 『월간중앙』 29권 3호.

조천현(2005). 「안심해! 해가 뜨듯 좋은 세상이 와」. 『말』 2005년 3월호.

최영주(1985). 「우당 이회영의 天路歷程」. 『정경문화』 제240호. 경향신문사.

편집부(2004). 「매국노 송병준, 매국 대가 1억 5,000만 엔 요구」. 『순국』 통권 164호.

홍기돈(2001). 「한 사이버 논객이 밝혀낸 '국화꽃의 비밀'」. 『말』 183호.

홍석재(2017). 「지금도 나를 잡아다가 고문할까 무섭다」. 『한겨레21』 통권 1149호.

홍석재(2017). 「납북귀환 어민 문제는 남북한의 합작품」. 『한겨레21』 통권 1149호.

황세영(2005). 「삼성공화국을 해부한다 Ⅲ」. 『진보정치』 240호.

〈사전〉

민족문제연구소(2009). 『친일인명사전』

朝鮮通信社(1948). 『朝鮮年鑑』.

한국사 사전편찬회(1990). 이이화 감수. 『한국 근현대사 사전』. 서울: 가람기획.

〈신문 방송 및 기타 자료〉

강이현. 「이정우 "미국·일본 비해 80년 뒤처진 한국 재벌"」. 『프레시안』 2007. 12. 3.

『경향신문』 2014. 8. 12.

고명섭. 「사법살인 그날, 인혁당 희생자 주검 탈취 현장을 지켜봤다」. 『한겨레』 2015. 110. 18.

곽병찬. 「조국의 시와 별이 된 세 친구들」. 『한겨레』 2015. 9. 8.

곽병찬. 「이토를 떨게 한 전덕기 목사와 청년들」. 『한겨레』 2016. 9. 27.

김민경. 「삼성 입사 좋아하던 내 딸도 유미처럼 떠났습니다」. 『한겨레』 2015. 3. 4.

김병기. 「100년 전 압록강 건넌 '한국판 체 게바라'를 아는가」. 『오마이뉴스』 2010. 12. 31.

김보나. 『연합뉴스 TV』 2016. 6. 18.

김영화. 「경북 '박정희 탄생 100주년 뮤지컬' 지원 확정 논란」. 『프레시안』 2016. 5.
    26.
김일우. 「'대통령 비판' 칼럼 쓴 산케이 기자는 무죄인데… 전단 뿌린 박 씨는 유죄」.
    『한겨레』 2015. 12. 24
김일우(2016). 「내년 '탄신제'만 40억… 박정희 우상화 우려스런 이유」. 『한겨레』
    2016. 5. 22.
김재홍. 「이해 못할 박정희의 과거, 이건 또 뭔가」. 『오마이뉴스』 2011. 11. 28.
김재홍. 「서울 사태 나면 발포 명령? 간담이 서늘했다」. 『오마이뉴스』 2011. 10. 31.
김진철. 『한겨레』 2004. 9. 21.
김학현. 「반민족 인사가 떵떵거리는 시대, 더 이상은 안 돼」. 『오마이뉴스』 2014. 7. 19.
『노컷 뉴스』. 「박재홍의 뉴스 쇼」. 2015. 8. 19.
『동아일보』 사설. 2015. 8. 19.
류재훈. 「프, 친나치 부역자 재판회부 '잘못된 과거' 심판 시효 없다」. 『한겨레』 1997.
    1. 25.
민주화운동기념사업회(2016). 『사료로 보는 반민특위』.
박도. 「안두희 입에서 쏟아진 이승만 연루설」. 『오마이뉴스』 2003. 11. 24.
박도. 「실록 소설 들꽃: 이육사의 백마 타고 오는 초인은 이 남자?」. 『오마이뉴스』
    2015. 2. 4.
박상근. 「상속세 폐지의 전제 조건」. 『조세일보』 2006. 5. 23.
박세열. 「이승만·박정희 다룬 〈백년전쟁〉이 국가 안보 문제?」. 『프레시안』 2013. 5. 6.
박영서. 「탄핵반대세력 촛불집회 참가 시민 폭행… 철저한 조사 촉구」. 『연합뉴스』
    2017. 2. 21.
박용현. 「프랑스 과거청산 어떻게 했나」. 『한겨레』 2002. 3. 6.
박찬승. 「정의가 없는 국가는 강도떼와 같다」. 『한겨레』 2016. 6. 9.
베이징 연합(2005). 「독립유공자 인정받은 '아리랑' 김산의 아들 고영광 씨: 서른 넘어
    서야 아버지 삶 알았다」. 『한겨레』 2005. 8. 5.
빈부격차 차별시정위원회(2006). 『주간 사회 동향』 제117호,
서영지. 「이승만 정권이 총살한 독립운동가 최능진, 64년 만에 무죄」. 『한겨레』 2015.
    8. 27.
서중석. 「"악의 창고 같은 우리 역사, 불살라야" 박정희는 왜?」. 『프레시안』 2016. 1. 6.
서중석. 「박정희는 왜 일본 극우를 그토록 칭찬했나」. 『프레시안』 2016. 1. 10.
서중석. 「박정희와 식민사관, 그 특별한 관계」. 『프레시안』 2016. 1. 3.
서중석. 「서중석의 현대사 이야기: 국회에 감금된 의원들, 화장실 가려다 뺨 맞은 총
    리」. 『프레시안』 2015. 5. 16.
서중석. 「담뱃불 고문에 매 타작… 일본이 날 투사로 만들었다」. 『프레시안』 2015. 4.
    26.
심규상. 「보도연맹 학살은 이승만 특명에 의한 것」. 『오마이뉴스』 2007. 7. 4.
신창호. 「워런 버핏과의 50만 달러짜리 점심 한 끼… 경매 입찰가 치솟아」. 『국민일
    보』 2006. 6. 27.
안창현. 「조선말을 사랑한 선비작가 이태준」. 『한겨레』 2015. 10. 1.
양원석. 「남로당 박정희 전향시킨 김창룡… 김일성 두손」. 『뉴데일리』 2011. 7. 14.

연유진. 「평화롭고 질서 있는 분노 표출… 외신, 성숙한 시민의식 극찬」. 『서울경제』 2016. 11. 13.

오윤주. 「경찰, 보도연맹원 학살 주도 군에서 시켰으니까 했겠지」. 『한겨레』 2016. 6. 21.

유영효. 「영화 〈동주〉가 놓친 윤동주의 벗 강처중」. 『오마이뉴스』 2016. 5. 24.

윤근혁. 「'이달의 친일 스승' 그 후, 너무나 뻔뻔한 교육부와 교총」. 『오마이뉴스』 2015. 3. 11

윤근혁. 「'친일 의혹' 1·2대 교총 회장, 나란히 '이달의 스승'」. 『오마이뉴스』 2015. 3. 23.

윤근혁. 「'천황 위해 죽자'는 이가 민족의 스승? 교육부, 최규동 초대 교총 회장 선정 논란」. 『오마이뉴스』 2015. 3. 7.

윤지나, 박요진, 김민성. 「잡아죽이자… 폭력과 혐오발언, 그리고 눈물」. 『노컷뉴스』 2017. 2. 13.

이병한. 「2대 임시대통령 "이승만은 이완용보다 더한 놈"」. 『프레시안』 2015. 11. 17.

이석. 「30대 그룹 후계자 10명 중 3명 군대 안 갔다」. 『시사저널』 2015. 7. 16.

이숙이. 「청문회 보다가 토하고 싶어졌다」. 『시사IN』 제155호. 2010. 9. 4.

이정국. 「이인호 KBS 이사장 "이승만은 세상에 보기 드문 사상가"」. 『한겨레』 2014. 9. 16.

이정우. 「박정희, 이토 히로부미, 스탈린」. 『한겨레』 2009. 10. 25.

이철호. 「형제 4명은 총살… 김원봉 집안 풍비박산」. 『오마이뉴스』 2015. 9. 24.

이충재. 「국방 의무는 서민 몫인가」. 『한국일보』 2015. 8. 31.

임기상. 「빨갱이 비슷하거나 조금이라도 부역했다면 다 죽여!」. 『노컷뉴스』 2015. 7. 29.

장규석. 「우리도 한국 촛불 봤다… 美 워싱턴에도 광화문이 있다」. 『노컷뉴스』 2017. 2. 21.

장슬기. 『미디어 오늘』 2016. 8. 7.

장슬기. 『미디어 오늘』 2016. 8. 14.

장슬기. 『미디어 오늘』 2016. 8. 15.

장재완. 「국립묘지가 범법자들의 안식처인가」. 『오마이뉴스』 2016. 6. 6.

정반석. 「촛불은 구더기, 빨갱이… 욕설 쏟아 내는 보수단체 맞불집회」. 『한국일보』 2016. 12. 24.

정해구. 「박정희 그 치욕과 영광의 삶」. 『망치일보』 1999. 8. 10.

진실·화해를 위한 과거사 정리위원회(2007). 『'진보당 조봉암 사건' 진실 규명 결정』.

하성봉. 「일제 경찰 사진첩」. 『한겨레』 2001. 9. 11.

한홍구. 「세월호의 악마들, 대한민국의 악마들」. 『한겨레』 2014. 5. 26.

허미경. 「반전운동가 아인슈타인의 복원」. 『한겨레』 2003. 3. 22.

황현주. 「병역의무도 '갑질'하는 재벌가는 어디?」. 『르몽드 디플로마티크』 2015. 2. 27.

MBC 〈이제는 말할 수 있다〉 친일 고등계 경찰 출신 하판락의 생존 당시 증언 내용. http://www.mpva.go.kr http://cafe.naver.com/bohunstar.cafe 1999년 11월 〈이달의 독립운동가 강우규〉.

삶의 행복을 꿈꾸는 교육은 어디에서 오는가?

미래 100년을 향한 새로운 교육

혁신교육을 실천하는 교사들의 필독서

▶ 교육혁명을 앞당기는 배움책 이야기
혁신교육의 철학과 잉걸진 미래를 만나다!

핀란드 교육혁명
한국교육연구네트워크 총서 01 | 320쪽 | 값 15,000원

일제고사를 넘어서
한국교육연구네트워크 총서 02 | 284쪽 | 값 13,000원

새로운 사회를 여는 교육혁명
한국교육연구네트워크 총서 03 | 380쪽 | 값 17,000원

교장제도 혁명
한국교육연구네트워크 총서 04 | 268쪽 | 값 14,000원

새로운 사회를 여는 교육자치 혁명
한국교육연구네트워크 총서 05 | 312쪽 | 값 15,000원

혁신학교에 대한 교육학적 성찰
한국교육연구네트워크 총서 06 | 308쪽 | 값 15,000원

혁신학교
성열관·이순철 지음 | 224쪽 | 값 12,000원

행복한 혁신학교 만들기
초등교육과정연구모임 지음 | 264쪽 | 값 13,000원

서울형 혁신학교 이야기
이부영 지음 | 320쪽 | 값 15,000원

혁신교육, 철학을 만나다
브렌트 데이비스·데니스 수마라 지음
현인철·서용선 옮김 | 304쪽 | 값 15,000원

혁신교육 존 듀이에게 묻다
서용선 지음 | 292쪽 | 값 14,000원

다시 읽는 조선 교육사
이만규 지음 | 750쪽 | 값 33,000원

학교를 개선하는 교장
지속가능한 학교 혁신을 위한 실천 전략
마이클 풀란 지음 | 서동연·정효준 옮김 | 216쪽 | 값 13,000원

프레이리와 교육
한국교육연구네트워크 번역 총서 01
존 엘리아스 지음 | 한국교육연구네트워크 옮김
276쪽 | 값 14,000원

교육은 사회를 바꿀 수 있을까?
한국교육연구네트워크 번역 총서 02
마이클 애플 지음 | 강희룡·김선우·박원순·이형빈 옮김
352쪽 | 값 16,000원

비판적 페다고지는 세상을 변화시킬 수 있는가?
한국교육연구네트워크 번역 총서 03
Seewha Cho 지음 | 심성보·조시화 옮김 | 280쪽 | 값 14,000원

마이클 애플의 민주학교
한국교육연구네트워크 번역 총서 04
마이클 애플·제임스 빈 엮음 | 강희룡 옮김 | 276쪽 | 값 14,000원

미래교육의 열쇠, 창의적 문화교육
심광현·노명우·강정석 지음 | 368쪽 | 값 16,000원

대한민국 교사, 어떻게 가르칠 것인가?
윤성관 지음 | 320쪽 | 값 15,000원

아이들을 어떻게 가르칠 것인가
사토 마나부 지음 | 박찬영 옮김 | 232쪽 | 값 13,000원

아이들의 배움은 어떻게 깊어지는가
이시이 준지 지음 | 방지현·이창희 옮김 | 200쪽 | 값 11,000원

모두를 위한 국제이해교육
한국국제이해교육학회 지음 | 364쪽 | 값 16,000원
2015 세종도서 학술부문

경쟁을 넘어 발달 교육으로
현광일 지음 | 288쪽 | 값 14,000원

독일 교육, 왜 강한가?
박성희 지음 | 324쪽 | 값 15,000원

21세기 교육과 민주주의
한국교육연구네트워크 번역 총서 05
넬 나딩스 지음 | 심성보 옮김 | 392쪽 | 값 18,000원
2016 세종도서 학술부문

대한민국 교육혁명
교육혁명공동행동 연구위원회 지음 | 224쪽 | 값 12,000원

▶ 비고츠키 선집 시리즈
발달과 협력의 교육학 어떻게 읽을 것인가?

 생각과 말
레프 세묘노비치 비고츠키 지음
배희철·김용호·D. 켈로그 옮김 | 690쪽 | 값 33,000원

 성장과 분화
L.S. 비고츠키 지음 | 비고츠키 연구회 옮김
308쪽 | 값 15,000원

 도구와 기호
비고츠키·루리야 지음 | 비고츠키 연구회 옮김
336쪽 | 값 16,000원

 의식과 숙달
L.S 비고츠키 | 비고츠키 연구회 옮김
348쪽 | 값 17,000원

 어린이 자기행동숙달의 역사와 발달 I
L.S. 비고츠키 지음 | 비고츠키 연구회 옮김
564쪽 | 값 28,000원

 관계의 교육학, 비고츠키
진보교육연구소 비고츠키교육학실천연구모임 지음
300쪽 | 값 15,000원

 어린이 자기행동숙달의 역사와 발달 II
L.S. 비고츠키 지음 | 비고츠키 연구회 옮김
552쪽 | 값 28,000원

 비고츠키 생각과 말 쉽게 읽기
진보교육연구소 비고츠키교육학실천연구모임 지음
316쪽 | 값 15,000원

 어린이의 상상과 창조
L.S. 비고츠키 지음 | 비고츠키 연구회 옮김
280쪽 | 값 15,000원

 비고츠키와 인지 발달의 비밀
A.R. 루리야 지음 | 배희철 옮김 | 280쪽 | 값 15,000원

 연령과 위기
L.S. 비고츠키 지음 | 비고츠키 연구회 옮김
336쪽 | 값 17,000원

 수업과 수업 사이
비고츠키 연구회 지음 | 196쪽 | 값 12,000원

▶ 창의적인 협력수업을 지향하는 삶이 있는 국어 교실
우리말 글을 배우며 세상을 배운다

 중학교 국어 수업 어떻게 할 것인가?
김미경 지음 | 340쪽 | 값 15,000원

 이야기 꽃 1
박용성 엮어 지음 | 276쪽 | 값 9,800원

 토론의 숲에서 나를 만나다
명혜정 엮음 | 312쪽 | 값 15,000원

 이야기 꽃 2
박용성 엮어 지음 | 294쪽 | 값 13,000원

 토닥토닥 토론해요
명혜정·이명선·조선미 엮음 | 288쪽 | 값 15,000원

 인문학의 숲을 거니는 토론 수업
순천국어교사모임 엮음 | 308쪽 | 값 15,000원

 어린이와 시
오인태 지음 | 192쪽 | 값 12,000원

 수업, 슬로리딩과 함께
박경숙·강슬기·김정욱·장소현·강민정·전혜림·이혜민 지음
268쪽 | 값 15,000원

▶ 평화샘 프로젝트 매뉴얼 시리즈
학교 폭력에 대한 근본적인 예방과 대책을 찾는다

 학교 폭력 어떻게 만들어지는가
문재현 외 지음 | 300쪽 | 값 14,000원

 아이들을 살리는 동네
문재현·신동명·김수동 지음 | 204쪽 | 값 10,000원

 학교 폭력, 멈춰!
문재현 외 지음 | 348쪽 | 값 15,000원

 평화! 행복한 학교의 시작
문재현 외 지음 | 252쪽 | 값 12,000원

 왕따, 이렇게 해결할 수 있다
문재현 외 지음 | 236쪽 | 값 12,000원

 마을에 배움의 길이 있다
문재현 지음 | 208쪽 | 값 10,000원

 젊은 부모를 위한 백만 년의 육아 슬기
문재현 지음 | 248쪽 | 값 13,000원

▶ 4·16, 질문이 있는 교실 마주이야기
통합수업으로 혁신교육과정을 재구성하다!

함께 배움 교사의 말하기
니시카와 준 지음 | 백경석 옮김 | 188쪽 | 값 12,000원

 학교 민주주의의 불한당들
정은균 지음 | 276쪽 | 값 14,000원

 교육과정 통합, 어떻게 할 것인가?
성열관 외 지음 | 192쪽 | 값 13,000원

 교육과정, 수업, 평가의 일체화
리사 카터 지음 | 박승열 외 옮김 | 196쪽 | 값 13,000원

 동양사상에게 인공지능 시대를 묻다
홍승표 외 지음 | 260쪽 | 값 15,000원

▶ 교과서 밖에서 만나는 역사 교실
상식이 통하는 살아 있는 역사를 만나다

 전봉준과 동학농민혁명
조광환 지음 | 336쪽 | 값 15,000원

 교과서 밖에서 배우는 역사 공부
정은교 지음 | 292쪽 | 값 14,000원

 남도의 기억을 걷다
노성태 지음 | 344쪽 | 값 14,000원

 팔만대장경도 모르면 빨래판이다
전병철 지음 | 360쪽 | 값 16,000원

 응답하라 한국사 1·2
김은석 지음 | 356쪽·368쪽 | 각권 값 15,000원

 빨래판도 잘 보면 팔만대장경이다
전병철 지음 | 360쪽 | 값 16,000원

 즐거운 국사수업 32강
김남선 지음 | 280쪽 | 값 11,000원

 영화는 역사다
강성률 지음 | 288쪽 | 값 13,000원

 즐거운 세계사 수업
김은석 지음 | 328쪽 | 값 13,000원

 친일 영화의 해부학
강성률 지음 | 264쪽 | 값 15,000원

 강화도의 기억을 걷다
최보길 지음 | 276쪽 | 값 14,000원

 한국 고대사의 비밀
김은석 지음 | 304쪽 | 값 13,000원

 광주의 기억을 걷다
노성태 지음 | 348쪽 | 값 15,000원

 조선족 근현대 교육사
정미량 지음 | 320쪽 | 값 15,000원

 선생님도 궁금해하는
한국사의 비밀 20가지
김은석 지음 | 312쪽 | 값 15,000원

 다시 읽는 조선근대교육의 사상과 운동
윤건차 지음 | 이명실·심성보 옮김 | 516쪽 | 값 25,000원

 걸림돌
키르스텐 세룹-빌펠트 지음 | 문봉애 옮김
248쪽 | 값 13,000원

 음악과 함께 떠나는 세계의 혁명 이야기
조광환 지음 | 292쪽 | 값 15,000원

 역사수업을 부탁해
열 사람의 한 걸음 지음 | 388쪽 | 값 18,000원

 논쟁으로 보는 일본 근대교육의 역사
이명실 지음 | 324쪽 | 값 17,000원

 진실과 거짓, 인물 한국사
하성환 지음 | 400쪽 | 값 18,000원

▶ 더불어 사는 정의로운 세상을 여는 인문사회과학
사람의 존엄과 평등의 가치를 배운다

밥상혁명
강양구·강이현 지음 | 298쪽 | 값 13,800원

좌우지간 인권이다
안경환 지음 | 288쪽 | 값 13,000원

도덕 교과서 무엇이 문제인가?
김대용 지음 | 272쪽 | 값 14,000원

민주시민교육
심성보 지음 | 544쪽 | 값 25,000원

자율주의와 진보교육
조엘 스프링 지음 | 심성보 옮김 | 320쪽 | 값 15,000원

민주시민을 위한 도덕교육
심성보 지음 | 500쪽 | 값 25,000원
2015 세종도서 학술부문

민주화 이후의 공동체 교육
심성보 지음 | 392쪽 | 값 15,000원
2009 문화체육관광부 우수학술도서

교과서 밖에서 배우는 인문학 공부
정은교 지음 | 280쪽 | 값 13,000원

갈등을 넘어 협력 사회로
이창언·오수길·유문종·신윤관 지음 | 280쪽 | 값 15,000원

오래된 미래교육
정재걸 지음 | 392쪽 | 값 18,000원

동양사상과 마음교육
정재걸 외 지음 | 356쪽 | 값 16,000원
2015 세종도서 학술부문

대한민국 의료혁명
전국보건의료산업노동조합 엮음 | 548쪽 | 값 25,000원

교과서 밖에서 배우는 철학 공부
정은교 지음 | 280쪽 | 값 14,000원

교과서 밖에서 배우는 고전 공부
정은교 지음 | 288쪽 | 값 14,000원

교과서 밖에서 배우는 사회 공부
정은교 지음 | 304쪽 | 값 15,000원

전체 안의 전체 사고 속의 사고
김우창의 인문학을 읽다
현광일 지음 | 320쪽 | 값 15,000원

교과서 밖에서 배우는 윤리 공부
정은교 지음 | 292쪽 | 값 15,000원

카스트로, 종교를 말하다
피델 카스트로·프레이 베토 대담 | 조세종 옮김
420쪽 | 값 21,000원

▶ 살림터 참교육 문예 시리즈
영혼이 있는 삶을 가르치는 온 선생님을 만나다!

꽃보다 귀한 우리 아이는
조재도 지음 | 244쪽 | 값 12,000원

선생님이 먼저 때렸는데요
강병철 지음 | 248쪽 | 값 12,000원

성깔 있는 나무들
최은숙 지음 | 244쪽 | 값 12,000원

서울 여자, 시골 선생님 되다
조경선 지음 | 252쪽 | 값 12,000원

아이들에게 세상을 배웠네
명혜정 지음 | 240쪽 | 값 12,000원

행복한 창의 교육
최창의 지음 | 328쪽 | 값 15,000원

밥상에서 세상으로
김흥숙 지음 | 280쪽 | 값 13,000원

북유럽 교육 기행
정애경 외 14인 지음 | 288쪽 | 값 14,000원

▶ 남북이 하나 되는 두물머리 평화교육
분단 극복을 위한 치열한 배움과 실천을 만나다

 10년 후 통일
정동영·지승호 지음 | 328쪽 | 값 15,000원

 선생님, 통일이 뭐예요?
정경호 지음 | 252쪽 | 값 13,000원

 분단시대의 통일교육
성래운 지음 | 428쪽 | 값 18,000원

 김창환 교수의 DMZ 지리 이야기
김창환 지음 | 264쪽 | 값 15,000원

▶ 출간 예정

근간 **핀란드 교육의 기적은 어떻게 만들어지나**
Hannele Niemi 외 지음 | 장수명 외 옮김

근간 **학교 혁신의 길, 아이들에게 묻다!**
남궁상운 외 지음

근간 **세계교육개혁:**
민영화 우선인가 공적 투자 강화인가?
프랭크 애덤슨 외 지음 | 심성보 외 옮김

근간 **혁신학교, 미래교육의 답을 찾다**
송순재 외 지음

근간 **민주시민을 위한**
수업·교육과정·평가를 어떻게 할 것인가?
염경미 지음

근간 **독립의 기억을 걷다**
노성태 지음

근간 **삶을 위한**
국어교육과정, 어떻게 만들 것인가?
명혜정 지음

근간 **민주시민교육을 위한**
역사수업 어떻게 할 것인가?
황현정 지음

근간 **한글혁명**
김슬옹 지음

근간 **공자뎐, 논어는 이것이다**
유문상 지음

근간 **마을수업, 마을교육과정!**
서용선·백윤애 지음

근간 **다 함께 올라가는 스웨덴 교육법**
레이프 스트란드베리 지음 | 변광수 옮김

근간 **프레이리 교육론**
손종현 외 지음

근간 **대학생에게 협동조합을 허하라**
주수원 외 지음

근간 **학교는 평화로운가?**
강균석 외 지음

근간 **교육의 대전환**
김경욱 외 지음